4판

최신 교육학의 이해

NEW INTRODUCTION TO EDUCATION

박영진 · 장성화 공저

dm 동문사

Preface

머리말

교육대학, 사범대학, 일반대학의 교직이 설치된 학과 그리고 교육대학원에서 임용 과목을 가르치면서 첫 시간에 학생들에게 이런 질문을 한다. "여러분들은 왜 교육학개론이라는 과목을 수강신청했습니까?", "만약에 임용이 된다면 어떠한 선생님이 되겠습니까?" 등의 다양한 의견을 물어보면, "좋은 선생님이 되고 싶다", "학생에게 가까이 가고 싶은 선생님이 되고 싶다", "학생들의 어려움을 해결하고 도움을 주고 싶다" 등의 반응들이 나타났다. 이와 같이 교직과목의 가장 기초적인 교육학개론을 수강하는 학생들에게 교육학에 대한 전반적인 이해와 기대감을 향상시키기 위해 이론과 원리를 체계적으로 가르치기 위한 공감대가 형성되어 개정하였다.

기존에 수업을 진행하면서 학습자들에게 부족했던 부분과 매 학기마다 교재 선정에 어려움을 느끼는 교수자를 생각하여 새로운 방향과 내용 등으로 교재를 재구성하였다. 그렇기에 교직과목을 이수하는 학생들이 자연스럽게 "교육이란 무엇인가?"를 살펴보고, 앞으로 나아가야 할 교육에 대한 비전과 미래 교육에 대한 생각할 수 있는 기본 교재가 되기를 소망한다. 무엇보다 각 장마다 다루는 내용과 범위, 어휘, 문장 완성도(그림 등)까지 동일한 방법으로 작성하기 위해 끊임없이 노력을 하였다. 그렇지만 교직은 인간을 대상으로 하는 전문적인 지식과 기술을 필요로 하기 때문에 교육학에 대한 전반적인 이해를 심층적으로 돕는 데 역점을 두었다.

이 책의 구성은 다음과 같다. Chapter 1장 교육학이란 무엇인가?는 교육의 어원적 의미(한자, 한글, 영어/페다고지), 교육학자들의 다양한 정의(칸트, 루소/엘렌케이, 페스탈로치/피히테, 듀이), 유전과 환경과의 관계(환경, 유전, 환경과 유전), 교육의 3요소(교사, 학습자, 교육내용(교재)), 교육의 형태(형식적, 비형식적), Chapter 2장 교육의 역사적 기초 구성은 교육사(교육사의 이해), 한국 교육사(원시사회, 삼국시대, 고려시대, 조선시대, 근대의 교육), 서양 교육사(고대 그리스시대(아테네, 스파르타), 로마시대, 중세시대, 문예부흥기, 종교개혁기, 실학주의, 계몽주의, 신인문주의, 현대의 교육), Chapter 3장 교육철학의 기초의 구성은 철학과 교육철학, 교육철학의 기능(분석적, 평가적, 사변적, 통합적), 전통적 교육철학(관념론적, 실재론적, 실용주의), 현대교육철학(진보주의, 본질주의, 항존주의, 재건주의, 실존주의, 분석주의, 포스트모더니즘, 비판적, 홀리스틱)으로 구성하였다.

Chapter 4장 교육심리학의 기초의 구성은 교육의 심리학적 접근방법(정신분석적, 행동주의적, 인지주의적, 생물학적, 인본주의적), 인간발달과 교육(발달의 개념, 발달의 원리), 발달이론(에릭슨, 피아제, 콜버그, 해비거스트, 학습자의 지능), Chapter 5장 교육사회학의 기초의 구성은 교육사회의 개념(교육사회학의 개념과 이론(거시적, 미시적), 교육의 사회화, 사회계층과 교육, 학교교육의 기회균등, Chapter 6장 교육과정의 구성은 교육과정의 개념, 교육과정의 유형(교과중심, 경험중심, 학문중심, 인간중심), 교육과정의 구성 요소(교육목표, 교육내용의 선정과 조직), 우리나라 교육과정의 변천(1차~7차 교육과정)으로 나누어 설명하였다.

Chapter 7장 교수-학습과정의 구성은 교수와 학습의 개념, 학습지도의 원리(자발성, 개별화, 사회화, 통합성), 교수-학습지도의 방법(강의법, 토의법, 질문법, 문제해결법, 구안법, 팀티칭법, 프로그램학습), 교수과정 모형(글래이저, 캐롤, 가네, 오즈벨, 브루너), Chapter 8장 교육평가의 구성은 교육평가의 개념과 기능, 교육평가의 유형(평가기준, 수업과정, 평가문항), 평가도구의 조건(타당도, 신뢰도, 객관도, 실용도), Chapter 9장 생활지도와 상담의 구성은 생활지도의 개념(생활지도의 의미, 원리, 영역), 생활지도의 활동(학생조사활동, 정보제공활동, 상담활동, 정치활동, 추수(후)지도활동), 상담의 이해(상담의 개념, 상담의 특성), 상담의 유형(지시적 상담, 비지시적 상담, 절충적 상담, 기타 상담이론), Chapter 10장 교육행정과 교육제도의 구성은 교육행정의 개념(정의, 성격), 교육행정의 원리(법규상의 기본원리, 실천적 기본원리), 교육행정의 과정(페욜, 귤릭과 어윅, 시어스), 교육행정 조직(개념, 공식적 조직과 비공식적 조직, 중앙교육행정조직, 지방교육행정조직), 장학행정과 교육제도(장학의 개념, 장학 유형, 교육제도의 유형)로 구성하였다.

Chapter 11장 평생교육의 구성은 평생교육의 의미와 개념, 특성, 필요성과 형태, 평생교육의 과제와 실현방안, Chapter 12장 교직론은 교직의 중요성, 전문성, 교직의 유형(성직자관, 노동직관, 전문직관), 교사의 역할(임무, 윤리, 바람직한 교사상), 교사의 윤리강령(사도헌장, 사도강령, 교직윤리헌장, 무명교사예찬론), Chapter 13장 교육공학의 구성은 교육공학의 이해와 개념, 교육공학의 역사적 발달(시각교육, 시청각교육, 시청각 커뮤니케이션, 교수공학, 교육공학), 교육공학의 영역(설계, 개발, 활용, 관리, 평가), 교수매체(개념, 속성, 기능), 교수매체의 종류(호반, 데일, 상징체계), 교수매체의 선정과 활용(ASSURE, ADDIE, 딕과 캐리), 컴퓨터 활용매체(컴퓨터, e-러닝(원격교육, 웹기반, 블렌디드러닝, 플립러닝), Chapter 14장 대안학교의 구성은 정의 및 유형(자유학교, 생태학교, 재적응형, 고유이념), 필요성, 외국의 대안학교(발도르프, 서머힐, 도쿄슈레, 무반덱), 국내의 대안학교(간디학교, 풀무학교, 성지학교, 세인학교), 국내・외 대안학교의 특징(교육철학, 작은학교, 다양한 교육경험, 민주적 학교운영 등)으로 구성하였다. 부록으로 영화로 만나는 교육학의 이해(천국의 아이들 2) 그리고 각 Chapter마다 학습정리 및 연습

문제까지 제시하였다.

이와 같이 본 저서를 집필하면서 임용과 교육학개론 수업을 듣는 학생들이 다루기 쉽도록 노력하였지만, 마음처럼 되지 않은 부분이 아직도 남아 있으므로 계속해서 미흡한 부분은 수정해 나갈 것이다. 끝으로 부족한 면은 계속해서 수강하는 학생들과 이 교재로 수강하는 교수자 그리고 책의 수준을 높이기 위해 출판사와 계속해서 협의해 나갈 것이다. 또한 이 책이 출판되도록 많은 도움을 주신 동문사의 이중수 사장님과 모든 직원분들께 깊은 감사의 마음을 전해 드립니다.

2021년 8월에

쌍수리 연구실에서

Contents

차 례

01 교육이란 무엇인가?

CHAPTER

학습내용

- 교육적 어원의 개념을 한자, 한글, 영어의 의미로 이해한다.
- 교육학자들의 다양한 정의를 이해한다.
- 유전과 환경이 교육에 어떠한 영향을 미치는가를 이해한다.
- 교육의 3요소와 형태를 이해한다.
- 형식교육과 비형식교육을 이해한다.

TIP
https://www.youtube.com/watch?v=laMjFOU70WQ(교육이란?)

1 교육의 어원적 의미

TIP
동양에서 '교육'이라는 말이 처음으로 사용된 예는 중국의 고전 「맹자(孟子)」의 진심장(盡心章) 중 '군자유삼락장(君子有三樂章)'에서 찾아볼 수 있다.

1) 한자의 의미

교육이란 무엇인가에 대하여 가장 쉽게 설명하는 방법은 어원을 찾아보는 일이다. 동양에서 '교육'이라는 말이 처음으로 사용되어진 예는 중국의 고전 「맹자(孟子)」의 진심장(盡心章) 상편에 나오는 '군자유삼락장(君子有三樂章)'에서 찾아볼 수 있다. 이를 살펴보면 다음과 같다.

> "君子有三樂 而王天下 不與存焉 父母俱存 兄弟無故 一樂也 仰不愧於天 俯不怍於人 二樂也 得天下英才 而教育之 三樂也"

이를 해석하면, 맹자는 최고 인격자로서의 군자에게 3가지 참된 즐거움을 뜻하고 있다(군자유삼락, 君子有三樂). 그러나 천하에 왕 노릇하는 것만은 거기에 들어 있지 않다(이왕천하 불여존언, 而王天下 不與存焉). 첫째, 부모가 건재하시고 형제가 별 탈 없이 살아감이요(부모구존 형제무고 일락야, 父母俱存 兄弟無故 一樂也), 둘째, 하늘을 우러러 부끄러움이 없고 인간사회에 부끄러움이 없는 것이요(앙불괴어천 부부작어인 이락야, 仰不愧於天 俯不怍於人 二樂也), 셋째, 천하의 영특한 인재들을 얻어 이들을 가르치고 기르는 일, 즉 교육하는 일이 다른 또 하나의 즐거움이라는 것이다(득천하영재 이교육지 삼락야, 得天下英才 而教育之 三樂也).

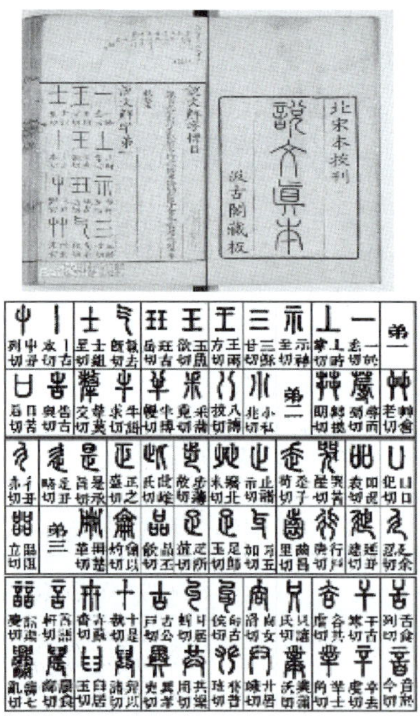

설문해자
http://www.dojung.net/bbs/board.php?bo_table=study_01&wr_id=837

한자(漢字)의 교육(教育)이라는 말은 教(가르칠 교)와 育(기를 육)의 합성어로 그 어의를 분석해 보면, '教'란 전통 문화, 풍습, 언어 등을 전수한다는 의미를 가지고 있으며, '育'은 타고난 소질, 품성 등을 바르게 자랄 수 있도록 보호, 육성한다는 의미이다.

중국의 후한(後漢) 시대 허신(許愼, 주후 25-220)의 「설문해자(說文解字)」에 의하면 교(教)는 '上所施 下所效也(상소시 하소효야)'라고 되어 있는데, 본래 이 글자는 효(孝)자와 복(攴)자의 합성어라고 하였다. 즉, 교(教)자는 위에서 수범을 베풀고(施) 아래에서 본

TIP

'教'란 전통 문화, 풍습, 언어 등을 전수한다는 의미를 가지고 있으며, '育'은 타고난 소질, 품성 등을 바르게 자랄 수 있도록 보호, 육성한다는 의미이다

TIP

교(教)자는 위에서 베풀어 준 바를 아래에서 본받는다는 뜻으로, 인간의 효를 근본으로 한 바람직한 행동을 '가르치고(訓), 본받고(倣), 닦고(修), 깨우쳐(悟)' 나간다는 뜻이다.

받는(效)다는 뜻으로, 인간의 효를 근본으로 한 바람직한 행동을 '가르치고(訓), 본받고(倣), 닦고(修), 깨우쳐(悟)' 나간다는 뜻이다. 또한 복(攴)자는 '小擊也(소격야)'라고 하였으니, 바람직한 행동을 닦는데 연장자가 옆에서서 연소자에게 지도·편달·격려·조장한다는 뜻을 지니고 있다. 따라서 교(敎)자는 성인이 위에서 베풀어 주는 바람직한 규범이나 행동의 지도·편달을 미성인이 아래에서 이를 동경·모방하고 깨우치며 닦아 나간다는 의미를 지녔다.

다시 말하면, 교(敎)는 학(學)의 뜻을 지닌 효(孝)자의 부분과 채찍으로 가볍게 두들긴다는 뜻을 지닌 복(攴)사가 합쳐져서 이루어진 것이고, 의미상으로 볼 때 학습자가 스스로 성인을 모방하여 학습해 나간다는 의미와 교사(성인)가 바람직한 방향으로 이끌어 간다는 의미가 합쳐져서 이루어진 글자라고 할 수 있다.

「설문해자(說文解字)」에서 육(育)자는 '養子使作善也(양자사작선야)'라고 하였으니, 기를 육(育)은 자식을 낳아서(子) 선한 행동을 하도록 키우는 것(養)이다. 또 이 글자를 운(云)자와 육(肉)자의 합성어로, 곧 불량불선(不良不善)의 자식을 살(肉)을 붙여 성장시킨다는 의미로서 이를 형이상학적으로 살펴보면 장선(長善) 또는 작선(作善)의 뜻을 지니게 된다. 그러므로 어머니가 자식을 사랑의 품에 안아서 선한 행동을 할 수 있도록 조장해 나간다는 뜻을 지니고 있다(강인언 외, 1988). 따라서 교육(敎育)의 자의(字義)는 성인이 미성인에게 인간이 지닌 천부적인 자질을 계발시킬 수 있도록 바람직한 규범이나 행동을 지도하고 격려해 줌으로써 학생을 바람직한 인간으로 변화시켜 나가는 활동이다. 따라서 교육은 불완전한 상태에 있는 인간이 바람직한 상태에 이르도록 위에서 모범을 보이고 격려하여 이를 따르게 하는 의도적인 과정인 것이다.

> **TIP**
> 「설문해자(說文解字)」에서 육(育)자는 '養子使作善也(양자사작선야)'라고 하였으니, 자식을 잘 길러 선한 행동을 하도록 한다는 뜻이다.

2) 한글의 교육

> **TIP**
> 교육이란 문자를 순수 우리말로 풀어보면 가르칠 교(敎)와 기를 육(育)으로 되어 있다.

http://encykorea.aks.ac.kr/Contents/Item/E0006385

교육이란 문자를 순수 우리말로 풀어보면 가르칠 교(敎)와 기를 육(育)으로 되어 있다. 이희승(편) [국어대사전, 민중서민(1961)]에 보면 '가르치다'와 '기르다'의 두 개 동사가 명사화되어 합성된 단어라고 할 수 있다. 가르치다는 '갈다'와 '치다' 또는 '가르다'와 '치다'가 합쳐져서 이루어진 합성동사이다. '갈다'에는 여러 뜻이 있는데, '낡은 것을 대신하여 새것으로 바꾸다'는 뜻이요, 물건을 닳게 하기 위하여 다른 물건에 문지른다는 뜻이요, 숫돌 같은 데다 문질러서 날이 서게 한다는 뜻이요, 문질러서 광채를 내게 한다는 뜻이요, 쟁기나 곡괭이 같은 것으로 논밭의 흙을 파 뒤집는다는 뜻이다. 또 '갈다'는 '가려내다', '가리게 하다', '가르다'와 어원이 같다고도 한다. 우리말 '가르치다'의 종합적 의미는 시비선악을 판단하여(가르다), 나쁘고 거친 것을 다듬어 착하고 아름답게 하는 것(치다)이다. 또한 '배운다'라는 말이 있는데, 이는 '배우게 하는 일', 즉 아이를 뱃속에 배는 일과 같다. 이것은 곧 진리의 싹을 배게하는 일이다. 이렇게 보면 가르치는 일은 진리의 싹을 배게 하는 일이요, 그것을 다듬고 길러 가는 일이다. 우리나라의 '가르치다'라는 말에는 방향제시, 선별, 분별, 판단, 경작, 연마, 사육, 생성, 제거, 성장 등 서양의 뜻보다 더 많은 의미를 내포하고 있다.

> **TIP**
> education이라는 교육의 본질을 보면 인간의 내재적인 소질과 잠재적 가능성을 밖으로 신장, 발전시킨다는 의미를 내포하고 있다.

3) 영어와 페다고지의 교육

'education'이라는 낱말은 라틴어의 educare(에듀까레)에서 유래된 것이다. 이 말의 뜻은 'e(밖으로)'와 'ducare(끌어내다)'가 결합된 말이다. 즉, education이라는 낱말 속에는 아동이 가지고 있는 소질, 능력을 끌어내

어 참다운 모습으로 생리화, 제2의 천성화 또는 인간화시킨다는 의미가 포함되어 있다. 교육이라는 활동에 의해 인간에게 잠재되어 있는 소질들을 끌어내어 사람으로서 형성시켜 놓아야 비로소 인간이 된다는 뜻이 담겨 있나. education이라는 교육의 본질을 보면 인간의 내재적인 소질과 잠재적 가능성을 밖으로 신장, 발전시킨다는 의미를 내포하고 있다.

'pedagogy(페다고지)'의 어원은 그리스어의 paidagogos(파이다고고스)에서 유래한 것이다. 'paidas(파이다스-어린이)'와 'agogos(아고고스-이끈다)'의 합성어인 'paidagogossms'은 귀족층 어린이들을 학교나 박물관, 기타 공공장소로 데리고 다니며 교육시키는 것을 의미한다. 이 말 속에서 참다운 교사의 정신을 찾을 수가 있다. 교육은 교사라는 주체와 학생이라는 객체가 있어야 비로소 작용되는 것인데, 교육에서 교사의 역할이 중요함은 더 논할 필요가 없다는 것이다. 즉, 교육자는 학습자의 성장과 발달을 도와 그들의 행복한 삶을 영위하도록 도와주기 위하여 노예처럼 그들의 자녀에게 희생과 봉사로써 최선을 다해야 한다는 의미를 내포하는 것이다.

2. 교육학자들의 다양한 정의

오늘날의 인간사회가 있기까지 형식과 내용은 달랐지만 끊임없이 교육활동은 계속되어 왔다. 한 개인의 일생을 두고 생각할 때, 태어나서부터 죽을 때까지 한평생 넓은 의미의 교육이 진행되고 있다. 따라서 교육학자들에 따라 의미하는 바와 해석하는 방식이 다르기 때문에 교육을 한마디로 정의하기란 매우 어렵다. 교육에 관한 여러 가지 정의를 모든 사람들에게 만족시키는 포괄적인 정의를 얻기는 더더욱 어렵다. 또한 교육은 수많은 학자와 관계자들에 의해서 꾸준히 연구 및 논의되어 왔고, 앞으로도 끊임없이 계속된다는 사실이다. 이 장에서는 교육에 대한 여러 학자들의 견해를 살펴보았다.

1) 칸트(Immanuel Kant, 1724~1784)

칸트(Kant, 1724~1784)

칸트는 교육을 인간이 이상을 향해 도덕적, 인격적으로 도야하는 활동이라고 하면서 이상주의적 규범교육, 인격교육에 바탕을 둔 본질적 교육관을 나타내었다. 『교육학 강의』의 첫머리는 아래에서처럼 알 수 있다(김정환, 1990).

TIP
교육에 의해서 인간은 차례로(양육을 필요로 하는) 젖먹이에서(훈련을 필요로 하는) 어린이가 되고 드디어(교수를 필요로 하는) 생도가 된다.

인간은 교육을 필요로 하는 유일한 동물이다. 교육이란 무엇인가? 그것은 양육(어린이의 간호와 생육), 훈련 그리고 문화를 익히는 일을 포함하는 교수로 이해되어야 한다. 교육에 의해서 인간은 차례로(양육을 필요로 하는) 젖먹이에서(훈련을 필요로 하는) 어린이가 되고 드디어(교수를 필요로 하는) 생도가 된다.

Man is the only being who needs education, For by education we must understand nurture(the tending and feeding of the child), discipline, and teaching, together with culture. According to this, man is in succession infant(requiring nursing), child(requiring discipling), and scholar(requiring teaching)

이 글에서 우리는 인간을 교육의 산물로 간주하고 교육을 인간답게 형성하는 작용으로 정의하며, 인간이 교육을 통해서만 사람다운 사람이 될 수 있다는 교육 만능설(사람은 교육되지 않으면 안되는 유일한 존재)을 엿볼 수 있다. 또한 칸트는 교육의 목표를 도덕적 인간형성에 두었으며, 특히 인격적인 면을 중시하였다. 이러한 면은 동양의 유교주의적인 교육관과도 상통한다고 할 수 있다.

2) 루소(Jean Jacques Rousseau, 1712~1778), 엘렌케이(Ellen Karolina Sofia Key, 1849~1916)

자연성에 중점을 둔 자연주의 교육관에 근거하여 교육을 정의하였다. 인간은 자연적 인간으로 태어났다는 점과 인간본성의 발달을 강조하였다는 섬은 사회적 전통이나 외부적, 인위적인 영향을 배척하여 자기 목적적인 인간을 지향함을 뜻한다. 이는 개인의 발달도 자연적, 자율적인 것이라고 주장하는 자연주의 철학에 바탕을 둔 것이다.

루소(Rousseau, 1712~1778)

루소는 인간의 자연적 발달을 위한 모든 조성활동을 교육이라고 정의하였다. 인간의 자연성은 신의 섭리에 의하여 이루어졌기 때문에 완전하고 선한 것이라고 하였다. 그리고 엘렌케이는 여성해방 운동가로서, 『아동의 세기』를 저술하여 아동의 개성의 계발과 자유로운 자기 발전을 주장하였다.

> **TIP**
> 루소는 인간의 자연적 발달을 위한 모든 조성활동을 교육이라고 정의하였다.

3) 페스탈로치(Johann Heinrich Pestalozzi, 1746~1827)와 피히테(Johann Gottlieb Fichte, 1762~1814)

사회성에 중점을 둔 사회적 세계관으로 교육을 정의하였다. 인간은 일정한 사회에서 태어났고, 그 사회 속에서 가치와 보람을 느낄 수 있다는 사실에 주목하는 정의이다. 페스탈로치는 한 개인의 인간성을 완성하여 인간개조를 도모하고, 개조된 인간을 통하여 사회개혁을 이룩하려는 데 교육의 목적을 두었다. 인간 정신의 3대 근본동력인 정신력(知, Head)은 이성적인

페스탈로치(Pestalozzi, 1746~1827)

> **TIP**
> 페스탈로치는 한 개인의 인간성을 완성하여 인간개조를 도모하고, 개조된 인간을 통하여 사회개혁을 이룩하려는 데 교육의 목적을 두었다.

지가 되고, 심정력(意, Heart)은 도덕적 의가 되고, 기술력(行, Hand)은 신체적인 행이 된다는 조화된 인간을 교육목적으로 삼았다.

한편 피히테는 '독일 국민에게 고함'이라는 강연을 통하여 교육입국론을 부르짖었다. 특히 국민교육을 신교육으로 하지 않으면 안 된다는 것을 역설하고 진정한 노작교육(勞作敎育)의 실천을 주장하였다.

4) 듀이(John Dewey, 1859~1952)

>>> TIP
듀이는 인간을 자유와 자연에 방임해 두는 것이 아니라 선택적으로 조정하고 이상화해야 한다고 보았다. 따라서 교육을 생활, 성장, 사회과정, 경험의 재구성으로 정의하였다.

듀이
(Dewey, 1859~1952)

인간의 생물적 생명의 유한적이고 창조적인 면과 사회적 생명의 영원하고 전달적인 면이 합치되는 것이 인간의 전적인 생명이라고 본 듀이는 인간을 자유와 자연에 방임해 두는 것이 아니라 선택적으로 조정하고 이상화해야 한다고 보았다. 따라서 교육을 생활, 성장, 사회과정, 경험의 재구성으로 정의하였다. 또한 유한한 생물적 생명을 순응시키는 것이 교육의 사명이기 때문에 교육은 끊임없이 경험의 재구성이라고 할 수 있으며, 사회적, 실용적으로 분화 및 고도화시켜 나가는 것이라고 주장하였다.

3. 유전과 환경과의 관계

1) 환경(로크 - John Loke, 왓슨 - John Broadus Watson(1878-1958))

인간은 인간사회의 일원으로 태어나 그 사회에서 성장함으로써 비로소 인간다워질 수 있는데, 이는 환경의 중요성을 강조한 것이다. 그러나 배우고 자란다는 것은 곧 인간 유기체를 둘러싸고 있는 인적, 문화적, 물리적 환경과의 끊임없는 상호작용을 통해서만 가능하다. 동일한 유전인자를 가지고 태어났다고 해도 각자의 환경이라든가 교육의 영향으로 성장하는 과정에서만은 차이

출처: https://cafe.daum.net/ mindstay/ oYpO/854?q=%EC%9C%A0%EC%A0%84%EA%B3%BC%ED%99%98%EA%B2%BD&re=1

가 나타난다. 이는 침팬지나 고릴라가 인간적 환경에서 자란다고 하여 인간이 될 수 있는가라는 의문을 가능하게 한다.

이 질문에 대한 해답은 자기 자신의 아이와 침팬지를 똑같은 환경에서 키워 본 캘로그(Kellog) 박사 부부의 실험보고서에 잘 제시되어 있다. 그는 열 달 된 자기 아들을 일곱 달 반 된 침팬지와 함께 양육한 바 있는데, 결론적으로 똑같은 인간적인 환경을 마련해 주어도 침팬지는 인간이 하는 것처럼 언어를 써서 학습하고, 인간적 성장을 할 수 없다는 것이다. 이와 같은 맥락에서 나토르프(Natorp)는 "인간은 다만 인간사회를 통해서만 인간이 된다."라고 하였으며, 칸트(Kant)는 "인간이란 교육을 통해서만 인간다운 인간이 될 수 있다."고 했다. 또한 코메니우스(Comenius)도 "인간은 교육에 의해서만 인간이 된다."라고 하였는데, 이러한 관점들은 모두 인간형성에 선천적인 소질보다는 후천적인 환경이 우세함을 나타낸 것이다. 따라서 환경적인 면은 유전적인 면보다 인간을 형성하는 데 더 많은 영향을 미치며, 다른 사회 · 문화적 차이는 인간의 생득적 특징과 상호작용하여 각각 다른 모습의 인간을 형성하게 하는 것이다.

> TIP
> 나토르프는 "인간은 다만 인간사회를 통해서만 인간이 된다."라고 하였으며, 칸트는 "인간이란 교육을 통해서만 인간다운 인간이 될 수 있다."고 했다.

2) 유전(모간-Thomas Hurt Morgan(1866-1945), 멘델-Gregor Johann Mendel (1822-1884))

인간은 교육을 통해 누구나 원하는 바대로 될 수 있는 것은 아니지만 그렇다고 전적으로 변화가 불가능한 것도 아니다. 즉, 변화는 얼마든지 가능하지만 아무리 바람직한 교육을 하여도 일정 수준 이상으로는 진전되지 않는 한계가 있다는 것이다. 그 한계를 결정지어 주는 것이 유전이라고 볼 수 있다. 인간은 각기 출생부터 부모, 선조로부터 교육의 특질, 즉 염색체에 따른 성질이라 할 수 있는 유전인자를 물려받게 되는데, 이와 같이 타고난 유전인자는 장래 어떤 사람으로 어떻게 성장할 것인가에 상당한 영향을 준다. 이 유전력에 대해서는 여러 가지 학설이 있다. 그중 멘델이나 모건 등의 유전학자들은 생물학뿐만 아니라 교육학에도 중요한 영향을 미쳤다.

> TIP
> 유전학의 중요한 개념 중 하나인 소질이란 인간의 신체적, 정신적인 잠재적 능력을 말한다. 잠재적 능력은 유전에 의해서 결정되는 부분이 많지만, 환경에 따라 좌우되는 범위도 적지 않다.

유전학의 중요한 개념 중 하나인 소질이란 인간의 신체적, 정신적인 잠재적 능력을 말한다. 잠재적 능력은 유전에 의해서 결정되는 부분이 많지만, 환경에 따라 좌우되는 범위도 적지 않다. 다만 유전에 의해서 결정되는 부분은 교육에 의해서 변화시킬 수 없다고 할 수 있는데, 바로 이 점이 교육의 한계성(교육부정설)과 깊은 관계가 있다. 따라서 유전에 기인하는 요소인 신체의 강약, 지능의 우열, 정서, 의지의 강약 등은 교육에 의하여 변화시킬 수 없거나 극히 미약한 변화밖에 기대할 수 없다. 유전자 우위를 내세우는 대표적 연구로는 갈톤(Galton, 1822-1891), 고다드의 칼리카크(Goddard Kalikak, 1866-1957), 더그데일의 쥬크(Dugdale Jukes) 가계연구 등이 있다.

> TIP
> https://www.youtube.com/watch?v=Te_ibfOIPyE

3) 환경과 유전(장성화-Jang Sung Hwa, 1972–), 우드워스(Robert. Sessions. Woodworth, 1869-1962)

우리는 앞에서 환경과 유전에 대한 중요성을 살펴보았다. 교육이란 유전으로부터 받은 성질을 갖고 시작하여 환경 속에서 그 가능성을 성장 및 발달시켜 나가는 과정이기 때문에 인간의 형성은 유전과 환경 그리고 교육이 상호작용하는 가운데 이루어지는 것이다. 유전론자들은 심리적 특성 형성에 있어서 유전적인 요인이 보다 강하게 작용한다고 주장한다. 반대로 환경론자들은 유전적인 요인을 인정하나 환경적인 요인이 더욱 크게 작용한다고 주장한다. 즉, 인간의 지적 능력은 학습 경험에 의해 결정된다는 것이다. 유전적인 요인의 심리학자들은 지능이란 환경에 의해서 직접적으로 영향을 받는 것이 아니라 유전적인 요인에 의해서 결정된다고 주장했다. 그러나 어떤 결론적인 해답을 제시해 주었다고는 볼 수 없다. 유전의 법칙을 너무 강조하게 되면 교육은 다만 선천적으로 타고난 가능성을 구현시켜 주는 일에 지나지 않게 된다.

근래에 장성화(2008)는 극단적인 환경론자나 유전론자와는 달리 2가지 입장을 공통적으로 이해할 수 있는 조화로운 입장을 취하고 있다. 즉, 교육은 한 사회집단이 미성숙한 사람들을 그 자신들의 사회적인 형태에 알맞게 성장과 성숙시키는 것이다.

> **TIP**
> 장성화는 극단적인 환경론자나 유전론자와는 달리 2가지 입장을 공통적으로 이해할 수 있는 조화로운 입장을 취하고 있다.

논쟁의 해결점을 찾기 위한 과정에서 유전적인 요인과 환경적인 요인을 모두 인정하고, 이 두 요인이 상호작용한다는 주장은 〈표 1-1〉과 같이 나타낼 수 있다.

표 1-1 유전과 환경의 관계

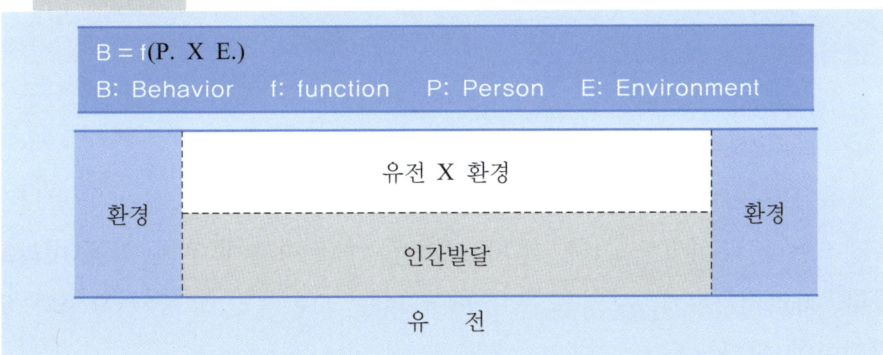

출처: 남궁용권 외 2인(2005). 알기 쉬운 교육학개론. 경기: 양서원

4. 교육의 3요소

교육의 3요소(elements of education)가 이루어지기 위해서 반드시 필요한 교사, 학생, 교육내용(교재)을 가리키는 것이다. 일반적으로 교육을 하는 교사와 교육을 받는 학습자의 관계는 상호 실천적 교섭, 즉 경험의 전

> **TIP**
> 교육의 3요소란 의도적인 교육활동이 이루어지기 위해서 반드시 필요한 교사, 학생, 교육내용(교재)을 가리킨다.

달과 수용을 통해 관계를 맺게 되는데 이를 교육내용이라고 한다. 따라서 [그림 1-1]과 같이 3요소가 상호작용할 때 가장 이상적이라고 할 수 있다(교육의 3요소(교사, 학생, 교재)와 환경이 포함되면 4요소가 됨).

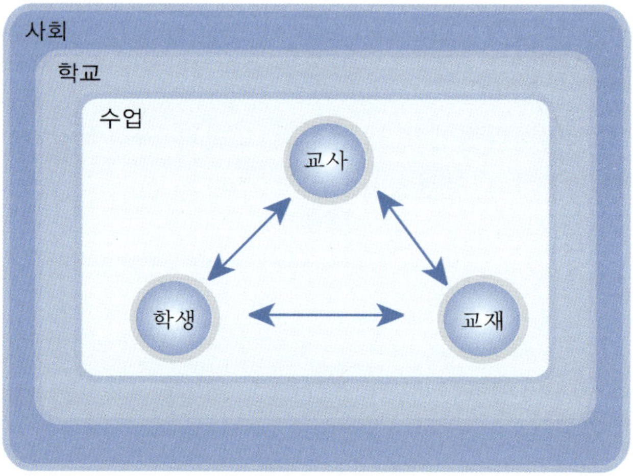

▶▶ 그림 1-1
교육의 3요소

출처: 권건일 외 1인(2006). 교육학개론. 경기: 양서원

교육내용(교재)은 교육적으로 가치 있는 것으로 학생의 성장과 발달을 촉진하는 하나의 수단이다. 흔히 교육을 '가르치고 배우는 활동'이라고 한다. 따라서 '누가, 무엇을, 누구에게'라는 기본적인 교육의 요소가 명시되어야 한다.

학교교육이 이루어지기 위해서는 교육을 하는 측과 교육을 받는 측이 있어야 한다. 학교에는 교육을 실천하는 교사와 실천의 대상인 학생이 있기 마련이다. 아울러 교사와 학생이 상호작용할 수 있는 매개물이 필요하다고 볼 수 있다. 매개물은 넓게는 사회문화 그 자체가 될 수 있는 내용을 엄선하여 선별한 특정의 교과목이 될 수 있다. 이처럼 계획적인 교육활동이 이루어지기 위해 필요조건으로 요구되는 교사, 학생, 교육내용(교재)의 3요소가 존재하며 그 가운데 하나라도 빠지면 엄밀한 의미의 교육은 성립하지 않는다(임일남 · 이병헌 · 윤길근 · 정황순, 2003).

1) 교사

교육은 미성숙자가 현재의 상태가 불완전하기 때문에 성숙되고 완전한 상태를 향해서 노력해 나가는 과정이다. 이러한 과정에서 교육을 의도적이고 조직적으로 이끌어 가는 사람이 교사이다. 교사는 미성숙자를 이끌어 가는 사람이기 때문에 바람직한 가치관에 바탕을 둔 교직관과 윤리성이 요구된다.

> TIP
> 교사는 미성숙자를 이끌어 가는 사람이기 때문에 바람직한 가치관에 바탕을 둔 교직관과 윤리성이 요구된다.

교육은 교사, 학생, 교육내용의 3요소로 구성되며, 이 가운데 가장 핵심적인 요소는 교사이다. 아무리 좋은 교육제도가 있어도 그것이 성공하기 위해서는 현장 교사의 노력 없이는 불가능하다. 교육의 성패는 질 높고 교육적 사명감을 가진 교사를 얼마만큼 확보하느냐에 달려 있다고 할 수 있다. 즉, 교육은 교사에 의해서 이루어지므로 교육의 핵심은 교사의 활동이다.

> TIP
> 교사는 가르치는 방법에 대한 전문적인 지식을 갖고 있어야 한다.

효과적인 교육을 위해서는 외적인 교육시설이나 내적인 합리적 조직도 중요하지만 교사의 인격이나 교사의 행동이 무엇보다 중요하다. 아무리 좋은 고령토라도 제대로 된 도공을 만나야 백자가 되고 청자가 될 수 있다. 옹기장이를 만나면 옹기 그릇밖에 되지 못한다. 대나무도 왕대 밑에서 왕대가 난다. 아무리 좋은 대들보감도 목수를 잘못 만나면 다듬질을 잘못해서 못 쓰게 되고 아궁이에 들어가는 경우가 생길 수 있다. 따라서 교육의 핵심은 교사에게 있으며, 교육의 성패는 다른 어떤 조건보다 교사의 열의와 전문적인 역량에 달려 있다.

흐르는 물은 그 원천 이상의 높이에 오르지 못한다. 그러나 문화적으로 볼 때, 어린이는 자기를 가르친 교사나 자기를 낳아 수신 어버이 이상의 수준으로 성장 및 성숙될 수 있다. 그렇기 때문에 인류는 발전할 수 있었으며, 이 발전을 가능하게 했던 것이 교사이다. 그러므로 교직이 전문직으로 인정받고 있는 오늘에 있어서 학교 교사는 다음과 같은 3가지의 본질적 요소를 갖고 있어야 한다.

첫째, 교사는 자기가 가르치는 과목에 대한 해박한 지식을 소유하고 있어야 한다. 기본적으로 교사는 나누어 주는 자이다. 교사가 나누어 주는 첫 번째 대상은 지식이다. 전문화되고 분업화된 사회에서 교사가 자신이 맡고 있는 교과목에 대한 해박한 지식을 갖고 있지 않다면 교사와 학생 간의 일차적 상호작용이 일어나는 교실에서 문제가 될 수 있다.

둘째, 교사는 가르치는 방법에 대한 전문적인 지식을 갖고 있어야 한다. 교육은 인간행동의 계획적 변화과정이라고 하였으므로, 이러한 인간행동의 계획적 변화를 격려하고 유도하는 기술이 바로 교육방법이라 할 수 있다. 마지막으로, 교사는 인간과 사회에 대한 자기 나름의 명확한 철학을 갖고 실천해 나가야 한다.

2) 학습자

교육의 객체인 학습자는 생물학적인 유기체인 동시에 사회적인 존재며 또한 윤리적인 인격체이다. 또한 미숙한 신체와 정신 그리고 지성을 가진 가능체이다. 나아가 개인이 발전할 수 있는 소질과 능력을 가지고 모든 행동을 통일, 통합시킬 수 있는 존재이다. 즉, 학습자들은 성장하여 선해질 수 있고 참다워질 수 있는 힘과 가치를 보유한 미래지향적인 희망이라고 할 수 있다. 때문에 학습자는 성장과 발전을 위한 자극이 필요하다.

학습자는 사회의 각처에 존재해 있다. 가정에는 자녀가, 학교에는 학생이, 교회에서는 평신도가, 기업 또는 사회기관에서는 사원 또는 기관 구성원이 학습자가 될 수 있다. 누구나 학습자의 위치에 설 수 있다는 것은 누구나 학습의 필요성과 이를 통한 성장 가능성을 갖고 있다는 의미이다.

교육은 학습자가 성장 가능성이 풍부하다는 전제 아래 성립될 수 있다. 학습의 필요성과 이를 통한 성장 가능성이 의미하는 또 하나의 전제는 학습자는 변화될 수 있다는 전제이다. 인간이 변화되지 않는다면 교육활동은 불가능해진다. 교육은 학습자를 바람직하게 변화시킴으로써 이것이 원동력이 되어 가정, 사회, 국가, 세계를 변화시킬 수 있는 전제로 전개되는 것이다. 따라서 어떤 교육활동이 성과를 거두기 위해서는 그 교육활동에 참여하는 학습자가 먼저 성장 가능성에 대한 확실한 신념을 갖게 할 필요가 있으며, 바람직한 행동의 변화를 가져오겠다는 의욕을 갖도록 해줘야 한다. 이러한 성장 가능성에 대한 신념과 바람직한 변화에 대한 의욕을 갖지 않고 교육활동에 참여하는 학습자는 항아리 뚜껑을 덮어 놓은 채, 항아리에 물이 채워지기를 바라는 상황과 다를 바 없다.

학습자는 교육되기 때문에 객체일 뿐이며, 배움을 받아야 하기 때문에 대상에 불과하다. 이들은 새로운 미래의 세계를 향해서 적극적으로 그리고 주체적으로 성장되어야 하며, 바람직한 학습을 열망하는 의지체이다. 우리는 교육의 객체라 해서 학습자를 일개의 추종자 내지 모방자로 간주하는 오류를 범해서는 안 된다. [그림 1-2]와 같이 교육의 3요소는 전통적 관계에서 현대적 관계로 변모했다.

>>> TIP
>
> 교육은 학습자를 바람직하게 변화시킴으로써 이것이 원동력이 되어 가정, 사회, 국가, 세계를 변화시킬 수 있는 전제로 전개되는 것이다.

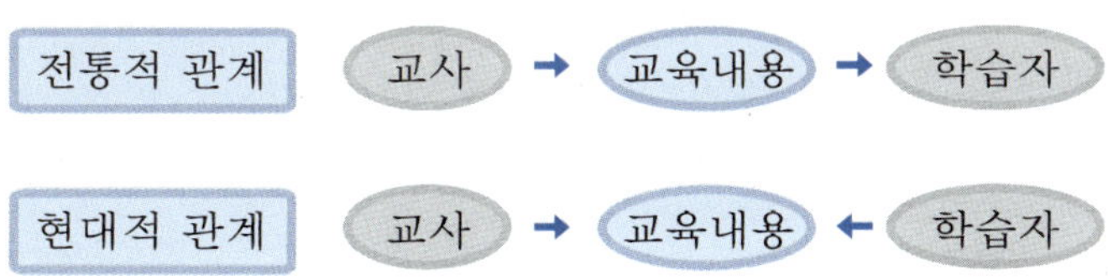

▶▶ 그림 1-2 전통적 · 현대적 관계

출처: 권건일 외 1인(2006). 교육학개론. 경기: 양서원

3) 교육내용(교재)

TIP

교육의 주체와 객체 사이에는 언제나 매개물이 존재하며 그것이 교육의 재료, 즉 교육의 내용이다.

교육의 주체와 객체 사이에는 언제나 매개물이 존재하며 그것이 교육의 재료, 즉 교육의 내용이다. 교육내용에는 인류의 역사 이래로 축적시켜 온 지식, 기술, 가치, 행위, 규범, 물질적 산물 등이 포함될 수 있다. 이를 다른 말로 문화를 구성하는 모든 요소라고 할 수 있다. 인류가 문화요소를 전달하기 위해서는 세계적인 구조화와 조직이 필요하다. 그 조직의 산물로 얻어진 대표적인 것이 학교이다. 이러한 학교에서 배우는 교과서, 교재, 과외활동 등으로 나누어져 학습자에게 제공되는 것이 교육과정이라고 할 수 있다. 교육의 주체와 객체 사이에는 언제나 매개물이 존재하는데, 이를 재료, 즉 교육의 내용이라고 한다.

교육내용을 넓게는 교육의 재료, 줄여서 교재 또는 도야재라고 하며, 좁게는 교육과정이라고 한다. 그것들은 교육자의 입장에서 보면 교육 지도상의 재료이고, 학습자의 입장에서 보면 교육 진행상의 재료가 된다. 그리고 이는 수단적 가치를 지니며 절대적 역할을 담당한다. 그러면 교육내용이란 무엇인가? 간단히 말하면 교육내용이란 가치가 있다고 인정되는 문화유산과 생활경험, 즉 교재라고 할 수 있다. 교육이란 이와 같은 교육내용을 매개체로 중간에 놓고 교육의 주체와 객체가 상호 실천적으로 교섭하는 상호작용이다. 따라서 교육내용은 학습자의 흥미와 관심, 그리고 수준을 고려하여 치밀하게 설계되어야 한다. 교육내용이 학습자에게 잘 전달되기 위해서는 서로 비슷한 내용끼리 선별되어 모아지는 응집성이 있어야 하며, 학습의 난이도에 따라 이들을 순차적으로 제시되는 계열성이 있어야 한다. 또한 서로 다른 내용들 간의 유기성이 잘 설명되어야 하는 종합성이 있어야 한다.

5. 교육의 형태

개인적 삶의 추구와 동시에 사회적 존재로서의 삶을 위한 인간의 교육은 원시시대의 성년식을 시작으로 다양한 형태의 교육제도와 형식으로 구분될 수 있다. 오늘날의 교육을 구분할 때 가장 일반적인 것이 형식적 교육(formal education)과 비형식적 교육(informal education)으로 나누는 것이다.

교육의 형태를 형식적 교육과 비형식적 교육으로 구분하는 기준은 계획성, 조직성, 체계성이다. 먼저 형식적 교육은 사전에 철저한 계획에 의해서 제도화된 교육기관을 통해서 조직적으로 행해지는 교육을 말한다(김충기 · 장선철 · 김영중 · 신현숙, 2004). 반대로 비형식적 교육은 특정한 조직이나 기관에서 이루어지는 교육 외에 특별한 계획이나 체제 없이 자연적으로 진행되는 모든 교육을 말한다. 일반적으로 형식적 교육은 학교교육을 가리키며, 비형식적 교육은 학교 외의 교육을 일컫는 용어이다.

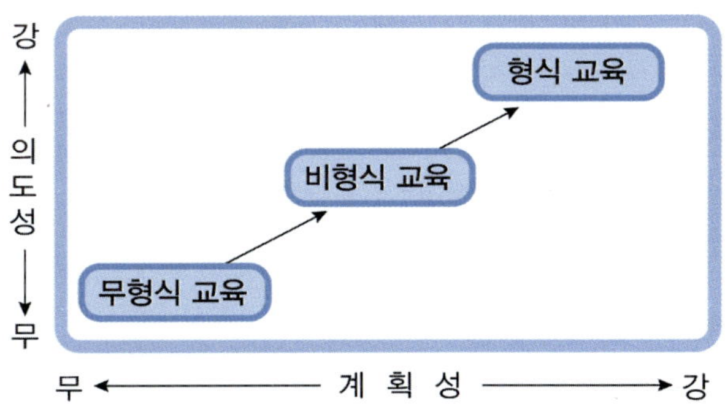

https://m.blog.naver.com/PostView.naver?isHttpsRedirect=true&blogId=gunah2333&logNo=220021048043

1) 형식적 교육(formal education)

>>> TIP
형식적 교육은 인간형성을 위하여 의도적 교육, 계획적 교육, 구체적 교육이 이루어지는 것을 말한다.

형식적 교육은 인간형성을 위하여 의도적 교육, 계획적 교육, 구체적 교육이 이루어지는 것을 말한다. 즉, 어떤 이상적인 인간상을 설정해 놓고 이에 도달할 수 있도록 아동들의 성장 발달을 도모하는 의도적이며 계획적인 활동이다. 따라서 목적의 실현단계에 따라 구성된 교재내용을 매개로 하고 효율적인 지도방법을 사용하여 수행되는 협의의 교육이다. 형식적 교육은 학교교육과 같이 의도적이고 계획적인 교육을 목적으로 설립된 기관에서 실천하는 교육이다. 이는 사회를 성립, 존속, 발전시키는 데 중요한 역할을 한다. 대표적인 기관으로 학교를 들 수 있으며 비슷한 것으로는 훈련소, 양성소, 학원, 강습소를 비롯한 성인교육과 사회교육을 위한 도서관, 시민회관, 교회 등이 있다.

형식적 교육의 특성은 교육목적, 교육내용, 교육환경 등이 체계화되어 어떤 형태를 띠게 되며, 교육활동은 좀 더 구체적으로 명시화되어 있다는 것이다. 아울러 폐쇄적이며 규정적이고 선발적이며 경쟁적이다. 또한 당국의 엄격한 기준이 적용되며 가르치는 교과 형태가 구조화되어 있다. 형식적 교육을 통하여 학습자는 자격을 인정받고 획득한다. 형식적 교육은 배운 교육내용에 대한 활용이 비교적 장기적으로 나타나며 그 교육적 효과도 장기적인 목표에 두고 있다. 학교교육을 마치 교육의 전부이고 핵심인 것처럼 생각하는 것도 형식교육이 지니고 있는 의도성, 계획성, 체계성의 형식이 부각되기 때문이다.

2) 비형식적 교육(informal education)

비형식적 교육은 의도적, 계획적인 교육은 아니나 인간의 삶 속에서 이루어지고 있는 모든 생활경험을 가리키며, 무의도적 교육 혹은 광의의 교육이라고도 한다. 따라서 비형식적 교육은 교육기관에 의하지 않는 교육이라고 할 수 있다. 학교교육 이전에는 가정교육, 사회교육, 자연교육 등을 통하여 가치관과 관습, 규칙, 경험 등을 통해 터득한 지식들을 삶의 내용 속에서 자연스럽게 전달했고, 이것이 문화를 창조하여 세대에서 세대로 전달할 수 있었다.

> **TIP**
> 비형식적 교육은 의도적, 계획적인 교육은 아니나 인간의 삶 속에서 이루어지고 있는 모든 생활경험을 가리키며, 무의도적 교육 혹은 광의의 교육이라고도 한다.

이와 같이 발전성과 창조성을 바탕으로 인간이 살고 있는 곳에는 비형식적 교육이 이루어지고 있다. 좀 더 구체적으로 표현하면 교육은 학교에서만 이루어지는 것이 아니라 가정, 직장, 놀이터와 같은 장소에서 가족이나 동료 그리고 친구들로부터 모범과 태도를 배우기도 하며, 오늘날과 같은 매스컴 시대에는 신문, 잡지, 라디오, 영화, 텔레비전, 여행, 독서 등을 통해 무의식중에 인간형성에 영향을 미친다. 따라서 비형식적 교육은 무의도적이고 비계획적인, 즉 자연발생적이고 간접적인 교육이라고 할 수 있다.

형식적인 교육이 의도적, 계획적, 직접적이라고 한다면, 반대로 비형식적인 교육은 무의도적, 자연발생적, 광의의 교육이라고 할 수 있다. 2가지 교육의 형태는 가정교육, 학교교육, 사회교육 전 분야에서 상호밀접하게 관련되며 인간형성에 중대한 영향을 미친다. 따라서 형식적 교육과 비형식저 교육의 통합은 매우 중요하다. 형식적 교육과 비형식적 교육에서 교육의 3요소는 〈표 1-2〉와 같다.

표 1-2 형식적 교육과 비형식적 교육의 3요소

구 분	형식적 교육	비형식적 교육
가르치는 사람	교사	자녀를 포함한 모든 미성숙자
배우는 사람	학생, 학습자	자녀를 포함한 모든 미성숙자
교육내용	교과 중심의 교재	교육내용의 제한이 없음
상호작용의 장소	학교	사회의 모든 장소

출처: 전병일 외 1인(2006). 교육학개론. 경기: 양서원

3) 형식적 교육과 비형식적 교육의 상호관계

형식적 교육과 비형식적 교육은 가정, 사회, 학교 등에서 교육이라는 주제를 바탕으로 한 서로 밀접한 상호관계는 다음과 같다.

① 형식적 교육은 일관성이 있고 계속적으로 진행되는 데 비해, 비형식적 교육은 계속적이고 자연발생적으로 진행되는 교육이다.

② 형식적 교육과 비형식적 교육은 서로 상호 연속적·돌발적으로 나타났다 사라진다.

③ 형식적 교육은 교사에 의해 교육목적, 교육내용, 교육방법 등이 계획적이고 의도적인 방향에서 실행되는데, 비형식적 교육은 우연적 혹은 돌발적인 방향에서 교육이 진행되었다가 사라진다.

④ 형식적 교육은 근대에서 주로 이루어지지만, 비형식적 교육은 고대에서 이루어졌다. 현대에서는 형식적 교육과 비형식적 교육의 상호관계 속에서 교육이 진행된다.

⑤ 가정, 사회, 학교가 서로 유기적 관계를 가지고 교육을 수행해 갈 때 교육의 효과성이 높을 수 있다.

Chapter 01 학습정리

1. 맹자는 최고 인격자로서의 군자에게 3가지 참된 즐거움을 뜻하고 있다(군자유삼락, 君子有三樂). 그러나 천하에 왕 노릇하는 것만은 거기에 들어 있지 않다(이왕천하 불여존언, 而王天下 不與存焉). 첫째는 부모가 다 살아계시고 형제가 모두 무고함이 없이 살아감이요(부모구존 형제무고 일락야, 父母俱存 兄弟無故 一樂也), 둘째는 하늘을 우러러 부끄러움이 없고 인간사회에 부끄러움이 없는 것이요(앙불괴어천 부부작어인 이락야, 仰不愧於天 俯不怍於人 二樂也), 셋째는 천하의 영특한 인재들을 얻어 이들을 가르치고 기르는 일, 즉 교육하는 일이 다른 또 하나의 즐거움이라는 것이다(득천하영재 이교육지 삼락야, 得天下英才 而敎育之 三樂也).

2. 교육이란 문자를 순수 우리말로 풀어보면 가르칠 교(敎)와 기를 육(育)으로 되어 있다. 이희승(편) [국어대사전]에 보면 '가르치다'와 '기르다'의 두 개 동사가 명사화되어 합성된 단어라고 할 수 있다. 'education'이라는 낱말은 라틴어의 educare(에듀까레)에서 유래된 것이다. 이 말의 뜻은 'e(밖으로)'와 'ducare(끌어내다)'가 결합된 말이다. 즉, education이라는 낱말 속에는 아동이 가지고 있는 소질, 능력을 끌어내어 참다운 모습으로 생리화, 제2의 천성화 또는 인간화시킨다는 의미가 포함되어 있다.

3. 환경적인 면은 유전적인 면보다 인간을 형성하는 데 더 많은 영향을 미치며, 다른 사회·문화적 차이는 인간의 생득적 특징과 상호작용하여 각각 다른 모습의 인간을 형성하게 하는 것이다. 또한 유전에 기인하는 요소인 신체의 강약, 지능의 우열, 정서, 의지의 강약 등은 교육에 의하여 변화시킬 수 없거나 극히 미약한 변화밖에 기대할 수 없다. 유전자 우위를 내세우는 대표적 연구로는 갈톤, 고다드의 칼리카크, 더그데일의 쥬크 가계연구 등이 있다.

4. 교사는 가르치는 방법에 대한 전문적인 지식을 갖고 있어야 한다. 교육은 인간행동의 계획적 변화과정이라고 하였으므로 이러한 인간행동의 계획적 변화를 격려하고 유도하는 기술이 바로 교육방법이라 할 수 있다. 학습자는 교육되기 때문에 객체일 뿐이며, 배움을 받아야 하기 때문에 대상에 불과하다. 이들은 새로운 미래의 세계를 향해서 적극적으로 그리고 주체적으로 성장되어야 하며, 바람직한 학습을 열망하는 의지체이다. 우리는 교육의 객체라 해서 학습자를 일개의 추종자 내지 모방자로 간주하는 오류를 범해서는 안 된다.

5. 형식적 교육(formal education)은 인간형성을 위하여 의도적 교육, 계획적 교육, 구체적 교육이 이루어지는 것을 말한다. 즉, 어떤 이상적인 인간상을 설정해 놓고 이에 도달할 수 있도록 아동들의 성장 발달을 도모하는 의도적이며 계획적인 활동이다. 또한 비형식적 교육(informal education)은 의도적, 계획적인 교육은 아니나 인간의 삶 속에서 이루어지고 있는 모든 생활경험을 가리키며, 무의도적 교육 혹은 광의의 교육이라고도 한다.

Chapter 01 연습문제

01 교육의 3요소에 대하여 논하시오.

02 교육의 형태인 형식적 교육과 비형식적 교육에 대하여 설명하시오.

03 교육의 어원적 의미 중 한글의 교육에 대하여 논하시오.

04 유전과 환경에 대하여 설명하시오.

05 교육학자인 칸트가 주장한 교육만능설에 대하여 설명하시오.

02 교육의 역사적 기초

CHAPTER

학습내용

- 교육사의 어원과 학문적 성격을 이해한다.
- 한국 교육사를 원시사회의 교육에서부터 근대의 교육까지 이해한다.
- 서양 교육사를 고대 그리스시대부터 현대의 교육까지 이해한다.

1 교육사

풍속화첩(김홍도)(사진출처:한국데이터진흥원)

https://ncms.nculture.org/confucianism/story/2686

1) 교육사의 이해

영어의 'history'라는 말은 그리스어인 'historia'에서 기원했다. 중국에서는 역사를 일컬어 춘추(春秋)라 하였고, 우리나라에서는 통감(通鑑)이라고 설명했다. 즉, 동양에서는 본래 역사라는 말보다 전통적인 사관들에 의해 기록된 통감(通鑑; 사실을 거울을 통해 반사시켜 본다는 뜻이며, 거울은 곧 현재를 의미한다. 즉, 과거의 사건을 현재라는 거울을 통해 해석하는

TIP

교육사는 교육현상을 통하여 이루어지는 어떤 활동의 결과를 말한다. 즉, 교육사는 교육의 발생, 사상, 제도 등에 관한 교육과정의 역사 또는 그것을 연구하는 학문이다.

것이 역사라고 봄)이나 공자에 의해서 비롯된 춘추(春秋; 의심스러운 것은 의문스러운 대로 전하고, 진실한 것은 진실한 대로 전하는 것이다. 즉, 사실을 있는 그대로 정확하게 기록한다는 의미임)와 같은 말이 사용되었다. 간단히 말하면 교육사란 교육의 역사이다.

교육사는 교육현상을 통하여 이루어지는 어떤 활동의 결과를 말한다. 즉, 교육사는 교육의 발생, 사상, 제도 등에 관한 교육과정의 역사 또는 그것을 연구하는 학문이다. 교육사는 과거 삶의 현상으로써 교육현상을 역사적으로 규명하고, 규명된 역사적 사실을 바탕으로 교육현상을 관통하는 여러 가지 법칙이나 경향을 살펴보며, 이를 통해 교육현상을 보는 안목을 길러서 현재의 교육활동을 풍부하게 하고, 미래의 교육을 전망할 수 있도록 연구하는 학문이다.

2. 한국 교육사

원시사회 → 삼국시대 교육 → 고려시대 교육 → 조선시대 교육 → 근대의 교육

1) 원시사회의 교육: 생존과 실존을 위한 교육(비형식적 교육)

교육은 인류의 역사와 그 연원을 같이하지만 교육기관이 생겨난 것은 그 이후의 일이다. 원시시대의 교육은 학교라는 교육기관이 없었기 때문에 모든 교육이 가정이나 생활의 장에서 이루어졌다. 따라서 교육은 군집생활 속에서 가족 구성원뿐만 아니라 주위 연장자들에 의해 그들이 살아가는 데 필요한 것들을 배웠을 것이다. 원시시

대의 교육내용은 주로 생존하는 데 필요한 제반적인 지식, 즉 의, 식, 주와 직결되는 실제적인 교육내용을 배웠다. 따라서 목적의식이 뚜렷했을 뿐만 아니라 학습동기도 강했으며 자신들의 흥미와 학습의욕에 따라 학습시간을 조절할 수 있었다(김인식 외 3인, 2001).

자연숭배적인 원시 신앙심이 기초가 되었던 애니미즘(Animism)과 샤머니즘(Shamanism), 토테미즘(Totemism)은 인류 최초의 체계적인 신념이자 가치관이었다는 점에서 인류 최초의 교육철학이었다고 할 수 있다.

> **TIP**
> 애니미즘은 모든 사물에는 영혼과 같은 것, 생명적인 것이 두루 퍼져 있으며, 삼라만상의 여러 가지 현상은 그것의 작용이라고 믿는 세계관이다.
>
> 샤머니즘은 병든 사람을 고치고 저세상과 의사소통을 하는 능력을 지녔다고 믿어지는 샤먼 중심의 원시종교이다.
>
> 토테미즘은 미개 사회에서 동식물이나 자연을 신성시함으로써 형성되는 종교나 사회 체제를 의미한다.

2) 삼국시대의 교육: 고구려, 백제, 신라

삼국시대는 고조선(홍익인간(삼국유사, 사람을 널리 이롭게 하라)과 8조법금)의 멸망과 한사군의 설치를 전후로 하여, 문화적으로 금석병용기에 속했던 여러 부족국가들이 점차로 철기문화를 수용하던 시기였다. 이때부터 삼국은 정신적으로 유교윤리를 받아들이고 불교를 이해하기 시작하였다. 역사적으로 한국은 삼국시대를 기점으로 최초로 형식적 교육체제를 갖추게 되었다. 이는 삼국시대의 사회가 유교의 전래를 통하여 한자문화권에 편입되었고 삼국시대의 교육은 고구려, 백제, 신라로 구분된다.

> **TIP**
> 역사적으로 한국은 삼국시대를 기점으로 최초로 형식적 교육체제를 갖추게 되었다.

▲ /그림-이창우
http://newsteacher.chosun.com/site/data/html_dir/2014/05/25/2014052502583.html

(1) 고구려교육

> **TIP**
> - 시경: 중국 최고의 시집(시113편 수록)
> - 서경: 정사에 관한 문서
> - 역경(주역): 천문, 지리, 인사, 물상을 음향변화의 원리에 따라 해명한 것
> - 예기: 가무, 서화, 시문 따위의 예능
> - 춘추: 중국 12대 242년간의 사적을 기록

고구려의 교육은 크게 태학(太學)과 경당(扃堂)으로 구분할 수 있다. 먼저, 태학(15세 입학)은 삼국사기에 고구려 소수림왕(372년) 2년 6월에 세워진 최초의 고등교육기관으로 왕실의 자제와 고급관리를 양성하기 위해 설립되었다. 태학에서는 중국의 영향을 받아 오경(五經; 시경, 서경, 역경(주역), 예기, 춘추)과 삼사(三史; 사기(역사를 기록한 책), 한서(이십사사(二十四史)의 하나로 전한의 역사를 기전체로 쓴 책), 후한서(후한의 역사를 기록)), 삼국지(三國志: 서진의 진수가 쓴 중국 삼국시대의 정사로 삼사와 더불어 중국전사사라 불리며 이십사사(二十四史)의 하나임), 진춘추(晋春秋: 동진(東晋)의 손성(孫盛)이 편찬한 진(晋)나라의 역사책이며, 진양추(晋陽秋)라고도 한다. 옛 진(晋)나라가 약소국(弱少國)으로 강남(江南)으로 밀려가 있으면서 많은 오랑캐를 물리친 내용임), 문선(중국 남북조 시대에 남조(南朝) 양(梁)의 소명태자(昭明太子)가 편찬한 시문선집(詩文選集)이다. 소명문선(昭明文選)이라고도 함) 등을 교육내용으로 삼았으며, 문묘의 기능을 하지 못했지만 유교의 정착을 나타내주는 대표적인 교육기관이었다.

한편, 경당(427년)은 최초의 사학(私學)으로 초등부터 대학교육을 겸비한 교육기관이었다. 중국의 역사서 「신당서」에 경당을 '풍속이 서적을 좋아하며 누추하고 빈궁한 집에 이르기까지 거리에 큰 집을 지어 이를' 경당이라고 하며, 미혼의 자제들이 여기에서 주야로 독서와 습사를 했다고 한다. 그리고 보통 지방의 부호를 비롯하여 서민과 평민도 입학할 수 있었으며 독서와 활쏘기를 통해 문무의 균형을 갖추었다. 주로 오경, 삼사, 삼국지 등을 배웠으며, 대중적인 교육기관으로 발전하게 되었다. 고려와 조선시대에 활발했던 서당의 전신이라고 할 수 있다.

(2) 백제교육

백제는 삼국 중 교육에 대한 기록이 매우 부족하다. 그나마 중국의 사료 중 북주서(北周書)에 종종 백제의 문화와 교육을 엿볼 수 있는 기록들이 남아 있는 실정이다. 백제에는 박사(博士; 학문과 기술이 뛰어난 사람)라는

호칭이 있었고, 이는 유가경전에 밝은 교사가 있었음을 알 수 있다. 그리고 삼국사기 등의 기록을 통해 박사는 오경박사(시경, 서경, 예기, 역경, 춘추) 외에도 모시박사(시경에 능함), 의박사(의술에 능함), 역박사(별자리에 능함), 노반박사(탑을 짓는 기술에 능함), 와박사(기와를 만드는 기술에 능함)가 있었던 것으로 보아 잡학교육이 실시되었음을 알 수 있다. 교육과정은 고구려와 비슷하였다고 전해진다.

(3) 신라교육

신라는 고구려, 백제에 비해 학교설립이 늦었으나 유, 불, 도교를 조화한 독특한 교육활동이 전해지고 있다. 대표적인 것이 삼국통일 이전의 화랑오계(花郎五戒)는 원광법사의 세속오계(世俗五戒)라고도 호칭된다. 사군이충(事君以忠: 충성스럽게 임금을 섬김), 사친이효(事親以孝: 효로 부모님을 섬김), 교우이신(交友以信: 믿음으로 벗을 사귐)은 유교의 영향을 받았다. 그리고 임전무퇴(臨戰無退: 싸움터에서 물러서지 않음), 살생유택(殺生有擇: 살생하는 데 가림이 있음)은 불교의 교육덕목으로 삼았다. 이는 화랑도가 신라의 교육제도라는 것은 김대문의 '화랑세기'에 나타나 있고, 어진 재상과 충성스런 신하는 화랑도로부터 나왔으며, 훌륭한 장수와 용감한 병사들이 여기로부터 말미암아 생겨났다고 설명하고 있다. 그리고 화랑도(花郎徒)는 원화제도(源花制度: 젊은 인재를 선발하기 위해 남모(南毛)와 준정(俊貞)이라는 두 아름다운 여자

를 오늘날의 아이돌로 삼아 수백 명이 보좌하게 해서 젊은이들을 모으게 하는 인재를 등용하려는 제도였지만, 남모와 준정은 서로를 질투하여 나중에 준정이 남모를 죽이고 그게 발각돼 준정도 사형당해 결국 원화제도는 폐지함. 추후 곱상한 꽃미남들을 모집한 것이 오늘날 화랑제도의 시작이 됨)를 계승한 자생집단이었으나 신흥왕(眞興王, 신라 24대왕) 37년(576년)에

> TIP
> 787년 원성왕 때에는 독서삼품출신과를 정하여 인재등용의 방법으로 삼았는데, 이때부터 신라에 있어서 제도교육을 통한 인재등용법이 체택되었다.

이르러 국가적인 차원에서 조직 및 관리되었다.

화랑도의 목적은 국가의 유능한 인재를 양성시키는 것이었으며, 연무(활, 검술, 뜀뛰기, 헤엄치기, 산타기, 씨름 등), 정서도야(가무와 문학), 심신단련(고적지 순례, 교우활동) 등의 주요 교과내용은 도의교육을 중시했다. 화랑이 되기 위해서는 수려한 외모, 덕품, 연령(14~18), 귀족신분 등의 조건이 필요했다. 특히, 상마이도의(相磨以道義-서로 도의를 닦음), 상열이가악(相悅以歌樂-시와 음악을 즐김), 유오산수(遊娛山水-자연을 찾아다니며 즐김)를 통해 화랑도 정신을 지켜나갔다. 이처럼 화랑도는 도의교육과 함께 상마이도의, 상열이가악, 유오산수 등을 중심으로 이루어졌으며, 특히 유오산수는 국토순례라는 취지 아래 화랑도들로 하여금 신라에 대한 애국심을 갖게 하려는 의도라고 볼 수 있다. 신라가 삼국 통일을 완수한 것은 문무왕(文武王, 신라 30대왕) 676년이었다. 이후 당나라와 직접 문물을 교류하면서부터 유교문화의 유입이 현저하였다. 이후 682년 신문왕(神文王, 신라 31대왕) 때 유학의 대학인 국학을 세워 예부에 속하게 했다. 당나라의 국자감의 체제를 모방한 국학의 교육목적과 교육내용은 중국과 별 차이가 없었다. 신라는 차츰 국학이 완비되고 학문이 성하여짐에 따라서 유교주의적 관료화로 변질되어 갔다. 국학이 설치된 지 100년이 지난 후 교육체제가 정비되자 787년 원성왕 4년에(元聖王, 신라 38대왕) 독서삼품과(讀書三品科, 관리채용을 위한 일종의 시험제도) 출신을 정하여 인재등용의 방법으로 삼았는데, 이때부터 신라에 있어서 제도교육을 통한 인재등용법이 채택되었다. 독서삼품과는 국학에서 수학한 유생들에게 유교경전의 내용을 시험하여 성적에 따라 상품은 춘추좌씨전, 예기, 문선을 읽고 이 뜻에 능통하며, 논어와 효경에 뛰어난 유학생이

독서삼품과 상품(上品), 중품(中品), 하품(下品), 특품(特品)
https://blog.naver.com/jazztv2/222167373221

다. 중품은 곡례, 논어, 효경을 읽은 사람이며, 하품은 곡례, 효경을 읽은 유학생으로 세 등급으로 등용되었다. 그리고 특품은 오경(시경, 서경, 역경, 예기, 춘추), 삼사(사기, 한서, 후한서), 제자백가(모든 서적에 뛰어난 사람)에 탁월한 유학생을 특별히 등용하였다. 즉, 통일 전의 화랑도 교육을 통한 인물 본위의 인재등용제도가 통일 후에는 학벌 본위, 지식 위주의 등용제도로 교체된 것이다. 이는 신라가 점점 관료적 봉건제도로 자리 잡기 시작했음을 나타내준다.

3) 고려시대의 교육: 시험문화가 시작되고 정착된 시기

고려를 건국한 태조 왕건은 이전과 다른 국가 통치이념이 필요했는데, 그것이 바로 유교였다. 고려는 유교의 이념을 교육제도에 적극 반영하여 관리선발을 위한 과거시험에 유교경전을 출제하였다. 고려시대의 교육기관은 관학(국자감, 동서와 5부 학당, 향교)과 사학(12도, 서당, 경관)으로 구분할 수 있다.

성종(成宗, 고려 6대왕) 11년(992년)에 국가 최고 교육기관으로 세워진 국자감은 6개의 학교와 4개 등급으로 구분할 수 있다. 고려는 이 국자감을 통해 왕권 강화를 꾀하였다.

> **TIP**
> 성종 11년(992년)에 국가 최고 교육기관으로 세워진 국자감은 6개의 학교와 4개 등급으로 구분할 수 있다. 고려는 이 국자감을 통해 왕권 강화를 꾀하였다.

국자감은 6개 학교(유학 3학: 국자학, 태학, 사문학, 잡학 3학: 율학, 산학, 서학)와 4개 등급(평민 이상이면 입학가능)을 구분할 수 있다. 먼저, 유학(儒學) 3학 전공은 국자학(國子學), 태학(太學), 사문학(四門學)으로, 모두 5경, 논어, 효경 등을 배우는 과목들은 동일하였고, 평민 자제들도 입학이 가능하였다. 하지만, 인종 때 입학할 수 있는 자격을 신분별로 제한을 두었고, 이것이 12세기 초반부터 고려 사회가 귀족 문벌사회로 가는 영향을 주었다. 둘째, 잡학 3학 전공은 율학(律學), 산학(算學), 서학(書學)으로 실무에서 사용할 수 있는 기술을 습득하도록 경사육학(京師六學)이라고 한다. 즉, 잡학 3학은 기술직으로 나아갈 계급이 낮은 신분의 자제들이 많이 입학하였다. 당시 입학정원은 유학 3학은 각 300명씩 입학하였지만, 잡학 3학은 약간 명(서학과 산학은 15명, 율학 40명) 입학을 하였다(후에 율학은 조선의 형조에 해당, 산학은 조선의 호조에 해당, 서학은 8체의 서법 교육). 셋째, 4개 등급의 국자학 전공은 3품 이상, 태학 전공은 5품 이상, 사문학 전공은 7품, 평민은 8품 이하로 잡학만 가능하였다. 그러므로 고려는 이 국자감을 통해 왕권강화를 꾀하였다.

표 2-1 고려시대의 6학과 4개 등급(입학자격)

<table>
<tr><th>구분</th><th>6학</th><th>4개 등급(입학자격)</th><th colspan="2">입학정원</th><th>수업기간</th><th>교육내용</th></tr>
<tr><td rowspan="3">유학 3학</td><td>국자학</td><td>문무관 3품 이상의 자제</td><td colspan="2">300명</td><td rowspan="3">9년</td><td rowspan="3">유교경전</td></tr>
<tr><td>태학</td><td>문무관 5품 이상의 자제</td><td colspan="2">300명</td></tr>
<tr><td>사문학</td><td>문무관 7품 이상의 자제</td><td colspan="2">300명</td></tr>
<tr><td rowspan="3">잡학 3학</td><td>율학</td><td rowspan="3">문무관 8품 이하의 자제 및 평민 자제</td><td>40명</td><td rowspan="3">약간 명</td><td rowspan="3">6년</td><td rowspan="3">기술학</td></tr>
<tr><td>산학</td><td>15명</td></tr>
<tr><td>서학</td><td>15명</td></tr>
</table>

또 학당(學堂)은 중등교육기관으로 향교와 같은 수준이었으나 문묘는 없었다. 동서학당을 계승한 5부 학당은 동, 서, 남, 북 중앙에 세워져 조선시대까지 지속되었다. 학당은 국자감에서 교육받지 못한 학생들을 대상으로 주로 유가의 경전을 가르쳤다.

한편, 향교(鄕校)는 성종 5년(986)에 경학(經學: 유교 경서(經書)의 뜻을 해석하거나 천술(闡述)하는 학문)과 의학박사(醫學博士: 고려시대 의학교육을 담당하던 관직)를 1목에 파견하여 가르치고 교도한 지방 교육기관이었다. 역시 유가(儒家: 공자를 시조로 한 제자백가의 학파, 중국 춘추 말기에 일어나 이천 년 이상 동아시아 각국에 영향을 가진 사상체계임)를 중심으로 교육하였으며 문묘가 있었다. 주로 유가의 전파와 지방민들의 교화를 위해 운영되었다.

최충(崔沖, 983~1068)은 고려 전기의 문신이며(12세에 당나라 유학, 28세에 돌아옴), 사학십이도(私學十二徒)의 하나인 문헌공도의 창시자이다. 즉, 12도(사

https://ko.wikipedia.org/wiki/%EC%B5%9C%EC%B6%A9

도, 공도)는 사학기관으로 관학이 쇠퇴한 시기에 상대적으로 왕성한 활동을 보이며 유학교육의 정신을 계승하고 인재양성에 이바지하였다. 특히 12도는 9경 3史를 교육내용으로 가르쳤고, 교육성과는 국자감보다 매우 높은 수준의 결과를 얻었다. 이 당시에 기존 교육과정과 차이점은 없었지만, 교육방법과 교수법 등이 문하생들 눈높이에 맞는 능률적이어서 최충의 문헌공도 문하생들의 과거시험 성적이 매우 우수했다(이 시기에 과거를 응시하려는 자는 먼저 사학을 공부할 정도였음). 12도 교육은 과거시험을 위한 사교육기관이지만, 교양과 인성을 쌓는 역할도 간헐적으로 담당했다. 또한 최충의 문헌공도는 악성(樂聖), 대중(大中), 성명(誠明), 조도(造道), 솔성(率性), 진덕(進德), 대화(大和), 대빙(待聘)의 9재를 두어 전문강좌를 만들었다.

표 2-2 사학 12사도

사학 12도			
최충	문헌공도	김의진	양신공도
정배걸	홍문공도	황영	정경공도
노단	광헌공도	유감	충평공도
김상빈	남산도	문정	정헌공도
김무대	서원도	서석	서시랑도
은정	문충공도	미상	구산도

끝으로 서당(書堂)은 지방의 서민을 위한 초등교육기관이었다. 주로 개인이나 문중, 마을에서 민간차원으로 운영했으며 서민교육과 교화에 많은 영향을 주었다. 서당은 비교적 자유롭고 다양한 내용과 방식으로 운영되었다.

4) 조선시대의 교육: 과거시험에 대비한 교육에 초점을 둔 시대

> **TIP**
> 이 당시의 과거시험은 신분상승의 유일한 지름길임

조선시대(1392~1910)는 일찍부터 한양에 세워진 성균관을 비롯하여 사학과 향교 등의 관립교육기관이 있었고, 서원과 서당 같은 사학기관도 크게 번창하였다. 조선시대의 성리학(性理學, 사람의 성품과 의기, 우주의 원리 등을 연구하는 학문)은 주자학, 정주학, 이학, 도학, 송학이라고 불렸는데, 조선을 건국한 이성계는 이 성리학을 통해 통치이념을 확고히 했기 때문에 교육 분야에도 많은 영향을 미쳤다. 성리학은 도덕성을 갖춘 성인을 양성하는 데 교육목적이 있었으며, 인간의 도덕성과 도덕적 관계를 명확히 하고자 했다.

> **TIP**
> 조선시대를 대표하는 최고 교육기관은 성균관이었다. 고구려와 신라에서는 국학 혹은 태학감이라고 했고, 고려시대에는 국자감이라고 했으며, 이후에 성균감으로 고쳐 부르다가 오늘날에 성균관으로 이어졌다.

https://ko.wikipedia.org/wiki/%EC%84%B1%EA%B7%A0%EA%B4%80

조선시대를 대표하는 최고 교육기관은 성균관(成均館, 고려시대의 최고 교육기관인 국자감의 명칭을 조선시대에 성균관으로 변경됨)이었다. 고구려와 신라에서는 국학 혹은 태학감이라고 했고, 고려시대에는 국자감이라고 했으며, 이후에 성균감으로 고쳐 부르다가 오늘날에 성균관으로 이어졌다. 성균관의 입학자격은 지금의 수능시험과 유사하며, 1차 과거시험인 소과(생원과 진사)에 합격한 200명 정도의 유생들만 성균관에 입학할 수 있다. 그리고 생원(生員; 소과의 종장에 급제한 사람을 일컫던 말, 즉 유교경전(시, 서, 역, 춘추, 예기)에 대한 이해능력의 시험)와 진사(進士; 소과와 진사과에 급제한 사람을 일컫던 말, 재능을 시험(문학의 발달에 영향)이며 문예(시, 부, 송, 책)인 시와 문장시험) 시험에 합격한 사람이어야 했지만 일부는 4학에서 우수한 학생들이 진학하는 경우도 있었다. 성균관에 입학한 유생들에게는 수업료 무료, 기숙사 제공, 생필품 제공(기사, 학용품 등)을 하였고, 우수한 인재 50명(200명 중)은 대과(관리가 되는 시험)에 시험을 볼 수 있는 자격이 주어졌다. 그래서 유생들 간의 경쟁이 매우 치열했으며, 대과는 응시하는 조건은 300일간의 출석을 잘하고, 사회적 물의를 일으키지 않고 성적까지 우수하여야 했다. 대과 시험은 3단계를 거쳐 이루어졌고, 첫째, 초시(240명)는 성균관에서 50명, 한양에 사는 양반들이 응시하는 한성시에서 40명, 지방(향촌)에 사는 양반 150명이 향시로 응시한다. 둘째, 복시는 유교경전, 문예창작, 논술 등으로 출제한 후 33명이 합격했다. 셋째, 전시는 왕이 직접 시대상 문제를 출제하고 전시결과에 따라 1위-3위는 갑과, 4위-10위는 을과, 11위-33위까지는 병과로 관리직을 시작했다. 성균관의 교육내용은 4서 5경을 비롯한 유교의 경전이었으며 수업연한은 4년 반이 원칙이나 보통 8년 이상 걸렸다고 한다. 성균관의 재원은 태조 때부터 양현고(養賢庫: 성균관 유생들의 식량 물품 공급을 담당한 기관)를 두어 지원하였다.

고려 말의 학당을 계승한 4학은 원래 4부 학당의 준말로서 동부, 서부, 남부, 북부, 중부학당의 5부 학당으로 시작되었으나, 세종 20년 북부학당이 폐쇄되고 4부 학당으로 정착되었다. 4학은 성균관의 부속학교와 같은 성격을 지닌 학교로서 향교와 비슷한 정도의 중등교육기관이라고 할 수 있다. 다만 4학에는 선현의 위패를 모신 문묘가 없었다.

향교(鄕校)는 지방의 양반 자제를 가르치기 위하여 지방에 설립된 중등교육기관으로서 이미 고려시대부터 보급되었으며, 조선시대에 이르러 크게 발전하였다. 향교의 구조는 성균관의 축소판이라고 할 정도로 비슷했으며, 문묘, 명륜당, 양재(기숙사) 등이 모두 있었다.

> **TIP**
> 조선시대의 대표적인 사학으로는 서원과 서당이 있다.

조선시대의 대표적인 사학으로는 서원(書院)과 서당(書堂)이 있다. 먼저, 서원은 중등 정도의 교육기관으로 중종(中宗, 조선 11대왕) 38년(1543년) 풍기군수 주세붕이 고려시대의 유학자인 안향(安珦)의 고향 경북 영주군 순흥면에 사당을 세워 백운동서원(白雲洞書院, 1543년: 나중에 소수서원(紹修書院, 1550년)의 이름으로 하사를 받음)이라 하고 안향의 학덕을 기리는 제사를 지내는 한편 우수한 학동을 모아 학문을 강습하기 시작한 것에서 비롯되었다.

서당은 고려시대에도 많았으나 조선시대에 더욱 늘어나서 마을마다 없는 곳이 없을 정도였으며 기초교육을 담당한 유일한 교육기관이었다

(김재복 외 4인, 1995).

서당(書堂)이 설립된 형태를 살펴보면 다음과 같다.

TIP

https://www.youtube.com/watch?v=qaCnG937hOs

백운동서원

https://blog.daum.net/soochon5/8560503

① 훈장 자신이 생계유지를 위한 목적 및 자신의 교육적 취미로 설립한 훈장자영서당(訓長自營書堂)이다.

② 마을의 유지가 단독으로 훈장을 초빙하여 자신의 자녀를 가르치는 유지독영서당(有志獨營書堂)이다.

③ 마을의 유지들이 공동으로 훈장을 초빙하여 자녀를 교육하는 유지조합서당(有志組合書堂)이다.

④ 마을 전체가 조합을 만들어 공동의 경비로 훈장을 두고 마을의 어린이들을 가르치는 촌조합서당(村組合書堂)이다.

TIP

과거는 3년마다 실시하는 식년시와 비정기적인 특별시 등이 있었다. 과거는 1894년 갑오경장까지 조선의 대표적인 관리선발제도였다고 할 수 있다.

조선시대의 과거시험(科擧試驗: 우리나라의 관리 채용 시험 제도로서)은 문관을 뽑는 문과, 무관을 뽑는 무과, 그리고 기술관을 뽑는 잡과로 구분하며, 과거는 3년마다 실시하는 식년시와 비정기적인 특별시 등이 있었다. 과거는 갑오경장(甲午改革, 1894-1895)까지 조선의 대표적인 관리선발제도였다고 할 수 있다.

조선시대의 중기부터 성리학 외에도 실학이 주목받기 시작하여 실사구시라는 연구방법으로 학문의 현실성을 추구했으며 교육기회균등, 교육과정 및 과거제 개혁 등을 주장하였다. 또한 실학은 경세치용학파(이익: 토지개혁과 농민생활의 안정을 주장), 이용후생학파(박지원: 상공업 발전을 중시한 학파), 실사구시학파(김정희: 청나라에서 발전된 고증학의 영향을 받아 학문하는 입장에서 관념이 아닌 객관실증을 강조하는 학파)로 구분할 수 있다.

5) 근대의 교육

조선 최초의 국제조약인 강화도 조약(江華島條約: 1876년 2월 27일 운요호 사건(1875년 일본 군함 운요호가 강화 해협을 불법 침입하여 일어난 충돌 사건)을 계기로 조선과 일본 사이에 체결된 수호 조약) 이후 계속된 열강과의 통상조약 체결로 문호가 열리게 되었고, 서양의 새로운 근대 문물을 활발히 접하게 되었다. 이때 개화사상가들에 의한 개화 교육운동과 기독교 선교사들에 의한 서구식 근대교육이 도입, 전개됨으로써 근대교육은 유학일변도의 전통교육을 반성하면서 새로운 국면을 맞이하였다. 특히 갑오경장(甲午更張, 1984)은 고종 31년에 일본의 강압에 의해 실시된 근대적 교육개혁을 국가정책으로 반영하기도 하였다. 이것으로 청나라와 맺은 모든 조약을 파기하고 독립국가로 신정(新政)을 가져왔다. 그런데 근대교육에 영향을 준 역사적인 사건은 동학운동(東學運動, 1894년 전봉준을 비롯한 동학도와 농민들이 일으킨 농민운동)이라고 할 수 있다. 동학은 유, 불, 선 3교와 천주교, 민속종교 등을 혼합한 종교로 인내천사상을 주장하며 평등한 세상을 건설하고자 했다.

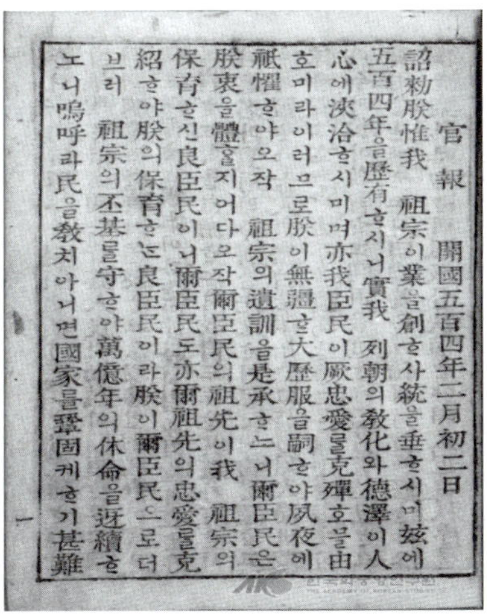
官報 開國五百四年二月初二日
詔勅朕惟我 祖宗이業을創ᄒᆞ사統을垂ᄒᆞ시미玆에五百四年을歷有ᄒᆞ시니實我 列朝의敎化와德澤이人心에浹洽ᄒᆞ시미며亦我臣民이厥忠愛를克殫호믈由호미라이러므로朕이無疆ᄒᆞᆫ大歷服을嗣ᄒᆞ야夙夜에祇懼ᄒᆞ야오작 祖宗의遺訓을是承ᄒᆞᄂᆞ니爾臣民은朕衷을體ᄒᆞᆯ지어다오작爾臣民의祖先이我 祖宗의保育ᄒᆞᆫ신良臣民이니爾臣民도亦爾祖先의忠愛를克紹ᄒᆞ야朕의保育ᄒᆞᄂᆞᆫ良臣民이라朕이爾臣民으로더브러 祖宗의丕基를守ᄒᆞ야萬億年의休命을迓續ᄒᆞᄂᆞ니嗚呼라民을敎치아니면國家를鞏固케ᄒᆞ기甚難

교육입국조서
https://100.daum.net/multimedia/entry/14XXE0005550

TIP
동학은 유, 불, 선 3교와 천주교, 민속종교 등을 혼합한 종교로 인내천사상을 주장하며 평등한 세상을 건설하고자 했다.

조선시대는 개화기에 이르러 근대사회와 이에 적합한 교육의 필요성을 인식하였다. 그래서 교육을 통한 국가와 민족의 성장을 고취시키고자 했다. 대표적인 것이 1895년 2월 2일에 발표된 교육입국조서[1])이다. 조선사회의 봉건적 전통을 탈

1) 교육입국조서의 중요한 내용 4가지는 다음과 같다. 첫째, 세계의 형세를 보건대 부강한 나라는 모두 백성의 지식수준이 발달하였으니, 지식을 깨우치는 것은 교육의 선미(善美)이고 교육은 실로 국가를 보존하는 근본이다. 둘째, 교육은 그 길이 있는 것이니 헛이름과 실용을 분별해서 실용에 힘쓰고, 독서나 습자로 옛사람의 찌꺼기나 줍고 시세에 어두워서는 안 된다. 셋째, ① 오륜(五倫)은 유교에서 말하는 실천 덕목 5가지, 부자(父子)는 부모와 자식, 군신(君臣)은 임금과

피하고 근대국가로의 변화를 추진하고자 반포된 교육입국조서는 근대학제의 확립과 교육의 민주성, 국민교육의 필요성, 민족주의의 당위성 등을 제기하였다. 이에 정부가 설립한 학교는 동문학(同文學: 외국어 교육기관, 1883), 육영공원(育英公院: 우리나라 최초의 근대식 공립교육기관(영어 교습이 주목적), 1886)과 민간차원의 학교는 원산학사(元山學舍: 원산에 세워진 우리나라 최초의 근대식 사립학교, 1883), 흥화학교(興化學校: 민영환이 미국과 유럽 여러 나라를 둘러보고 온 다음 세운 학교, 1895), 점진학교(漸進學校: 안창호가 평안남도 강서에 세운 초등과정의 학교로 독립협회가 정부의 탄압을 받자 고향에 학교를 세웠으며 우리나라 최초의 남녀공학 학교임, 1897), 보성학교(普成學校: 1905년 이용익이 서울에 설립한 사립 고등교육기관으로 고려대학교 전신, 1905), 양정의숙(養正義塾: 1905년 엄주익이 서울에 창설한 사립학교, 1905), 대성학교(大成學校: 신민회의 안창호가 평양에 세운 학교로 인재양성이 목표임, 1907), 오산학교(五山學校, 신민회의 이승훈이 민족의 교육의 일환으로 정주에 설립한 학교, 1907) 등이 설립되었다. 이 외에도 기독교에 의해 세워진 배재학당(培材學堂: 선교계 최초의 사립학교로 미국 북감리교회의 아펜젤러가 설립한 중등과정의 사립학교, 1885), 이화학당(梨花學堂: 미국 북감리교 여선교사 스크랜튼이 세운 학교로 초, 중, 고등과정의 사립학교, 1886), 경신학교(儆新學校: 미국 초대 선교사 언더우드가 설립한 우리나라 가장 오랜 역사를 갖는 기독교계의 중등교육기관, 1886), 정신여학교(貞信女學校: 미국 북장로회 엘러스가 창립한 학교임, 1887) 등이 있다.

조선은 을사조약(乙巳條約, 1905년에 일본이 한국의 외교권을 빼앗기 위해 강제로 맺은 조약)을 기점으로 일본의 영향력 하의 암흑기를 맞게 되었다. 일제는 한국 민족을 영원히 말살시키려고 세계사적 최악의 식민지 정책을 펴나갔다. 세 차례에 걸친 조선교육령의 개폐과정은 그들에 의한 민족말살과 예속을 시도한 교육적 침략행위이다.

8·15 해방은 민주교육의 출범이었다. 그러나 몇 년 지나지 않아 한국

신하, 부부(夫婦)는 남편과 아내, 장유(長幼)는 어른과 어린이, 붕우(朋友)는 친구와 관계의 행실을 닦는 덕양(德養), ② 체력을 기르는 체양(體養), ③ 격물치지(格物致知)는 모든 사물의 이치를 끝까지 파고 들어가면 자기 자신의 지식을 지양(智養)하는 교육의 3대 강령으로 삼는다. 넷째, 널리 학교를 세우고 인재를 기르겠다 등이 있다.

은 6・25전쟁과 4・19, 5・16, 10・26, 5・18 등과 같은 정치사적 소용돌이를 겪어 왔다. 사회적 혼란은 교육계에도 크나큰 시련과 혼란을 야기했다. 오늘날의 시점에서 우리 교육은 민주국가의 발전과 다양성을 인정하는 사회를 건설하기 위한 시민교육과 평생교육의 정착이 요구되고 있다.

3. 서양 교육사

그리스시대 교육 → 로마시대 교육 → 중세시대 교육
→ 문예부흥기 교육 → 종교개혁기 교육 → 실학주의 교육
→ 계몽주의 교육 → 신인문주의 교육 → 현대 교육

1) 고대 그리스 시대의 교육

고대 그리스는 철학, 예술, 문학, 과학 등의 종합적인 학문이 생성하고 발전한 시기였다. 이 시기는 서양의 교육적 기초와 유산을 마련해 준 중요한 시기라고 할 수 있다. 특히, 이 시기의 교육적 특징은 6가지로 구분된다. 첫째, 직업의 준비를 목적으로 하는 교육은 자유민으로서 받아야 할 것이 아니다고 규정했다. 둘째, 품성의 도야를 교육의 주된 목적으로 잡았다. 즉, 도야는 학생들이 훌륭한 사람이 되도록 몸과 마음을 다스려서 바르게 성장하는 것을 비유한 뜻이다. 셋째, 자유교육은 교양교육을 의미한다. 넷째, 교육을 일종의 장식으로 여기고 이익을 산출하는 수단으로 삼지 않았다. 다섯째, 어느 한쪽에만 치우치지 않고 인격의 조화적 발달과 다방면적인 도야를 교육의 목적으로 삼은 것으로 본다. 여섯째, 개성신장 교육은 개인 및 사회의 현저한 발전과 찬란한 희랍문화를 조성하였다. 기원전 10세기까지 고대 그리스는 각 종족이 '폴리스'

>>> TIP
https://www.youtube.com/watch?v=QSey4S4ZDX0
https://www.youtube.com/watch?v=_b1smML7oZU

>>> TIP
아테네는 이오니아족이 세운 대표적인 폴리스로 그리스의 문화적 중심지이자 수도이다. 스파르타에 비해서 문화적이고 민주적이었으나 체육을 중시하고 강한 인간을 선호했던 것은 마찬가지였다.

라는 도시국가를 형성하여 문화적 독창성을 창조해 나갔다. 나아가 헬레니즘 문화를 형성하면서 국지성을 탈피하여 보편적인 대중문화를 이룩했다. 폴리스의 대표적 도시국가는 아테네(Athene: 그리스의 수도이자 최대 도시)와 스파르타(Sparta: 그리스의 펠로폰네소스 반도 중부로 유로타스 강 서쪽 연안에 있는 도리아인이 세운 그리스의 도시 국가)가 있었다.

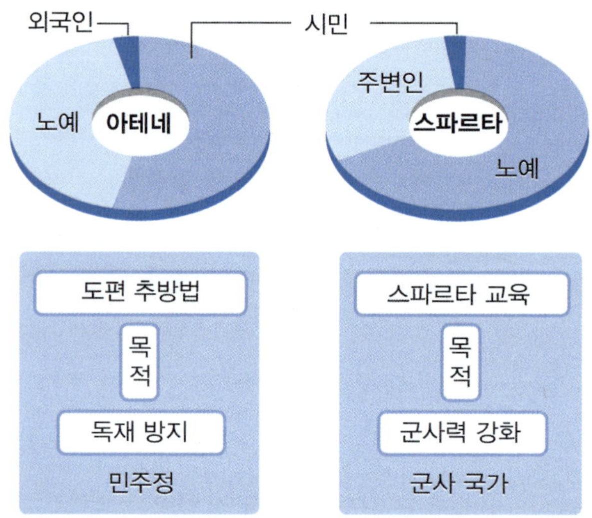

▶▶ 그림 2-1
아테네와 스파르타의 비교

https://blog.naver.com/justletme/150080035108

* 도편 추방법은 민주주의를 저해할 수 있는 인물의 이름을 도자기 파편에 적어 10년간 국외로 추방하는 제도이다. 이는 정치적 위험요소에 대한 예방하는 차원의 성격을 가지고 있다.

(1) 아테네(Athene)

아테네는 이오니아족(Ionians)이 세운 대표적인 폴리스로 그리스의 문화적 중심지이자 수도이다. 스파르타에 비해서 문화적이고 민주적이었으나 체육을 중시하고 강한 인간을 선호했던 것은 마찬가지였다. 아테네의 아동들은 7세가 되면 학교에서 파이다고고스(paidagogos)를 통해 배운다. 파이다고고스는 교사, 어린이를 인도하는 사람을 의미한다. 아테네

는 읽기, 쓰기, 셈하기, 문학, 예술, 체육 등을 모두 중시했으며 신체와 정신이 조화된 인간을 양성하고자 했다. 15~18세까지 청소년은 소년체육관에서 성인체육관으로 옮겨서 2년간 신체훈련을 받은 후 완전한 시민 지위를 얻게 되었다. 아테네는 지혜롭고 교양 있는 조화된 인간 양성을 선호했으며 개성의 신장, 교양의 심화, 시민다운 덕성을 갖춘 조화된 인간교육을 지향하였다. 후기에 지나친 개인주의와 출세주의에 빠져 차차 공익정신이 소홀히 되기도 하였다. 이러한 사회적 배경으로 인해 입신양명에 필요한 주관적 지식과 웅변술을 중요시한 소피스트들이 등장하였다. 이에 비하여 소크라테스는 지덕합일의 도덕적 인간을 교육의 목적으로 삼았으며, 아카데미아를 세운 플라톤, 수사학 학교의 소크라테스, 리케이온의 아리스토텔레스도 동시대의 교육사적 인물이다.

(2) 스파르타(Sparta)

스파르타는 북방에서 이주해 온 도리아(Dorians)족이 라코니아에 세운 도시국가이다. 이들은 군국주의적인 훈련을 통해 강하고 호전적인 시민을 양성했다. 정신적으로는 극기, 규율, 애국심, 용기, 인내, 복종 등을 가르쳤으며, 신체적으로는 창던지기, 씨름, 수영, 활쏘기, 말타기 등을 익혔다. 한편 장애가 있는 아이는 버려졌으며 건강한 아이만 7세까지 어머니가 길렀다. 7세 이후에는 국가가 관리하는 군 숙고에서 공동생활을 하면서 군사훈련을 받았다. 17~20세까지의 청년을 에페비(ephebi)라 하는데, 이들은

실제무기를 사용하며 군사훈련을 받았다. 20세부터 30세까지는 현역군인으로 복무하며, 30세가 되면 시민권을 얻고 국가의 공직에서 근무하며 60세까지는 병역의무를 담당했다. 스파르타인들은 군사훈련, 체육, 읽기, 쓰기 등을 경시했기 때문에 인문, 문화적인 측면에 큰 영향을 주지 못했다. 또한 극기와 엄한 규율을 통한 절대 복종적 무사로 양성하였기 때문에 지적·심미적 능력보다 신체적 훈련을 중요시하였으며, 신체단련, 극기훈련, 국가에의 절대복종을 미화한 일방적 희생정신을 평생 강요하여 시민의 생활을 속박하였다.

표 2-3 아테네와 스파르타 교육의 비교 분석

구분	교육사상	교육근거 및 목적	교육내용	교육방법	교육결과 및 교육기관	역사적 배경
아테네 종족: 이오니아족	개인주의 자유주의	Solon헌법, 심신이 조화된 자유시민 양성	자유교양교육(3R'S, 음악, 체조 등 여러 과목)	개성 존중의 자유주의적 방법	시인, 학자 배출 초등학교:(체육학교(공립), 음악학교(사립), 중등학교(김나지움(공립), 대학: 수사학교(사립, 그리스 후기에 설립)	개성존중의 인문주의, 자유주의 교육에 영향
스파르타 종족: 도리아족	국군주의 국가주의	Lycurgus 법전, 국가에 충성하는 무사 양성	체육중심의 군사훈련 (체육, 군사훈련, 3R'S)	국가중심의 엄격한 통제적 방법	강한 군인 배출, 바라크(국가 공동 교육장)	전체주의, 국가주의, 군국주의 교육에 영향

2) 로마 시대의 교육

로마인들은 원래 실용적이고 현실적이어서 건축, 법, 웅변이 발달하였다. 이러한 배경으로 인해 교육목적으로는 좋은 시민, 좋은 군인, 좋은 일꾼을

TIP

왕정시대에는 학교교육이 없었으며 주로 모방교육과 생활교육 정도가 있었다. 공화정시대에는 주로 로마의 전통적인 교육이 이루어졌고, 제정시대에는 그리스의 문화가 유입되어 사상, 문화, 교육적으로 조화되었다.

양성하는 데 목적이 있다. 그리고 이 당시의 교육은 3가지로 구분한다.

왕정시대 → 공화정시대 → 제정시대

첫째, 왕정시대에는 학교교육이 없었으며, 주로 모방교육과 생활교육 정도가 있었다.

둘째, 공화정시대에는 주로 로마의 전통적인 교육이 이루어졌다.

셋째, 제정시대에는 그리스의 문화가 유입되어 사상, 문화, 교육적으로 조화되었다.

또한, 공화정시대(여러 명이 정치; 집정관, 원로원, 민회)의 교육은 애국심을 바탕으로 전통적인 로마인의 실제, 실용, 청빈 등을 강조하였다. 특히 국가에 유용한 시민을 양성하는 것을 교육의 목적으로 삼았기 때문에 용감한 군인, 애국심, 준법정신이 투철한 국민, 덕을 갖춘 선인을 양성하고자 했다. 한편 가정에서는 읽기, 쓰기, 셈하기(독 · 서 · 산 혹은 3R's)를 중심으로 기초교육이 이루어졌다. 법률을 익혀 가정에서부터 국가와 사회의 중요성을 가르치며, 농사, 종교, 도덕성, 체육활동도 주요 교육내용이었다. 교육활동은 대부분 절대적 지위를 가진 아버지와 이에 준하는 어머니에 의해서 이루어졌다. 이 시기는 국가가 교육에 관여하지 않았기 때문에 부모를 통한 가정교육이 매우 중시되었다. 그렇다고 해서 학교가 없었던 것은 아니며, 사립학교가 간헐적으로 있었다.

공화정 말기에는 그리스로부터 영향을 받아 문법학교, 수사학교 등이 세워졌다. 초등교육기관인 루두스(Ludus)에서는 고대 로마의 최고 성문법(입법 기관에 의하여 특별한 절차를 거쳐서 제정된 법)인 12[2]동판법과 읽기, 쓰기, 셈하기를, 문법학교에서는 문법(주로 그리스어나 라틴어 문법), 호머의 시(고대 그리스의 서사 시인), 수사학교에서는 15~16세의 학생들에게 웅변술을 가르쳤다.

한편, 제정시대에는 그리스 문화가 유입되었기 때문에 학교교육을 중

2) 12라는 숫자는 모든 법률 내지는 법 전체를 뜻함

심으로 지와 도덕성을 갖춘 유능한 웅변가를 양성하는 것이 교육목적이었다. 이 시기에는 6~7세의 아동들은 사립 초등교육기관인 루두스에 입학하여 12동판법과 3R's를 배웠다. 루두스를 수료한 12~15세의 아동들은 중등교육기관인 문법학교에서 문법, 문학 및 7자유과(3학; 문법(그리스, 라틴어), 수사학(언어사용을 연구하는 학문), 변증법(논리적 사고법을 통해 진리에 도달함), 4과: 산술(일상생활에서 사용하는 수와 양의 수학계산), 기하(잘 모르는 부호나 분량, 정도 따위를 물을 때 사용함), 천문(우주 전체 연구 및 천체 등의 천문학), 음악)를 배웠다. 문법학교는 사립이었으나 국가의 보조가 있었으며 외국어 학교였다는 특징이 있다. 문법학교(서양의 중등교육기관이며, 주로 라틴어나 그리스어의 문법, 문학을 배움)를 수료한 16세 정도의 학생들은 고등교육기관인 수사학교에 입학할 수 있었다. 수사학교에서는 웅변가 양성을 목적으로 문학, 철학, 과학, 외국어, 문법 등을 가르쳤으며 국가의 지원으로 운영되었다.

TIP

12동판법은 귀족의 관습법의 악용으로부터 평민을 보호하기 위한 성문법이다. 첫째, 자식에 대한 부모의 권리, 둘째, 처에 대한 남편의 권리, 셋째, 노예에 대한 주인의 권리, 넷째, 자유민 상호 간의 계약에 관한 권리, 다섯째, 소유권에 대한 것 등이다.

3) 중세 시대의 교육

중세 시대는 일반적으로 서로마제국이 멸망한 476년부터 동로마가 멸망한 1453년까지 약 10세기 동안을 일컫는다. 중세 전기에는 기독교 교육과 교부철학을 중심으로, 중세 후기에는 세속교육과 스콜라철학 중심으로 구분된다. 이에 중세 시대 교육목적은 원죄설에 입각한 현세의 고행과 금욕적 교육이 강조되며, 신에 복종하는 교육이 목적이었다.

TIP

주정주의: 인간의 정신활동에서 이성이나 의지보다도 감정이나 정서를 중시함

다시 말해서 기독교 교육은 유일신관(唯一神觀, 신은 한 분밖에 없다는 주장)을 바탕으로 내세주의, 주정주의, 세계주의를 사상적 특징으로, 신에 복종하고 봉사할 인간을 양성하는 것으로 삼았다. 중세 이후 기독교의 사상과 교육이념을 통합시켜 기독교 교육의 정당성과 체계화를 추구했음을 보여준다. 성직자를 양성하기 위해 교회 부설학교의 고등교육기관인 본산학교(감독학교, 사원학교, 기부학교: 주교나 감독이 거주하는 각 교구의 본산 소재지에 세운 학교)가 있었는데, 성서, 신학, 철학, 과학, 문학 등이 주요 교육내용으로 운영된 스콜라철학의 주요 교육기관이었다(스콜라, Schola는 라틴어로

학교를 말함). 사실 스콜라철학은 기독교의 신앙과 아리스토텔레스의 논리학을 결합하여 이성과 신앙의 조화를 통하여 기독교의 신앙적 권위를 회복하고자 하였다. 또한 수도원사상을 전파하고 기독교가 타락해가는 것을 바로잡기 위해 수도원에 부설된 학교를 승암학교(僧庵學校)라고 한다. 즉, 수도원학교는 내세를 위한 교육을 수행할 수도사 양성을 목적으로 초등교육에서는 3R's(읽기, 쓰기, 셈하기)와 성경을 가르쳤고, 중등교육에서는 7자유과(3학과: 문법, 수사학, 변증법(논리학), 4학과: 산수, 기하, 천문학, 음학)를 가르쳤다.

중세 시대의 세속교육은 기사교육과 시민교육으로 나누어진다.

첫째, 기사교육은 중세 시대에 봉건제도라고 하는 피라미드식 계급구조가 형성되면서 중·하급 귀족에 해당되는 기사교육이 나타났다. 기독교 사상을 가진 무인으로 교회와 영주, 약자를 보호하는 것을 보람으로 여겼다. 이들은 신라의 화랑도처럼 귀족적인 생활교육을 통해 양성되었다. 이 교육은 매우 엄격했는데, 가정교육기(0~6세)에는 예의범절과 신앙심, 신체단련을 배웠고, 시동기(7~13세)에는 군주나 귀족, 종교지도자의 시종 역할을 하면서 예의범절, 윤리, 음악, 3R's, 체육 등을 배웠다. 시종기(14~20세)에는 기사로부터 7가지 기예(승마, 활쏘기, 수영, 검술, 수렵, 서양장기, 시)를 배웠으며, 21세 이후 기사입문식을 통해 정식기사가 될 수 있었다.

> **TIP**
> 기사교육은 무지하고 야만스러운 기사들에게 기독교 정신을 습득시켜 용기, 충성, 관용 등 군사적 미덕을 갖춘 기독교 무사 양성

둘째, 시민교육은 십자군 원정(중세 유럽, 기독교도가 팔레스타인과 예루살렘을 이슬람교도로부터 다시 찾기 위해 일으킨 원정이며, 1096년부터 13세기 후반까지 7번, 700만 명이 동원되었지만 실패함)으로 인해 이탈리아를 중심으로 동서교역이 활발해지면서 신흥 상업도시가 발달하고 상공업에 종사하는 시민계급을

대상으로 한 학교가 세워졌다. 즉, 시민계급은 기존의 종교교육 외에도 현실적인 교육을 강하게 요구하였다. 그래서 중세 초기에는 일부 수도원학교가 현실적인 교육을 담당하기도 했으나 점차 각 도시 고유의 시민학교들이 세워졌다. 이 학교는 현실적인 내용을 주로 가르쳤으며, 상류시민계급을 위한 문법학교(영국: 중등교육기관으로 라틴어를 가르침), 공중학교(영국), 라틴어학교(독일) 등이 있었고 이 학교는 대학진학을 위한 예비학교의 성격을 가졌다. 나중에 각 나라의 중등교육기관으로 발전하였다.

하층시민계급을 위한 도제교육(13-15세기 도시상공업자의 자제를 위한 기술학교(비형식적), 시민들이 원하는 교육(실생활에 맞는 생산교육, 직업교육), 영국), 조합학교(형식적인 학교교육, 생산적인 직업교육)가 만들어졌다. 이 학교들은 상업실무를 위한 읽기, 쓰기, 셈하기(3R's)를 가르쳤다. 이후에 이 학교들은 각 나라의 초등교육기관이 되었다. 대표적인 학자로는 아우구스티누스(Aurelius Augustinus), 토마스 아퀴나스(Thomas Aquinas)가 있다.

4) 문예부흥기 시대의 교육

> **TIP**
> 문예부흥기는 인간의 선천적 성장 가능성을 최대한으로 발전시켜 인간중심의 문화를 이룩하려는 데 초석을 마련하였다.

14~15세기를 전후하여 이탈리아를 중심으로 문화를 복고하고자 시작된 각성운동이 문예부흥(Renaissance)이다. 근본사상은 중세 기독교적 복음주의와 내세주의의 제약에서 벗어나, 인간 본연의 자세로 복귀하려는 인문주의 사상이라고 할 수 있다. 문예부흥기는 인간의 선천적 성장 가능성을 최대한으로 발전시켜 인간중심의 문화를 이룩하려는 데 초석을 마련하였다. 그리고 신중심의 세계에서 인간중심의 세계로, 내세주의에서 현세주의, 금욕주의에서 자연주의로 시선을 옮겨 인간을 구속하는 모든 외부적 권위를 박차고 인간으로 하여금 스스로 주인이 되게 하려는 사상이었다.

문예부흥기의 교육은 중세적 사고를 반성하고, 인간성을 회복하고자 노력했다는 특징이 있다. 또한 자유와 더불어 체육과 도덕교육을 중시했으며, 특히 라틴어 등의 고대의 언어능력이 강조되었다. 당시 대표적인 교육자로서는 에라스무스(Erasmus), 페트라르카(Petrarca), 보카치오(Vocacio), 바이비즈(Vibes), 비토리노(Vitorino), 라블레(Rabelais) 등이 있었다.

5) 종교개혁기 시대의 교육

종교개혁(宗敎改革: 16~17세기 유럽)은 왜곡된 신앙과 부패한 교회를 바로 잡고자 독일과 스위스를 중심으로 일어난 운동이다. 즉, 로마교황을 중심으로 하는 가톨릭교회의 타락을 비판하고 그리스도교의 참된 정신으로 돌아가 교회를 개혁하려 한 종교운동이다. 이는 형식적 교권주의에서 탈피하여 오직 성서에 의해서만 복음을 들을 수 있다는 신앙해방운동이라고 할 수 있다.

오직 성서를 통한 신앙의 가치관 확립과 종교적 속박에서 인간을 해방시키기 위해 시작된 종교개혁은 문예부흥의 영향을 받아 인간의 자율성에 주목하였다. 그래서 누구나 종교지도자 없이 직접적으로 신의 계시를 받고 성서를 읽을 수 있다는 만인제사장설로 인해 교육의 장이 넓어졌으며, 성서중심의 교리가 확립됨에 따라 성서에 대한 해석과 교육이 중시되었다. 또한 교육의 중요성이 보편화되면서 국가차원의 공교육과 기초적인 모국어 교육이 발전하였다.

종교개혁의 교육이 남긴 업적은 모든 국민에게 사회적, 경제적, 종교적, 성적 조건과 상관없이 교육을 시켜야 한다는 평등교육과 공교육의 이념적 토대를 마련하였다는 것이다. 종교개혁기의 대표적인 교육사상가는 칼뱅(Calvin), 츠빙글리(Zwingli), 루터(Luther), 멜란히톤(Melanchton) 등이 있었다.

> TIP
> 종교개혁의 교육이 남긴 업적은 모든 국민에게 사회적, 경제적, 종교적, 성적 조건과 상관없이 교육을 시켜야 한다는 평등교육과 공교육의 이념적 토대를 마련하였다는 것이다.

6) 실학주의 시대의 교육

실학주의(實學主義, realism)는 17세기 서양의 대표적인 교육사상으로 교육의 실제성과 현실성을 주장한 사상이다. 즉, 실학주의 교육사상은 인문

주의 교육에 대항하여 교육을 실제생활과 관련된 내용으로 시행하고자, 구체적인 지식과 실제적인 기술, 과학적인 학문의 연구방법을 추구하였다. 실학주의 교육의 목적으로는 실천성을 강조했으며, 교육내용에 있어서는 종교적, 신학적 내용과 과학적이고 현실적인 내용을 추구하였다. 17세기는 코페르니쿠스(Coperniqus)와 갈릴레이(Galilei)의 지동설(heliocentric theory), 뉴턴(Newton)의 만유인력(universal gravitation)과 아메리카, 아시아 대륙의 발견에 따른 자연과학과 경험주의 사상이 사회적 전환을 일으켰던 시기였다. 실학주의 사상은 교육에 영향을 미쳐서 합자연주의 사상을 일으켰고 직관교육(직관물을 이용하거나 직관적인 방법으로 진행하는 교육), 실물교육(감각교육, 학습자가 구체적인 실제의 사물을 직접 관찰하거나 만져 볼 수 있도록 학습하는 방법)을 중요시하는 새로운 혁명을 일으켰다.

> TIP
> 실학주의는 인문적, 사회적, 감각적 실학주의로 구분할 수 있다.

실학주의는 인문적, 사회적, 감각적 실학주의로 구분할 수 있다. 첫째, 인문적 실학주의는 지적, 도덕적, 종교적, 사회적, 신체적 훈련을 강조하면서 문학적이면서도 실제적인 인문교육을 강조하였다. 둘째, 사회적 실학주의는 개인교사, 가정교사 제도를 통한 신사양성을 중시하였기 때문에 학교교육에 의지하지 않았다. 셋째, 감각적 실학주의는 체계화된 학교교육을 통해 과학과 실제적인 교육을 강조하였다. 이는 사물의 구체적인 실물에 대한 감각적 지각을 학습의 출발점으로 보고, 교육내용에서 실물, 그림, 사진, 표본 등의 사물과 관찰 및 경험을 강조했다. 대표학자로서는 코메니우스(Comenius), 로크(Locke)가 있다.

7) 계몽주의 시대의 교육

18세기는 계몽주의(啓蒙主義, enlightenment)로 대표되는 '이성'의 시대였다. 계몽이란 사람이 보편적으로 갖고 있는 이성에 바탕을 둔 합리적 인간을 기르는 데 있다. 그리고 개인은 이성에 따라 합리적이고 자유롭게 사고하며 연구함으로써 지식을 증진, 보급하여 과거의 모든 비합리적인 사회제도와 형식주의 인간관 및 비과학적인 세계관을 비판한 사상이다. 첫째, 사상적인 측면은 개인의 자유, 권리존중, 평등사상, 인권중시이며, 둘째, 정치적인 측면은 절대군주체제 반대이며, 셋째, 경제적인 측면은 과학과 제조공업(생활풍부)을 발달시키는 것이다. 그러므로 지식수준이 낮거나 의식이 덜 깬 사람들을 깨우쳐 인류의 보편적 진보를 꾀하려 한 운동이다.

교육목적은 모든 속박으로부터 이성을 해방시키는 것이었다. 이를 위해 철학, 과학, 예술, 문학 등과 더불어 새로운 시민계급을 위한 실제적인 직업교육이 활성화되었다. 또한 자연을 있는 그대로 보고 그 질서에 순응하는 자연주의 교육의 필요성과 감각주의적 교수방법이 주목받았다. 이 시기에는 주로 합리주의(인간의 이성과 지성 존중), 자연주의(인간의 발달은 자연의 질서에 순응), 실리주의(현세주의: 실용적인 지식을 중시(자연과학 발달, 산업혁명, 모국어 발달에 영향)) 등의 시대적 특징이었다. 대표적인 사상가는 루소(Rousseau), 칸트(Kant), 바제도(Basedow), 살즈만(Salzman) 등이 있다.

> **TIP**
> 계몽이란 사람이 보편적으로 갖고 있는 이성을 지상원리로 하여, 자유로이 사고하고 연구함으로써 지식을 증진, 보급하여 과거의 모든 비합리적인 사회제도와 형식주의 인간관 및 비과학적인 세계관을 비판한 사상이다.

8) 신인문주의 시대의 교육

신인문주의(新人文主義, New Humanism)는 18세기 이성의 계발을 강조하는 계몽주의의 주지주의적, 합리주의적 경향의 계몽사상을 반대하여 독일에서 인간의 감성적 요인을 부각시켜 그리스 문화사조 및 문예사조를

> **TIP**
> 계몽주의와 낭만주의의 이성과 감성을 조화시키려고 한 신인문주의는 지와 덕을 조화롭게 갖춘 인간을 양성하고자 했다.

찾고자 했다. 즉, 라틴어 고전에 대한 언어적, 형식적 모방에 빠져 있는 르네상스의 구인문주의를 비판하며, 그리스시대의 문학과 예술성에 담긴 정신을 회복하고자 새롭게 등장한 교육법이다. 18세기 말부터 19세기 초에 독일을 중심으로 일어났던 인문주의 운동은 지나치게 이성만을 강조했던 계몽사상에 반기를 들고 인간의 조화로운 발달을 바라는 사람들이 인간의 정서와 감정을 바탕으로 전개한 운동이었다. 계몽주의와 낭만주의의 이성과 감성을 조화시키려고 한 신인문주의는 지와 덕을 조화롭게 갖춘 인간을 양성하고자 했다. 또한 문예부흥기의 영향으로 도덕성과 더불어 미를 강조했으며, 언어와 인성교육(人性教育) 역시 주된 관심사였다. 이 시기의 특징은 지(知), 정(情), 의(意), 신체(身體), 지성(知性), 도덕성(道德性), 이성(理性), 감성(感性), 신체(身體) 등의 구분을 극복하고, 조화를 통한 전인교육(全人教育)인 신체적 성장, 지적 성장, 정서적 발달, 사회성 발달 등을 조화롭게 하여 넓은 교양과 건전한 인격을 갖춘 인간을 육성하려는 교육을 지향한다. 대표적인 사상가는 페스탈로치(Pestalozzi), 헤르바르트(Herbart), 프뢰벨(Fröbel)이 있다.

9) 현대의 교육

> **TIP**
> 새 교육운동의 특징은 학교교육 내용의 개조, 아동의 해방운동, 학습지도법의 개발, 지역사회 학교운동으로 표현된다.

20세기는 교육의 기회균등, 교육의 민주화가 뿌리내리기 시작하였다. 그것은 전 세기에 이룩된 교육의 제도적 민주화에서 내용적 민주화를 가져온 세기였음을 뜻한다. 새 교육운동의 시작은 학교교육의 개조운동에서 비롯되었지만, 차츰 아동 해방운동으로 전환되었다. 아동 해방운동은 파커에 의하여 주도된 후 케이와 듀이로 연결되어 20세기 전반기 교육사상의 주류를 형성하였다. 이는 아동의 내재적 동기를 유발하고 자발적 학습운동을 조성한다는 이념 아래 근대교육의 이념을 본격적으로 추진하고 현실화시킨 새 교육이었다. 새 교육운동의 특징은 학교교육 내용의 개조, 아동의 해방운동, 학습지도법의 개발, 지역사회 학교운동으로 표현된다. 이러한 신교육운동은 미국에서는 진보주의 교육사상으로 나타나게 되었다.

아동중심, 경험중심, 생활중심 교육을 중요시하는 진보주의 교육철학은 20세기 전반기의 사상적 주류를 이루었으며, 1930년대 이후의 본질주의와 항존주의, 재건주의 사상을 탄생시켰다. 이는 21세기 교육의 방향을 제시하는 데 결정적인 역할을 하였다. 오늘날 인간주의 교육이 더욱 중시되는 것은 인간주의 교육을 통해 아동의 인격적 자유를 보장하고 아동의 자율적 판단능력을 함양함으로써 그들이 성숙한 인간으로 성장할 때 비로소 21세기가 밝게 빛날 수 있을 것이기 때문일 것이다.

Chapter 02 학습정리

1. 교육사는 교육현상을 통하여 이루어지는 어떤 활동의 결과를 말한다. 즉, 교육사는 교육의 발생, 사상, 제도 등에 관한 교육과정의 역사 또는 그것을 연구하는 학문이다. 또한 원시시대의 교육은 학교라는 교육기관이 없었기 때문에 모든 교육이 가정이나 생활의 장에서 이루어졌다. 따라서 교육은 군집생활 속에서 가족 구성원뿐만 아니라 주위 연장자들에 의해 그들이 살아가는 데 필요한 것들을 배웠을 것이다.

2. 한국은 삼국시대를 기점으로 최초로 형식적 교육체제를 갖추게 되었다. 이는 삼국시대의 사회가 유교의 전래를 통하여 한자문화권에 편입되었음을 의미한다. 고구려의 태학은 소수림왕 2년(372)에 세워진 최초의 고등교육기관으로 왕실의 자제와 고급관리를 양성하기 위해 설립되었다. 태학에서는 중국의 영향을 받아 오경(五經)과 삼사(三史), 삼국지(三國志), 진춘추(晋春秋) 등을 교육내용으로 삼았으며, 문묘의 기능을 하지 못했지만 유교의 정착을 나타내주는 대표적인 교육기관이었다. 신라는 787년 원성왕 때에는 독서삼품출신과를 정하여 인재등용의 방법으로 삼았는데, 이때부터 신라에 있어서 제도교육을 통한 인재등용법이 채택되었다. 즉, 통일 전의 화랑도 교육을 통한 인물 본위의 인재등용제도가 통일 후에는 학벌 본위, 지식 위주의 등용제도로 교체된 것이다.

3. 조선시대의 성리학은 주자학, 정주학, 이학, 도학, 송학이라고 불렸는데, 조선을 건국한 이성계는 이 성리학을 통해 통치이념을 확고히 했기 때문에 교육분야에도 많은 영향을 미쳤다. 성리학은 도덕성을 갖춘 성인을 양성하는 데 교육목적이 있었으며, 인간의 도덕성과 도덕적 관계를 명확히 하고자 했다. 또한 조선시대의 중기부터 성리학 외에도 실학이 주목받기 시작하여 실사구시라는 연구방법으로 학문의 현실성을 추구했으며 교육기회균등, 교육과정 및 과거제 개혁 등을 주장하였다. 또한 실학은 경세치용학파(이익: 토지개혁), 이용후생학파(박지원: 상공업 발전), 실사구시학파(김정희: 철저한 고증)로 구분할 수 있다.

4. 아테네는 이오니아족이 세운 대표적인 폴리스로 그리스의 문화적 중심지이자 수도이다. 스파르타에 비해서 문화적이고 민주적이었으나 체육을 중시하고 강한 인간을 선호했던 것은 마찬가지였다. 또한 스파르타는 북방에서 이주해 온 도리아(Doria)족이 라코니아에 세운 도시국가이다. 이들은 군국주의적인 훈련을 통해 강하고 호전적인 시민을 양성했다. 정신적으로는 극기, 규율, 애국심, 용기, 인내, 복종 등을 가르쳤으며, 신체적으로는 창던지기, 씨름, 수영, 활쏘기, 말타기 등을 익혔다.

5. 왕정시대에는 학교교육이 없었으며 주로 모방교육과 생활교육 정도가 있었다. 공화정시대에는 주로 로마의 전통적인 교육이 이루어졌고, 제정시대에는 그리스의 문화가 유입되어 사상, 문화, 교육적으로 조화되었다. 중시시대는 기독교 교육의 유일신관을 바탕으로 내세주의, 주정주의, 세계주의를 사상적 특징으로, 신에 복종하고 봉사할 인간을 양성하는 것을 교육목적으로 삼았다. 중세 이후 기독교의 사상과 교육이념을 통합시켜 기독교 교육의 정당성과 체계화를 추구했음을 보여준다.

6. 문예부흥기는 인간의 선천적 성장 가능성을 최대한으로 발전시켜 인간중심의 문화를 이룩하려는 데 초석을 마련하였다. 또한 종교개혁은 왜곡된 신앙과 부패한 교회를 바로잡고자 독일과 스위스를 중심으로 일어난 운동이다. 형식적 교권주의에서 탈피하여 오직 성서에 의해서만 복음을 들을 수 있다는 신앙해방운동이라고 할 수 있다. 실학주의 교육사상은 구체적인 지식과 실제적인 기술, 과학적인 학문의 연구방법을 추구하였고, 계몽주의는 사람들이 보편적으로 갖고 있는 이성을 지상원리로 하여, 자유로이 사고하고 연구함으로써 지식을 증진, 보급하여 과거의 모든 비합리적인 사회제도와 형식주의 인간관 및 비과학적인 세계관을 비판한 사상이다.

7. 실학주의는 인문적, 사회적, 감각적 실학주의로 구분할 수 있다. 첫째, 인문적 실학주의는 지적, 도덕적, 종교적, 사회적, 신체적 훈련을 강조하면서 문학적이면서도 실제적인 인문교육을 강조하였다.

8. 새 교육운동의 시작은 학교교육의 개조운동에서 비롯되었지만, 차츰 아동 해방운동으로 전환되었다. 아동 해방운동은 파커에 의하여 주도된 후 케이와 듀이로 연결되어 20세기 전반기 교육사상의 주류를 형성하였다. 이는 아동의 내재적 동기를 유발하고 자발적 학습운동을 조성한다는 이념 아래 근대교육의 이념을 본격적으로 추진하고 현실화시킨 새 교육이었다.

Chapter 02 연습문제

01 삼국시대의 교육에 대하여 논하시오.

02 서양교육사의 내용 중 그리스시대, 로마시대, 중세 시대, 문예부흥기 시대의 교육에 대하여 논하시오.

03 조선시대의 교육에 대하여 논하시오.

04 서양교육사의 내용 중 실학주의 시대의 교육에 대하여 논하시오.

05 서양교육사의 내용 중 계몽주의 시대의 교육에 대하여 논하시오.

06 서양교육사의 내용 중 신인문주의 교육에 대하여 설명하시오.

03 CHAPTER 교육철학의 기초

학습내용

- 철학과 교육철학은 어떤 관계에 있는지 이해한다.
- 교육철학의 기능을 이해한다.
- 전통적 교육철학의 개념과 내용을 이해한다.
- 현대교육의 9가지 사상을 비교하고 이해한다.

1. 철학과 교육철학

철학(Philosophy)은 그리스어로 '지혜(sophia)'와 '사랑(philia)'의 합성어인 그리스어 'philo-sophia'에서 유래하였다. 참된 지혜를 사랑하고 추구하는 일이 철학의 기능이라면, 철학자는 진리 혹은 지혜를 사랑하는 사람, 그것도 한 부분만이 아니고 전체를 사랑하는 사람이다. 즉, 자신이 무엇을 모르고 있는지를 깨닫고, 이데아(Idea)라는 영원히 불변하는 절대 진리를 항상 그리워하며 그것을 알기 위해 끊임없이 노력하는 것이 바로 철학의 의미이다.

> **TIP**
> 자신이 무엇을 모르고 있는지를 깨닫고, 이데아라는 영원히 불변하는 절대 진리를 항상 그리워하며 그것을 알기 위해 끊임없이 노력하는 것이 바로 철학의 의미이다.

역사적으로 볼 때 명사인 'philosophia'보다는 'philosophein'이라는 동사가 사용되었는데, 헤로도투스(Herodotus, 484~430 B.C.)가 이 동사를 처음 사용하였다(혹자는 피타고라스(Pythagoras, 582~500 B.C.)가 먼저 'philosophos'(철학하는 사람)를 사용했다는 설도 있음).

소크라테스
(Socrates)

소크라테스(Socrates, 469~399 B.C.)는 궤변론자와 철학자를 구별하였는데, 전자는 단순히 가르치거나 자랑하기 위해 많은 지식을 소유하고 있는 사람이지만, 후자는 세계와 인생에 관한 지혜를 추구하는 사람이라고 하였다.

소크라테스나 플라톤에게 있어서 철학은 사랑의 학문이다. 자기의 무지를 깨닫고 보다 나은 지혜를 얻기 위해 끊임없이 반성하고 노력하는 것이 인간의 참된 모습이며 지혜를 사랑하는 것이다. 지혜라는 말이 아리스토텔레스에게는 참된 지식을 의미하였다. 그러므로 지혜로서의 철학은 사실상 참된 지식으로서의 철학이다. 그렇다고 해서 지혜와 지식을 혼동하거나 동일시해서는 안 된다. 지식은 지혜를 창출하는 재료는 될 수 있지만 지혜 그 자체는 될 수 없기 때문이다.

> TIP
> 교육철학은 교육의 가치와 의의를 밝히는 지혜를 사랑하고 연구하는 학문이다. 따라서 교육의 개념, 교육의 목적, 교육의 과정, 교육의 정책 등에 관련된 문제의 해결을 찾으려는 교육철학적 탐구활동이다.

교육철학(philosophy of education)은 교육의 가치와 의의를 밝히는 지혜를 사랑하고 연구하는 학문이다. 따라서 교육의 개념, 교육의 목적, 교육의 과정, 교육의 정책 등에 관련된 문제의 해결을 찾으려는 교육철학적 탐구활동이다. 철학이라는 것이 사람과 사람의 삶에 대한 가치와 의의를 밝히는 지혜를 사랑하고 연구하는 학문인 것처럼, 교육철학은 교육과 관련된 철학적 방법과 견해를 이용하여 교육과 관련된 모든 사람들이 교육의 본질을 추구할 수 있도록 해야 한다. 또한 교육을 체계적으로 분석하고 연구할 수 있도록 교육철학의 타당한 세계관을 가지고 있어야 한다.

페닉스(Phenix, 1958)는 교육철학을 '철학적 방법과 견해를 교육이라고 불리는 분야에 적용하는 것'이라고 정의를 내리고 있으며, 브로우디(

Broudy)는 교육문제를 '철학적 수준에서 조직적으로 논의하는 것'이라고 규정하였다. 이는 철학의 임무를 실재, 지식, 선, 미와 같은 철학의 기초를 이루는 심층에 이르기까지 중요한 교육의 논점으로 탐색한 것이다.

교육철학에 대해 라인(Rein, 1912)은 교육철학을 꿰뚫고 있는 4가지 대전제로 교육현상을 체계적으로 고찰하였다. 첫째, 인간은 인간에 의해서 인간이 된다. 둘째, 교육은 미성숙자에게 가해진다. 셋째, 교육은 계획적인 작용, 영향, 감화다. 넷째, 교육은 지속적이다.

김정환(1994)은 교육철학을 '철학의 여러 기능을 구사하여 교육현상 일반 및 교육학을 체계적으로 분석, 연구, 구축하는 학문'이라 하였다.

따라서 이 책의 저자들은 교육철학을 '교육현상에서 나타나는 다양한 교육의 문제들을 철학관점에서 조직적으로 논의하거나, 철학적인 방법, 지식, 사조를 활용하여 학문적으로 탐구하는 것으로 정의한다.

2. 교육철학의 기능

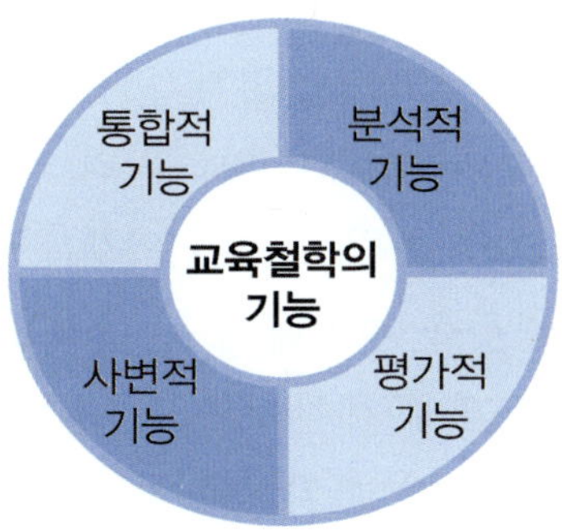

1) 분석적 기능

분석적 기능은 20세기 후반기의 영미를 중심으로 언어철학의 영향으로 형성된 방법이다. 분석적 기능은 이론적 혹은 일상적 언어의 의미를 명백히 하며 논리적 모순이나 모순된 표현을 가려내어 각종 판단의

> TIP
> 분석적 기능은 이론적 혹은 일상적 언어의 의미를 명백히 하며 논리적 모순이나 모순된 표현을 가려내어 각종 판단의 기준을 밝히는 행위를 말한다.

기준을 밝히는 행위를 말한다. 이 기능은 교육활동과 교육학에서 사용되는 언어의 의미와 개념을 명확하게 규정하고 논리적 관계성을 확립하려는 기능이다. 개념이나 술어 또는 명제의 애매성을 제거하고 모호성을 감소시켜 그 의미를 명백히 하며 진술에 있어 동의어 반복이나 모순을 밝혀 이들의 관계가 인과적, 논리적 관계인가를 명백히 하는 것이다.

교육적 의미체계를 구성하는 중요한 언어는 언제나 명백한 의미를 가지고 사용되는 것은 아니며, 의미상의 혼란으로 인하여 때로는 많은 문제를 일으키기도 한다. 예를 들어, '교육', '학습', '훈련', '감독' 등의 의미를 명확하게 분석하여 개념적 혼란을 해소하는 데 관련된 기능이다. 즉, 언어의 혼란을 제거하고 모순되는 주장을 드러내 명제들과 개념의 의미를 명백하게 이해하려는 철학적 활동이다. 개념의 의미를 명확히 밝히고 그 개념과 다른 개념 간에 일어나는 모순을 제거하는 일련의 분석, 점검의 과정은 바로 교육철학의 분석적 기능을 수행하고 있는 셈이다.

2) 평가적 기능

> **TIP**
> 평가적 기능은 어떤 평가기준을 세우고 그 평가기준에 입각하여 교육적 의미나 교육 현실이 바람직한 것인지 아닌지를, 또는 만족스러운 것으로 받아들일 만한 것인지 아닌지를 평가하는 것이다.

우리의 일상생활의 모든 영역에는 평가적 기능이 포함된다. 평가적 기능이란 교육에 관한 이론이나 주장, 명제, 원리, 실천 상황 등을 어떤 기준(standard)이나 준거(criterion), 규범(norm)에 의해 판단하는 기능을 말한다. 즉, 철학은 교육현상의 잘못을 가려내 주는 준거를 제시한 후 그 정도를 밝혀 준다. 따라서 교육문제에 대한 평가적 기능도 마찬가지로 교육적인 합리성 여부를 주어진 어떤 가치기준 혹은 판단기준에 따라 이론이나 행위를 평가하는 것이다.

평가적 기능은 어떤 평가기준을 세우고 그 평가기준에 입각하여 교육적 의미나 교육 현실이 바람직한 것인지 아닌지를, 또는 만족스러운 것으로 받아들일 만한 것인지 아닌지를 평가하는 것이다. 이는 분석적 기능의 도움으로 그 기능 수행이 가능하며 특히 평가적 기능을 위해서는 명확한 평가대상의 파악이 중요하다. 이러한 평가적 기능은 반드시 어떤 주어진 규범, 기준 또는 준거에 근거한 평가이어야 한다. 그러므로 평가적 기능은 주어진 준거, 기준 혹은 규준에 근거한 실천, 이론, 주장, 원리의 만족도를 밝히는 행위를 말한다.

3) 사변적 기능

사변적 기능은 어떤 이론적, 실천적 문제를 해결하기 위하여 새로운 가설, 제언을 성립시키고 제시하는 행위를 뜻한다. 이러한 가설, 제언을 교육이론이나 교육실천에 적용함으로써 교육에 대한 새로운 아이디어를 창출하는 과정이 교육철학의 사변적 기능이라고 한다. 즉, 이론이나 설명체계를 구안하여 제시하는 활동을 말한다.

사변적 기능은 새로운 가설을 제시하고 새로운 사고를 창출해냄에 있어서 감각을 통한 관찰에 의존하기보다는 개별자들과 전체 사이의 질서와 관계가 주는 의미를 찾으려는 체계적인 사고과정이다. 때문에 어떠한 인간관과 세계관, 지식관과 가치관, 아동관과 교사관을 형성하여 교육과정에서 추구할 새로운 가치를 제언하고 문제해결을 위한 새로운 방향을 모색하는 역할을 한다. 이 과정에서 교육발전을 가능케 하며 교육이론의 창출 효과를 기대할 수 있다. 따라서 사변적 기능은 철학 본연의 기능은 물론, 교육철학의 여러 기능 중에서도 가장 핵심적인 기능이다.

> **TIP**
> 사변적 기능은 새로운 가설을 제시하고 새로운 사고를 창출해냄에 있어서 감각을 통한 관찰에 의존하기보다는 개별자들과 전체 사이의 질서와 관계가 주는 의미를 찾으려는 체계적인 사고과정이다.

4) 통합적(종합적) 기능

통합적 기능이란 교육 현상이나 과정을 전체로서 파악하고 부분적인 활동들을 통합적으로 이해하려는 활동이다. 특히, 교육학은 종합적인 학문이므로 기초학문인 교육철학, 교육심리, 교육과정, 교육행정, 교육사회학, 교육방법론 등이 포함되어 있다. 그러나 이러한 성격을 하나로 통합하지 못하면 잘못된 왜곡에 빠질 수 있다.

> **TIP**
> 통합적 기능은 분석적, 평가적, 사변적 기능을 전체적으로 교육철학의 기능으로 종합하여, 더욱 합리적이고 타당한 기능으로 수렴하게 한다.

통합적 기능은 분석적, 평가적, 사변적 기능을 전체적으로 교육철학의 기능으로 종합하여, 더욱 합리적이고 타당한 기능으로 수렴하게 한다. 따라서 다양한 교육 현상과 교육에 대한 의미체계를 전체적으로 검토하고 이를 통합된 체계로 이해하려는 활동이다. 이는 교육현상과 교육이론을 설명하고 검토, 분석, 종합하며 각 이론들을 체계화하는 데 도움을 준다. 결론적으로 통합적 기능은 교육의 현상이나 과정을 전체적으로 파악하고, 여러 부분이나 차원을 통합하여 이해하는 포괄적인 행위이다.

TIP
교육이론이나 실천에 대한 비판적 접근을 위한 것으로 형식적, 논리적 구분일 뿐 상호보완적이라고 할 수 있다.

어떻게 보면 교육철학의 4가지 기능(분석적 기능, 평가적 기능, 사변적 기능, 통합적(종합적) 기능)은 교육이론이나 실천에 대한 비판적 접근을 위한 것으로 형식적, 논리적 구분일 뿐 상호보완적이라고 할 수 있다.

3. 전통적 교육철학

관념론적 교육철학 → 실재론적 교육철학 → 실용주의 교육철학

1) 관념론적 교육철학

TIP
관념론은 불변하는, 영원한, 절대적인, 보편적인, 완전한, 초월적인, 정신적인 무엇을 사고나 형태, 가치와 존재 등의 기준에 둔다.

관념론(idealism; 이상주의, 유심론)이란 말은 17세기 라이프니츠(Leibniz)가 처음 사용한 말로 관념(idea), 정신(spirit), 마음(mind)의 가치를 물질이나 육체의 가치보다 우위에 두는 이론을 말한다. 참된 지식은 영구불변한 것으로 정신 속에 있는데, 지성의 작용에 의해 이를 깨닫는 것이다. 본래 관념론은 완전한 형상을 의미하는 그리스어 '이데아(idea)'에서 파생되었다. 그러므로 관념론은 불변하는, 영원한, 절대적인, 보편적인, 완전한, 초월적인, 정신적인 무엇을 사고나 형태, 가치와 존재 등의 기준에 둔다. 대표적인 사상가인 플라톤(Platon)은 불변하는 관념의 세계, 즉 이데아의 세계 안에서만이 보편적이고 절대적이며 영원한 진리를 발견할 수

있다고 보았으며, 버클리(Berkele)는 사물이란, 그것을 바라보는 사람의 마음에 지각되고 표상된 것에 지나지 않는다고 보았다.

칸트(kant)는 경험의 세계와 초경험적인 세계를 구분한 후 참된 세계의 실재란 정신적인 것에 존재하는 것이며, 헤겔(Hegel)은 정신을 절대시하여 이것이 인간의 역사를 움직여 나간다고 믿었다. 이러한 입장에서 본 관념론적 교육방법은 다음과 같다.

첫째, 교사는 이상적인 인간상을 제시하여 아이들이 자아를 인식한 후 자율적인 학습을 할 수 있게 도움을 주어야 한다.

둘째, 교사가 중심이 되어 결정적인 역할을 하여야 한다. 즉, 교사는 아이들의 잠재능력을 최대한 발휘하도록 지원해 주어야 한다.

셋째, 강의식 수업을 경시하지 않고, 질문과 토론을 중시한다.

넷째, 아이들이 자신의 직관과 내적 탐구가 중심이 되어야 한다. 그러므로 아이들의 흥미를 바탕으로 자발적 활동이 강조되어야 한다.

관념론은 교육이론과 실제에도 큰 영향을 끼쳤다. 이러한 관념론의 입장에 서 있던 교육이론가들은 당연히 정신을 계발하고 도야해 가는 일이 무엇보다 중요하다고 믿었기 때문에 지적인 교과들을 중요시한 반면에 실물교과, 신체교과, 예능교과를 비교적 소홀하게 취급하였다.

2) 실재론적 교육철학

실재론(realism; 현실주의, 유물론)에 의하면, 이 세계는 인간의 마음으로부터 독립해서 그 자체의 법칙에 의해 존재하며 변화하고 발전한다. 따라서 이 세계를 파악하고 이해하기 위해서는 절대정신에 접근함으로써가 아니라 이 물질세계를 관찰하여 그 법칙을 발견함으로써 가능하다. 실재론자들은 객관적으로 존재하는 사물을 인간이 안다는 것은 감각과 이성을 통해서 가능하다고 본다. 실재론자들은 사물에 대한 지식이 곧 아

> **TIP**
> 실재론자들은 객관적으로 존재하는 사물을 인간이 안다는 것은 감각과 이성을 통해서 가능하다고 본다.

는 것이며, 이 지식은 인간의 마음과 사물의 상호작용을 통해 인식할 수 있다고 주장한다. 실재론은 다음과 같이 3가지로 구분된다.

① 아리스토텔레스(Aristoteles) 중심의 고전적 실재론이다. 인간의 이성에 의해서 파악할 수 있는 보편적인 법칙들이 존재하며, 이 법칙을 통해서 인류는 선한 삶을 추구할 수 있다고 보았다.

② 아퀴나스(Aquinas) 중심의 종교적 실재론은 인간의 이성에 의해 이해될 수 있는 보편적인 법칙들은 신이 만든 것이기 때문에 종교로 귀의하는 것이 필요하다고 주장한다. 종교적 실재론은 무엇보다 종교의 힘과 하나님의 계시를 중시해 왔다. 이러한 점에서 중세 시대 교부철학(Patristic Philosophy)과 스콜라철학(Scholasticism)의 대부분 철학자는 종교적 실재론자이다.

③ 근래에 와서 헤르바르트(Herbart)와 코메니우스(Comenius)에 의해 과학적 실재론이 나타났다. 이는 초자연적인 힘을 부인하고, 오히려 면밀한 관찰, 실험, 그리고 검증을 통해 보편적 실재를 파악할 수 있다고 주장했다. 이러한 실재론은 이성적 추리를 도외시하진 않지만 무엇보다 과학의 힘을 강조했다.

실재론자들 간의 의견 차이에도 불구하고, 실재론적 교육철학은 교육에 관한 공통된 생각을 포함한다. 따라서 실재론의 교육방법 4가지는 다음과 같다.

첫째, 강의가 지식을 전달하는 데 체계적이고 조직으로 알려줄 수 있는 효과성이 높은 교육방법이다.

둘째, 교사의 주도권을 중요시하며, 아이들의 흥미와 지적 호기심을 만족시키는 방법이다.

셋째, 전통적으로 내려오는 고전보다 현대어, 언어보다 사물, 교과서 교육보다 실험 및 관찰 교육방법이다.

넷째, 객관적 세계에 대한 올바른 이해를 할 수 있는 과학적 방법과 그 성과로서의 과학적 지식을 가장 중요시하는 교육방법이다.

교육의 최대 목표는 물질세계를 지배하는 자연법칙을 발견하는 것이다. 그러므로 실재론에서는 귀납법과 연역법을 이해하여야 한다. 귀납법(induction)은 수없이 많은 경험을 모아서 과학적으로 깨닫는 방법이고, 연역법(deduction)은 귀납법의 반대로 번뜩이는 생각에 대해서 논리적으로 논증하는 방법이다. 그리고 귀납법은 사례수가 부족하면 오류가 생길 수도 있다. 다시 말해서 귀납법은 실증자료를 찾아서 발로 뛰는 실천과학이라면 연역법은 생각 및 논리적인 사고를 통해 설명하는 논증과학이다. 그럼에도 불구하고 귀납법은 소크라테스는 죽었다. 아리스토텔레스도 죽었다. 김유신도 죽었다. 즉, 내가 알고 있는 모든 사람이 죽었다. 그러므로 나도 죽을 것이다(100% 확신이 없음)의 반대인 연역법은 모든 사람은 죽는다. 김유신은 사람이다. 김유신은 죽었다. 그러므로 사람인 장성화도 죽는다(전체가 참이면 결론도 참이어야 한다. 곧 100%가 되어야 함). 따라서 실재론자들은 연역법(deduction) 대신에 자연과 사회의 법칙들을 탐구하기 위한 방법으로 귀납법(induction)을 중요시하며, 인문적 교과와 인문적 지식보다는 과학적 교과와 과학적 지식을 더 강조하게 되었다.

> **TIP**
> 귀납법(induction)은 수없이 많은 경험을 모아서 과학적으로 깨닫는 방법이고, 연역법(deduction)은 귀납법의 반대로 번뜩이는 생각에 대해서 논리적으로 논증하는 방법이다.

3) 실용주의 교육철학

실용주의(pragmatism)는 신대륙 미국에서 실험되었던 인류의 삶과 사상에 대한 여러 가지 새로운 가능성들 중에 하나라고 할 수 있다. 19세기 중엽 최초로 주장한 사람은 수학자 출신의 퍼스(Peirce)였다. 그는 행위와 관련이 있는 어떤 결과를 가져왔는가에 관념의 의미가 있다고 보았다. 20세기 초에 심리학자 출신의 제임스(James)는 어떤 관념이 참인지 거짓인지를 구별하는 방법은 유용성에 의해 발선되었다고 했다. 실용주의의 철학적 이론을 정립시킨 듀이(Dewey)는 생활에 변화를 가져오지 못하는 지식은 의

> **TIP**
> 실용주의는 글자의 뜻대로 실용성, 유용성, 실제성을 가장 중요시하는 철학적 입장이다. 듀이는 지식, 이론, 종교 등은 도구로써의 가치를 가진다는 도구주의철학을 내세웠다.

미가 없다고 하면서 유효한 지식은 가치에 의해서 완성된다고 주장하였다.

실용주의는 글자의 뜻대로 실용성, 유용성, 실제성을 가장 중요시하는 철학적 입장이다. 듀이는 지식, 이론, 종교 등은 도구로써의 가치를 가진다는 도구주의(instrumentalism)철학을 내세웠다. 실용주의자들은 세계는 끊임없이 변화하며 발전하기도 하고 소멸한다고 주장한다. 또한 물질계만이 아니라 정신계와 가치까지도 시간과 장소와 환경에 따라 변화하는 것으로 보고 있다. 이에 실용주의 교육방법은 다음과 같다.

첫째, 미래의 상황은 예측할 수 없으므로 본인 스스로 문제해결방법을 터득하는 교육방법이다.

둘째, 교육내용보다 교육방법이 더 중요하며, 교육방법은 고정된 것이 아니고 융통성을 발휘하는 교육방법이다.

셋째, 아이들의 흥미와 욕구를 중시하고, 학습의 흥미를 동기의 기초로 사용하는 교육방법이다.

넷째, 학습방법으로 실험을 중시하는 교육방법이다.

다섯째, 교육은 경험의 재구성으로 교사의 임무는 아이들의 경험의 폭을 넓혀줌과 동시에 경험의 구성과정을 돕는 교육방법이다.

따라서 실용주의 교육론자들은 교육이란 단지 기존의 지식을 습득하는 수단이 아니라 실제적인 문제 상태에 직면하여 그 문제를 해결해 가는 데 도움을 줄 새로운 지식을 습득하고 그 지식을 활용하는 것이 중요하다고 보며, 이때 환경에 적응하고 환경을 개선해 갈 수 있는 능력을 기르는 과정이라고 주장한다. 또한 교사 역시 주어진 지식과 기술만을 가르칠 것이 아니라 학생들이 자신의 경험을 재구성해 나갈 수 있도록 도와야 한다고 주장한다.

4. 현대교육철학

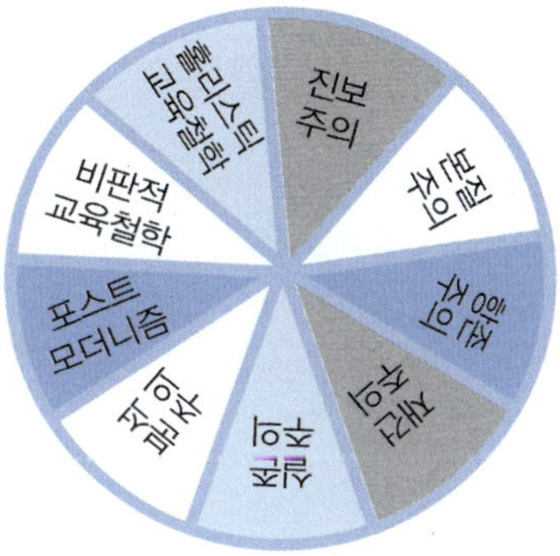

1) 진보주의 교육철학(1920년대)

진보주의(progressive education)는 실용주의 철학과 심리주의(경험주의), 산업혁명 이후 과학의 발달 등을 배경으로 생활중심, 경험중심, 아동중심 교육을 주장한 교육철학을 말한다. 진보주의는 20세기의 전반기에 있어서 가장 널리 알려지고 적용된 교육사상으로 전통적이며 권위적인 교육에 대항하여 나타났다. 특히 아동의 자유와 인권을 중시하였으며 교육을 과학적 연구에 근거한 교육개혁운동으로 자리 잡게 했다.

> **TIP**
> 진보주의는 교육목적을 전인교육, 즉 지적 교육뿐만 아니라 신체적 · 정서적 · 사회적 가치를 포함하는 교육으로 아동의 개성을 다방면으로 계발하여 현실생활에 적응할 수 있는 완전한 인간으로 육성하는 데 둔다.

철학적인 배경으로는 플라톤(Platon)의 철학사상을 들 수 있으나 대체적으로 진보주의가 싹튼 것은 르네상스 이후로, 루소(Rousseau), 페스탈로치(Pestalozzi), 프뢰벨(Fröbel)의 자연주의가 진보주의에게 커다란 영향을 주었다. 진보주의는 실용주의에 근거하고 있다. 실용주의는 미국인의 생활관과 산업정신을 반영한 철학으로 행위와 현실에 중점을 두고 유용성이 진리이며 가치라고 하는 입장이다. 실용주의는 관념론이나 실재론이 주장하는 우주를 고정적인 것으로 보지 아니하며 변화를 그 기본사상으로 하는 진리의 상대성을 주장한다. 이에 따라 필연적으로 '진보와 개인차'의 사실을 존중한다. 그리고 경험을 가장 중시하며 확고하게 알 수 있는 것은 경험뿐이라고 주장한다.

진보주의는 교육목적을 전인교육, 즉 지적 교육뿐만 아니라 신체적·정서적·사회적 가치를 포함하는 교육으로 아동의 개성을 다방면으로 계발하여 현실생활에 적응할 수 있는 완전한 인간으로 육성하는 데 둔다. 교육내용으로는 실생활의 경험과 활동을 중심으로 하며, 교육방법으로는 아동중심·흥미중심의 학습, 자율학습·구안학습을 강조한다. 따라서 교사는 경험이 풍부한 안내자, 조력자의 역할을 해야 한다. 학교는 협동생활을 장려하는 민주공동체의 모체이다. 민주주의를 교육하기 위하여 학교는 민주주의의 기본적인 특징을 가지는 평등한 참여를 중시하였다. 교육과정을 살피면 아동, 흥미, 경험중심의 교육과정으로 시작하여 후기에는 생활중심의 교육을 주장하였다.

진보주의에서는 교육의 보편성으로 인하여 공교육이 출현하였고, 민주적인 교육방법이 있었지만, 민주주의 이외의 사상체계에 대한 객관적인 이해를 소홀히 하였다. 또한 지나치게 다수의 협동을 강조한 나머지 우수한 소수의 지도성을 반영시키지 못했으며 아동의 자유와 흥미를 지나치게 강조하여 체계적 학습에 미흡했다. 또한 그 시기에 배워야 할 기초적인 학문, 절대적인 진리와 본질적 문화유산에 소홀하였다는 비판을 받고 있다.

대표적인 사상가로는 듀이(Dewey), 킬페트릭(Kilpatrick), 보데(Bode), 차일드(Childs), 카운츠(Counts) 등이 있다. 여기서 주안을 두어야 할 사상가는 경험주의를 주장하는 듀이(Dewey)이다. 듀이는 세계적인 철학자이며 교육자로서, 1896년 시카고대학에 실험학교(University of Chicago Laboratory)를 세웠다. 이 실험학교를 통하여 자신의 철학교육이론이 타당함을 확인하고, 1897년 「나의 교육학적 신조(My Pedagogic Creed)」를 발표하여 진보주의의 타당성을 주장하였다. 그 후 1918년 진보주의 교육협회(Progressive Education Association)가 조직된 후 진보주의는 세계에 전파되기 시작하였다. 진보주의의 7대 강령은 다음과 같다.

① 아동은 외적 권위에 의하지 않고 자신의 사회적 필요에 의하여 자

연스럽게 발전할 자유를 누려야 한다.

② 모든 학습활동의 동기는 흥미가 되어야 한다.

③ 교사는 아동의 모든 활동을 고무하고, 적절한 정보를 제공하여 주는 안내자가 되어야 한다.

④ 아동의 평가대상은 지식만이 아니고, 그들의 신체, 지성, 덕성, 사회성을 포함하여 아동의 지도에 도움이 되는 폭넓은 것이어야 한다.

⑤ 가장 중시해야 할 것은 아동의 건강이다. 따라서 학교의 시설, 환경, 인직조건은 명랑해야 한다.

⑥ 학교는 아동의 교육을 학부모와의 긴밀한 협조관계로 수행해야 한다.

⑦ 진보주의 학교는 좋은 전통 위에다가 새것을 첨가하는 실험학교로서 교육개혁운동의 중핵이 되어야 한다.

7대 강령 아래 진보주의 교육사상은 아동의 개성을 계발하여 사회생활에 적응을 할 수 있는 전인으로 성장, 발달시키는 데에 교육의 목적을 두고 있다. 또한 교육내용은 아동의 생활에서 얻어지는 모든 경험으로 학습자 중심의 교육과정을 추구하였다.

2) 본질주의 교육철학(1930년대)

본질주의(essentialism)는 항존주의 교육이론(恒存主義, Perennialism)과 함께 진보주의 교육이 지나치게 아동중심교육을 강조한 나머지 사회적 훈련이나 전통을 경시하는 경향을 비판하고, 시정하는 데에서 출발했다. 1930년대 베글리(Bagley), 브리그스(Briggs), 브리드(Breed), 칸델(Kandel) 등이 중심이 되어 진보주의 교육이론을 비판하기 위해 미국 교육발전을 위한 본질주의 위원회를 결성하였다. 더욱이 세계 경제공황이라는 사회적 위기가 초래되어 본질주의자들은 기초학문, 본질적인 요소(문화유산, 전통)를 강조했다.

TIP

본질주의는 항존주의 교육이론과 함께 진보주의 교육이 지나치게 아동중심교육을 강조한 나머지 사회적 훈련이나 전통을 경시하는 경향을 비판하고, 시정하는 데에서 출발했다.

본질주의 사상적의 근거에는 관념론과 실재론이 있다. 정신을 강조하는 관념론, 실재를 강조하는 실재론, 이 두 견해의 근본사상은 다르지만 실재하는 신의 법칙, 자연법칙은 우연적이고 변하는 것이 아니라 고정적이고 확정적이라는 것에는 일치한다.

본질주의의 교육목적은 전통적 문화유산 중 가장 본질적인 지식을 후대에 전달하는 것이다. 문화적 유산은 인류가 오랜 역사적 경험을 통해 쌓은 경험의 축적이며, 인류의 이상을 실현하기 위한 노력의 산물로 오랜 역사를 통해 그 가치를 인정받는 것이기 때문에 중요하게 여긴다. 때문에 독해, 작문, 수학(3R's)의 기초적인 학습을 강조한다.

교육방법에 있어서는 교사 중심적 교육으로, 교사는 전문성을 지녀야 하고, 체계적인 교재를 통하여 교과과정을 철저히 이수하게 하여 학습자들의 지적 능력을 향상시키는 설명적 교수를 하였다. 즉, 아동의 흥미보다는 아동의 노력, 아동의 자유보다는 아동의 훈련, 아동의 자발성보다는 교사의 주도성, 아동 개인의 경험보다는 민족 혹은 인류의 경험을 중요시한다. 또한 학습자들에게는 상대평가를 적용시켜 그들의 노력과 훈련을 강조하였다. 다시 말해서 교육원리는 학습의 훈련성, 교사의 주도성, 경험이나 문화유산의 계승 및 교육내용의 조직성을 중시한다고 볼 수 있다.

학문적인 교육과정을 수립하였고, 진보주의에 경종을 울리는 공헌을 한 데에 반해 문화유산, 전통적 본질의 기준이 모호하고, 변화하는 모든 것들(전통 문화유산 포함)에 대해 너무나 정적인 관념만을 취한다는 비판이 있다. 학문의 조직화를 강조하기 때문에 자연과학에 치중하고 사회과학을 소홀히 하여 사회의식과 미래전망이 결여되었다. 또한 아동의 진보성과 창의성을 저해한다는 비판을 받고 있다.

대표적인 사상가로는 배글리(Bagley, 본질파 위원회 조직)와 데미아케비치(Demiashkevich, 본질주의 용어 최초 사용), 브리드(Breed), 칸델(Kandel), 핀니(Finney) 등이 있다. 진보주의에게 치명적인 사건인 구소련의 무인 인공위성 스푸트니크(sputnik) 호 발사 후(1957년) 충격을 받은 미국인들은 본질주의 교육이론에 기초하여 초·중등학교의 교육과정을 대대적으로 개편하였다. 그 후 1970년대에는 기초로 돌아가자는 운동이 전개되었는데, 이것 역시 본질주의 교육운동에 기초한 것이었다. 진보주의와 본질주의의 교육사상을 비교하면 〈표 3-1〉과 같다.

표 3-1 진보주의와 본질주의 교육사상 비교

구 분	진보주의	본질주의
교육목적	전인의 양성 직접적 목적(현재 생활에 충실)	문화유산의 보존과 전달 장래 생활 준비
교육내용	개인적 경험 학생의 활동(경험)	민족적 경험(문화유산) 교과 또는 교재
교육내용의 조직방법	심리적 조작방법	논리적 조작방법
교육방법	학생의 흥미 강조 학생의 자발성 강조 학생의 자유 강조 학생의 협동 강조	학생의 노력 강조 교사의 주도성 강조 학생의 훈련 강조 학생의 경쟁 강조

3) 항존주의 교육철학(1930~40년대)

항존주의(perennialism)는 진보주의와는 절대적으로 대립한 철학사조로서, 진보주의가 변화를 강조했다면 항존주의는 '항존(恒存)'이라는 말 그대로 진리, 실재의 불변을 주장하는 철학사조이다. 아무리 진보주의 철학이 사회적 변화를 내세우고 현대 사회가 급격하게 변한다 할지라도 영원성이라는 것이 변화보다는 더 궁극적인 실체라고 주장한다. 그러므로 인간의 본성은 변하지 않고 본질적으로 동일하게 남는다.

> **TIP**
> 항존주의는 진보주의와는 절대적으로 대립한 철학사조로서, 진보주의가 변화를 강조했다면 항존주의는 '항존(恒存)'이라는 말 그대로 진리, 실재의 불변을 주장하는 철학사조이다.

항존주의 철학은 플라톤(Platon), 아리스토텔레스(Aristoteles), 아퀴나스(Aquinas)와 중세의 기독교 등의 사상에 근거하지만, 세속지향적 교육을 극복한다는 시점에서 새롭게 항존주의를 부활시킨 인물은 허친스(Hutchins)

이다. 그는 오늘날의 문명이 물질지상주의로 인해 인간을 파멸로 몰고 있다고 외치며, 이러한 시련 극복을 위해서는 교육의 마당에서 과학숭배주의, 활동숭배주의, 사회밀착주의를 추방해야 한다고 했다. 그는 144편의 고전으로 된 '위대한 책들'을 선정하여 대학생들의 필독서로 삼았다.

닐러(Kneller)는 항존주의의 교육원리를 다음과 같이 요약하였다.

① 인간성은 변하지 않기 때문에 교육의 본질도 변하지 않는다.
② 인간의 뛰어난 특징은 이성에 있기 때문이며, 교육은 이성을 발달시키는 데 집중되어야 한다.
③ 교육이 지향해야 할 단 하나의 적응의 타입은 보편적이고 불변한 진리에의 적응이다.
④ 교육은 생활의 복사가 아니고 생활을 위한 준비이다.
⑤ 학생들은 일정한 기본적인 교과를 배움으로써 정신적으로나 과학적으로 우주의 영원성에 접해야 한다.
⑥ 영원성은 영원주의자들이 '위대한 책들'이라고 부르고 있는 것을 통해서 가장 잘 배울 수 있다.

항존주의 교육목적은 시대에 따라 변하지 않는다고 해서 영원주의라고 불린다. 교육은 생활의 모방이 아니고 생활의 준비이기 때문에 정신과 지성훈련을 통하여 이상적인 삶을 위해 인생의 목표를 제시하여야 한다. 교사는 교육의 주체로서 훈련과 강압적인 교육을 하여야 하며, 고전중심의 교육과정을 통해 위대한 고전과 절대적 진리, 철학을 통해 교육의 방향을 제시하여야 한다.

진보주의에 정면으로 대항하여 그것의 결함을 각성케 하였고(교육의 방향성 제시, 체계적 학습) 물질주의, 기계주의, 과학숭배사상 등에 의한 현대의 위기와 인간 본연의 자세에 대해 경종을 울려주었다. 그러나 어려운 인문주의를 강조했기 때문에 지나치게 귀족적(소수의 엘리트 중심)이었고, 금욕적 · 비민주적이라는 비판점이 있다. 또한 절대성을 강조한 나머지 문화에 대해 역행한다는 지적도 있다.

대표적인 사상가로는 허친스(Hutchins), 아들러(Adler), 마리탱(Maritain) 등이 있다.

① 허친스는 과학, 활동승배주의, 사회밀착주의를 추방해야 한다고 주장하고, 사람의 기능은 어느 사회에서나 동일하기 때문에 교육도 동일해야 한다고 주장했다.

② 아들러는 교육의 제일 원리는 절대적이고 보편적인 것이어야 하며, 교육의 목적은 모든 사람에게 동일한 것임을 주장했다.

③ 마리탱은 교육의 의의는 사람만이 가지는 이성을 함양하는 일이라고 주장했다.

표 3-2 진보주의와 항존주의 교육사상 비교

구 분	진보주의	항존주의
가치관	일시성, 변화성	영구성, 불변성
진리관	상대성, 진화성	절대성, 항존성
실재론	수시로 변화됨	영원적 불변적임

4) 재건주의 교육철학(1950년대)

재건주의(reconstructionism) 교육철학은 주요 4개 학파 중 가장 최근에 브라멜드(Brameld)에 의하여 체계화되었다. 그리고 사회개혁과 새로운 사회질서를 수립하는 데 교육이 선도적 역할을 한다는 것이다. 이에 진보주의의 전성기였던 1930년대 미국 사회는 경제공황이라는 커다란 사회적 위기에 직면하게 되었고, 진보주의자들 중에서 미국 사회를 비판하며 '전위적 사상가'라고 불리는 교육자들이 새로운 민주사회 건설을 위해 학교가 앞장서야 한다고 주장하기 시작했다. 이 과정에서 재건주의는 조직화되었다.

재건주의는 기본적으로 진보주의를 계승하면서 항존주의 및 본질주의

TIP

재건주의는 기본적으로 진보주의를 계승하면서 항존주의 및 본질주의의 장점을 수용하는 이념으로 사상의 혼란이나 가치관의 갈등, 확실성의 상실, 사회적 부정의, 불평등, 기타 무수한 사회 문화적인 위기상황(전쟁, 오염, 인구증가, 기아)을 극복하고 급변하는 사회변화에 적극적으로 대처해야 할 필요성을 절감하면서 생겨난 철학사조이다.

의 장점을 수용하는 이념으로 사상의 혼란이나 가치관의 갈등, 확실성의 상실, 사회적 부정의, 불평등, 기타 무수한 사회문화적인 위기상황(전쟁, 오염, 인구증가, 기아)을 극복하고 급변하는 사회변화에 적극적으로 대처해야 할 필요성을 절감하면서 생겨난 철학사조이다. 재건주의는 진보주의와 마찬가지로 실용주의 철학에 근거했지만, 진보주의의 아동중심이 아닌 사회중심을 축으로 구성되었다.

브라멜드(Brameld)가 제시한 교육의 궁극적 목표는 사회의 민주적 개혁과 각 개인의 '사회적 자아실현(social self-realization)'에 두었다. 그가 말하는 사회적 자아실현이란 의식주, 성적 표현, 건강, 노동, 소속감, 안정감, 창의성, 참여, 질서를 향유하는 삶을 의미한다. 이를 위해 가치 있는 경험을 중요시하였다. 또한 사회 중심적이며 미래지향적 교육, 사회개혁을 위한 교육적 프로그램 개발의 필요성을 강조하였다. 브라멜드(Brameld)는 학교와 지역사회의 밀접한 연관성을 강조하면서, 참여와 의사소통, 토론 등의 민주주의적 방법 역시 재건주의를 교육하는 방법으로 중시하였다. 이 외의 방법으로는 활동학습과 집단적 협력, 수단과 목적을 동시에 관찰, 교사의 민주적, 과학적 설득력에 주안점을 두었다.

재건주의는 현대사회의 위기에 대한 경종을 울렸고, 목적과 수단을 동시에 추구하는 교육에 주목하였다. 그러나 미래의 사회가 민주주의에 의해 건설되어야 한다는 주장에 대한 공헌점이 있는 반면, 지나친 주입식 교육과 행동과학의 맹신에서 오는 한계성, 교육의 힘만으로 새로운 사회질서의 수립이 가능한가에 대한 의문, 너무나 이상주의적이어서 새로운 사회질서 확립이 현실적으로 불가능할 수 있다는 비판이 제기되고 있다.

대표적인 사상가로는 브라멜드(Brameld), 카운츠(Counts), 러그(Rugg) 등이 있다. 한편 브라멜드는 자신의 입장을 다른 유파의 입장과 비교하면서 [그림 3-1]에서와 같이 문화연속체(文化連續體)를 제시하고 있다. 이에 의하면 항존주의가 과거, 진보주의가 현재, 본질주의가 과거와 현재의 중간적인 위치를 중시하는 데 비해 재건주의는 미래를 지향하고 있다.

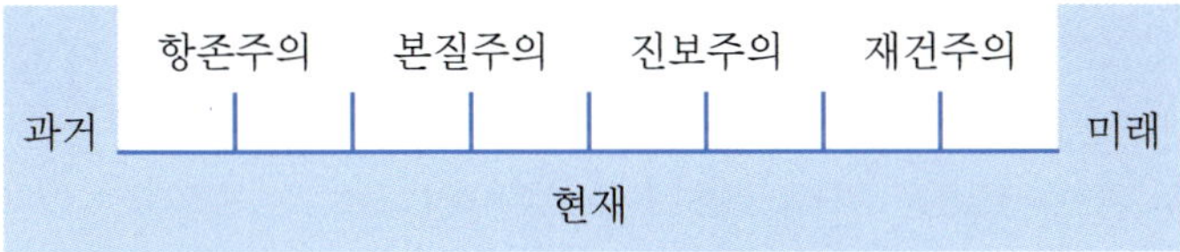

▶▶ 그림 3-1 문화연속체

출처: 강갑원 외 3인(2005). 교육학개론. 서울: 교육과학사

결국 문화 재건주의에서는 교육의 주된 목적을 명확하게 구성한 사회개혁 프로그램을 추진하는 교육의 사회개혁성에 두고 있다.

5) 실존주의 교육철학

실존주의(existentialism)란 존재, 특히 인간의 주체성 회복의 철학으로 집약된다. 즉, 인간은 누구나 자유로우며, 자신의 운명을 스스로 선택할 수 있고 또 자신의 선택에 대해 책임을 진다는 철학이다. 20세기에 들어서 세계는 두 차례의 세계대전을 겪으면서 그 문명의 위기를 심각하게 경험하게 되었다. 근세기 이래 발달한 과학과 기술이 인간을 빈곤으로부터 해방시켰지만, 오히려 그것은 인간성을 말살하는 데까지 이르렀다. 그래서 인간들의 불안을 종식시켜 줄 확고하고 내면적인 사상이 필요하게 되었다. 대표적인 학자로는 키르케고르(Kierkegaard), 야스퍼스(Jaspers), 하이데거(Heidegger), 사르트르(Sartre) 등이 있다.

> TIP
> 실존주의 철학은 인간의 주체성과 개체성을 주제로 삼는데, 실존은 주어진 것들에 만족하지 않고 끊임없이 새로운 형태의 삶을 추구한다.

실존주의 철학은 인간의 주체성과 개체성을 주제로 삼는데, 실존은 주어진 것들에 만족하지 않고 끊임없이 새로운 형태의 삶을 추구한다. 이처럼 인간이 책상 위의 펜과는 달리 존엄성을 갖는 이유는 스스로가 자신의 삶의 주체이고, 미래를 향해 계획하며 현재 그가 놓인 상황을 의식하고 있는 데 있다.

실존주의 교육철학이 갖는 교육방법의 특징은 다음과 같다.

① 개인의 자아실현을 교육목적으로 삼았다. 자기의 실존을 찾고 자기에게 주어진 것에 끝까지 충실하라고 가르친다. 생의 목표는 '나

는 살아 있다. 그러므로 나는 존재한다.' 또는 '나는 믿는다. 그러므로 존재한다.'가 된다.

② 교사와 아동 간의 대화, 참여, 만남을 중시한다.

③ 자신의 삶에 대하여 책임을 질 수 있는 능력과 의지를 강조한다.

교사는 학생들로 하여금 삶과 사랑과 죽음에 관한 인간의 경험의 의미를 사색하도록 장려한다. 또한 이러한 문제들을 학생들에게 질문하고 대화함으로써 공감대를 형성할 수 있게 된다. 그리고 학교란 개인이 자신의 삶과 선택에 관한 대화와 토론을 하기 위해 만날 수 있는 장소이다. 즉, 학교란 교사와 학생들이 질문하고 대답하며 대화하는 만남의 장소인 것이다. 실존주의가 직업교육 같은 전문교육을 소홀히 하고 사회에 유능한 인간 양성을 경시했다는 비판도 있지만 인간중심의 교육과정이 태동할 수 있도록 기여했고, 성실하게 살아가려는 인간관과 주체적 삶에 대한 역동적인 사고, 나아가서 현실적인 인간의 고뇌를 반영했다는 점이 긍정적으로 평가되고 있다.

6) 분석주의 교육철학

> **TIP**
> 분석철학은 인간이 사용하는 말에 모호한 뜻을 지닌 낱말이나 표현이 많으므로, 진위여부를 판단하기 어렵다고 본다. 그러므로 모호한 언어를 명확히 개념화하고 의미를 분석해서 명료성을 찾아가는 것이 중요하다.

분석주의 철학(analytic philosophy)은 언어의 모호성을 제거하기 위한 언어의 분석과 논리적 구조를 밝히고자 하는 사조이다. 이는 과학과 지식의 명제, 개념 의미를 분석하는 철학이다. 20세기에 전개된 서양의 현대철학으로서 논리적 실증주의에 기인한다. 분석철학은 종래의 사변적, 선험적, 종합적 철학방법을 거부하고 모든 과학과 일상적 지식의 개념 및 명제의 의미를 분석적 방법에 의해 엄밀하게 밝히는 것을 목적으로 하는 철학이다. 따라서 객관적이고 엄격한 과학정신과 논리적 방법을 중시한다.

분석철학은 오스트리아 비엔나 대학의 슐리크(Schlick)를 중심으로 시작되어, 빈 학파의 흄(Hume)을 통해 캠브리지 학파로 이어졌다.

주요 인물로는 피터스(Peters), 러셀(Russell) 그리고 분석철학을 대표하는 비트겐슈타인(Wittgenstein)이 있다.

분석철학은 인간이 사용하는 말에 모호한 뜻을 지닌 낱말이나 표현이 많으므로, 진위여부를 판단하기 어렵다고 본다. 그러므로 모호한 언어를 명확히 개념화하고 의미를 분석해서 명료성을 찾아가는 것이 중요하다. 이와 같이 분석철학이 교육철학에서 취하는 교육방법의 특징은 다음과 같다.

① 교사는 교육내용을 명확하게 전달하여야 한다.
② 교사는 논리학의 공식과 법칙을 준수하여 일관성 있게 추리하여야 한다.
③ 교사는 모든 논의와 다른 사람에게 사용되는 기준을 명백히 하여야 한다.
④ 귀납법의 가설, 개념, 이론을 실증하는 데 적용되어야 한다.
⑤ 불분명한 정의와 표어 및 은유 등을 바로잡기 위하여 분석법을 사용하여야 한다.

분석적 방법은 언어와 개념에 사물의 본질이 들어 있다고 간주하여 그 언어와 개념의 의미를 명료하게 분석함으로써 실물의 본질을 이해하려고 하는 태도나 방법이다. 이러한 분석적 노력들은 실제로 오늘날 교육현장에서 모호하게 사용되는 제 용어들을 명확하게 함으로써 교육의 과학화에 기여했다. 그러나 교육철학을 객관적 학문으로 정립한다는 데에 지나치게 집착하여 언어의 의미와 논리적 전개과정에 대한 분석만을 강조함으로써 교육철학의 실천적 성격을 외면하고 말았다.

7) 포스트모더니즘 교육철학

포스트모더니즘(postmodernism)은 20세기 산업사회의 지배적인 문화논리를 이루었던 모더니즘을 초월 및 극복하자는 사상으로서 20세기 후반

> TIP
> 포스트모더니즘은 모더니즘이 주장한 절대성, 보편성, 객관성, 본질적인 것을 거부하고 우연성, 임의성, 상대성을 기본으로 강조한다. 이처럼 절대화의 원리를 부정하여 다원성의 원리에 입각한 인간관과 세계관을 강조한다.

의 인간생활 양식의 변화를 설명하고 정당화하기 위해 등장했다. 기본 원리는 인간과 세계에 대한 새로운 사고방식과 관점을 나타낸 것이라고 볼 수 있다. 그동안 이성 또는 도덕성이란 이름 아래 인간 자신을 속박하여 갈등하게 만들고, 긴장시키고 억압하였던 인간의 주체성, 역사성, 정통성으로부터 해방을 지향한다.

포스트모더니즘은 모더니즘이 주장한 절대성, 보편성, 객관성, 본질적인 것을 거부하고 우연성, 임의성, 상대성을 기본으로 강조한다. 이처럼 절대화의 원리를 부정하여 다원성의 원리에 입각한 인간관과 세계관을 강조한다. 포스트모더니즘이 표면적으로는 상대주의를 표방하지만 상대주의나 허무주의를 의미하는 것이 아닌 본래적 의미의 합리성과 개방성을 의미하는 것이기 때문에 이론의 다양성에 대한 공존현상이 가능하며, 이는 다시 건전한 상호경쟁으로 나타날 수 있을 것이다. 그러나 교육에 대한 전통적인 개념을 흔들어 놓음으로써 교육의 전반에 혼란을 가져다 줄 수 있으며 비판에 따른 대안의 부족이 한계로 나타나고 있다.

8) 비판적 교육철학

분석적 교육철학에 대한 다양한 비판을 제기하면서 독일의 프랑크푸르트학파에 의해 시작된 사회철학으로서 비판이론의 영향으로 형성된 사조이다. 비판적 교육이론은 철학적으로 현상학의 영향을 받았으며, 경제학적으로는 마르크스주의의 영향을 받은 교육이론이다. 비판이론은 인간의 자유로운 의식을 억압하고 왜곡하는 사회적, 경제적, 정치적 제약 요인들을 분석 및 비판하여, 그 억압과 왜곡으로부터 해방된 인간과 사회를 실현하려는 이론이다. 나아가서 비판적 교육철학은 사회의 불평등이 학교교육을 통하여 재생산된다고 본다.

비판적 교육철학자들은 관심영역을 실제 교육이 일어나고 실천되는 학교현장에 두었다. 교육철학의 역할은 교육에서 지식과 의식들이 어떤 숨은 동기와 의도한 아래에서 가르쳐지는가를 분석하고 그러한 동기와 의도가 어떻게 인간을 억압하고 사회적 불평등 구조를 재생산하는가를 비판함으로써, 부정의와 불평등 문제가 교육에서 어떻게 치유될 수 있는가를 제시하는 것이라고 보았다. 이처럼 비판적 교육철학은 교육의 개선과 실천을 위한 실천적 학문의 성격을 갖는다고 했지만, 지나치게 비판의식을 강조함으로써 교육의 순기능, 즉 인류의 문화유산을 전승 및 발전시키고 인간의 다양한 능력을 개발하는 것과 같은 중요하고도 필요한 기능을 충분히 인정하지 못한다는 한계가 있다.

이들은 자본주의체제 내의 학교교육이란 가진 자가 그렇지 못한 자를 지배하기 위한 도구에 지나지 않는다고 주장한다. 이러한 주장을 대변했던 교육이론가들은 라이머(Reimer), 일리치(Lllich), 프레이리(Freire) 등이 있다. 라이머는 '학교는 죽었다(School is Dead)'에서 미국사회 내에서 교육이 제도적으로 강자에게 유리하게, 약자에겐 불리하게 만들어졌기 때문에 교육을 받으면 받을수록 불리한 계층은 사회경제적 지위 향상이 어려워진다는 점을 지적하였다. 또한 일리치(Lllich)는 '탈학교 사회(De-schooling Society)'에서 현대 산업사회의 병리적인 현상들 비인간화, 물질지배현상, 빈부격차, 인간소외현상 등은 학교제도의 모순으로부터 기인된 것이라고 비판하였다.

> **TIP**
> 라이머는 '학교는 죽었다(School is Dead)'에서 미국사회 내에서 교육이 제도적으로 강자에게 유리하게, 약자에겐 불리하게 만들어졌기 때문에 교육을 받으면 받을수록 불리한 계층은 사회경제적 지위 향상이 어려워진다는 점을 지적하였다.

프레이리(Freire)는 '피압박자를 위한 교육(Pedagogy of the Oppressed)'에서 현대 학교교육은 교사가 일방적으로 지식을 학생에게 전달하고, 학생은 그 지식을 단지 수동적으로 받아들임으로써 학생이 대상화, 사물화된다고 보았다. 프레이리는 이 같은 교육을 '은행 저금식 교육'이라고 하면서 '문제제기식 교육'과 구별하였다. 이러한 사회적 비판에 강조를 둔 나머지 비판적 교육철학은 교육을 교육의 논리에 따라 해석하기보다는 지나치게 사회, 경제, 정치적 논리에 의해 해석하는 경향을 띠게 됨으로써 교육의 진정한 의미와 가치를 배제하고 있다. 그리니 비판적 교육철학은 사회적 역학관계에 의해 빚어지는 교육문제를 분석, 비판하여 보다 개선된 교육을 제시했다는 점과 인간화를 위한 방향을 제시했다는

> **TIP**
> 비판적 교육철학은 사회적 역학관계에 의해 빚어지는 교육문제를 분석, 비판하여 보다 개선된 교육을 제시했다는 점과 인간화를 위한 방향을 제시했다는 공헌점이 있다.

공헌점이 있다.

9) 홀리스틱 교육철학

홀리스틱(Holistic) 교육은 20세기 말에 나타난 새로운 교육의 경향이다. 즉, 이 교육은 학생과 교사 간의 관계를 보는 한 방식으로, 생물학적, 심리적, 정서적, 사회문화적, 생태적, 이념적, 영적 등의 차원을 복합적으로 이해하는 인간관에 기초를 두고 있다.

홀리스틱 교육은 아동들의 전인적 성장을 지향하기 때문에 교수-학습의 과정에 능동적으로 참여하게 하고 개인적 혹은 집단적 책임을 강조한다. 특히 아동들의 개성화와 다양화를 강조하고, 내적 동기와 자발적 활동을 동시에 강조하고, 학교는 표준화되고 일원화된 교육과정과 행정을 지양하고, 학생 자치와 학생과 학부모의 학교운영이 활발히 이루어진다. 그러므로 홀리스틱의 교육은 이해와 의미에 대한 탐구를 하는 교육철학이다. 홀리스틱 교육의 목적은 모종의 새로운 맥락 속에서 무언가를 알려고 할 때마다 학습할 수 있는 건전하고 전인적이며 호기심 많은 사람을 육성하는 데 있다. 이에 홀리스틱은 학생들마다 지적, 창의적, 체제적 사고에 타고난 잠재성을 가지고 본다.

모든 지식이 사회문화적 맥락 속에서 창조되었고, '사실'은 공유된 관점 그 이상의 것이 아니라는 것을 인정하며, 홀리스틱 교육은 영적 지식(어느 종파에 속하지 않은)을 가치롭게 바라본다. 따라서 홀리스틱 교육은 경이감, 우주의 신비에 대한 경외, 삶의 목적의식이다.

이러한 점으로 바라보면, 홀리스틱 교육은 결코 새롭게 등장한 접근법이 아니라는 것을 인식하며, 그동안 우리가 간과해 온 교육의 본질을 다시 회복하자는 것으로 보아야 한다. 다시 말해서, 홀리스틱 교육에서는 기존의 이론을 부정하지 않으면서, 이 이론들의 장점을 최대한 포괄하여 교육현장을 개선하는 데 활용하자는 것이다. 끝으로 교사와 학생은 서로의 흥미를 공유하며, 같은 주제를 탐구하고 토론하는 관계가 되어야 한다.

Chapter 03 학습정리

1. 철학(Philosophy)은 그리스어로 '지혜(sophia)'와 '사랑(philia)'의 합성어인 그리스어 'philo-sophia'에서 유래하였다. 참된 지혜를 사랑하고 추구하는 일이 철학의 기능이라면, 철학자는 진리 혹은 지혜를 사랑하는 사람, 그것도 한 부분만이 아니고 전체를 사랑하는 사람이다. 그러므로 교육철학(philosophy of education)은 교육의 가치와 의의를 밝히는 지혜를 사랑하고 연구하는 학문이다. 따라서 교육의 개념, 교육의 목적, 교육의 과정, 교육의 정책 등에 관련된 문제의 해결을 찾으려는 교육철학적 탐구활동이다.

2. 분석적 기능은 이론적 혹은 일상적 언어의 의미를 명백히 하며 논리적 모순이나 모순된 표현을 가려내어 각종 판단의 기준을 밝히는 행위를 말한다. 이 기능은 교육활동과 교육학에서 사용되는 언어의 의미와 개념을 명확하게 규정하고 논리적 관계성을 확립하려는 기능이다. 평가적 기능은 어떤 평가기준을 세우고 그 평가기준에 입각하여 교육적 의미나 교육현실이 바람직한 것인지 아닌지를, 또는 만족스러운 것으로 받아들일 만한 것인지 아닌지를 평가하는 것이다. 사변적 기능은 새로운 가설을 제시하고 새로운 사고를 창출해 냄에 있어서 감각을 통한 관찰에 의존하기보다는 개별자들과 전체 사이의 질서와 관계가 주는 의미를 찾으려는 체계적인 사고과정이다. 통합적 기능은 분석적, 평가적, 사변적 기능을 전체적으로 교육철학의 기능으로 종합하여, 더욱 합리적이고 타당한 기능으로 수렴하게 한다. 따라서 다양한 교육 현상과 교육에 대한 의미체계를 전체적으로 검토하고 이를 통합된 체계로 이해하려는 활동이다.

3. 관념론은 불변하는, 영원한, 절대적인, 보편적인, 완전한, 초월적인, 정신적인 무엇을 사고나 형태, 가치와 존재 등의 기준에 둔다. 그리고 실재론자들은 객관적으로 존재하는 사물을 인간이 안다는 것은 감각과 이성을 통해서 가능하다고 본다. 실재론자들은 사물에 대한 지식이 곧 아는 것이며, 이 지식은 인간의 마음과 사물의 상호작용을 통해 인식할 수 있다고 주장한다. 실용주의는 글자의 뜻대로 실용성, 유용성, 실제성을 가장 중요시하는 철학적 입장이다. 듀이는 지식, 이론, 종교 등은 도구로써의 가치를 가진다는 도구주의(instrumentalism)철학을 내세웠다.

4. 진보주의(progressive education)는 실용주의 철학과 심리주의(경험주의), 산업혁명 이후 과학의 발달 등을 배경으로 생활중심, 경험중심, 아동중심 교육을 주장한 교육철학을 말한다. 본질주의(essentialism)는 항존주의 교육이론과 함께 진보주의 교육이 지나치게 아동중심교육을 강조한 나머지 사회적 훈련이나 전통을 경시하는 경향을 비판하고, 시정하는 데에서 출발했다. 항존주의(perennialism)는 진보주의와는 절대적으로 대립한 철학사조로서, 진보주의가 변화를 강조했다면 항존주의는 '항존(恒存)'이라는 말 그대로 진리, 실재의 불변을 주장하는 철학사조이다. 재건주의는 기본적으로 진보주의를 계승하면서 항존주의 및 본질주의의 장점을 수용하는 이념으로 사상의 혼란이나 가치관의 갈등, 확실성의 상실, 사회적 부정의, 불평등, 기타 무수한 사회문화적인 위기상황(전쟁, 오염, 인구증가, 기아)

을 극복하고 급변하는 사회변화에 적극적으로 대처해야 할 필요성을 절감하면서 생겨난 철학사조이다.

5. 실존주의 철학은 인간의 주체성과 개체성을 주제로 삼는데, 실존은 주어진 것들에 만족하지 않고 끊임없이 새로운 형태의 삶을 추구한다. 또한 분석철학(analytic philosophy)은 언어의 모호성을 제거하기 위한 언어의 분석과 논리적 구조를 밝히고자 하는 사조이다. 포스트모더니즘은 모더니즘이 주장한 절대성, 보편성, 객관성, 본질적인 것을 거부하고 우연성, 임의성, 상대성을 기본으로 강조한다. 이처럼 절대화의 원리를 부정하여 다원성의 원리에 입각한 인간관과 세계관을 강조한다. 비판적 교육이론은 철학적으로 현상학의 영향을 받았으며, 경제학적으로는 마르크스주의의 영향을 받은 교육이론이다. 비판이론은 인간의 자유로운 의식을 억압하고 왜곡하는 사회적, 경제적, 정치적 제약 요인들을 분석 및 비판하여, 그 억압과 왜곡으로부터 해방된 인간과 사회를 실현하려는 이론이다.

6. 20세기에 전개된 서양의 현대철학으로서 논리적 실증주의에 기인한다. 분석철학은 종래의 사변적, 선험적, 종합적 철학방법을 거부하고 모든 과학과 일상적 지식의 개념 및 명제의 의미를 분석적 방법에 의해 엄밀하게 밝히는 것을 목적으로 하는 철학이다.

7. 포스트모더니즘은 모더니즘이 주장한 절대성, 보편성, 객관성, 본질적인 것을 거부하고 우연성, 임의성, 상대성을 기본으로 강조한다. 이처럼 절대화의 원리를 부정하여 다원성의 원리에 입각한 인간관과 세계관을 강조한다. 포스트모더니즘이 표면적으로는 상대주의를 표방하지만 상대주의나 허무주의를 의미하는 것이 아닌 본래적 의미의 합리성과 개방성을 의미하는 것이기 때문에 이론의 다양성에 대한 공존현상이 가능하며, 이는 다시 건전한 상호경쟁으로 나타날 수 있을 것이다.

8. 비판적 교육철학자들은 관심영역을 실제 교육이 일어나고 실천되는 학교현장에 두었다. 교육철학의 역할은 교육에서 지식과 의식들이 어떤 숨은 동기와 의도한 아래에서 가르쳐지는가를 분석하고 그러한 동기와 의도가 어떻게 인간을 억압하고 사회적 불평등 구조를 재생산하는가를 비판함으로써, 부정의와 불평등 문제가 교육에서 어떻게 치유될 수 있는가를 제시하는 것이라고 보았다.

9. 홀리스틱 교육은 아동들의 전인적 성장을 지향하기 때문에 교수-학습의 과정에 능동적으로 참여하게 하고 개인적 혹은 집단적 책임을 강조한다. 특히 아동들의 개성화와 다양화를 강조하고, 내적 동기와 자발적 활동을 동시에 강조하고, 학교는 표준화되고 일원화된 교육과정과 행정을 지양하고, 학생 자치와 학생과 학부모의 학교운영이 활발히 이루어진다.

Chapter 03 연습문제

01 전통적 교육철학의 3가지에 대하여 논하시오.

02 교육철학의 기능 4가지에 대하여 논하시오.

03 현대교육철학 중 포스트모더니즘 교육철학에 대하여 설명하시오.

04 현대교육철학 중 항존주의, 본질주의, 진보주의, 재건주의에 대하여 논하시오.

05 홀리스틱 교육에 대하여 논하시오.

CHAPTER 04

교육심리학의 기초

학습내용

- 교육의 심리학적 접근방법 5가지(정신분석, 행동분석, 인지접근, 생물학적, 인본주의)를 이해한다.
- 인간발달과 교육의 관계를 이해한다.
- 발달이론의 주요 학자(에릭슨, 피아제, 콜버그, 해비거스트)들의 이론을 이해한다.
- 학습자의 정의적 특징인 지능이론과 다요인설(길포드), 다중이론(가드너)을 이해한다.

1. 교육의 심리학적 접근방법

교육심리학적 접근방법은 정신분석적, 행동주의적, 인지주의적, 생물학적 그리고 인본주의적 방법으로 분류한다.

> **TIP**
> 인간의 정신은 바다 가운데 떠 있는 빙산과 같다. 따라서 인간의 정신은 크게 나누어 수면 위에 뜬 부분에 해당하는 10%의 의식세계와 물속에 잠긴 부분에 해당하는 90%의 무의식의 세계로 구성되어 있다고 한다.

1) 정신분석학적 접근방법

프로이트(Freud)

(1) 프로이트

정신분석학적 접근방법은 프로이트(Freud)가 주장한 이론으로 인간 정신세계의 구조와 작용에 관한 심층심리의 이해에 초점을 두고 있다. 이 이론은 심리학보다는 정신의학 분야에 뿌리를 두었으며, 인간의 정신구조를 빙산과 같다고 보았다. 인간의 정신은 바다 가운데 떠 있는 빙산과 같다. 따라서 인간의 정신은 크게 나누어 수면 위에 뜬 부분에 해당하는 10%의 의식세계와 물속에 잠긴 부분에 해당하는 90%의 무의식의 세계로 구성되어 있다고 한다. 이렇게 볼 때 인간의 행동은 무의식세계의 지배를 받는다고 할 수 있다. 인간의 마음(빙산)은 다음의 [그림 4-1]과 같다.

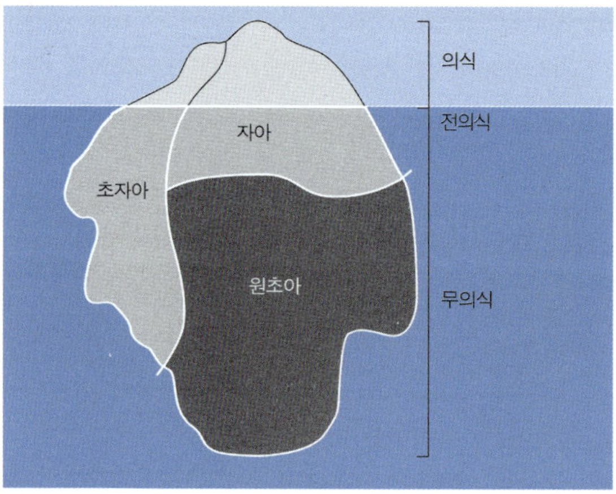

▶▶ 그림 4-1
인간의 마음 (빙산)

>>> TIP

인간의 성격구조가 이드(id: 원초적인 본능의 지배하에 있는 나), 이드로부터 방출된 리비도가 충동적으로 표층에 속하는 자아(ego: 현실적인 나), 초자아(super-ego: 도덕적인 나)로 구성되어 있다.

삶의 본능은 우리에게 정신적, 성적 에너지로 간주되는 리비도(libido)에 의한 역동이론의 전개를 들 수 있다. 여기서 무의식의 힘, 특히 성적인 본능의 힘이 가중되는데, 무의식적인 과정은 평소 사람들이 잘 인식하지 못하는 정신의 심층에 속해 있다는 사실에 주목해야 한다. 의식은 '현실주의'를 따르며, 무의식은 '쾌락주의'의 지배를 받는다. 이와 같은 정신분석학적 접근방법은 인간의 성격구조가 이드(id: 원초적인 본능의 지배하에 있는 나), 이드로부터 방출된 리비도가 충동적으로 표층에 속하는 자아(ego: 현실적인 나), 초자아(super-ego: 도덕적인 나)로 구성되어 있다. 이드, 자아, 초자아의 상호관계는 [그림 4-2]와 같다.

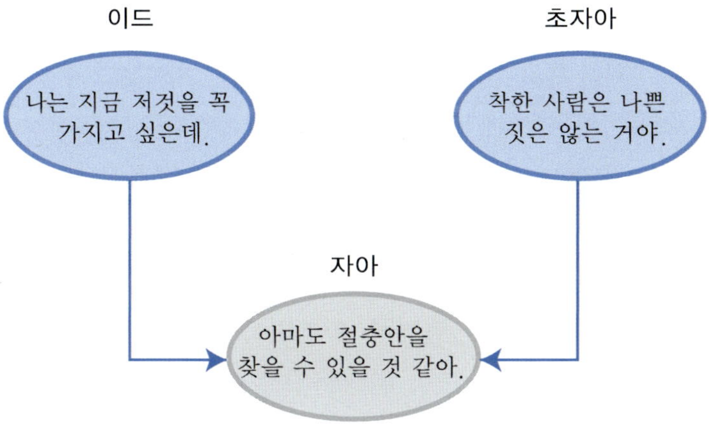

▶▶ 그림 4-2
이드 · 자아 · 초자아

출처: 이병승 외 2인(2002). 쉽게 풀어쓴 교육학. 서울: 학지사

심리적 성적 발달단계 이론은 리비도가 연령에 따라 신체의 일정한 부위에 집중되는 시기를 다섯 단계로 설명하고 있다.

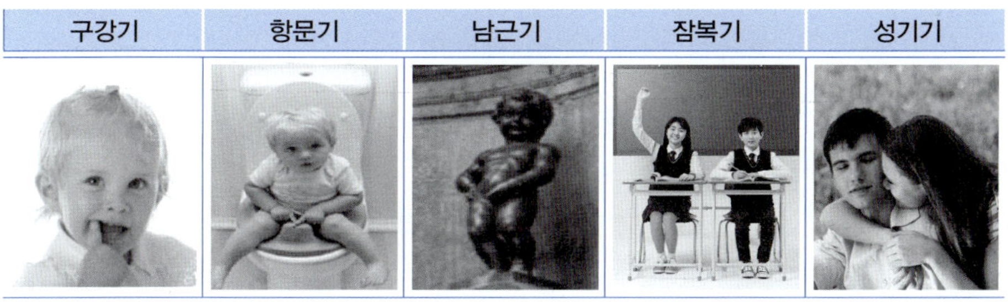

▶▶ 그림 4-3
심리성적 발달단계

출처: https://softthinker.tistory.com/4

1 구강기(oral stage)

출생 때부터 1.5세까지를 말한다. 이때의 주된 성감대는 구강이며, 성격의 세 체계 중 이드(id)가 발달하는 시기이다. 이때 즐거움을 느끼기 위해 빨기, 깨물기, 삼키기 등 입술도 움직인다. 특히, 유아는 구강을 통하여 엄마 젖을 포함한 모든 사물을 빠는 데에서 성적 욕구를 충족하며, 자신에게 만족과 쾌감을 주는 인물이나 대상에 대하여 애착관계를 형성

TIP

구강기는 초기와 후기로 나누어진다. 초기는 생후 6개월까지이며 이는 주로 빠는 데 쾌감을 느끼는 때이고, 후기는 이기 니기 시작한 후로 깨무는 데서 쾌감을 느낀다.

한다. 구강기는 초기(oral passive)와 후기(oral active)로 나누어진다. 초기는 생후 6개월까지이며 이는 주로 빠는 데 쾌감을 느끼는 때이고, 후기는 이가 나기 시작한 후로 깨무는 데서 쾌감을 느낀다.

모유에 의한 수유가 유아의 신체적 · 심리적 발달에 긍정적인 영향을 주는데, 유아로 하여금 어머니의 따뜻한 피부와의 접촉을 통하여 안정감과 포근함을 느끼게 하는 데 도움을 준다. 만일 구강기에 강압적인 인공수유를 하거나 수유시간을 너무 엄격히 통제하게 되면, 욕구불만을 느끼게 되고 먹기를 거부하는 구강기적 분노를 보이기도 한다.

2 항문기(anal stage)

> **TIP**
> 1.5세에서 3세까지를 말하는데, 이 시기에는 이드와 자아가 발달한다. 배설물을 보유하거나 배출하는 데에서 만족이나 쾌감을 얻기 때문에 이때 대소변 가리기 훈련이 이루어지면 유아는 처음으로 그의 본능적 충동을 외부로부터 통제받는 경험을 하게 된다.

1.5세에서 3세까지를 말하는데, 이 시기에는 이드와 자아가 발달한다. 배설물을 보유하거나 배출하는 데에서 만족이나 쾌감을 얻기 때문에 이 때 대소변 가리기 훈련이 이루어지면 유아는 처음으로 그의 본능적 충동을 외부로부터 통제받는 경험을 하게 된다. 이 시기에 배설에 탐닉하게 되면 난폭한 성격을 띠게 되고, 배설이 지나치게 억압당하면 인색하거나 결벽증 성격을 가질 수도 있다. 따라서 자율적인 배변훈련이 필요하다.

이러한 배변훈련(toilet training)에 의하여 배변 보유의 경험을 갖는데, 너무 엄하면 유아는 이에 대한 보복으로 고의로 더럽게 배변을 하는 행동을 한다. 이런 아이가 성인이 되면 권위에 대한 불만이나 보복의 수단으로 불결, 무책임, 무질서, 낭비의 행위를 하게 된다. 또한 배변훈련은 지나친 결벽성이나 인색한 성격이 형성되기도 한다. 항문기 때 대소변 가리기 훈련은 매우 중요한 의미를 가지고 있다. 부모가 대소변 가리기 훈련을 적절하게 해주면 유아는 스스로 자신의 의지와 노력을 통하여 무엇인가를 잘할 수 있다는 생각을 갖게 되어, 생산성과 창의성을 발달시킬 수 있다.

3 남근기(phallic stage)

3세에서 4세경 유아는 성기에 관심을 갖고 성기를 만짐으로써 쾌감을 얻는다. 남자아기는 구강기 때부터 어머니를 애정의 대상으로 생각하고, 남근기에 이르러 이 애정은 더욱 심화되어 지금까지 동일시하여 오던 아버지가 어머니를 독점하려는 방해물이나 연적으로 변하게 된다. 이때 아버지에 대한 적의를 품게 되는 오이디푸스 콤플렉스(Oedipus complex)를 경험하게 된다. 어머니에 대한 이러한 욕망과 아버지에 대한 적개심은 아버지와의 삼각관계로 형성되며, 이때 아이는 자신의 경쟁자인 아버지가 자기를 해칠 것이라고 생각한다. 이러한 상상은 자신의 성기가 제거당할 것이라는 거세불안(castration anxiety)을 일으키기도 한다.

> **TIP**
> 남자아기는 구강기 때부터 어머니를 애정의 대상으로 생각하고, 남근기에 이르러 이 애정은 더욱 심화되어 지금까지 동일시하여 오던 아버지가 어머니를 독점하려는 방해물이나 연적으로 변하게 된다.

유아는 어머니가 인정하는 아버지의 남성다움을 갖기 위한 기제로 아버지에 대한 모방을 통하여 오이디푸스 콤플렉스를 극복한다. 여자아이에게도 남자아이들과 마찬가지로 아버지에 대한 성적 애착이 일어나는데 그것을 엘렉트라 콤플렉스(Electra complex)라고 한다. 그러나 남자 아이들에게서와 같이 콤플렉스가 강하지는 않으며, 여자아이는 남근선망(penis envy)을 갖는다. 이와 같이 오이디푸스 콤플렉스나 엘렉트라 콤플렉스가 동성의 부모를 동일시함으로써 잘 해결되지 않으며 계속적인 갈등이 무의식 속에 남게 되어, 앞으로의 성격에 결함을 주게 된다. 이때 성정체감이 제대로 형성되지 못하면, 나중에 동성연애자가 되는 경우도 있다.

> **TIP**
> 여자아이에게도 남자아이들과 마찬가지로 아버지에 대한 성적 애착이 일어나는데 그것을 엘렉트라 콤플렉스라고 한다.

4 잠복기(latent stage)

5세경에서 12세까지이며, 신체적 영역에서 성에 대한 흥미가 작아지고 사회성의 발달이 현저하게 나타나는 시기이다. 프로이트에 의하면 이 시기의 아동은 앞에 있었던 세 단계의 욕구를 거의 잊게 되며, 위험한 충동이나 환상이 잠재되어 버리기 때문에 비교적 조용한 시기를 보내게 된다. 이드, 자아, 초자아에 의해서 지배가 되는 이 시기는 스포츠 놀이, 게임, 지적활동을 통하여 여러 가지 사회적으로 받아들일 만한 일

> **TIP**
> 5세경에서 12세까지이며, 신체적 영역에서 성에 대한 흥미가 작아지고 사회성의 발달이 현저하게 나타나는 시기이다.

에 에너지를 쏟을 수 있을 정도로 자유롭다.

TIP

12세 이후부터 사춘기에 해당한다. 이 시기에는 성적 에너지가 다시 분출된다. 이성에 대한 관심을 가지고 성숙한 사랑을 하고자 하며, 자신의 신체에서 성적 쾌감을 추구하는 자기애적 경향을 보인다.

5 성기기(생식기: genital stage)

12세 이후부터 사춘기에 해당한다. 이 시기에는 성적 에너지가 다시 분출된다. 이성에 대한 관심을 가지고 성숙한 사랑을 하고자 하며, 자신의 신체에서 성적 쾌감을 추구하는 자기애적 경향을 보인다. 또한 이성과의 성적 접촉을 통해 성적 쾌감을 얻으려고 하는데, 초기에는 에너지가 동성 친구에게 향하지만 시간이 지날수록 이성 관계, 구애, 결혼, 직업 등으로 관심이 옮겨간다.

2) 행동주의적 접근방법

TIP

행동주의에서 모든 행동은 학습된 것으로 본다. 따라서 바람직한 적응행동뿐 아니라 바람직하지 않은 부적응행동 또한 학습의 결과라고 한다. 이에 근거하면 조건화의 원리를 이용하여 바람직한 행동을 형성시키고 부적응행동은 수정시킬 수 있는 것이다.

파블로프(Pavlov)

행동주의적 접근방법은 심리학의 연구대상을 마음에서 행동으로 전환하였다. 시작은 개의 타액(침) 분비실험을 했던 러시아의 생리학자 파블로프(Pavlov)의 고전적 조건형성이론이라고 할 수 있다. 개가 종소리만 들어도 침을 흘리는 것을 보고하면서, 종소리라는 자극을 조건자극이라 하고 타액 분비라는 반응을 조건반응이라 한다. 또한 자극과 반응이 연결되는 것을 조건화 또는 조건형성(conditioning)이라 한다. 이후 왓슨(Watson) 등의 급진적인 행동주의에 대한 비판으로 신행동주의가 등장한다. 톨만(Tolman), 헐(Hull) 등이 대표적인 학자인데 오늘날의 행동주의 심리학에 지대한 영향을 끼쳤다. 가장 중요한 학자로는 스키너(Skinner)를 들 수 있다. 스키너는 그가 고안한 '스키너 상자(Skinner box)'로 쥐와 비둘기를 대상으로 한 많은 실험연구에서 강화(reinforcement)의 법칙이 학습에 있어서 절대적으로 중요하다는 사실을 확인

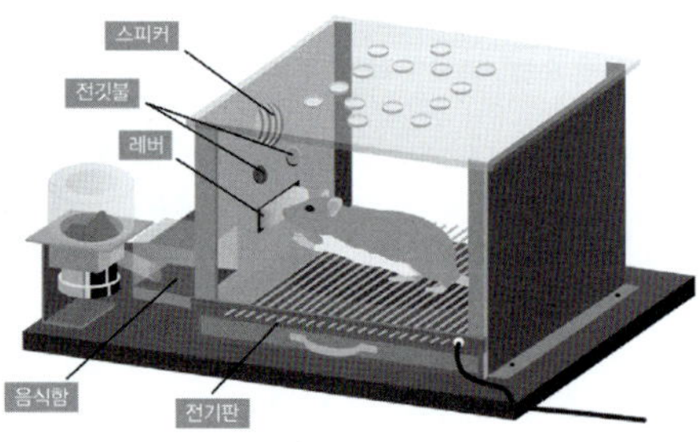

스키너 상자

했다. 이 연구결과를 바탕으로 조작적 조건형성이론(operant conditioning)을 확립시켰다.

행동주의에서 모든 행동은 학습된 것으로 본다. 따라서 바람직한 적응행동뿐 아니라 바람직하지 않은 부적응행동 또한 학습의 결과라고 한다. 이에 근거하면 조건화의 원리를 이용하여 바람직한 행동을 형성시키고 부적응행동은 수정시킬 수 있는 것이다. 최근까지 행동주의는 전 세계의 교육계에서 가장 강력한 영향력을 발휘하였다.

행동주의가 교육계에 적용된 대표적인 사례는 간단하고 쉬운 내용부터 점진적으로 학습해 나기 결국에는 목표에 도달하도록 되이 있는 프로그램 학습자료, 이를 기계장치 속에 넣어 두고 학생 스스로 작동해 가면서 공부하도록 되어 있는 교수기계(teaching machine), 그리고 문제행동(problem behavior)을 없애고 바람직한 행동으로 대치하는 행동수정(behavior modification)기법 등이 있다. 이외에도 다양한 교육방법과 수업 모형이 행동주의의 영향을 받았다.

3) 인지주의적 접근방법

퀄러(Köhler)
en.wikipedia.org/wiki/Augast-Köhler

인지주의적 접근방법에는 형태주의 심리학자인 퀄러(Köhler), 레빈(Lewin) 등에 의해서 주장된 학습이론에 주로 반영되었다. 형태주의 심리학[3]에서는 학습활동을 요소로 분할해서 파악하는 것이 아니라 전체와 구조 속에서 파악하고자 한다. 전체 속에서 바로 요소들의 관계가 성립되므로 전체 속에서 요소들의 기능에 관심을 가져야 한다는 점을 강조하면서 인지과정, 즉 학습과정을 정보처리적 과정으로 파악한다.

> **TIP**
> 행동주의와는 달리 우리 눈으로 직접 관찰이 가능하지는 않지만 우리 두뇌 속에서 벌어지는 외부 감각적 자극의 변형, 기호화 또는 부호화, 파지, 재생 또는 인출이라는 일련의 정보처리 과정을 연구한다.

3) 형태주의 심리학은 학습자가 학습상황에서 각 부분을 관련이 없는 단편적인 것으로 지각하는 것이 아니라, 각 부분을 연결하여 조직된 전체 혹은 형태로 지각한다. 즉, 사람들의 얼굴을 볼 때 눈, 코, 귀, 입술 등의 순서로 보는 것이 아니라 전체로 파악한다.

따라서 행동주의와는 달리 우리 눈으로 직접 관찰이 가능하지는 않지만 우리 두뇌 속에서 벌어지는 외부 감각적 자극의 변형(strain), 기호화 또는 부호화(encoding), 파지(retention), 재생 또는 인출(recall)이라는 일련의 정보처리 과정을 연구한다.

현대의 인지주의적 접근방법은 크게 인지발달론(Theory of cognitive development)과 정보처리론(information processing)으로 나눌 수 있다. 첫째, 인지발달론은 인간의 지적 발달이 어떠한 단계를 거쳐 이루어지는가를 연구하는 것으로 스위스의 생물학자이며 심리학자인 피아제(Piaget)가 대표자이다. 피아제는 인간의 인지를 생물학적 적응의 한 형태로 보았는데, 인간은 태어날 때 유전에 의해 아주 기본적인 것만을 가지고 태어나지만 환경과 상호작용하는 가운데 연령이 증가함에 따라 발달한다고 보았다.

둘째, 정보처리론은 인간의 인지를 정보처리과정으로 보고 이를 특히 컴퓨터에 비유하여 객관적, 과학적으로 연구한다. 정보처리론은 인간의 지각, 기억, 상상, 문제해결, 사고 등 인지의 가설적 과정을 설정하고 연구하는데 특히 지식의 획득과정에 관심이 많다. 이러한 접근방법은 인간의 학습이나 기억현상을 연구하는 데 많은 시사점을 주어 교육심리학자들의 관심을 이끌어 왔다.

최근에 인지적 접근방법을 택한 학자는 가네(Gaane)와 글레이즈(Glaser)가 있다. 또한 컴퓨터의 발달과 사고력 교육에 대한 관심으로 인해 이러한 접근방법을 택한 학자가 늘어가고 있다. 그리고 인지발달론의 타당성은 성장하는 유아의 지적 발달을 도모하는 프로그램이 지속적으로 개발되어, 미국은 물론 세계적으로 많은 영향을 끼치고 있다.

4) 생물학적 접근방법

생물학적 접근방법은 인간의 행동과 정신작용을 우리 두뇌와 신경계 안의 신경세포 사이에서 일어나는 생리학적 과정으로 설명하려는 접근방법이다. 이러한 접근은 행동과 정신적인 활동에 기초가 되는 생물학

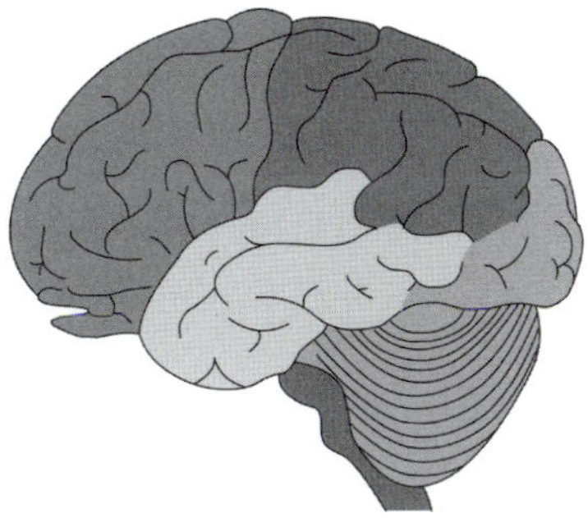

적인 과정들을 세밀하게 분석하는 것으로부터 시작한다. 신체와 정신세계는 따로 떼어서는 도저히 설명할 수 없다. 한쪽에 변화가 생기면 다른 쪽에도 변화가 발생하는 상호의존적인 관계를 맺고 있기 때문이다. 인간의 두뇌는 약 150억 개나 되는 뇌세포로 구성되어 있는데, 그 하나하나의 기능을 밝히기도 어렵거니와 세포 간의 상호작용까지 파악하긴 당분간 어렵다.

> **TIP**
> 생물학적 접근방법은 인간의 행동과 정신작용을 우리 두뇌와 신경계 안의 신경세포 사이에서 일어나는 생리학적 과정으로 설명하려는 접근방법이다.

최근에는 '인간 게놈 프로젝트'를 완성할 계획을 가지고 있다. 게놈(genome)의 뜻은 인간 유전자 지도라고 하여, 30억 쌍의 유전 정보가 담겨 있는 46개의 인간염색체 세트, 즉 유전자와 염색체를 합성한 것을 가리키는 용어이다. 더 나아가 유전자가 인간의 행동이나 정신능력을 어떻게 조종하고 제어하는지에 대한 메커니즘(mechanism)이 보다 분명히 알려진다면 그 결과를 인간의 인지발달과 운동능력의 향상에도 활용할 수 있을 것이다.

교육에 대한 신경생물학적 접근방법은 지각, 기억, 인지, 학습, 동기, 정서현상과 뇌세포상의 변화의 관계를 설명해 준다. 또한 우리의 행동과 두뇌 및 신경계의 관계에 대해서도 밝혀 줄 수 있을 것이다. 이러한 분야는 교육심리학에 대한 다른 접근방법의 기초가 될 수 있다. 따라서 교육과 관련된 현상에 대해 더욱 정확한 답을 할 수 있게 될 것이다.

수학을 잘하는 학생은 우리 두뇌의 왼쪽 부분이 발달된 반면, 미술을 잘하는 학생은 오른쪽 부분이 많이 발달되어 있다. 이러한 접근방법은 두뇌의 어느 부위의 기능상의 장애로 인해 어떤 교과의 학습에 지장이 있는가를 밝혀 줄 수 있기 때문에 더욱 효과적인 교육적 처방을 내릴 수 있는 가능성을 제시해 주었다.

5) 인본주의 접근방법

로저스
(Rogers, Carl Ransom)

인간의 인간다운 측면을 강조하는 입장에서 인간행동을 이해하려는 입장을 가리킨다. 이 접근방법은 후설(husserl)의 현상학으로부터 영향을 받았기 때문에 현상학적 심리학이라고도 하며, 인간주의 심리학이라고도 한다. 기존의 심리학계는 정신분석학이나 행동주의의 영향력이 컸는데, 이에 대항하여 제3세력의 심리학이라고 불리는 인본주의는 매슬로우(Maslow)의 자아실현이론(self actialization theory), 로저스(Rogers)의 자기성장이론(self growth theory) 등으로 발전되면서 널리 확산되었다.

현상학적인 경험을 중시하는 입장은 외부적인 자극이나 사건에 대해 그것을 본인 스스로 어떻게 지각하고 해석하느냐는 문제에 더 많은 비중을 두고 있다. 이 접근방법에서의 심리학적인 접근은 개인의 주체적인 생활방식과 주관적인 경험의 이해를 더 중시한다. 따라서 자아개념이나 자기평가의 감정, 자기의식과 같은 개념을 중요하게 다루면서 인간의 자유의지와 자아실현의 욕구를 기본적인 이론적 배경으로 삼고 있다. 따라서 인간의 무한한 성장 가능성과 잠재 능력에 신뢰하는 입장을 취한다.

인본주의적 접근방법은 그 단어가 뜻하듯 특히 요즘에 강조되고 있는 인간교육에 대해 시사하는 바가 크다. 그동안의 학교교육이 서구 중산층의 합리주의의 지적 전통에 따라 너무 지식 위주의 교육에 치중해 적응하지 못한 많은 아동들을 소외시켜 왔다. 또한 학교에는 학업성적 외에도 빈부, 출신지, 성별 등 여러 가지 이유로 인해 소외되기 쉬운 아동들을 방치해 왔는데, 이 접근방법에서는 이러한 현행 학교교육의 문제점을 직시하고 그 대안을 제시하고 있다.

인본주의적 접근방법은 인간이란 누구나 평등한 존재라고 가정한다.

따라서 학교에서는 여러 가지 이유로 부당하게 소외시킬 수 없다. 또한 인간은 저마다 소중한 자아를 가지고 있고 이를 실현시킬 권리가 있으며 자신의 자유의지에 따라 주체적으로 행동하고 잠재력을 개발할 수 있으며, 학교는 이러한 일을 도와야 한다.

인본주의적 접근방법에서는 인간의 감정을 소중하게 여긴다. 자신의 감정뿐만 아니라 타인의 감정에도 관심을 갖도록 하고 그 결과 지적뿐만 아니라 정서적, 행동적으로도 성숙한 전인, 또는 자아실현(self-realization)인으로 학생들이 자라도록 교육해야 한다고 본다. 우리가 인간교육이라 할 때는 바로 자아실현인을 양성시키는 교육을 말한다. 그리기 위해서는 학생의 지적 호기심을 최대한 존중하는 학생중심의 교육을 해야 한다. 인본주의적 접근방법은 상담분야에도 많은 시사점을 주었다.

> **TIP**
> 인본주의적 접근방법에서는 인간의 감정을 소중하게 여긴다. 자신의 감정뿐만 아니라 타인의 감정에도 관심을 갖도록 하고 그 결과 지적뿐만 아니라 정서적, 행동적으로도 성숙한 전인, 또는 자아실현인으로 학생들이 자라도록 교육해야 한다고 본다.

인간이면 누구나 고민할 수밖에 없는 자아의 문제에 대해 자신만큼 뛰어난 전문가가 없다고 할 수 있다. 따라서 상담자는 내담자와의 대화를 통해 스스로의 문제를 발견하도록 돕고 자신의 주체적 의사결정에 의해 행동할 수 있도록 지도해야 한다. 이러한 상담을 내담자 중심 또는 비지시적 상담이라고 한다.

2. 인간발달과 교육

1) 발달의 개념

발달(development)이란 인간이 수정에서 죽음에 이르기까지 일련의 모든 연속적인 변화를 뜻한다. 무력한 유기체로 태어난 인간은 장기

간의 발달과정을 거쳐서 독자적인 인격을 지닌 인간으로 성장하게 된다. 그 발달과정은 유기체와 주변 환경의 부단한 상호작용으로 이루어지며, 성숙의 과정임과 동시에 학습의 과정이라고 할 수 있다. 그러나 발달심리학에서 사용하는 발달이란 개념은 단순히 이러한 양적, 기능적 변화만을 의미하는 것이 아니라, 신체적 · 심리적 측면의 질적 변화를 포함한다.

> **TIP**
> 발달이란 유기체와 유기체의 기관이 양적으로 증대하고 구조에 있어서 정밀화되며, 기능에 있어서 유능화되는 것이다.

학자로는 맥그로우(Mcgrow), 바렌(Warren), 코프카(Koffka)가 있으며, 이 중 대표학자인 코프카는 개념을 보다 구체화하였다. 즉, 발달이란 유기체와 유기체의 기관이 양적으로 증대하고 구조에 있어서 정밀화되며, 기능에 있어서 유능화되는 것이다. 어린이들이 변화해 가는 과정에서 뇌세포, 신경조직, 근육조직을 구조적인 측면에서 관찰하면 상상할 수 없을 정도의 정밀성을 발견하게 된다. 이러한 일련의 변화, 즉 양적 증대(quantitative change)와 질적 변화(qualitative change)를 동시에 수반한 심신의 변화를 발달이라고 본다. 따라서 발달은 성장과 성숙 그리고 학습과 관련되어 있다. 코프카는 이러한 발달을 성장, 성숙 그리고 학습과 구분하여 성장과 성숙은 유기체의 유전적 내적 법칙을 따르는 발달과정이고, 학습은 유기체가 그의 환경 속에서 개인적인 경험에서 얻게 되는 행동 변화의 과정이라고 하였다. 즉, 발달이란 시간이 지남에 따라 자연적으로 발생하는 성숙과 의도적인 연습 및 훈련을 통한 학습에 의해 계속적으로 변화되는 과정이라고 할 수 있다.

2) 발달의 원리

인간발달의 원리를 이해하는 방법에는 2가지 접근방법이 있는데, 곧 특성론(Trait theory)과 단계론(Stages theory)이다. 특성론이란 어린이의 여러 가지 행동 중 어떤 특정의 행동을 선정하고 그러한 행동의 발달 경향과 변화의 분석을 추구하려는 입장이다. 특정의 행동만을 분석적으로 다룬다는 점에서 인간발달의 연구는 너무 한정적이라고 보는 비판이 있기도 하나, 특수한 행동을 집중적으로 밝혀낼 수 있다는 장점도 있다. 또한 단계론은 인간의 각 연령, 혹은 발달단계별로 각 시기에 발견되는 모든 행동의 발달이나 그 변화의 특징을 밝히려는 입장을 말한다. 따라서 인간의 발달은 대체적으로 일정한 원리와 순서에 따라 이루어지는 경향이 있는데, 이를 발달의 원리라고 하며 크게 6가지로 나눈다.

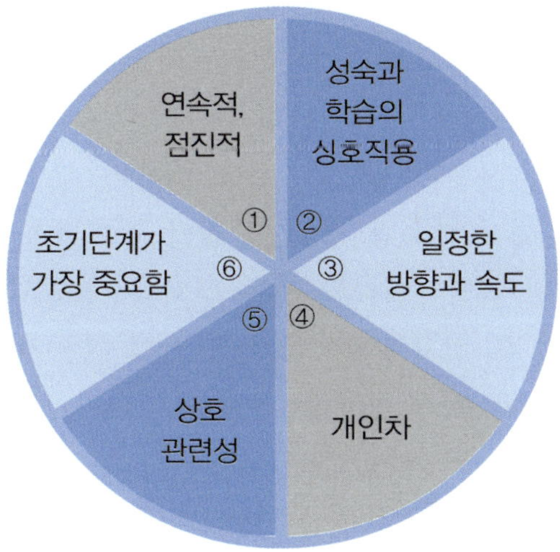

(1) 발달은 연속적이며, 점진적인 과정이다.

어린이의 발달과정은 일련의 연속선상에서 지속적, 점진적으로 변화되어 가는 과정이다. 이 점은 양적인 성장에서도 그렇지만 질적인 면의 변화과정에서도 마찬가지이다. 발달에는 결정적 시기(critical period)가 있어서 유아기나 사춘기의 급격한 신체적 발달이 나타난다. 그러나 전 생애적으로 인간발달은 연속성, 계속성, 지속성을 유지하며 발달해 나아간다.

(2) 발달은 성숙과 학습의 상호작용의 결과이다.

성숙은 주루 생물학적인 성장이 결과로 얻어지는 지속적인 행동변화이고, 학습은 유기체 자신이 후천적인 훈련과 경험을 통해서 행동수준을 높여가는 발달과정이다. 인간의 발달은 이러한 생물학적인 성장으로 주어진 경험이나 훈련 등의 상호작용의 결과로 나타난다. 우리의 신체 발달을 보더라도 생물학적 특성으로서의 유전요인과 환경으로부터 주어지는 영향, 혹은 경험, 훈련의 상호작용에 의한 소산임을 알 수 있다.

(3) 발달은 일정한 방향과 순서가 있다.

어린이의 발달과정에는 여러 가지 흥미로운 사실이 있다. 즉, 태아나 신생아의 경우에는 머리가 대단히 크다는 사실, 또 유치가 발생하는 순서, 옹알이 따위를 유심히 관찰한다면 그 방향성이나 순서를 확실히 인정하게 된다. 특히 신체의 발달을 보면 이른바 두미형의 발달(cephalo-caudal trend)과 중추에서 말초방향으로의 발달(proximal-distal trend)의 경향이 나타나는데, 두미형의 발달이라는 것은 신체의 어느 부분보다도 머리가 먼저 발달하고, 그 후 점차로 아래쪽으로 옮겨지는 것을 말한다.

> **TIP**
> 신체의 발달을 보면 이른바 두미형의 발달과 중추에서 말초방향으로의 발달의 경향이 나타나는데, 두미형의 발달이라는 것은 신체의 어느 부분보다도 머리가 먼저 발달하고, 그 후 점차로 아래쪽으로 옮겨지는 것을 말한다.

출생 시 신생아들을 보면 어느 부분보다도 머리 부분에 있는 기관들, 눈, 코, 입, 귀 따위가 가장 성숙된 기관이며, 어느 정도 성숙이 이루어진 후에는 신체의 중심부인 중추기관으로부터 말초기관(peripheral organ)이나 모세혈관(capillary) 쪽 방향으로 발달이 이루어져 나아간다. 유치의 발생순서라든가 혹은 언어의 발달에서 모음으로부터 자음으로의 발달 등이 모두 순서적으로 이루어져 나가는데, 이러한 사실들은 모두 발달에 방향성과 순서가 있음을 말해 주는 것이다.

(4) 발달은 개인차가 있다.

개인마다 여러 가지 특성의 차이가 있고 각기 다른 행동을 한다는 사실은 누구나 인정하는 것이다. 즉, 인간은 정자와 난자가 만나는 발생 초기부터 내재한 유전적인 요인이 다를 뿐더러 그것이 노출되는 환경적 자극이나 주어진 경험이 각기 다를 수밖에 없기 때문에 개인차가 존재한다. 물론 생물학적 특성과 환경적인 요인이 작용하는 범위나 우열에 대한 결론은 아직 불확실한 것이기는 하지만 이로 인해서 발달에 개인차가 발생한다는 사실은 누구나 인정할 수 있는 것이다.

(5) 발달은 상호 관련성이 있다.

옐론(Yelon)은 인간의 발달은 여러 측면에서 서로 영향을 미치고 있을 뿐만 아니라 신체적, 정의적, 정신적, 사회적 발달 간에 서로 긍정적인 상관이 있다고 했으며, 태너(Ttanner) 역시 건전한 신체에 건전한 정신이 깃든다는 말에 준하여 신체적으로 월등한 아동이 정신적으로 월등하다고 주장하였다. 또한 맥그로우(Mcgrow)는 긍정적인 자아개념이 학업성취와 관련이 있다고 하면서 인간의 여러 가지 발달에는 상호 관련성이 있음을 증명하였다.

이들의 연구를 인용하지 않더라도 사회적 발달의 지체 현상이 대인관계에 문제를 발생하고, 심리적 결손이 행동상의 문제 혹은 혼란을 야기하거나 정서적 혹은 심리적 문제로 인하여 신체적 질병을 유발하는 따위는 모두가 발달의 상호 관련성을 설명해 준다.

(6) 발달은 초기단계가 일생에서 가장 중요한 시기이다.

생의 초기단계인 영유아기의 발달은 이후의 모든 단계의 성장발달을 좌우한다. 아울러 초기발달의 경험은 인간에게 치명적이고 지속적인 영향을 남긴다. 유아가 발달 초기에 따뜻하고 적절한 대인관계를 형성하지 못하면 발달의 후기에서도 원만한 대인관계를 형성하지 못해 적응곤란을 야기하게 된다. 만일 사회적 접촉의 결여로 인해 유아가 정상적인 언어발달이 이루어지지 않으면 계속 언어장애를 갖게 되고, 심할 경우 자폐증적인 증후가 나타나기도 한다.

3. 발달이론

1) 에릭슨(Erikson)

TIP
에릭슨은 인간은 출생과 거의 동시에 사회적 존재가 되며, 만나는 사람들과 겪어야 하는 일들에 따라서 그 사람의 됨됨이가 변해 간다고 보았다.

에릭슨(Erikson)

프로이트의 관점을 이어받은 에릭슨은 발달이론을 단계별로 연구하였다. 그는 프로이트가 강조한 초기 결정론적인 입장과 무의식에 내재된 성적 욕구에 대해서는 의견을 달리했다. 프로이트는 인간의 성적 욕구인 리비도가 신체의 특정 부위에 집중적으로 투여되는 시기에 따라 인성 발달이 구강기, 항문기, 남근기, 잠복기, 성기기의 5단계로 나누었으며, 사춘기 이전에 아동의 성격이 결정된다고 보았다. 한편 에릭슨은 인간은 출생과 거의 동시에 사회적 존재가 되며, 만나는 사람들과 겪어야 하는 일들에 따라서 그 사람의 됨됨이가 변해 간다고 보았다. 따라서 에릭슨은 유아기에서부터 노인기에 이르기까지 9단계로 구분했다.

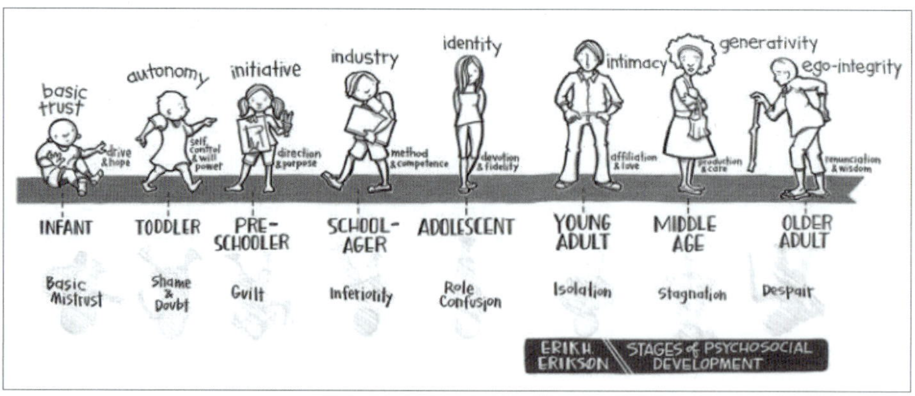

출처: https://cosmos0303.tistory.com/322

(1) 기본적 신뢰감 대 불신감(Trust vs Mistrust)

1단계는 출생부터 약 1세까지에 해당한다. 욕구가 일관되게 충족되면 신뢰감을, 그렇지 못하면 불신감을 발달시킨다. 이 시기의 특징은 신뢰감만을 강조하고 불신감의 효용을 무시하는 것은 아니라는 점이다. 유아는 인간의 참된 성장을 위해서 어느 정도 불신감의 경험도 필요하다. 그러나 긍정적인 성격발달을 위해서는 불신감보다는 기본적으로 신뢰감을 많이 경험해야 한다는 것이 에릭슨의 주장이다.

(2) 자율성 대 수치심 및 회의감(Autonomy vs Shame and Doubt)

2단계는 1세 이후부터 3세까지에 해당한다. 스스로 하는 것이 허용되면 자율성이 발달된다. 그러나 사회적 기대에 적합한 행동을 원활하게 수행하지 못하면 수치심과 회의감을 갖게 되는 것이다. 수치심이란 자신이 타인들의 눈에 좋게 보이지 않는다고 생각할 때 갖는 느낌이다. 회의감은 자신이 강한 존재가 아니며, 결국은 타인들에 의해서 자기가 통제받는다는 것을 느끼게 되면서 나타나게 된다.

(3) 주도성 대 죄책감(Initiative vs Guilt)

3단계는 3세 이후부터 6세까지에 해당한다. 성취기회가 허용되면 주도성이 발달하지만, 그러지 못하면 죄책감을 갖게 된다. 목적물에 대한 적극적, 공격적인 시도는 자기의 능력을 벗어나 실패함이 예사이나, 그때마다 그는 죄책감이나 외부 주시에 대한 불안감을 갖게 된다. 이런 경우 과잉 보상행위나 히스테리로 이상성격이 형성될 우려도 있게 된다. 프로이트의 남근기의 단계와 상통한다.

(4) 근면성 대 열등감(Industry vs Inferiority)

4단계는 6세 이후부터 11세까지에 해당한다. 성취감을 느끼면 근면성이 발달되지만, 그러지 못하면 열등감을 갖게 된다. 처음 학교생활을 시작하는 시기로서 학교에서의 성취를 통해 성공감을 맛보아 근면성을 갖는 것은 이후 학교생활의 적응에 기초가 되기에 학교교육의 결정기라고 한다. 근면성이 결핍되는 경우는 여러 가지 실패와 실수를 경험하게 되며, 이로 인하여 열등감이나 부적절감이 형성될 수 있다.

(5) 자아정체감 대 정체감(Identity vs Role Confusion)

> **TIP**
> 에릭슨은 이 시기를 기본 신뢰감이 형성되는 시기인 제1단계에 못지 않을 만큼 중요한 시기라고 주장했다.

5단계는 청소년기(12~19세)에 해당한다. 자신에 대하여 일관성 있게 지각하면 자아정체감이 발달되지만, 그러지 못하면 정체감의 혼란을 갖게 된다. 에릭슨은 이 시기를 기본 신뢰감이 형성되는 시기인 제1단계에 못지않을 만큼 중요한 시기라고 주장했다. 그 이유는 이 시기에 긍정적인 자아 동일감을 확립하면 이후의 단계에서 부딪히는 심리적 위기를 무난히 넘길 수 있게 되지만, 그렇지 못하면 다음 단계에서도 방황이 계속되고 때로는 부정적인 동일감을 형성하게 되기 때문이다.

(6) 친밀감 대 고립감(Intimacy vs Isolation)

6단계는 성인 초기(20~34세)에 해당한다. 타인에 대하여 관심을 가지면 친밀감이 생겨나지만, 그러지 못하면 고립감을 갖게 된다. 청소년기에서 성인기로 접어들 즈음 대인관계와 이성교제가 원만한 경우에는 친밀감을, 그렇지 못한 경우 소외감이 나타나는 것이 이 단계의 특성이다. 에릭슨은 별로 많은 서술을 하지 않고 있지만 이 단계의 대인관계란 남녀 간의 정신적·육체적 관계를 가리킨다.

(7) 생산성 대 침체감(Generativity vs Stagnation)

7단계는 장년기(35~60세)에 해당한다. 생산성을 발휘하면 생산성이 발달되지만, 그러지 못하면 침체감을 갖게 된다. 일단 배우자를 선택하여 두 사람 간의 친밀성이 확립되고 나면, 그들의 관심은 두 사람만의 관계를 넘어서 그 밖의 사람들에게로 확대되기 시작한다. 가정적으로는 자녀를 낳아 키우고 교육하게 되며, 사회적으로는 다음 세대를 양성하는 데 관심과 노력을 기울이게 된다. 또한 직업적인 성취나 학문적 성취, 예술적 업적을 통해서도 생산성을 발휘한다.

(8) 통합감 대 절망감(Integrity vs Despair)

8단계는 노년기(61~79세)에 해당한다. 지난 삶에 보람이 있었다면 통합감이 발달되지만, 그러지 않았다면 절망감을 갖게 된다. 노년기에 들어서면 자신이 지금까지 살아온 생애를 돌아보면서 자신의 생애가 가치 없는 삶이었다고 느끼게 되면 절망감에 빠지게 된다. 그러나 이러한 절망 속에서도 자신은 그때 그럴 수밖에 없었다고 생각하면서 자기 나름대로 인생의 의미를 찾고 보람을 느끼게 되면, 인생에 대한 참다운 지혜를 획득하게 된다.

(9) 절망감 대 노령초월(Despair vs Gerotranscendence)

에릭슨은 그의 저서 아동기와 사회(Childhood & Society, 1950)에 인간은 8단계의 시기를 거친다고 주장했다. 하지만 그는 1982년 완성된 인생주기(The Life Cycle Completed) 저서에서 9단계로 절망감 대 노령초월을 포함시켰다(Erikson, 1997). 80~90세에는 과거에 있었던 절망 따위는 사치라고 설명했다. 이유는 죽음의 문(death's door)이 항상 열려 있기 때문에 과거에 얽매 있을 시간이 없다는 것이다. 그리고 90세 이상은 장애물과 손실물(hurdless losses)에 대처하면서 살아가야 한다는 것이다. 즉, 노령초월로 이어지는 길은 성공적으로 나아가야 한다.

에릭슨의 인성발달이론은 〈표 4-1〉과 같다.

표 4-1 에릭슨의 9단계

발달단계	연 령	특 징
신뢰감 대 불신감	0~1	경험의 일관성, 계속성, 동일성이 신뢰감을 형성한다.
자율성 대 수치심	1~3	자기 나름대로 기능을 발휘할 수 있도록 하면 자율성이 길러진다. 과보호나 도움의 결핍은 자기 능력에 대한 회의감이나 수치감으로 이어진다.
주도성 대 죄책감	3~6	활동에 적극 참여하고 탐구할 수 있는 기회 제공, 질문에 충실히 답해 주면 주도성이 길러진다.
성취감 대 열등감	6~11	아동의 활동을 격려하고 노력을 칭찬하면 근면성이 나타난다.
동일감 대 역할혼돈	12~19	서로 다른 상황에서 역할을 통합하여 자기 자신의 동일성을 인정받음으로써 정체감을 가지게 된다.
친밀감 대 고립감	20~34	타인과의 관계에서 친밀성을 형성해 나간다.
생산성 대 자기침체	35~60	배우자와의 관계를 친밀성을 넘어서서 그 밖의 관계에 관심을 두게 된다.
통합성 대 절망감	61세 이후	인생을 되돌아보며 더 차원이 높은 인생철학으로 통합을 이루어 나간다.
절망감 대 노령초월	80세 이후	과거에 있었던 절망 따위는 사치이다. 왜냐하면 죽음의 문이 열려 있기 때문에 절망할 시간이 없다.

2) 피아제(Piaget)

피아제(Piaget)

스위스의 심리학자인 피아제는 지식이 조직되는 과정의 분석을 통하여 인간의 사고가 발달하는 과정에 대한 이론을 제시하였다. 인지발달이란 조직과 적응이라는 기제를 가지고 환경적인 요인을 받아들여 개인이 가지고 있는 인지구조를 질적으로 변화시켜 나가는 과정이다. 피아제는 이러한 인지발달의 과정을 4단계로 구분하였다.

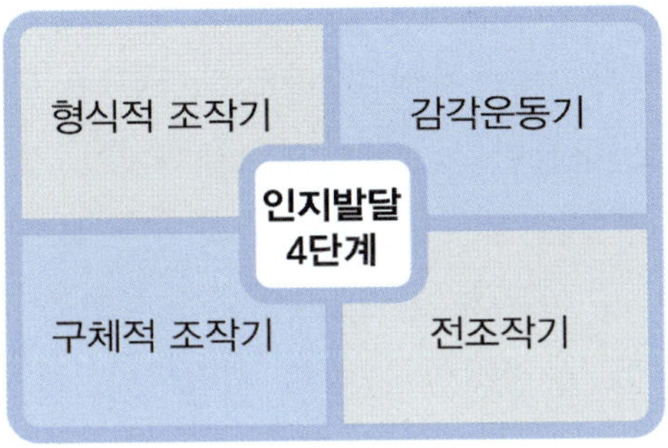

(1) 감각운동기(sensory-motor stage)

감각운동기는 출생에서부터 약 2세 사이로 유아가 자신과 주위의 세계를 잘 구별 못하는 시기이다. 신생아들은 외부세계에 대처하기 위해 빨기, 쥐기 등과 같은 감각운동적 인지구조들을 조직화한다. 이 시기가 끝날 때쯤에는 자아개념이 나타나고 내면화된 감각운동인 스키마에 의해서 세계를 상징적으로 조작할 수 있는 능력을 가지게 된다. 이 시기에 가장 중요한 개념이 외부대상물에 대한 대상영속성(object permanence)이다. 이는 어떤 대상이 감각의 범위에서 없어진다고 하더라도 그 대상이 계속 존재한다고 보는 것이다.

> **TIP**
> 이 시기에 가장 중요한 개념이 외부대상물에 대한 대상영속성이다. 이는 어떤 대상이 감각의 범위에서 없어진다고 하더라도 그 대상이 계속 존재한다고 보는 것이다.
> https://www.youtube.com/watch?v=d93rBTU1pXg

4개월 정도 된 유아는 손에 닿는 곳에 있던 장난감이 천에 가리워 보이지 않게 되면 놀라거나 기분 나빠하지 않고 그 장난감을 찾으려 하지 않으며 마치 대상이 없어져 버린 것처럼 포기해 버린다. 그러나 10개월 된 유아는 눈에 보이지 않더라도 스크린 뒤에 있다는 대상의 영속성을 가지고 어떤 물건이 있는지 기억하기도 한다. 이러한 인지구조의 발달과정은 결국 사고의 발달과정이 된다. 감각운동기에는 곧 감각적이고 운동적인 활동이 인지발달을 촉진시키므로, 풍부하고 다양한 감각적 경험과 운동적 활동을 제공하여 인지발달을 촉진시키는 것이 무엇보다 중요하다.

> **TIP**
>
> 자아중심적 사고는 다른 관찰자에게는 세상이 다른 방식으로 보일 수 있다는 사실을 이해하지 못하는 것이다.
>
> 중심화는 한 가지 측면만을 고려하는 사고의 한계를 의미한다.
>
> 비가역적 사고는 처음으로 되돌려 사고할 수 없는 것이다.
>
> 변환적 추론은 서로 관련이 없는 두 개의 사건을 원인과 결과의 관계로 연결시키는 것을 의미한다.
>
> 물활론적 사고는 개념 및 물건이나 현상이 생명을 갖추고 있고 또 살아서 움직이는 것으로 생각하는 것이다.

(2) 전조작기(preoperational period)

전조작기는 2세에서 7세까지의 유아에 해당한다. 이 단계는 전 개념기와 직관적 사고기로 구분한다. 2세에서 4세까지가 전 개념기(Preconception state)이다. 이 시기는 개념을 사용하기는 하지만 불완전하고 비논리적으로 사용한다. 이 시기 아동은 비로소 상징적 사고를 나타내기 시작하고, 언어발달이 현저하며, 상징적인 놀이도 시작된다. 특히 어린이들의 사고와 행동은 자기중심성이 강하게 나타나게 된다는 것과, 사물을 인지함에 있어서 정신적 대치를 형성함으로써 자신의 방식으로 의미를 붙여 인지하기도 한다. 또한 4세 이후부터 7세까지는 직관적 사고기(Intuitive state)라고 하는데, 이 시기에는 개념화 능력이 확대되고 복잡한 사고나 표상이 가능해지지만 대상의 외양적 특징에 국한하여 지각하기 때문에 직관적 사고라고 부른다. 전조작기의 아동은 사고의 한계를 보이는데, '자아중심적 사고(egocentrism)', '비가역적 사고(irreversibility)', '중심화', '변환적 추론(transdeductive reasoning)', '물활론적(物活論的) 사고(animism)'가 그것이다.

(3) 구체적 조작기(concrete operational stage)

이 시기는 7세부터 11세까지에 해당된다. 조작이란 아동이 머릿속에서 문제를 해결하는 행위를 말하는데, 구체적 조작기에는 어떤 구체적인 상황이나 사물을 통하여 지각이 이루어진다. 바로 그 이전 단계의 아동에 비하여 체계적, 논리적 사고가 가능하다. 전 단계에서 보였던 사고의 한계는 대부분 극복된다. 다만 논리적 사고는 대상이 구체물이나 구체적 상황일 때에만 가능하고, 시간상으로는 현재일 때에만 가능하다. 그러나 구체적 조작기에서는 사물이나 현상의 여러 다른 차원 또는 특면을 서로 관련짓기 시작하며 보존개념, 즉 불변성의 원리(principle of invariance)를 깨닫게 된다.

구체적 조작기의 특징은 구체적 사물이나 대상을 활용하면서 논리적 사고를 하며, 자기중심적인 사고 및 언어로부터 사회화된 사고 및 언어로 발달하게 된다. 이로 인해 탈자기중심성(어떤 규칙을 정하고 협동적으로 하는 놀이가 가능해짐)이 성취되어 보존개념이 획득되고, 가역적 사고(물질의 상태가 한번 바뀐 다음에 다시 원래의 상태로 돌아갈 수 있는 것)가 가능하게 된다. 보존개념이 획득되기 위해서는 동일성(물을 더 붓거나 덜지 않았으니까 물의 양은 같다), 상보성(한쪽이 더 높기 때문에 다른 쪽이 더 넓기 때문에 같다), 가역성(다시 부을 수 있기 때문에 같다)의 원리에 대한 이해가 뒷받침되어야 한다.

(4) 형식적 조작기(formal operational stage)

이 시기는 11~15세에 해당되며 형식적 조작기에 이르러서야 어린이는 비로소 상징적 용어로 추론할 수 있게 된다. 어떤 실험을 위하여 가설을 설정하고, 그 설정된 가설에 따라 검증하며, 추상적인 개념을 사용하고, 한 상황으로부터 다른 상황으로 일반화하여 비판적, 논리적인 사고가 가능해진다. 감각적 경험이나 구체적인 내용 없이도 논리적으로 사고할 수 있게 되어 높은 수준의 적응을 할 수 있게 된다. 형식적 조작기의 특징으로 사고체계는 고도의 평형상태에 도달해 있어, 융통성 있고 능동적이어서 복잡한 문제를 능률적으로 다룰 수 있게 되는 것을 말한다. 또한 추상적인 것을 포함한 논리적인 사고가 가능하다. 문제해결을 위하여 가설을 세워 귀납적 추리를 할 수 있으며, 삼단논법(syllogism; 전제가 되는 두 개의 명제로부터 새로운 결론을 이끌어 내는 방법)과 같은 연역적인 추리를 할 수 있다. 피아제의 인지발달이론은 〈표 4-2〉와 같다.

> **TIP**
> 형식적 조작기의 특징으로 사고체계는 고도의 평형상태에 도달해 있어, 융통성 있고 능동적이어서 복잡한 문제를 능률적으로 다룰 수 있게 되는 것을 말한다.

표 4-2 피아제의 인지발달이론

발달단계	연 령	특 징
감각 운동기	0~2세	• 감각적 경험과 동작에 의해 학습한다. • 모든 것을 자기중심으로 본다. • 대상이 눈에서 사라지면 존재하지 않는다고 믿으나, 2세가 되면 대상영속성을 인식하게 된다. • 행동을 통해서 일차적으로 사고가 가능하다.
전조작기	2~7세	• 감각, 동작 행동에 대한 의존이 줄어들고, 그러한 능력이 정교화된다. • 언어가 발달하기 시작한다. • 타인의 역할과 견해를 고려할 줄 모른다. • 대상을 한 가지 관점에서만 본다. • 자아중심적 사고의 감소현상이 나타난다. • 항존성이 발달하지 못하여, 동일한 것을 순서를 바꾸거나 형태를 바꾸어 제시하면 동일한 것으로 여기지 않는다.
구체적 조작기	7~11세	• 관찰에 근거하여 논리적 추리력을 갖는다. • 자기중심성에 약해진다. • 구별화 능력이 생긴다. • 항존성이 발달하여 가역이 가능하다.
형식적 조작기	11~15세	• 구체적이고 실제적인 상황을 넘어 문제를 다룰 수 있다. • 탈중심화, 가역성, 추상적인 사고가 충분히 발달한다. • 논리적이고 종합적인 사고를 한다. • 직접 눈에 보이지 않는 가설적 상황을 대상으로 하는 추상적 문제의 해결도 가능하다.

출처: 권건일 외 1인(2006). 교육학개론. 경기: 양서원

TIP
도덕발달이론가들의 주된 관심사는 인간이 어떤 단계를 거쳐 도덕적으로 성숙되어 가는가를 밝히는 것에 있다.

3) 콜버그(Kohlberg)의 도덕성 발달이론

도덕발달이론가(Kohlberg's stages of moral development)들의 주된 관심사는 인간이 어떤 단계를 거쳐 도덕적으로 성숙되어 가는가를 밝히는 것에 있다. 피아제의 전통을 이은 대표적인 학자인 콜버그는 피아제의 도덕성 발달

이론을 확대, 발전시켜 자신의 독자적 도덕성 발달이론을 구축하였다. 그는 아동의 도덕 판단이 일정한 단계를 거치면서 발달된다는 피아제의 주장에 동의하면서도 피아제가 도덕성의 발달단계를 자기규제성 여부에 근거해서 크게 타율적 단계와 자율적 단계로 나눈 것에 대해 단계를 세분화하였고, 연구방법론상의 문제점까지 보완하였다. 그리하여 피아제의 골격을 그대로 수용하면서도 자신의 6단계 이론을 구축하였다.

콜버그의 질문지는 9가지 이야기로 구성되어 있는데, 그중 대표적인 '하인츠(Heinz's)가 약을 훔치다'라는 이야기는 <표 4-3>과 같다(Kohlberg, 1963).

〈하인츠의 딜레마〉

어느 부인이 암으로 죽어가고 있다. 그런데 그 부인을 살릴 수 있는 약을 그 마을의 약제사가 발명하였다. 그 약을 만드는 데 많은 비용이 들었지만, 그 약제사는 그 제조비에다 열 배나 더 높은 가격을 요구하였다. 그 부인의 남편인 하인츠는 그 약값을 구하기 위해 백방으로 노력하였으나 반값밖에 구하지 못하였다. 마침내 그는 약제사를 찾아가 아내가 죽어가고 있으니 먼저 약을 주면 꼭 후에 약값을 갚겠다고 사정하였지만, 그 약제사는 들어주지 않았다. 약제사는 "나도 오랜 세월 힘들여 이 약을 발명하였으니 돈을 벌어야 되겠소"라고 말했다. 결국 하인츠는 아내를 살리기 위해 약방을 부수고 들어가 약을 훔쳤다.

질문 1) 하인츠가 약을 훔쳤어야 하는가?
질문 2) 하인츠가 자기 아내를 사랑하지 않았다면 이 상황이 달라졌을까?
질문 3) 죽을병에 걸린 사람이 아내가 아니라 잘 모르는 낯선 사람이었다면 어떻게 했을까?
질문 4) 부인이 죽었다면 약사는 경찰에게 체포되어야 하는가?

콜버그는 이러한 질문을 소년들에게 한 다음 답변을 들었다. 그리고 3년마다 이 소년들을 다시 만나서 지문을 다시 물어보았다. 20여 년 동안 58명의 소년들을 추적 조사하면서 면담을 통하여 자료를 얻었다. 그리고 콜버그는 이 소년들이 나이를 먹으면서 어떻게 생각이 변경되는지 분석하였다. 그래서 도덕성 발달 수준을 3수준 6단계로 나누었다.

TIP

- 인습이란? 예전부터 전해 내려와 몸에 익은 관습으로 도덕적 판단임.
- 제1수준: 도덕적 선악의 개념은 있으나, 준거는 권위자의 힘이나 개인적 욕구에 관련시켜 해석한다. 즉, 자기중심적인 도덕적 판단을 특징으로 하며, 사회적인 기대나 규범, 관습으로서의 인습을 잘 이해하지 못한다.
- 제2수준: 사회적인 기대나 규범, 관습으로서 인습에 순응적인 양상을 보이며, 다른 사람의 입장과 견해를 이해한다.
- 제3수준: 자기 자신이 인정하는 도덕적 원리에 근거하여 법이나 관습보다는 자신의 가치 기준에 따라 도덕적 판단을 한다.

표 4-3 콜버그의 질문지

	수준	단계	특징	딜레마에 대한 반응	결과
발달에 따른 도덕성	제1수준 전인습기 (전도덕성, 4-10세)	1. 처벌과 복종의 단계	• 신체적 벌을 피하기 위해 규칙에 복종한다. • 구체적, 표면적 결과만으로 도덕성을 판단한다.	아내를 죽게 내버려두면 신으로부터 벌을 받는다.	도덕적 규칙을 어른들이 정해 주는 것을 따라간다. 여기에 속하는 아이들은 벌 받는 것을 피하기 위해 좋은 행동을 한다고 생각한다(누군가 혼이 나면, 혼이 날 일을 했다고 생각함). 즉, 약을 훔치면 경찰에 잡혀 간다고 생각하면 여러분의 도덕적 수준은 제1수준 1단계에 해당된다.
		2. 수단적 욕구 충족 지향단계	• 자신의 욕구를 만족시키는지의 여부에 따라 도덕적 가치를 판단한다.	약을 훔쳐서라도 아내의 생명을 구하기만 하면 된다는 자기중심적인 심리적인 요소가 적용된다.	돈을 지불할 수 없는데 약을 훔쳐서는 안 된다고 답변을 하면 제1수준 2단계에 해당된다.
	제2수준 인습기 (타율 도덕성, 10-13세)	3. 상호 대인관계 조화지향 단계	• 다른 사람의 인정을 중요시하고 관계를 판단의 기준으로 삼는다.	다른 사람으로부터 비난을 받으므로 약국을 부수고 약을 훔친 것은 잘못이다.	아내를 사랑하고 남편이니까 약을 훔칠 수 있다거나 약을 훔치면 가족 모두에게 누가되므로 약을 훔치면 안 된다는 생각은 제2수준 3단계에 속한다.
		4. 법과 사회적 규칙 및 질서지향 단계	• 사회질서와 법률의 중요성을 강조하고 지키는 방향으로 행동한다.	훔친다는 것은 옳은 일이 아닐 뿐만 아니라 법은 환경과는 관계없이 지켜야 한다.	하인츠 아내의 아픔이 안타깝지만 법은 지켜야 하기 때문에 약을 훔치면 안 된다는 생각은 제2수준 4단계에 속한다.

제3 수준 후인습기 (자율 도덕성, 13세 이상)	5. 공공 복지 및 사회계약 단계	• 개인의 권리존중, 가치나 관점의 상대성을 도덕적 판단의 근거로 삼는다.	약을 훔친 것은 법률적으로 잘못이나 인명을 구하기 위한 일이므로 용서되어야 한다.	개인의 상황에 따라 법과 규칙이 적용되어야 하는 것이지, 4단계의 법과 규칙이 절대적이라는 생각은 제3수준 5단계에 속한다.
	6. 보편적 도덕 원리 지향 단계	• 올바른 행위란 스스로 선택한 도덕원리에 따른 양심의 결단으로 정의된다.	인명을 구하기 위한 것이므로 용서되어야 한다. 약을 훔치는 것이 옳은 행동이라고 판단된다면 하인츠는 자신의 부인이 아닌 어떤 사람이어도 그와 같은 처지에 놓였을 때는 약을 훔쳐서 도와주어야 한다.	이 단계는 예수, 석가모니와 같은 사람은 없다. 그래서 후에 콜버그는 이 이론을 삭제한다. 왜냐하면, 6단계는 이상적으로 추구할 만하지만, 참고 정도로 이해하면 된다. 즉, 현실적으로 가능한 도덕성이 아니라는 생각은 제3수준 6단계에 속한다.

콜버그의 단계를 보면 1, 2단계에서는 자기에게 직접적으로 영향을 끼치는 사실적 결과가 도덕적 판단의 근거가 된다. 3, 4단계에서는 사실적 결과의 범위가 대인관계나 사회 전체로 확대될 뿐 여전히 구체적인 결과의 수준에 머물러 있다. 그러나 5, 6단계에서는 구체적인 판단근거에서 벗어나 그 근거 자체가 타당한가에 관한 합리적 사고를 할 수 있게 된다. 이 사고의 결과로 사람들은 구체적인 사실적 결과와는 무관한 보편적 도덕원리에 의하여 지적 사고를 할 수 있다. 콜버그는 어린이의 도덕적 수준은 부모나 동료집단을 모방함으로써 발달되는 것이 아니라 자신과 사회 환경 사이의 인지적 상호작용에 의해서 형성되기 때문에 어린이를 자신의 도덕적 수준으로 발전시키는 도덕 철학자로 보고 있다.

TIP

해비거스트는 개인의 생리적 조건과 심리적 조건, 개인을 둘러싼 사회의 규범과 기대, 개인의 철학적 이상이나 가치관이라는 3가지 조건의 상호작용에 의해 발달과업이 결정된다고 하였다.

4) 해비거스트(Havighurst)의 발달이론

https://twitter.com/RHavighurst

해비거스트는 "발달과업(developmental task)이란 각 발달단계에서 획득해야 하며 만약 획득하지 못하면 적응에 장애가 되는 행동특징 및 준비에 관련된 이론"이라 말한다. 발달과업이란 인간이 타고난 성숙과 학습의 가능성을 가지고 발달해 나가는 과정에서 반드시 성취해야 할 일로서, 그것을 성공적으로 성취하면 장차 과업을 수행함에 있어서 행복과 성공을 초래하지만, 실패하면 자신의 불행과 사회의 무시를 초래하고 장차 과업에서도 곤란을 겪게 되는 것을 가리킨다. 해비거스트는 개인의 생리적 조건과 심리적 조건, 개인을 둘러싼 사회의 규범과 기대, 개인의 철학적 이상이나 가치관이라는 3가지 조건의 상호작용에 의해 발달과업이 결정된다고 하였다. 이는 일생 발달과정에서 각 단계별로 성취해야 할 발달과업을 다음과 같이 제시하였다(김충기 외 3인, 2002).

유아기 → 아동기 → 청년기

유아기의 발달과업

① 보행을 배운다.
② 단체로 음식을 먹는다.
③ 말을 배운다.
④ 배설통제를 배운다.
⑤ 성별을 구분하고 이에 따른 성 예의를 배운다.
⑥ 생리적인 안정을 유지할 줄 안다.
⑦ 사회적, 자연적 현상에 관한 단순개념이 형성된다.

⑧ 부모, 형제, 자매, 타인과의 정서관계를 맺는다.
⑨ 선악을 판단할 수 있으며 양심이 발달된다.

아동기의 발달과업

① 일상적인 활동에 필요한 신체적 기능을 배운다.
② 성장하는 자기 자신에 대한 건전한 태도를 형성한다.
③ 같은 연령의 친구와 사귀는 법을 배운다.
④ 읽기, 쓰기, 셈하기의 기본 기술을 배운다.
⑤ 양심, 도덕, 가치 척도가 발달한다.
⑥ 일상생활에 필요한 개념을 발달시킨다.
⑦ 적절한 성 역할을 배운다.
⑧ 사회집단제도에 대한 태도가 발달된다.

청년기의 발달과업

① 자기 체격을 인정하고 자기의 성 역할을 인식한다.
② 남녀 동년배의 친구와 새로운 관계를 갖는다.
③ 부모 또는 다른 성인으로부터의 정서적 독립을 이룬다.
④ 경제적 독립의 필요성을 절실히 느낀다.
⑤ 직업선택을 하고 그에 맞는 준비를 한다.
⑥ 시민생활에 필요한 지식과 태도를 키운다.
⑦ 사회적으로 책임 있는 행동을 원하고 이를 실천한다.
⑧ 결혼과 가정생활의 준비를 한다.
⑨ 행동의 지침으로서 적절한 과학적 세계관에 따라 가치체계를 형성시킨다.

5) 학습자의 지능

(1) 지능의 의미

TIP

지능이란 용어는 비교적 널리 알려진 인간의 심리적 특성 중 하나이다. 그 이유는 심리학자들이 지능의 중요성을 인식하고 그것을 수량화하여 교육에 활용하기 위해 많은 노력을 기울였기 때문이다.

지능(intelligence)은 지적 능력 중에서 가장 기본이 되는 정신능력이라고 할 수 있다. 지능이란 용어는 비교적 널리 알려진 인간의 심리적 특성 중 하나이다. 그 이유는 심리학자들이 지능의 중요성을 인식하고 그것을 수량화하여 교육에 활용하기 위해 많은 노력을 기울였기 때문이다. 그러나 아직까지 지능에 대한 해석과 정의는 학자들마다 다양하다. 크게 나누어 보면 4가지로 나누어 볼 수 있다.

① 지능을 고도의 정신적인 능력으로 정의한다(서스톤, 비네, 터먼).
② 지능을 보다 넓은 개념으로 이해하고 해석한다(슈테런, 핀터너).
③ 지능은 학습능력 또는 경험에 의해 획득되는 능력이다(디어본).
④ 지능이란 지능검사에 의해 측정되는 것이다(보링).

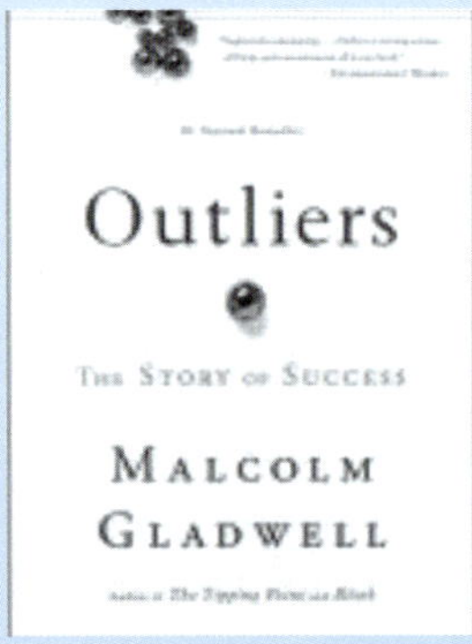

한 권의 책을 소개하고자 합니다. 아웃라이어(OUTLIERS)라는 책은 말콤 글래드웰(Malcolm Glad Well)의 저서로 이 책의 내용 가운데 2명(랭간(Langan), 오펜하이머(Oppenheimer)의 천재를 소개하고 있습니다. 먼저, 랭간(Langan)은 생후 6개월 만에 언어(말)를 하였고, 3살 때부터 글을 쓰고, IQ 검사에서는 지능 점수가 200이라고 합니다. 그래서 학교에서 시험을 볼 때 전혀 공부를 하지 않아도 시험 시작 몇 분 전에 교과서를 살짝 훑어보았는데 매번 시험에서 1등을 하였습니다. 미국 대학교에 입학을 하기 위해서 SAT 시험을 보았는데 만점을 받았고, 그림을 그리면 진짜 사진과 구별이 안 될 정도의 그림을 그렸고, 이것 뿐만 아니라 기타 연주도 기타를 전문적으로 배운 사람들처럼 연주를 했다고 합니다. 머리가 좋아서인지 모르겠지만, 랭간은 1학기 동안 배워야 할 교육과정을 2일 혹은 3일 정도만 공부를 하면 1학기 공부를 끝낼 수 있었다고 합니다.

어떻게 보면 랭간은 천재들 중에서 상위 1% 안에 들어 천재라고 볼 수 있을 것 같고, 이 정도의 지능 수준이라면 노벨상 정도는 충분히 받을 수 있을 것 같습니다. 그런데 말입니다. 현재, 랭간은 술집에서 지배인 일을 하고 있습니다. 즉, 술집 앞에서 만 19세 미만인 미성년자들이 출입 못하도록 하는 일을 합니다. 우리가 아웃라이어 이 책에서 중요시 보아야 할 것은 랭간이 어떻게 술집에서 지배인 일을 하고 있느냐를 살펴보아야 합니다.

사실 랭간의 어린 시절은 집안의 환경이 아주 가난했고 불우했습니다. 왜냐하면 랭간의 어머니에게는 4명의 남편이 있었고, 각 남편들과 아들을 한 명씩 낳아서 집에는 아들 4명이 있었습니다. 사실 남편들은 죽거나 모두 다 도망갔습니다. 이 중 랭간은 첫째 아들로 태어났고, 집이 너무 가난하여 양말, 신발, 옷도 한 벌밖에 없어서 옷을 빨면 마를 때까지 벌거벗고 있어야 할 정도로 매우 가난했었습니다. 그렇지만 랭간은 이러한 환경에도 공부하는 것을 가장 좋아했고, 대학을 가기로 결정한 후 2개의 대학에서 전액 장학금으로 합격을 받았습니다.

2개의 대학 중 랭간은 리드대학(Reed College)에 입학하기로 결정하였고, 이 대학은 뉴욕의 상류층 자녀들이 많이 입학하는 대학으로 유명한 곳입니다. 랭간은 농장에서 일하는 사람들처럼 짧은 헤어스타일로 다니는데 다른 학생들은 머리를 장발로 다니고, 수업시간에도 다른 학생들은 질문을 엄청 많이 했다고 합니다.

사실 랭간은 수업시간에 좌석에 앉아는 있었지만, 수업에 참여할 수는 없었다고 합니다. 그래서 천천히 랭간이 왕따처럼 되어 갔는데요. 설상가상 친구도 없고, 갈 곳이 없어서 기숙사 방에만 있었는데, 항상 있던 기숙사 방에서도 문제가 생겼다고 합니다. 즉, 4명이 한 기숙사 방을 사용하는데, 다른 친구들이 기숙사 방에 여자 친구들을 자주 데리고 와서 마리화나 담배도 피웠다고 합니다. 그래서 다시 도서관에서만 갇혀서 생활을 했고, 이렇게 힘겨운 생활을 하는 가운데 학교를 다니는데, 3학기에 자신의 장학금이 취소되는 문제가 발생합니다. 이유는 어머니가 대학교 교무처에 재정상태의 보고서를 제출하여야 하는데 이것을 잊어버리고 있어서 랭간의 장학금이 취소가 되었습니다. 그래서 랭간은 대학교 교무처에 자신의 사정을 이야기해 보았지만, 문제를 해결해 주지 않아, 자신의 재정으로는 더 이상 학교를 다니기가 어려울 것으로 판단하고 기말고사 보기 전에 자퇴를 합니다.

학교를 나온 후 1년 6개월간 막노동을 하면서 돈을 모아서 몬태나 주립대학(Montana State University)에 다시 입학을 합니다. 이 대학은 자신이 사는 곳에서 20km 떨어져 있어서 자신의 차량을 이용하여 학교를 다녔습니다. 그런데 어느 날 이복동생이 자신의 차량을 고장냈습니다. 차량을 수리하여야 학교를 갈 수 있는데, 차량을 수리할 방법이 없어서 버스를 타고 학교를 다녀보기 위해 고민하였습니다. 그런데 말입니다. 학교 교무처에 가서 아침 수업을 오후 수업으로 변경가능한지 물어보았는데, 교무처에서도 거절당하고, 자신이 다니는 학과 학과장에게도 거절당했다고 합니다. 랭간은 이렇게 일을 처리하는 학교에 분노가 생겨서 또 학교를 자퇴하게 됩니다. 다시는 대학을 가지 않았고, 생계를 유지하기 위해 IQ가 200인 랭간이 술집에서 지배인으로 살아갑니다. 랭간이 똑똑하여 가르치는 쪽으로 취업을 하고 싶어도 학사학위가 없어서 할 수 있는 일이 아무것도 없었습니다. 그리고 석사, 박사 학위가 있어야 논문도 작성할 수 있는데, 학위가 없다 보니 자신이 가장 쉽게 할 수 있는 술집 지배인으로 삶을 살아가고 있는 것입니다.

두 번째 오펜하이머(Oppenheimer)는 2차 세계대전 때 원자폭탄을 만들었던 사람입니다. 이분도 랭간처럼 천재적인 지식수준을 가지고 있습니다. 초등학교 3학년 때 실험실에서 실험을 했고, 5학년 때 물리나 화학을 공부했습니다. 9살 때 사촌들에게 라틴어로 자신에게 질문을 하라고 강요하며, 자신에게 라틴어로 질문을 하면 자신은 그리스어로 대답하겠다고 설명했습니다. 하버드대학교에 들어갔다가 박사학위 받을 때는 캠브리지 대학에 가게 되는데 거기서 아주 힘든 대학원 생활을 하게 됩니다. 이분의 지도교수가 논리학의 실험을 세심하게 오펜하이머에게 관리를 시켰는데, 사실 오펜하이머는 이렇게 관리하는 것을 매우 싫어하였습니다.

그래서 어느 날 그는 실험실에서 화학실험물을 가져와 자기 지도교수를 독살하려는 기상천외한 일을 벌였습니다. 다행히 지도교수가 미리 알아서 일은 생기지 않았지만, 학교징계위원회에서는 살인미수로 구속하거나, 퇴학을 시키지 않고 근신 처분을 내리고 정신과 치료를 받도록 하였습니다. 이후 오펜하이머는 승승장구하여 20세기의 가장 중요한 일 중 하나라고 여기는 원자폭탄 총책임자로 임명을 받게 됩니다.

이와 같이 랭간과 오펜하이머라는 2명은 모두 다 천재인데, 왜 한 명은 장학금과 수업시간을 옮기는 문제로 학교를 그만두고, 왜 한 명은 지도교수를 독살하려고 했는데도 아무런 문제가 없었을까?

우리는 여기서 아무리 좋은 지능을 가지고 있다고 하더라도 랭간과 오펜하이머를 살펴보면서 어떠한 방향으로 교육을 실천하게 하는 것이 올바른지 생각해 보아야 한다.

(2) 지능이론

스피어만(Spearman)

웩슬러(Wechsler)는 지능을 목적으로 행동하고 합리적 사고를 하며, 환경을 효과적으로 다루는 개인의 집합적 능력을 세분하여 곤란성, 복잡성, 속도성, 추상성, 목적성, 가치 및 독창성 등 7개 능력의 집합이라고 보았다. 영국 심리학자 스피어만(Spearman)은 지능을 구성하는 요인으로서 한 개의 일반요인(g-factor)과 여러 개의 특수요인(s-factor)을 들었다. 일반수준요인이 높은 사람들이 다른 특수한 분야에서도 잘한다고 주장했다. 그리고 무엇인가

https://www.gusungacademy.com/shop/item.php?it_id=1547456628

한 가지를 잘하면 다른 것들도 잘한다는 것을 일반지능으로 설명한다. 예를 들면, 수학을 잘하면 다른 과목들도 잘하게 된다는 것과 영어를 잘하면 다른 외국어도 쉽게 잘한다는 것이다. 즉, 일반지능은 운동선수들에게 있어서 기초체력과 같은 것으로 해석할 수 있다. 축구를 하든, 농구를 하든, 배구를 하든 어떠한 운동을 하든지 간에 기초체력이 좋은 선수들이 유리할 수밖에 없다. 다시 말해서, 내 머리 속으로 들어오는 정보를 빠르게 효율적으로 처리할 수 있는 능력이 바로 일반지능이다.

미국의 서스톤(Thurston)은 공간 요인, 지각 요인, 언어이해 요인, 수리 요인, 언어유창성 요인, 기억 요인, 추리 요인 등 7개의 요인이 기본정신능력을 구성하는 것으로 보는 다요인설을 주장하였다.

- 공간 요인: 공간관계를 알고 해결하는 능력
- 지각 요인: 외적으로 주어진 환경을 지각하여 해결하는 능력
- 언어이해 요인: 언어를 이해하고 사용할 줄 아는 능력
- 수리 요인: 수를 사용하여 문제를 해결하는 능력
- 언어유창성 요인: 어휘와 문장을 적절히 사용하고 표현하는 능력
- 기억 요인: 대상물을 기억하여 정보를 오랫동안 저장할 수 있는 능력
- 추리 요인: 미해결된 구조를 처리하는 능력

근래에 와서 길포드(Guilford)는 다요인설의 관점에서 서스톤의 기본정신능력을 확장 발전시킨 지능구조모형(Structure Of Intellect: SOI)을 제안하였다. 120개의 독립적인 요인으로 구성되어 초기의 제안은 후에 180개의 요인으로 확장되었다. 즉, 5개의 내용요인(시각(눈으로 봄, 즉 이미지 형태로 지각), 청각(듣는 것으로 지각), 상징(글자, 숫자, 음표, 부호 등과 같은 특별한 의미를 갖지 않는 기호의 형태), 의미(사고와 의사소통에 쓰이는 개념이나 의미 있는 단어 형태의 정보), 행동(태도, 갈망, 기분, 의도 등과 같은 인간의 상호작용을 내포한 비형상적이고 비언어적인 정보) × 6개의 조작요인(인지(종합적인 이해의 다양한 형태 속에서 자료에 대한 즉각적인 발견), 기억파지(며칠 지속되는 기억), 기억저장(새로이 획득한 자료에 저장), 확산적 사고(발산적 사고, 주어진 자료로부터 논리적인 대안을 유발하는 것), 수렴적 사고(수렴적 사고, 주어진 자료로부터 논리적인 결론을 유발하는 것), 평가(정확성, 동일성, 일관성 등 변인과 준거에 합당한 판단을 내리기 위해 정보의 항목을 비교하는 것)) × 6개의 산출요인(단위, 물체의 성격을 지닌 정보의 묶음이나 항목으로 분리), 유목(종류, 공통된 속성에 따라 일련의 정보 항목에 기초한 개념을 집단화시키는 것), 관계(정보의 항목들 간의 관계), 체계(정보 항목이 조직되거나 구조화된 집합체를 이루는 것), 변환(변용, 현존의 자료가 다양한 종류로 변하는 것), 함축(정보 항목 간의 상황적 연결)) = 180개의 요인. 길포드의 지능구조모형은 [그림 4-4]와 같다.

> **TIP**
> 길포드는 다요인설의 관점에서 서스톤의 기본정신능력을 확장 발전시킨 지능구조모형을 제안하였다. 120개의 독립적인 요인으로 구성되어 초기의 제안은 후에 180개의 요인으로 확장되었다.

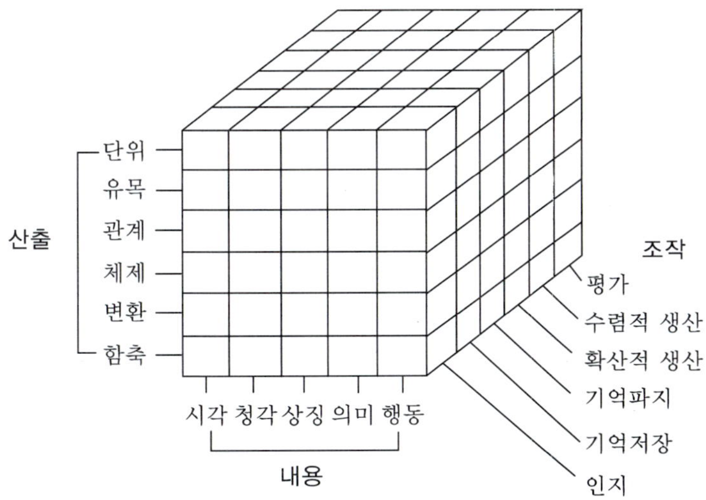

▶▶ 그림 4-4
길포드의 지능구조모형

> **TIP**
> 다중지능이론은 종래의 지능이 단일하다는 사고에서 탈피하여 인간의 정신, 마음이 다양한 것처럼 인간의 지능도 각기 상이한 인지 유형을 지니고 있다는 신념과 기존의 지능이론을 7개로 나누었다.

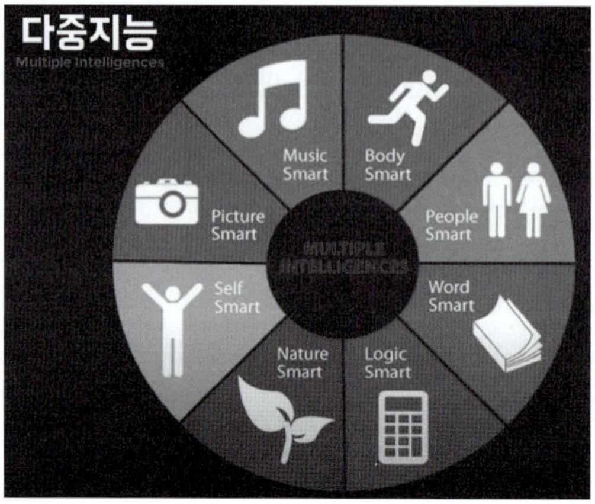

가드너(Gardner)의 다중이론은 인간의 지능개념이 지능검사에 의존하여 너무 협의로 이해되는 부분에 반대의 입장을 보이면서 지능이란 한 문화 혹은 여러 문화에서 가치 있다고 인정되는 문제를 해결하고 산출물을 만들어 내는 과정이라고 정의한다. 다중지능이론(MI: Theory of Multiple Intelligence)은 종래의 지능이 단일하다는 사고에서 탈피하여 인간의 정신, 마음이 다양한 것처럼 인간의 지능도 각기 상이한 인지 유형을 지니고 있다는 신념과 기존의 지능이론을 7개로 나누었다.

- 언어적 기능: 말하기, 읽기, 듣기, 작문 등의 능력으로 이 지능이 높은 사람은 문필가, 정치가, 교사 등의 소질이 높다.
- 음악적 기능: 가락, 리듬, 소리 등 음악적 상징체계와 관련된 능력으로 성악가, 작곡가, 연주가, 지휘자의 소질이 있다.
- 논리 수학적 기능: 숫자, 규칙, 명제 등의 상징체계의 이해와 관계된 문제해결 능력으로 숫자 계산하기, 분류하기, 문제해결방법 등의 소질이 높다.
- 공간적 지능: 도형, 그림, 지도, 설계 등 공간적 상징체계와 관련된 능력으로 이 지능이 높은 사람은 미술가, 항해사, 건축가 등의 소질이 있다.
- 신체 운동적 기능: 춤, 운동, 악기연주, 표정연기 등의 상징체계와 관련된 능력으로 무용가, 운동선수, 공예인, 배우, 외과의사 등에게서 이 지능이 높다.
- 개인 내 지능: 자기 자신을 이해하는 능력으로 자기 자신이 어떻게 느끼는지 알며, 자신의 감정을 이해하고, 자신의 통찰, 목표, 욕구,

능력에 적합한 방식으로 행동하는 것이다. 이 지능이 높은 사람은 철학자, 문필가, 임상가의 소질이 있다.

- 개인 간 지능: 대인관계에서 다른 사람을 이해하고, 다른 사람 행동의 기분이나 동기, 의도를 잘 파악하고 어떻게 협동하는가를 아는 능력으로 훌륭한 카운슬러, 정치인, 종교인, 사업가, 행정가, 교사의 소질이 있다.

Chapter 04 학습정리

1. 정신분석학적 접근방법은 프로이트(S. Freud)가 주장한 이론으로 인간 정신세계의 구조와 작용에 관한 심층심리의 이해에 초점을 두고 있다. 의식은 '현실주의'를 따르며, 무의식은 '쾌락주의'의 지배를 받는다. 이와 같은 정신분석학적 접근방법은 인간의 성격구조가 이드(id: 원초적인 본능의 지배하에 있는 나), 이드로부터 방출된 리비도가 충동적으로 표층에 속하는 자아(ego: 현실적인 나), 초자아(super-ego: 도덕적인 나)로 구성되어 있다. 또한 심리적 성적 발달단계 이론은 리비도가 연령에 따라 신체의 일정한 부위에 집중되는 시기는 구강기, 항문기, 남근기, 잠복기, 성기기로 설명하고 있다.

2. 행동주의적 접근방법은 심리학의 연구대상을 마음에서 행동으로 전환하였다. 시작은 개의 타액 분비실험을 했던 러시아의 생리학자 파블로프(Pavlov)의 고전적 조건형성이론이라고 할 수 있다. 또한 인지주의적 접근방법은 크게 인지발달론과 정보처리론으로 나눌 수 있다. 이 중 인지발달론은 인간의 지적 발달이 어떠한 단계를 거쳐 이루어지는가를 연구하는 것으로 스위스의 생물학자이며 심리학자인 피아제가 대표적인 학자이며, 정보처리론은 인간의 지각, 기억, 상상, 문제해결, 사고 등 인지의 가설적 과정을 설정하고 연구하는데 특히 지식의 획득과정에 관심이 많다.

3. 생물학적 접근방법은 인간의 행동과 정신작용을 우리 두뇌와 신경계 안의 신경세포 사이에서 일어나는 생리학적 과정으로 설명하려는 접근방법이다. 이러한 접근은 행동과 정신적인 활동에 기초가 되는 생물학적인 과정들을 세밀하게 분석하는 것으로부터 시작한다. 그리고 인본주의적 접근방법에서는 인간의 감정을 소중하게 여긴다. 자신의 감정뿐만 아니라 타인의 감정에도 관심을 갖도록 하고 그 결과 지적뿐만 아니라 정서적, 행동적으로도 성숙한 전인, 또는 자아실현인으로 학생들이 자라도록 교육해야 한다고 본다.

4. 발달(development)이란 인간이 수정에서 죽음에 이르기까지 일련의 모든 연속적인 변화를 뜻한다. 무력한 유기체로 태어난 인간은 장기간의 발달과정을 거쳐서 독자적인 인격을 지닌 인간으로 성장하게 된다. 그리고 인간발달의 원리를 이해하는 방법에는 2가지 접근방법이 있는데, 곧 특성론과 단계론이다. 특성론이란 어린이의 여러 가지 행동 중 어떤 특정의 행동을 선정하고 그러한 행동의 발달 경향과 변화의 분석을 추구하려는 입장이며, 단계론은 인간의 각 연령, 혹은 발달단계별로 각 시기에 발견되는 모든 행동의 발달이나 그 변화의 특징을 밝히려는 입장을 말한다.

5. 에릭슨은 인간의 출생과 거의 동시에 사회적 존재가 되며, 만나는 사람들과 겪어야 하는 일들에 따라서 그 사람의 됨됨이가 변해 간다고 보았다. 따라서 에릭슨은 유아기에서부터 절망감 대 노령초월에 이르기까지 9단계로 구분했다. 그리고 피아제는 이러한 인지발달의 과정을 4단계로 구분하였다. 콜버그의 도덕성 단계를 보면 1, 2단계에서는 자기에게 직접적으로 영향을 끼치는 사실적 결과가 도덕적 판단의 근거가 된다. 3, 4단계에서는 사실적 결과의 범위가 대인관계나 사회 전체로 확대될 뿐 여전히 구체적인 결과의 수준에 머물러

있다. 그러나 5, 6단계에서는 구체적인 판단근거에서 벗어나 그 근거 자체가 타당한가에 관한 합리적 사고를 할 수 있게 된다. 해비거스트는 "발달과업(developmental task)이란 각 발달단계에서 획득해야 하며 만약 획득하지 못하면 적응에 장애가 되는 행동특징 및 준비에 관련된 이론"이라 말한다.

6. 지능이란 용어는 비교적 널리 알려진 인간의 심리적 특성 중 하나이다. 그 이유는 심리학자들이 지능의 중요성을 인식하고 그것을 수량화하여 교육에 활용하기 위해 많은 노력을 기울였기 때문이다. 웩슬러(Wechsler)는 지능을 목적적으로 행동하고 합리적 사고를 하며, 환경을 효과적으로 다루는 개인의 집합적 능력을 세분하여 곤란성, 복잡성, 속도성, 추상성, 목적성, 가치 및 독창성 등을, 스피어만(Spearman)은 지능을 일반요인과 여러 개의 특수요인을 들었고, 미국의 서스톤(Thurston)은 공간 요인, 지각 요인, 언어이해 요인, 수리 요인, 언어유창성 요인, 기억 요인, 추리 요인 등 7개의 요인이 기본정신능력을 구성하는 것으로 보는 다요인설을 주장하였다. 근래에 와서 길포드(Guilford)는 다요인설의 관점에서 서스톤의 기본정신능력을 확장 발전시킨 지능구조모형(Structure Of Intellect: SOI)을 제인하였다.

Chapter 04 연습문제

01 프로이트의 리비도 5가지에 대하여 논하시오.

02 에릭슨이 주장한 유아기부터 노인기까지의 8단계에 대하여 논하시오.

03 콜버그의 도덕성 발달 6단계에 대하여 논하시오.

04 학습자의 지능이론에 대하여 논하시오.

05 교육사회학의 기초

CHAPTER

학습내용

- 교육사회학이 무엇인지를 이해한다.
- 교육사회학의 주요이론인 기능이론, 갈등이론, 신교육사회학을 이해한다.
- 교육의 사회화가 어떻게 이루어지는지를 이해한다.
- 사회계층과 교육의 관계를 이해한다.
- 학교교육의 기회균등은 무엇인가?

1. 교육사회학의 개념

1) 교육사회학의 개념

교육사회학(Sociology of Education)의 발달은 사회학적인 지식과 연구방법을 교육현상의 연구에 응용하려는 노력에서 시작되었다. 교육 자체가 하나의 사회적인 양태이므로 사회현상이나 집단으로부터 많은 영향을 받으며, 학교도 하나의 사회적인 집단 혹은 조직이므로 사회학적인 연구대상이 된다. 즉, 교육사회학은 교육에 대한 연구로서 교육체제와 교육의 과정에서 발생하는 집단의 관계를 사회학적인 연구에서 성취된 지식, 기술, 방법 등으로 연구하는 학문이다.

TIP

교육사회학은 교육에 대한 연구로서 교육체제와 교육의 과정에서 발생하는 집단의 관계를 사회학적인 연구에서 성취된 지식, 기술, 방법 등으로 연구하는 학문이다.

교육사회학은 독립된 학문 성격보다 교육과 사회로 나눌 수 있다. 우리는 흔히 학문과 학문 사이에 두 이름을 겹쳐 붙인 학문영역이 있다.

물리학과 화학 사이에 물리화학이 있고, 사회학과 심리학 사이에 사회심리학이 있는 것과 같다. 이는 두 학문을 합쳤다고 보기보다는 한 학문을 다른 학문의 관점에서 보려는 관심과 그 영역에 다른 학문에서 발전된 개념, 법칙, 이론 및 모형을 적용해 보려는 관심에서 나타난 것이라고 할 수 있다. 이러한 관점에서 교육사회학은 교육에 대한 사회학적 접근을 통하여 교육에 대한 이해의 폭을 넓히려는 학문이라고 볼 수 있다.

뒤르켐(Durkheim)

역사적으로 교육사회학의 연구동향은 1950년까지 주로 뒤르켐(Durkheim)이나 파슨스(Parsons)를 주축으로 한 기능주의 이론이 교육사회학의 중심개념으로 이루어졌다. 이에 영향을 받아 1960년대에는 인간자본론(human capital theory), 근대화이론(modernization)이 출현하여 교육과 국가발전의 관계를 인과적으로 설명하였다. 1970년대에는 고전적 마르크스주의(Marxism)와 신마르크스주의(Neo-Marxism)의 영향으로 교육에 갈등론적 관심이 강조되었는데, 경제결정론적 입장에서 교육을 이해하려는 사회재생산이론(social reproduction theory), 제국주의적 관점에서 보는 종속이론(dependency theory), 교육을 통한 인간성 해방을 강조하는 급진적 저항이론 등이 교육사회학연구의 새로운 영역으로 대두되었다.

TIP

초기에는 사회학적 지식을 교육실천에 응용하려는 연구인 '교육적 사회학'이 도덕과 철학적 이론을 중시하는 입장으로 대두되었으며, 근래에 와서는 교육현상에 대한 탐구를 통하여 사회학의 지식과 이론을 넓혀가려는 '교육의 사회학'이 주목받았다.

1970년대 중반부터 교육사회학은 실증주의와 객관주의에 치우친다는 비판이 새로운 교육사회학적 접근의 필요성을 제기했다. 이러한 경향을 신교육사회학이라고 한다. 주로 영국을 비롯한 유럽사회에서는 지식사회학의 전통에서 비롯되어 사회에서의 계층구조와 교육제도의 불평등을 문제로 보았으며, 미국에서는 교육과정사회학 연구에 많은 영향을 주었다. 따라서 교육사회학은 3가지로 나누어지는데, 우리나라 말로 구별하기는 어렵다. 초기에는 사회학적 지식을 교육실천에 응용하려는 연구인 '교육적 사회학(educational sociology)'이 도덕과 철학적 이론을 중시하는 입장으로 대두되었으며, 근래에 와서는 교육현상에 대한 탐구를 통하여 사회학의 지식과 이론을 넓혀가려는 '교육의 사회학(sociology of education)'이 주목받았다. 마지막으로 교육사회학의 독자적 영역을 추구하는 '신교육사회학(new sociology of education)'이 주류를 형성하는데, 이는 〈표 5-1〉과 같다.

표 5-1 교육적 사회학, 교육의 사회학, 신교육 사회학

일반적 구분	부차적 영역의 정의
교육적 사회학 (교육학자들에게 연구)	교육학에 속하며 교육심리학, 교육철학과의 균형이 바람직하다. 교육의 문제를 유용하게 실제적으로 해결하는 것이 바람직하다. 이는 교육학 영역과 실천지향적, 도덕철학적 지향, 가치판단, 교육문제강조, 기술훈련적 접근이다.
교육의 사회학 (사회학자들에 의한 연구)	사회학에 속하며 교육의 사회학이 갖는 기능은 세련된 과학적 방법에 의하여 이론적 지식을 습득하는 데 있다. 관심영역이 인류학에서부터 심리학까지 확대된다. 즉, 사회학 영역과 학문지향적, 경험과 과학적 지향, 사실분석, 사회문제 강조, 실증적 연구 접근이다.
신교육 사회학 (근래에 와서)	교육조직이나 교육구조보다는 주로 교육과 관련되어 있어, 학교에서 가르치는 교육내용으로 지식의 사회성에 초점을 두고 있다.

2) 교육사회학의 이론

교육사회학 연구의 대상 및 범위는 거시적인 수준과 미시적 수준으로 구분할 수 있다. 첫째, 거시적 수준은 투입-산출 모형에 따라 학교체제와 사회체제의 관련 속에서 학교교육을 파악하려는 것이다. 둘째, 미시적 수준에서는 학교에서 가르치는 교육내용이나 교사와 학생의 구체적인 경험 등에 대해 주로 학교 및 교실에서 일어나고 있는 교육의 내적인 측면에 초점을 두고 교육현상을 파악했다. 따라서 교육사회학의 발전은 거시적 접근 이론인 기능이론과 갈등이론은 주로 규범적 패러다임의 영향을 받았으며, 미시적 접근이론은 상호작용, 민속방법론, 신교육사회학 이론들은 해석학적 방법에 더 깊게 연관되어 있다.

> **TIP**
> 거시적 수준은 투입-산출 모형에 따라 학교체제와 사회체제의 관련 속에서 학교교육을 파악하려는 것이다. 또한 미시적 수준에서는 학교에서 가르치는 교육내용이나 교사와 학생의 구체적인 경험 등에 대해 주로 학교 및 교실에서 일어나고 있는 교육의 내적인 측면에 초점을 두고 교육현상을 파악했다.

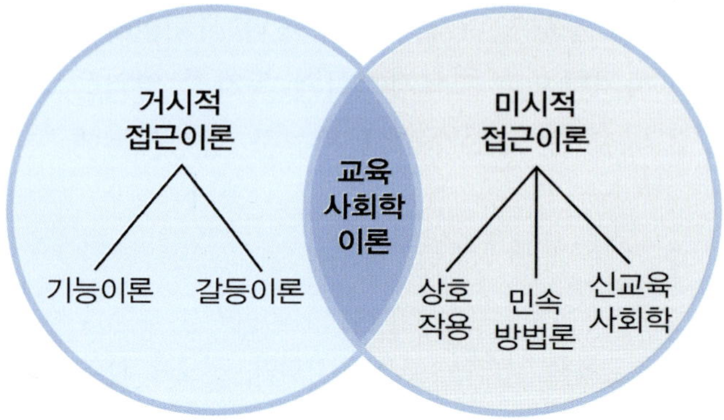

(1) 거시적 기능

(ㄱ) 기능이론(Function theory)

기능이론은 1970년 이전부터 존재하였고, 사회학의 아버지로 불리는 콩트(Comte)나 사회 유기체설을 제시한 스펜서(Spencer)가 이론적 기초를 마련했다. 그 후 이를 체계화하여 이론적 근거를 발전시킨 인물은 뒤르켐(Durkheim)이었다. 또한 사회학이론의 구축은 파슨스(Parsons)에 의하여 정립되었는데, 그 특징은 아래와 같다.

1 기능이론은 사회를 유기체에 비유한다.

유기체(organic body)는 손, 발, 코, 귀, 위, 폐 등 여러 기관, 즉 부분으로 구성되어 있으며, 이들은 각기 담당하고 있는 기능이 있어서 각각의 기능을 순조롭게 수행함으로써 인체의 생존과 활동을 가능하게 만든다. 각 기관은 인체, 즉 전체로부터 떨어져서는 살아갈 수 없으며, 어느 한 기관이라도 결핍되면 인체도 완벽한 활동을 할 수 없다. 그러므로 인체의 각 기관은 고유의 기능을 제대로 수행함으로써 유기체를 존속시키고 자체의 생존도 보장받을 수 있다. 유기체는 항상 생존과 건강한 활동을 지향하며 어떤 이유로 병을 얻어 부분 또는 전체의 기능이 약화되면 이를 회복하기 위한 모든 노력을 기울인다.

2 기능이론은 사회를 안정과 조화를 이루는 구조로 본다.

사회는 구성원들 간의 합의를 바탕으로 안정을 유지하는 것이다. 각자에게 맡겨진 고유한 역할 및 기능을 가지며, 사회 안정과 발전을 위하여 상호작용을 한다. 여러 가지 사회적 갈등현상은 일시적인 것이고 부분적인 부조화일 뿐이다. 이것은 부분적인 현상으로 사회의 안정과 질서 그리고 조화를 근본적으로 파괴할 수는 없다. 결국 기능이론이 보는 사회는 각기 다른, 질적으로 우열의 차이가 없는 기능을 수행하는 수많은 개인과 집단의 통합체로서 안정과 조화라는 합의된 목표 아래 상호 의존하며 살아간다.

> **TIP**
> 기능이론이 보는 사회는 각기 다른, 질적으로 우열의 차이가 없는 기능을 수행하는 수많은 개인과 집단의 통합체로서 안정과 조화라는 합의된 목표 아래 상호 의존하며 살아간다.

3 기능이론은 교육의 인력양성 및 선발의 기능을 강조한다.

교육은 어느 누구에게나 동등한 기회로 열려 있으나, 업적을 기준으로 하는 공정한 사회는 높은 능력을 가진 사람이 인정받고 선발되는 기능인 동시에 적재적소에 배치할 수 있는 전문가의 지배사회로 본다. 따라서 각자가 가진 능력과 업적의 차이에 따라 대우를 받는 것은 당연한 것이며 합리적인 방법에 의해 개인의 노력과 능력에 따라 차등적 보상을 받는 것은 정당한 것이다. 즉, 교육은 인재를 양성하고 선발하는 중요한 기능을 가진다.

4 기능이론은 교육체제를 적응체제의 하나로 간주하여 교육의 사회화 기능을 강조한다.

교육은 사회에 잘 적응하는 인간, 사회가 기능을 최대한 발휘할 수 있도록 하는 인간을 길러내는 일이다. 즉, 사회화를 통하여 사회의 안정, 통합, 합의의 증진을 꾀하는 것이 교육의 본질적인 목적이다. 따라서 사회에는 공통적으로 가르쳐야 할 보편적 문화요소가 있고, 교육의 목표나 내용의 보편성이 강조되어야 한다. 뿐만 아니라 사회가 분화될수록 교육도 분화되어야 하고, 사회문제가 발생하면 교육은 그 문제에 대응할 수 있는 방향으로 이루어져야 한다.

5 기능이론의 비판점

기능이론을 수동적 존재 및 사회의 종속적 존재로 평가절하한다. 그러므로 비판점 6가지는 다음과 같다. 첫째, 사회의 개혁보다는 기존 질서 범위 안에서 안정성을 강조하고, 둘째, 권력투쟁과 갈등, 일탈행동 등에 대해서 설명을 못하고, 이러한 것을 범법 행동으로 간주하고, 셋째, 존재하는 모든 사회조직을 기능이론으로 보고, 넷째, 성적 및 학업 등의 학력경쟁을 높여서 인간성을 상실하고, 다섯째, 학습자의 개별성보다는 공통성을 중요시하고, 여섯째, 기존에 이루어진 교육 양식과 전통을 유지하기 위해 신세대 학습자에게 기존 교육방식을 전달하는 데 관심이 많고, 보수적인 입장이 있다.

(ㄴ) 갈등이론(Conflict theory)

> **TIP**
>
> 갈등이론은 사회를 개인 및 집단 간의 끊임없는 경쟁과 갈등의 연속으로 본다. 즉, 세력다툼, 집단 간의 이해상충, 지배자의 압제와 피지배자의 저항이 끊이지 않는 사회의 변동이다.

갈등이론은 1970년대 이후 미국을 중심으로 등장했으며, 사회를 개인 및 집단 간의 끊임없는 경쟁과 갈등의 연속으로 본다. 즉, 세력다툼, 집단 간의 이해상충, 지배자의 압제와 피지배자의 저항이 끊이지 않는 사회의 변동이다. 갈등이론은 마르크스(Marx)나 베버(Weber) 등의 지위집단 이론 사상에 기초하여 볼스(Bowles), 코저(Coser), 다렌도르프(Dahrendorf), 콜린스(Collins) 등을 중심으로 하여 등장하였다. 갈등이론은 기능주의 이론가들이 사회의 기능적 통합, 핵심가치 그리고 사회의 안정에 초점을 맞추고 있는 것에 반하여 사회의 강제성과 사회변화에 역점을 두었다.

다렌도르프(Dahrendorf)는 갈등이론의 기본을 다음과 같이 설명했다.

① 모든 사회는 모든 면에 있어서 변화과정을 겪는다. 즉, 사회변동은 산재되어 있다.

② 모든 사회는 모든 면에 있어서 이견(異見)과 갈등을 나타낸다. 즉, 사회갈등은 산재되어 있다.

③ 사회의 모든 요소는 사회의 와해와 변동에 기여한다.

④ 모든 사회는 그 구성원의 일부에 의한 다른 일부의 강제에 토대를 두고 있다.

갈등주의자들은 현존 사회구조의 현상유지를 합리화하는 데 주력하는 기능주의를 비판하면서, 그동안 등한시해 온 사회변화와 집단갈등이라는 중요한 사회현상을 교육문제와 관련시키려고 노력하였다. 따라서 갈등이론의 특징은 다음과 같다.

1 사회의 변화는 끊임없는 경쟁과 갈등의 연속이다.

모든 사회는 인간의 갈등과 긴장의 관계에 있다. 특히 지배집단과 피지배집단 간의 권력 차이는 갈등의 핵심적 요인이다. 즉, 지배집단과 피지배집단의 대립적 관계는 새로운 사회 형태를 창출하려는 사회변동의 원인이다. 지배집단은 자신의 위치가 위협받는 것을 막기 위해 피지배집단을 강압적으로 억압하고, 동시에 정신적 교화를 통해 지배체제를 효과적으로 통제한다. 한편 피지배집단은 자신들의 불리한 위치를 극복하기 위해서 지배집단에 대항할 수 있는 물리적 또는 이념적 수단을 동원하여 자신들에게 유리한 사회편성을 추진해 나간다. 그러므로 인간의 욕구는 무한한 데 비하여 욕구충족을 위한 재화는 제한되어 있기 때문에 경쟁과 갈등은 불가피하다고 본다.

2 사회안정과 질서유지는 구성원 간의 합의에 의한 것이 아니라 지배집단의 강제에 근거한다.

지배집단은 피지배집단에게 그들의 신념이나 가치관을 교화시켜 정당화시키려 한다. 지배집단은 모든 사회에서 자신들이 중심이 되어, 그들의 지위가 끊임없이 유지되기를 바란다. 그래서 피지배집단은 위협적인 요소로 여겨진다. 지배집단은 설득이나 교화 등의 방법으로 피지배집단에게 자신들의 입장을 정당화하려고 한다. 합리성을 가장한 강제적인 정당화 방식으로 피지배집단을 자신들에게 유리한 체제 속으로 포함시켜 사회를 지배집단에게 유리하도록 유지한다.

3 교육을 불평등의 재생산과정으로 본다.

교육은 재능 있는 사람들의 사회이동을 촉진하여 평등화에 기여하기

보다는 지배계급에 속하는 특정 엘리트 집단들의 권력을 영속화시켜 주는 도구이다. 그러므로 교육을 통한 능력과 재능의 선별은 결코 합리적이거나 공정한 것이 아니며, 사회적 상승이동과 평등에 기여한다는 주장도 인정할 수 없다.

4 교육은 지배층이 다스리고 조직하기에 편하도록 국민을 순화하고 교화하는 기관으로 본다.

학교에서 중시하고 있는 것은 모든 사람이 반드시 보편적으로 배워야 하는 지식이나 기술 또는 태도가 아니다. 학교는 오히려 지배계층이 선호하는 그들의 이익보호에 필요한 가치, 태도, 규범을 강화하는 데 주력한다. 즉, 학교는 독립적인 사고와 민주적인 가치나 태도 등을 길러 주기보다는 맹목적 애국심, 바람직한 노동 습관, 순종적 예법 등을 통해 순응성이나 예속성을 가르친다.

>>> TIP
>
> 신교육사회학은 1970년대에 갈등이론과 비슷한 시기에 영국을 중심으로 등장한 새로운 이론이다. 즉 교육사회학이 연구과제를 잘못 선택하였다고 비판하면서 새로운 연구과제를 들고 나왔다. 신교육사회학은 지식내용 자체의 합리성, 타당성을 검토하는 입장을 취하고 있다.

5 갈등이론 비판점

교육을 사회개혁의 핵심적 수단으로 보고, 학습이 이루어지는 모든 상황을 교육으로 본다. 이 이론의 비판점은 4가지 구분된다. 첫째, 교육의 사회화 기능과 문화 전승 기능을 경시하고, 둘째, 학습자들의 능력에 의한 교육선발을 부정하고, 셋째, 교육선발의 불평등을 강조하고, 넷째, 교육행위 및 행정에서 개인의 의견 및 의지를 무시하고, 사회적 조건을 강조한다.

(2) 미시적 접근

(ㄱ) 신교육사회학(new sociology of education)

신교육사회학은 1970년대에 갈등이론과 비슷한 시기에 영국을 중심으로 등장한 새로운 이론이다. 즉, 교육사회학이 연구과제를 잘못 선택하였다고 비판하면서 새로운 연구과제를 들고 나왔다. 신교육사회학은 지식내용 자체의 합리성, 타당성을 검토하는 입장을 취하고 있다. 이러한 견해는 지식사회학이 체계화되면서부터 지식에 대한 사회학적 탐구를 가능하게 하는 방법론이 주어지면서 새로운 입장으로 대두된 것이라고 할 수 있다.

신교육사회학의 대표적인 학자로 크게 발전에 공헌한 사람은 번스타인(Berntein)과 영(Young)이다. 이들은 학교 내의 문제에 대하여 연구하면서 교육내용과 교사, 학생 간의 상호작용을 미시적인 문제로 다루게 된다. 이는 지식체계나 방법론, 즉 해석학, 지식사회학, 상징적 상호작용론, 현상학, 교환이론 등에서 이론적 기반을 얻었고, 방법론에 있어서는 민속방법론을 사용하였다. 이에 따라서 신교육사회학의 접근을 해석학적 방법이라고 한다.

번스타인(Berntein)은 사회언어학적 연구에서 시작하여 교육내용의 이런 경향성을 위한 연구 범위의 확대에 많은 노력을 기울였다. 그 결과 교육내용의 연구가 교육사회학에서 차지하는 중요성을 인식시키는 데 결정적인 공헌을 하였다. 그는 사회계층의 근원은 유전인자에 의하기보다는 사회계층 자체가 만들어낸 의사소통을 위한 어법에 의하여 세대 간 발달된다고 주장하였다.

영(Young)은 종래의 교육사회학을 단호하게 비판하면서 신교육사회학은 언어나 교육과정의 사회학적 연구에 관심을 모아야 하며, 지식의 사회적 조직의 문제, 즉 어떤 지식과 기준에 의하여 교육이 조정되고 지배되느냐 하는 것에 의문을 두었다. 그는 『지식의 통제』라는 저서를 통해서 교육사회학은 사회계층과 교육기회의 분배 문제에만 집착한 나머지 학교 내부의 현상에는 등한히 하였다고 지적하면서 교육기관은 지식의 사회성에 관심을 두어야 한다고 주장했다.

종합적으로 신교육사회학은 학교에서 가르치는 지식이 가치중립적인 것이 아니라 특권지배층의 여러 생활양식이 반영되어 세대전수, 재생산된다고 주장한다. 따라서 교육내용의 균등화, 사회 불평등의 제거, 교육의 자율성 확보라는 측면에서 신교육사회학은 많은 관심을 불러 일으켰다.

3) 교육의 사회화

사회화 → 문화유산의 전달 및 창조의 기능 → 사회통제 및 통합의 기능 → 사회적 선발 및 배치의 기능 → 사회적 지위 이동의 기능 → 사회변화 및 개혁의 기능

(1) 사회화(socialization)

> **TIP**
> 사회화란 한 사회의 문화가 개인에게 내면화되는 것을 말한다. 즉, 무기력한 인간이 점차 사회적 · 문화적 존재로 성장하면서 그 사회의 구성원들과의 상호작용을 통하여 새로운 기술, 지식, 태도, 규범, 가치 및 동기 등을 학습함으로써 사회적 · 문화적 존재로 성장 및 발달해 간다.

인간이 태어날 때에는 사회적으로 백지와 같은 존재였으나 자라면서 그가 속한 사회의 문화를 자신의 것으로 받아들인다. 이 과정에 의해서 개인은 그 사회의 성원이 된다. 즉, 비사회적, 자연적 존재로 태어나 교육을 통해 사회적, 도덕적, 문화적 존재가 되는 것이다. 사회화란 한 사회의 문화가 개인에게 내면화(internalization)되는 것을 말한다. 즉, 무기력한 인간이 점차 사회적 · 문화적 존재로 성장하면서 그 사회의 구성원들과의 상호작용을 통하여 새로운 기술, 지식, 태도, 규범, 가치 및 동기 등을 학습함으로써 사회적 · 문화적 존재로 성장 및 발달해 간다. 이와 같이 개인이 한 사회의 구성원으로 갖추어야 할 것을 배워나가는 과정을 사회화과정이라고 한다.

인류학자들은 사회화를 주로 한 세대로부터 다음 세대로 문화를 전달하는 것으로 간주하는 경향이 있다. 즉, 사회를 문화전계라 부른다. 심리학자들은 문화전달보다는 다양한 인간의 발달적 측면을 더 강조하였다. 사회화에 관해서 심리학 내에서도 상당히 다양한 입장이 있으나 대체로 인지발달, 행동유형의 학습, 성격형성, 아동양육 등의 의미로 사용하기도 한다. 사회학에는 2가지 측면이 있다.

① 사회화란 사회적 역할을 학습하는 것이다.

이 관점에서 개인들은 자신이 속해 있는 집단의 적절한 역할과 지위를 학습함으로써 사회의 구성원으로 통합된다.

② 사회화를 주로 자아개념의 형성으로 보는 것이다.

친밀하고 호혜적인 상호작용의 맥락에서 자아 및 정체성의 발달은 사회화의 핵심으로 생각된다. 이러한 관점의 사회화는 상징적 상호작용 관점과 밀접하게 관련되어 있다.

사회화에 대해서 다양한 입장이 있지만, 대체로 공통적인 것은 특정한 사회에 소속되어 있는 개인이 사회적 학습 또는 사회적 상호작용을 통해서 그 사회에의 적응 또는 그 사회의 성숙된 성원이 되어 가는 과정을 뜻한다.

학교에서의 사회화는 2가지 형태로 볼 수 있다. 첫째, 인지적 사회화라는 특정의 지식이나 기술의 습득을 통한 사회화이며, 둘째, 행동과 실천을 통한 규범적 사회화이다. 우리나라 교육에서는 규범적, 도덕적 사회화를 더 많이 강조하고 있지만 기대만큼의 실효를 거두지 못하고 있는 실정이다. 이는 규범적 사회화가 사회 구성원의 일반적 삶의 유형으로 제시되기보다는 형식적, 관념적 절차로 강조되어 이상적 가치에 머물러 있기 때문이다. 그러므로 올바른 사회화를 위해서는 학교교육이 지식 중심, 입시 위주의 수업활동이 아니라 인간지향적인 수업으로 이루어져야 한다.

(2) 문화유산의 전달 및 창조의 기능(transmission of culture VS creation of culture)

문화란 사회 구성원들이 저마다 사고하고, 행동하고, 소유하는 독특한 양식을 말한다. 여기에는 가치, 태도, 규범 같은 비물질적인 것도 있고 비행기, 텔레비전 같은 물질적인 문화도 있다. 사람은 환경과의 상호작용 속에서 이루어내는 문화 유형으로 나타난다. 따라서 인간을 '문화적 동물이다'라고 하는 것은 인간이 문화를 계승, 창조한다는 뜻이다.

> TIP
> 문화란 사회 구성원들이 저마다 사고하고, 행동하고, 소유하는 독특한 양식을 말한다. 여기에는 가치, 태도, 규범 같은 비물질적인 것도 있고 비행기, 텔레비전 같은 물질적인 문화도 있다.

학교교육을 통하여 사람들은 각 사회집단의 문화유산을 습득하고 계승한다. 아울러 그 사회의 말과 글을 익히고 이를 매개로 한 지식과 기본 기능을 습득하게 된다. 이와 같은 문화유산의 계승, 습득의 과정은 학교교육의 경우에 현시적 교육과정(apparent curriculum)을 통하여 이루어지기도 하고, 또한 잠재적 교육과정(hidden curriculum)을 통하여 이루어지기도 한다.

한 사회가 공공적으로 마련한 교육은 제도화된 학교교육이든 학교 밖 교육이든 간에 그 사회의 새 성원을 길러내는 기능을 말한다. 이러한 기능은 그 본질에 있어서 그 사회의 성원이 공유하기를 기대하는 문화를 전달하는 일인 것이다. 따라서 사회나 교육기관의 입장에서는 문화를 전달하는 기능이며, 학습자의 입장에서는 문화를 획득하는 기능인 셈이다. 이에 교육은 앞 세대인 교사가 다음 세대인 학생들에게 문화유산을 내면화시킴으로써 문화를 재생산시키는 문화전달의 기능을 가지고 있다. 이 기능은 기존 사회를 보존 및 유지시키려는 경향에서 비롯된다.

그러나 교육은 현대사회의 변화에 적절히 대처하는 새로운 문화를 창조할 수 있도록 해야 하기 때문에 단순한 사회적 차원을 넘어서 인간과 사회개선의 주체로 나아가야 한다. 즉, 교육을 통해서 전 세대가 가지고 있는 문화유산을 내면화하여 동화시키는 문화전달(transmission of culture)의 기능과 미래를 이끌어 나갈 젊은 세대에 대하여 행복과 발전을 지향시키기 위한 진보적 시각을 가진 문화창조(creation of culture)의 기능을 적절히 수행해야 한다.

(3) 사회통제 및 통합의 기능

교육은 사회 존속을 위해 일차적으로 사회를 통제하고 통합하는 기능을 수행한다. 교육이 갖는 사회통제 및 통합의 기능이란 사회의 다양한 요소들이 각기 고유의 기능을 유지하면서 전체적으로 모순이나 갈등 없이 사회질서를 유지하면서 발전해 가는 기능이다. 즉, 학교교육을 통하여

> **TIP**
> 교육이 갖는 사회통제 및 통합의 기능이란 사회의 다양한 요소들이 각기 고유의 기능을 유지하면서 전체적으로 모순이나 갈등 없이 사회질서를 유지하면서 발전해 가는 기능이다.

개인은 시간과 규율을 지키고 순종성, 근면성, 생활태도를 기르며 사회가 요구하는 중핵가치, 규범, 태도 등을 습득하여 훌륭한 시민으로 성장하는 것이다. 이처럼 사회는 교육을 통하여 안정과 질서를 이루게 된다.

국가가 의무교육을 통하여 국민의 지적수준과 문화수준을 향상시켜 새로운 국가의 목표를 일반화하고, 나아가 수준 높은 국민형성(nation building)을 꾀하는 것도 이러한 맥락에 해당한다. 학교는 교육을 통하여 학생들에게 개인적으로 지위나 권력이 불평등하게 배분되는 것을 정당화한다. 또한 학생들은 학교생활을 통하여 사회 구성원으로 자리잡게 된다. 다시 말해 학교는 자라나는 세대를 사회화시킴으로써 구성원들을 하나가 되도록 하는 이른바 사회적 통제와 통합의 기능을 수행하는 것이다.

(4) 사회적 선발 및 배치의 기능

교육은 사람을 길러 사회의 적재적소에 배치하는 역할을 한다. 학교교육이 수행하는 기능 중 가장 현실적이고 구체적인 기능이 곧 선발 및 충원의 기능이다. 이는 주로 인력의 선발, 분류, 배치의 기능을 말하는데, 고도의 산업사회가 되면서 학교교육을 통한 인력양성은 매우 중요한 역할로 부각되었다. 더욱이 산업구조와 사회구조의 급격한 변화는 인력수급의 요구를 점차 다양화시키고 있다. 또한 학교 수준과 학력은 사회적 선발과 배치에 매우 중요한 기준이 되고 있다. 오늘날 같은 개방사회에서는 학교의 졸업장이 사회적 선발과 지위의 배분에 결정적인 요인으로 작용한다.

> **TIP**
> 교육의 사회적 선발기능을 보는 관점에는 2가지의 상반된 입장이 있다. 구조기능주의 입장에서는 고학력자가 좋은 자리에 선발되는 것이 당연하고 정당하다고 보는 반면에, 갈등주의 입장에서 보면 학교교육이야말로 계급의 재생산밖에 되지 못함을 지적하고 있다.

교육의 사회적 선발기능을 보는 관점에는 2가지의 상반된 입장이 있다. 구조기능주의 입장에서는 고학력자가 좋은 자리에 선발되는 것이 당연하고 정당하다고 보는 반면에, 갈등주의 입장에서 보면 학교교육이야말로 계급의 재생산밖에 되지 못함을 지적하고 있다.

교육의 사회적 선발 및 배치의 기능은 학교의 교육제도 및 운영과도 연관되어 있다. 대표적인 것이 학제인데, 학제는 크게 복선형 학제

(multi-track system)와 단선형 학제(single-track system)로 나눌 수 있다.

단선형 학제는 대학진학의 기회가 고등학교를 졸업한 모든 자에게 허용되는 제도이며, 이 제도는 모든 학생들에게 교육기회를 균등하게 부여한다는 점에는 민주형이라고 부른다. 주로 경쟁적 사회이동 방식을 취하는 미국, 일본, 한국이 여기에 속한다.

복선형 학제는 영국, 프랑스, 독일 등에서 주로 실시한다. 독일의 경우는 학교에서 정치적, 사회적 그리고 학문적 엘리트를 교육하는 계통과 일반 대중을 교육하는 계통으로 나눈다. 영국은 대학에 갈 수 있는 중등학교와 그렇지 않은 학교로 나누고 각각 진학과 취업의 진로를 구분하고 있다. 결국 학교교육의 사회적 선발 및 배치의 기능은 개인의 일생에 영향을 끼치므로 충실히 수행해야 하며, 선발 및 배치가 학위에 의해서가 아니라 개개인의 능력에 따라 이루어질 수 있도록 노력해야 한다.

(5) 사회적 지위이동의 기능

학교교육은 개인의 사회적 지위를 결정해 주는 데 가장 중요한 요인이며, 현실적인 영향은 매우 크다. 이에 대한 실증적 연구결과는 개인의 사회적 성취를 결정해 주는 요인으로 학교교육은 가정 배경이나 개인적 능력 요인에 비하여 개인의 사회적 성공이나 지위 획득에 가장 중요한 것으로 본다.

> **TIP**
> 사회적 지위이동에는 크게 상하 지위나 상하 계층으로서의 이동을 의미하는 수직 이동과 지위나 계층의 이동 없이 직종이나 지역적으로 이동하는 수평적 이동으로 나눌 수 있다.

사회적 지위이동에는 크게 상하 지위나 상하 계층으로서의 이동을 의미하는 수직 이동과 지위나 계층의 이동 없이 직종이나 지역적으로 이동하는 수평적 이동으로 나눌 수 있다. 사회적 지위나 계층 이동에 있어서 가장 중요한 역할을 해 온 것은 교육이다. 학교교육이 가정 배경이나 개인적 능력 요인에 비하여 개인의 사회적 성공이나 지위 획득에 더 중요한 역할을 한다는 것은 학교교육과 사회적 지위의 관계에 관한 실증적 연구에 의해서 밝혀졌다.

인간은 어느 누구나 사회적 지위나 계층의 상승을 원한다. 지위 내지

계층의 상승이란 권한, 권위, 재산, 대우 등에서 남보다 유리한 위치에 놓이게 됨을 뜻한다. 이러한 동기로 인하여 사회상승의 기회를 얻고자 노력하며, 상승기회는 교육수준과 학업성취의 수준과 비례한다. 또한 교육이 보수적 기능만을 수행할 때 그것이 사회의 수직적인 이동이든 수평적인 이동이든 원활하게 이루어질 수 없을 뿐만 아니라 폐쇄사회에서와 마찬가지로 특정계층이나 특정지역, 혹은 특정집단을 재생산하는 기능을 수행하게 된다. 그러므로 교육을 통한 사회적 이동이 기능적으로 잘 이루어질 때, 소위 능력자 중심의 평등사회가 이룩될 수 있다.

예를 들어 농민이나 노동자의 자녀가 사무직, 전문직에 종사하게 되면 이것은 세대 간 지위이동이자 상승이동이다. 반대로 전문직 종사자의 자녀가 사무직이나 근로직에 종사하면 이는 전 세대보다 사회적 지위가 낮아지게 되어 흔히 하강이동이라고 지칭한다. 이렇게 사회적 지위이동의 변화는 교육적 요인이 가장 큰 변수로 작용한다. 따라서 교육만을 통한 사회이동을 지나치게 강조하면 우리나라가 겪고 있는 것과 같은 입시 위주의 학교교육, 시험지옥의 학교교육, 학력중심의 학교교육과 같은 교육병리현상이 사회적인 문제로 대두된다.

(6) 사회변화 및 개혁의 기능

교육은 기존 사회를 계승, 유지하는 기능과 함께 아울러 현존사회를 개혁하고 혁신하여 새로운 문화를 창조하는 기능도 수행하여야 한다. 따라서 미래사회를 이끌어 갈 학생들을 교육하는 학교교육은 변화와 혁신에 대한 가치와 신념을 길러줄 수 있어야 한다.

교육은 사회변화 및 개혁의 주도적 역할을 감당해야 한다고 주장한 사람은 미국의 브라멜드(Brameld)이다. 전 세대로부터 물려받은 그대로의 문화적 과정을 물려주는 것만이 아니라 옛 생활방식을 개선하고 새로운 문제와 혼란을 해결할 수 있는 능력을 통하여 문화를 변용하는 것, 또한 문화를 보존시켜 전달하며 유지하는 다른 한편으로는 전 세대로부터 물려받은 제특성을 시정하고 개선하며 교환하는 것이 곧 교육의 역할이다. 브라멜드는 오늘날 문화의 위기를 극복하고 미래를 재건하기 위하여 문화재건주의(cultural reconstructionism)를 제창하면서 교육의 개혁기능을 강조했다. 특히, 오늘날같이 급변하는 사회에서는 교육을 통한 문화전달뿐만 아니라 문화생산 및 창조기능은 더욱 주목받고 있다. 이러한 점에서 학교는 문화생산을 통하여 문화전파 또는 문화확산의 기능을 수행하고 있다. 이러한 것은 대학뿐만 아니라 초·중등학교에서도 수행하고 있는데, 새로운 정보뿐만 아니라 사회변화를 촉진시킬 수 있는 세계를 바라볼 수 있는 방식, 태도 그리고 가치 등을 전파하고 있다.

4) 사회계층과 교육

(1) 사회계층의 개념

사람은 일정한 사회적 지위를 가지고 있으며, 생활에 필요한 수입을 얻기 위해 일정한 직업을 갖고 있다. 따라서 사회계층이란 위계적인 사회체제 속에서 직업, 배경, 개인의 능력, 인종, 기술 등에 의하여 사회적 특권, 위신, 이익 등이 계층 속에서 서로 비슷한 위치에 있는 인구집단이다. 즉, 모든 사람들은 그가 속한 사회 속에서 일정한 지위를 차지하고 그 지위에 따른 역할을 수행하게 된다. 사회계층을 논할 때 자신의 지위와 역할에 따라 부와 권력, 명예, 사회적 위신 등의 여러 가지 가치들을 사회로부터 배분받게 된다.

사회계층의 개념을 상대적으로 분명하게 하기 위해 메이어(Mayer)는 세습적 신분(Caste), 이스테이트(Estate), 사회계급(Social class)으로 분류하였다.

① 세습적 신분은 인도의 카스트 제도에서 비롯되며 출생과 함께 주어지는 폐쇄적이고 세습적인 계층으로 가장 엄격하고 경직된 형태이다. 때문에 지위 간의 이동이 극히 어렵고 업적보다는 귀속적 요인을 중요시한다.

> TIP
> 이스테이트는 토지 소유와 관련된 것으로 중세 영국의 봉건제도가 좋은 예가 된다. 봉건영주들은 토지를 많이 소유하여 높은 지위를 차지하였고, 토지를 소유하지 못한 사람들은 그 지위가 낮을 수밖에 없었다.

② 이스테이트는 토지 소유와 관련된 것으로 중세 영국의 봉건제도가 좋은 예가 된다. 봉건영주들은 토지를 많이 소유하여 높은 지위를 차지하였고, 토지를 소유하지 못한 사람들은 그 지위가 낮을 수밖에 없었다.

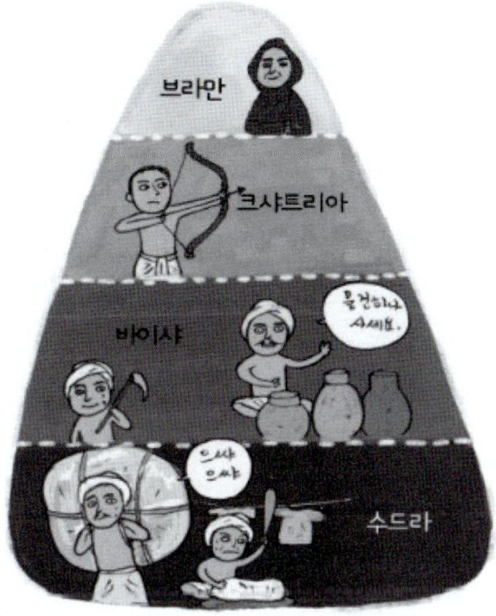

출처: https://esyaniya.tistory.com/365

③ 사회계급이란 근대 산업사회에 있어서의 전형적인 계층형태를 말한다. 사회계급의 여러 특성 중 하나로, 마르크스가 주장하듯이 사회계층의 결정은 경제적인 것, 즉 부와 수입에 의해서 결정된다. 따라서 카스트는 고대사회, 이스테이트는 중세사회, 사회계급은 현대사회에서 각각 지배적인 사회계층이라고 할 수 있다.

(2) 교육과 사회계층

교육은 사회계층을 분류하는 데 있어서 중요한 지표가 된다. 왜냐하면 교육이 구체적인 사회계급에서 요구하는 수입과 생활양식을 제공하는 데에 직접 또는 간접적으로 기여하고 있기 때문이다. 때문에 교육관 역시 사회계층에 따라 다르다. 일반적으로 알려진 바에 의하면 상·중류계급은 인격도야와 지식 습득을 지향하며 민주적 교육방식을 지니고 학교교육을 중시한다. 이에 비해 하류계급은 교육의 목적을 인격도야보다는 기술 습득에 두며 우수한 교육방식을 인지하지 못한다. 교육이 사회계급의 형성과 사회이동에 어떤 역할을 하는가의 문제, 즉 사회계급이 교육에 미치는 영향에 따라 교육기회와 사회계층 간의 관련성은 다음과 같다.

> **TIP**
> 교육은 사회계층을 분류하는 데 있어서 중요한 지표가 된다. 왜냐하면 교육이 구체적인 사회계급에서 요구하는 수입과 생활양식을 제공하는 데에 직접 또는 간접적으로 기여하고 있기 때문이다.

① 교육에의 접근기회가 중・상류층일수록 높다.

② 중・상류층일수록 학교교육에 대한 가치관과 교육열망이 높다.

③ 학습에 유리한 개인적 능력은 중・상류층일수록 높다.

④ 가정적 요인(부모의 기대)은 중・상류층일수록 교육에 유리하다.

⑤ 학교에서의 학업성적은 중・상류층 자녀일수록 높다.

5) 학교교육의 기회균등

(1) 교육과 기회균등

인류가 가장 오랫동안 간직해 왔던 꿈 중의 하나는 사회성원 누구나 자유롭고 평등하게 살 수 있는 사회건설이다. 따라서 누구에게나 교육의 기회가 열려 있다. 즉, 누구나 능력에 따라 교육받을 권리를 가지고 있다.

(2) 변천과정

교육 평등관이 변천되어 온 과정을 콜만은 4가지로 정의했다.

① 산업화 이전의 단계로 대부분의 사람들에게 있어서 교육은 가정의 책임이었기 때문에 오늘날과 같은 학교교육의 평등문제는 관심 밖이었다.

② 산업혁명 이후의 초기 산업화시대로서 일반 국민을 대상으로 하는 학교교육이 발전하는 단계이며, 초등교육이 의무화되어 누구나 취학하였으나 대다수는 초등교육으로 끝나고 중등교육과 대학교육까지 받는 것은 상층계급뿐이었다.

③ 2차 세계대전 이후 미국과 사회주의 국가들을 선두로 모든 사람들에게 교육의 기회가 허용되어야 한다는 평등관이 대두되게 되었다. 무상교육제도와 각종 교육 지원제를 통해 능력 이외의 요인에 의해서는 차별받지 않는 교육기회가 제공되었다.

④ 학교에 다닐 수 있는 기회를 마련해 주는 것만으로는 부족하다는 생각이다. 교육의 목적은 학교를 다니는 데 있는 것이 아니라, 사

회에서 살아가는 데 필요한 것을 배우는 것에 있으므로 누구나 배울 것을 제대로 배워야 평등교육이라는 것이다.

콜만(Coleman)의 4가지 중 첫 번째를 뺀 나머지 3단계는 대체로 일치한다. 여기에서는 교육평등관을 크게 기회의 평등과 내용의 평등으로 구분하고 전자를 허용적 평등과 보장적 평등으로, 후자를 교육조건의 평등과 교육결과의 평등으로 나누어진다.

(3) 허용적 평등관

모든 사람에게 동등한 기회가 주어져야 한다는 관점이다. 그러나 개개인은 서로 다른 수준의 능력과 자질을 갖고 태어난다고 생각하였기 때문에 모든 사람들이 동등한 수준의 교육을 받아야 한다고 생각하지는 않는다. 교육기회는 엄격한 기준에 의하여 선발된다. 즉, 신분, 성, 종교, 지역, 인종 등에 의해 차별 없이 모든 사람에게 동등하게 주어져야 한다는 관점이다.

> **TIP**
> 모든 사람에게 동등한 기회가 주어져야 한다는 관점이다.

(4) 보장적 평등관

누구나 교육을 받을 수 있는 기회가 허용되었지만 경제적 능력이 없는 하류계층의 자녀들은 교육을 포기할 수밖에 없었다. 따라서 2차 세계대전 이후 유럽의 여러 나라들은 보장적 평등정책을 추구하였다. 영국의 1944년 교육법(The 1944 Education Act)이 대표적이다. 중등교육을 보편화하는 한편 무상화하고 불우층의 자녀들에게는 의복, 점심, 학용품을 지급하였다. 그리고 중등교육의 복선제가 지니고 있는 불평등 요소를 제거하여 단선제로 전환하였다. 그리하여 누구나 어렵지 않게 중등교육까지는 받도록 하였다.

(5) 교육조건의 평등관

콜만(Coleman)은 교육기회의 평등은 단지 취학의 평등만이 아니라 평등하게 효과적인 학교에의 취학을 의미하는 것이다. 다 같이 학교에 다니게 된 것만으로는 평등이 아니라 학교의 시설, 교사의 자질, 교육과정 등에 있어서 학교 간 차이가 없어야 진정한 평등이라는 점이 보장적 평등정책에서 간과되었던 것이다.

(6) 교육결과의 평등관

> TIP
> 교육결과의 평등관은 교육은 학교 다니기가 아니라 인간으로서 배워야 할 것을 배우는 과정이며, 사람은 천부적으로 능력의 차이를 갖고 태어났다는 것이다.

학교의 교육조건이 평등화되어도 교육결과의 평등이 보장되지 않은 것으로 밝혀지자 교육결과, 즉 학업성취의 평등을 위한 적극적 조치를 취해야 한다는 주장이다. 따라서 교육결과의 평등관은 교육은 학교 다니기가 아니라 인간으로서 배워야 할 것을 배우는 과정이며, 사람은 천부적으로 능력의 차이를 갖고 태어났다는 것이다. 능력의 차이를 갖고 있는 사람을 똑같이 취급하는 것은 오히려 불평등의 구조를 고착화시키며, 원초적인 불평등은 교육을 통하여 극복할 수 있다는 믿음에 기초하고 있다.

(7) 사회개혁에 의한 교육평등

교육 불평등은 사회 불평등의 반영에 불과하므로 사회가 평등해지기 전에는 교육도 평등해지지 않는다는 것이다. 교육의 평등화를 위한 조치는 그것이 비록 최선의 것이라 할지라도 사회에 현존하는 불평등 구조를 넘어설 수 없다고 주장한다. 따라서 사회개혁을 통하여 교육을 조건 지우고 있는 사회구조를 평등하게 만드는 것이 최선의 교육평등화 방안인 것이다. 특히 자본주의 경제구조를 그대로 놓아두고는 교육의 불평등은 지속될 수밖에 없다고 강조한다.

(8) 교육 불평등의 문제

학교교육의 불평등은 사회적 불평등과 관련되며, 역으로 사회 불평등은 교육의 불평등과 관련된다. 교육기회 균등의 개념을 종합하면 다음의 3가지로 요약된다.

① 지역, 성, 계층, 인종 간에 불평등하게 분리되어 있던 교육의 기회를 동등하게 해야 한다는 접근기회의 균등이다.
② 학교 간의 시설, 교육비, 교육과정, 교사의 질 등의 투입요인을 균등하게 하여 학교 간의 격차를 최소화해야 한다는 교육의 과정에서의 균등이다.
③ 출발점의 불평등을 적극적으로 보상하여, 결과적으로 학업성취나 사회적 지위획득을 균등하게 해야 한다는 결과의 균등이다.

이러한 학교교육의 문제는 학교교육의 기회가 지역, 계층, 남녀 등 상호 불평등한 현실에서 비롯된 것이다.

Chapter 05 학습정리

1. 교육사회학은 교육에 대한 연구로서 교육체제와 교육의 과정에서 발생하는 집단의 관계를 사회학적인 연구에서 성취된 지식, 기술, 방법 등으로 연구하는 학문이다. 이러한 교육사회학은 3가지로 나누어지는데, 우리나라 말로 구별하기는 어렵다. 초기에는 사회학적 지식을 교육실천에 응용하려는 연구인 '교육적 사회학(educational sociology)'이 도덕과 철학적 이론을 중시하는 입장으로 대두되었으며, 근래에 와서는 교육현상에 대한 탐구를 통하여 사회학의 지식과 이론을 넓혀가려는 '교육의 사회학(sociology of education)'이 주목받았다. 마지막으로 교육사회학의 독자적 영역을 추구하는 '신교육 사회학(new sociology of education)'이 주류를 형성한다.

2. 기능이론에서는 교육사회학 연구의 대상 및 범위를 거시적인 수준과 미시적 수준으로 구분할 수 있다. 거시적 수준은 투입-산출 모형에 따라 학교체제와 사회체제의 관련 속에서 학교교육을 파악하려는 것이다. 또한 미시적 수준에서는 학교에서 가르치는 교육내용이나 교사와 학생의 구체적인 경험 등에 대해 주로 학교 및 교실에서 일어나고 있는 교육의 내적인 측면에 초점을 두고 교육현상을 파악했다. 또한 갈등이론은 기능주의 이론가들이 사회의 기능적 통합, 핵심가치 그리고 사회의 안정에 초점을 맞추고 있는 것에 반하여 사회의 강제성과 사회변화에 역점을 두었다. 그리고 신교육사회학은 지식내용 자체의 합리성, 타당성을 검토하는 입장을 취하고 있다. 이러한 견해는 지식사회학이 체계화되면서부터 지식에 대한 사회학적 탐구를 가능하게 하는 방법론이 주어지면서 새로운 입장으로 대두된 것이라고 할 수 있다.

3. 사회화란 한 사회의 문화가 개인에게 내면화(internalization)되는 것을 말한다. 즉, 무기력한 인간이 점차 사회적 · 문화적 존재로 성장하면서 그 사회의 구성원들과의 상호작용을 통하여 새로운 기술, 지식, 태도, 규범, 가치 및 동기 등을 학습함으로써 사회적 · 문화적 존재로 성장 및 발달해 간다. 그리고 사회계층이란 위계적인 사회체제 속에서 직업, 배경, 개인의 능력, 인종, 기술 등에 의하여 사회적 특권, 위신, 이익 등이 계층 속에서 서로 비슷한 위치에 있는 인구집단이다.

4. 허용적 평등관은 모든 사람에게 동등한 기회가 주어져야 한다는 관점이다. 그러나 개개인은 서로 다른 수준의 능력과 자질을 갖고 태어난다고 생각하였기 때문에 모든 사람들이 동등한 수준의 교육을 받아야 한다고 생각하지는 않는다. 교육기회는 엄격한 기준에 의하여 선발된다. 또한 교육결과의 평등관은 교육은 학교 다니기가 아니라 인간으로서 배워야 할 것을 배우는 과정이며, 사람은 천부적으로 능력의 차이를 갖고 태어났다는 것이다. 능력의 차이를 갖고 있는 사람을 똑같이 취급하는 것은 오히려 불평등의 구조를 고착화시키며, 원초적인 불평등은 교육을 통하여 극복할 수 있다는 믿음에 기초하고 있다.

Chapter 05 연습문제

01 교육사회학의 개념에 대하여 설명하시오.

02 교육사회학의 이론 중 기능이론과 갈등이론에 대하여 비교하시오.

03 교육사회학의 이론 중 교육의 사회화에 대하여 논하시오.

04 교육사회학의 학교교육의 기회균등에 대하여 설명하시오.

06 교육과정

CHAPTER

학습내용

- 교육과정의 어원적 의미를 이해한다.
- 교육과정의 유형에 대해 이해한다.
- 교육과정의 구성요소에 대해 이해한다.
- 우리나라 교육과정의 변천에 대해 이해한다.

1. 교육과정의 개념

1) 교육과정의 어원적 의미

교육과정의 뜻은 영어로 '커리큘럼(curriculum)'이라는 용어로 라틴어의 '쿠레레(currere)'에서 유래된 것으로서 동사로 '달린다'라는 뜻이다. 명사로서는 '달리는 코스(race course)'의 의미로, 말이 달리고 사람이 뛰는 경주코스를 말한다. 이를 교육활동에 관련지어 볼 때 커리큘럼은 'course of study(교수요목: 공부하여야 할 일련의 내용항목)'와 같은 의미이다. 주로 학습코스이며, 경주 자체는 학생이 학습하는 코스와 더불어 학습내용이나 경험내용까지를 포함하는 의미로 사용된다. 따라서 커리큘럼이라는 용어는 교육에 전용되어 일정한 순서로 배열된 학습의 코스라는 의미를 가지게 되었으며 동시에 학습내용이나 경험의 내용을 의미한다.

> **TIP**
> 교육과정의 뜻은 영어로 '커리큘럼'이라는 용어로 라틴어의 '쿠레레'에서 유래된 것으로서 동사로 '달린다'라는 뜻이다. 명사로서는 '달리는 코스'의 의미로, 말이 달리고 사람이 뛰는 경주코스를 말한다.

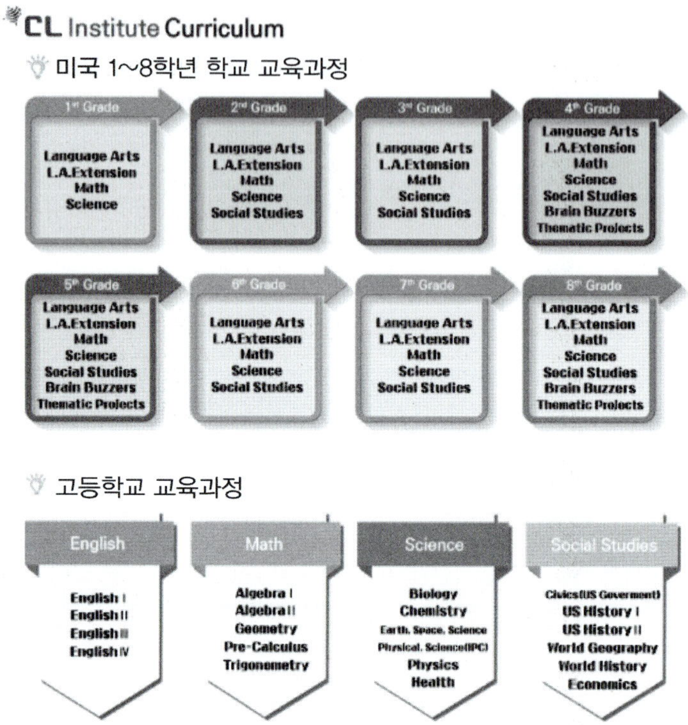

▶▶ 그림 6-1
커리큘럼

출처: https://blog.naver.com/gclc1001/222207846340

2) 교육과정의 구성요소

교육과정 구성요소는 교육목표, 교육내용, 학습경험, 학습결과 등의 4가지로 구분한다.

첫째, 교육목표는 학습자에게 기대하는 행동특성(지적, 정의적, 신체적)으로 구분한다. 둘째, 교육내용은 내용선정, 내용조직, 교수방법 결정, 교수자료 정비 등으로 구분한다. 셋째, 학습경험은 학생들 가운데 일어나는 모든 지적, 정의적, 신체적 경험(학생-환경의 상호작용) 등으로 구분한다. 넷째, 학습결과는 학생들이 기르려는 행동특성과의 일치도 등으로 구분한다.

그리고 다학문, 간학문, 탈학문의 정의에 대하여 살펴본다.

첫째, 다학문은 각 학문의 독립성을 유지하면서 하나의 주제에 대해 여러 교과의 단점에서 다룰 수 있도록 조직한 것으로 교과중심 교육과정의 광역형 교육과정을 의미한다. 둘째, 간학문은 학문 간의 경계를 허물고 여러 교과에 나타나는 공통되는 주제, 개념, 기능 등을 추출하는 조직이며, 교과중심 교육과정의 융합형 교육과정을 의미한다. 셋째, 탈학문은 특정 교과를 초월하여 실제 생활의 주제 및 문제, 쟁점 중심으로 조직한 것으로 경험중심 교육과정의 중핵 교육과정을 의미한다.

2. 교육과정의 유형

교육과정의 유형에 따른 변천과정은 [그림 6-2]와 같다.

교과중심 → 경험중심 → 학문중심 → 인간중심

▶▶ 그림 6-2
교육과정의 변천과정

1) 교과중심 교육과정(The subject-centered)

교과중심 교육과정은 학교교육이 시작된 이래 1920년대까지 동서양의 교육을 지배해 온 교육과정이론으로 교과의 학습내용을 조직하고 전개하는 데 핵심을 이루고 있다(한방교 외 1인, 2000). 교과란 인류의 문화유산을 논리적으로 조직한 것이며, 그 조직은 각 교과의 전문가에 의해 이루어진다. 따라서 교과는 교과를 가르치고 아동은 교과를 중심으로 학습하게 된다. 이런 점에서 교육과정이란 각 과목별로 아동들에게 가르칠 만하다고 생각되는 주제를 열거한 것, 즉 교수요목을 의미한다. 이는 학생들에게는 공부해 가야 할 코스이며, 교사에게는 교육내용의 체계를

TIP

교과를 가르치고 아동은 교과를 중심으로 학습하게 된다. 이런 점에서 교육과정이란 각 과목별로 아동들에게 가르칠 만하다고 생각되는 주제를 열거한 것, 즉 교수요목을 의미한다.

의미하는 것으로 학교에서 배우고 가르치는 내용의 체계를 의미한다. 그러므로 수업의 통제는 교사가 하고, 학생에게는 일률적으로 교재가 부여한다. 교과는 지식의 논리적 체계를 이루는 원리, 사실, 개념 등이 핵심적인 내용이다.

TIP
https://search.daum.net/search?nil_suggest=btn&w=img&DA=IIM&q=%ED%95%99%EC%9B%90%20%EC%82%AC%EC%A7%84&docid=33dfbTVWGN49_Bg-7o

(1) 특 징

① 교육이란 문화유산을 전달하는 것이며, 문화유산의 전달이 곧 교육의 내용이다. 교과란 인류의 문화유산을 체계적으로 조직해 놓은 것으로, 교과중심 교육과정이란 곧 문화유산 중심 교육과정이라고 할 수 있다. 이와 같이 교과의 지식이 교육의 중심이 되어야 한다는 설명으로, 역사적으로 가장 오랜 전통을 가지고 있다. 특히 교과에 작성된 지식을 바탕으로 교육이 진행되고, 문법, 논리학, 수학, 자연과학, 사회과학 등이 해당된다. 여기서 가장 많이 사용하는 교육방법은 반복과 암기이다.

② 교사중심의 교육과정이다(이병승 외, 2002). 교육자는 피교육자보다 월등히 많은 지식과 기술이 있어야 하며, 이 지식과 기술을 피교육자에게 전달하는 역할을 한다.

③ 교과중심의 교육과정이며 설명 위주의 교수법을 요구하는 경우가

많다. 교과중심 교육과정이라 하여도 실험, 실습, 시범, 토의 등의 학습활동을 할 수 있지만, 이보다는 교과내용에 관한 교사의 상세한 설명을 필요로 하는 경우가 많다. 교사의 자질 중 증명력이 요구된다.

④ 한정된 교과영역 안에서만 학습활동이 이루어진다. 교과중심의 교육과정은 교과의 선을 중시한다. 따라서 학습활동은 이런 선 안에서 이루어지며 선을 넘어 다른 교과까지 침범하는 것을 지양한다.

(2) 장 점

① 조직이 단순하고 누구에게나 용이하게 이해된다.

② 학습결과 평가가 용이하다.

③ 논리적으로 조직된 지식의 체계는 새로운 원리, 경험을 이해하는 데 효과적이다.

④ 오랜 전통에 뿌리를 두고 있기 때문에 교사, 학부모, 학생에게 심리적 안정감을 준다.

(3) 단 점

① 단편적이며 분과적으로 조직되기 때문에 통일성과 연관성이 결여되기 쉽다.

② 학습자의 요구와 흥미가 무시되고 성인의 가치를 강요할 가능성이 높다.

③ 학습지도가 일률적으로 이루어지고 교사중심의 일방적인 수업이 되기 쉬우므로 민주적인 가치와 태도를 기르기 어렵다.

④ 교과란 과거의 문화유산을 조직한 것이기 때문에 자연히 과거지향적인 수업이 되기 쉽고 현실 문제를 해결하는 데 소홀해지기 쉽다.

⑤ 사고력 등의 고등정신능력을 기르기 어렵다.

2) 경험중심 교육과정(experience-centered curriculum)

듀이(Dewey)를 중심으로 한 진보주의 교육사조가 나타나면서 교과중심 교육과정으로는 아동들이 급변하는 사회에 적응할 수 없다고 비판하였다. 또한 현실생활의 문제를 해결하는 데 직접 도움이 되지 않는 교과를 맹목적으로 주입시키는 것은 문제가 있다고 보고 교과가 아니라 경험을 가르쳐야 한다고 주장했다.

경험중심 교육과정은 교과중심 교육과정을 비판하고 나온 것으로 아동중심, 생활중심 교육과정이라고도 한다. 따라서 학습자의 흥미와 요구를 통해 자발적으로 생기는 체계를 중시한다. 이후 1930년대의 전후를 맞아 미국에서는 진보주의 교육사조가 나타나게 되었고, 자연히 교육계에서는 교과중심 교육과정의 개념에 회의를 나타내게 되었다. 즉, 교과중심 교육과정으로는 학생들이 급변하는 사회에 적응할 수 없으며 그 교육내용 자체가 현실생활과는 거리가 너무 멀다는 것이었다. 교육중심 교육과정의 회의는 당시 경제대공황(Great Depression)으로 인해 더욱 심화되었으며, 교육계에서는 교육과정 개정(curriculum revision)작업을 추진하게 되었다.

TIP

경험중심 교육과정은 교과중심 교육과정을 비판하고 나온 것으로 아동중심, 생활중심 교육과정이라고도 한다. 1930년대의 전후를 맞아 미국에서는 진보주의 교육사조가 나타나게 되었고, 자연히 교육계에서는 교과중심 교육과정의 개념에 회의를 나타내게 되었다.

TIP

https://post.naver.com/viewer/postView.nhn?memberNo=40035899&volumeNo=31254692

(1) 특 징

1 교과활동 못지않게 과외활동을 중시한다.

교과중심 교육과정은 교실학습 제일주의의 입장을 취한다. 그러나 경험중심 교육과정에서는 교실학습에 못지않게 소풍, 여행, 전시회, 자치활동, 클럽활동도 중시한다. 교육은 학교의 전 생활에서 이루어진다는 신념하에 다양한 학습활동을 전개한다.

2 생활인의 육성을 목표로 하고 있다.

경험중심 교육과정이 등장한 1930년 전후, 미국은 경제대공황으로 인해 시련을 겪던 시기이다. 경제대공황은 교과중심 교육과정에 큰 회의를 느끼게 하였으며 교육을 자아실현, 인간관계, 경제적 능률, 효용성 등을 강조하는 데 역점을 두어야 할 필요를 절감하게 되었다.

3 아동중심 교육을 강조한다.

일반적으로 가르친다는 말은 교과를 가르친다는 의미이다. 즉, 국어를 가르치고 수학을 가르친다는 입장이다. 그러나 경험중심 교육과정에 있어서는 아동을 가르친다는 입장을 취한다. 따라서 교육은 아동의 필요, 흥미, 능력에 그 바탕을 두어야 한다.

4 사회의 급격한 변화에 적응하는 인간을 육성하고자 한다.

오늘날의 사회는 급격히 변하고 있으며, 장래생활을 예측하기 어렵게 되었다. 내다보이지 않는 미래를 위한 준비교육을 하는 경우 어디에 기준을 설정할지가 막연해진다. 따라서 교육은 아동들이 현재 생활에 충실을 기하도록 하는 데 중점을 두어야 한다고 주장한다. 즉, 급변하는 사회에 보다 잘 적응하는 인간육성을 강조한다.

5 문제해결력의 함양을 강조한다.

사회가 급속히 변하고 지식과 기술이 폭발적으로 증가함에 따라 계속적으로 새로운 문제가 나타나며 이러한 새로운 문제는 고정된 가치관이나 지식에 의하여서는 해결할 수 없게 되었다. 사회적응을 그 특징의 하나로 하고 있는 경험중심 교육과정에서는 개인적 또는 집단적으로 부딪히는 문제들을 가장 현명하게 해결할 줄 아는 능력을 배양코자 한다.

6 전인교육을 강조한다.

생활인 육성을 그 목적으로 하는 경험중심 교육과정에서 전인교육을 강조함은 논리적으로 당연하다. 지·덕·체의 조화적인 발달을 이룩한 인간이 생활을 올바르게 영위할 수 있기 때문에 전인교육은 경험중심의 교육과정과 상통한다. 특히, 교과중심 교육과정이 지식교육에 치중하는 것을 비판하고 있는데, 전인교육은 이런 점에서 교육의 본연적 지지를 받고 있다.

(2) 장 점

① 학생의 흥미나 필요를 토대로 교육과정을 구성하기 때문에 학생들의 학습동기를 촉진시킨다.

② 인적, 물적 자원을 이용한 다양한 형태의 학습이 전개되므로 경험의 폭이 넓다.

③ 문제해결법의 학습과정을 중심으로 학습자 스스로 세운 목표와 계획에 따라 교사의 협조를 얻으면서 자료를 동원해서 스스로 문제를 해결해 나갈 수 있는 능력을 기를 수 있다.

④ 학습문제를 해결해 나가는 과정 속에서 협동심, 책임감, 사회성 등 민주적인 태도와 생활방식을 기르는 데 유리하다.

(3) 단 점

① 교육과정을 행정적으로 통제하기가 어렵고, 통일성을 기하기 곤란

하다.

② 경험중심 교육과정은 교직에 대한 소양이 미숙한 교사 및 경험이 부족한 교사가 채택할 경우 실패할 수 있다.

③ 교육과정을 아동의 문제, 흥미, 필요, 욕구에 입각하여 결정하기가 힘들며, 교육의 본질을 과소평가하는 경우도 있다.

④ 경험을 통한 학습은 낮은 학습 수준의 어린이들에게는 적합하나 추상적 원리나 지식체계를 중시한 학습과 높은 학습수준에 달한 학습자에게는 적합하지 않다. 교과중심 교육과정과 경험중심 교육과정의 차이점은 〈표 6-1〉과 같다.

표 6-1 교과중심 교육과정과 경험중심 교육과정의 차이점

교과중심 교육과정	경험중심 교육과정
교과목 중심이다.	학습자 중심이다.
교재의 교수중심이다.	학습자의 전인적 발달을 중시한다.
장래를 위한 지식, 기술의 학습이다.	현재 생활경험 자체가 학습이다.
제3자에 의해 구성되고 통제된다.	학생, 교사, 학부모, 교육행정가 등에 의해 구성되고 통제된다.
학교에서 가르치는 내용을 조직한다.	학교 안팎의 경험으로 조직된다.
동일한 반응과 효과를 기대한다.	다양한 반응에 기대한다.
지식획득과 언어주의에 빠지기 쉽다.	사람은 행함으로써 배운다는 학습심리의 근본적 진리에 부합된다.
특수한 교과의 특수한 교수방법이 개선된다.	학습과정이 끊임없는 변화, 갱신을 도모하고 진보를 촉진하는 것을 강조한다.
타율적 학습이다.	자율적 학습이다.
지식의 이론적 체계를 중시한다.	학습자의 심리적 동기를 중시한다.

3) 학문중심 교육과정(discipline centered curriculum)

> **TIP**
> 학문중심 교육과정에서는 지식과 기술의 폭발적인 증가에 대처해 나가기 위해 학문에 내재해 있는 전이가 높은 지식, 즉 지식의 구조를 가르쳐야 함을 강조하고 있다. 여기서 지식의 구조를 가르친다는 말은 해당 학문의 성격을 충실히 가르친다는 것을 의미한다.

학문중심 교육과정은 1957년 구소련의 인공위성 스프트니크(sputnik)호 발사에 의한 충격이 미국의 국가안보에 위협을 주었을 때, 과학기술 경쟁의 우월성을 확보하기 위해서는 무엇보다도 과학기술을 진흥시켜야 한다는 필요성이 대두되면서 경험중심 교육과정의 대안으로 주목하게 되었다(Woodshole에서 과학교육 계획의 필요성 제기).

학교는 전인교육이나 민주시민을 기르는 것이 아닌 지식을 체계적으로(핵심개념, 원리, 법칙 등) 가르치는 입장이다. 따라서 학문중심 교육과정에서는 지식과 기술의 폭발적인 증가에 대처해 나가기 위해 학문에 내재해 있는 전이가 높은 지식, 즉 지식의 구조를 가르쳐야 함을 강조하고 있다.

> **TIP**
> https://search.daum.net/search?w=img&DA=IIM&q=%EC%B1%85%20%EC%82%AC%EC%A7%84&docid=33yGVMLnmx6cUCjJc7

여기서 지식의 구조를 가르친다는 말은 해당 학문의 성격을 충실히 가르친다는 것을 의미한다. 이러한 학문중심 교육과정을 제시한 학자가 바로 브루너(Bruner)이다.

(1) 특 징

학문중심 교육과정의 특징은 브루너의 '교육의 과정'에 의하면 다음과 같다.

1 교육내용은 지식의 구조를 핵심으로 조직한다.

학문중심 교육과정의 사조에 의하면 교육과정은 각 학문에 내재해 있는 지식의 탐구과정이다. 브루너에 의하면 교육과정은 곧 각 교과의 전문가들이 각 교과가 나타내고 있는 지식의 본질, 즉 구조를 가장 명백히 표현할 수 있도록 그 지식을 체계적으로 조직해 놓은 것이다. 여기서 지식의 구조는 학문을 특징짓는 안목 또는 각 학문의 기본적인 아이디어, 지식의 기본개념, 지식의 기본원리 그리고 지식의 탐구과정 등과 동의어로 사용된다.

2 나선형 교육과정이 되어야 한다.

브루너는 어떤 교과목이든지 그것을 지적으로 정직한 형태로 제시하며 어떤 발달단계에 있는 누구에게도 가르칠 수 있다는 대담한 가설을 주장했다. 지적으로 정직한 형태란 인간의 지적 발달단계에 따른 정신적 작용 혹은 조작에 맞게 지식의 내용을 표현하고 조직하는 것을 지칭한다. 나선형 교육과정은 교과를 가장 완벽한 상태로 가상하고 일찍부터 그 교과에 담겨져 있는 핵심개념, 기본원리를 아동 및 학생들의 사고방식에 맞게 가르쳐, 이를 점차 심화, 확대해 나가는 교육과정이다(진영은, 2002). 즉, 기존교육을 강조하고 교재의 목표를 체계적인 지식의 습득에 목적을 둔다.

> **TIP**
> 나선형 교육과정은 교과를 가장 완벽한 상태로 가상하고 일찍부터 그 교과에 담겨져 있는 핵심개념, 기본원리를 아동 및 학생들의 사고방식에 맞게 가르쳐, 이를 점차 심화, 확대해 나가는 교육과정이다.

3 탐구과정을 중시한다.

학문중심 교육과정에서는 교과를 가르칠 때 그 교과에 내재해 있는 기본 원리, 핵심 개념을 교사가 찾아내어 이것을 학생들에게 제시하고 주입하는 것이 아니라 해당 분야의 학자가 한 것과 같이 시각과 방식으로 이를 찾아내도록 한다. 다시 말해, 물리학을 공부할 때는 물리학자와 동일한 일을 학생에게 하도록 한다. 즉, 학생들은 물리학자와 수준은 다를지라도 물리학의 구조를 탐구하는 활동을 하면서 작은 물리학자로서 학습하는 것이 바람직하다는 것이다(권건일 외 1인, 2006).

(2) 장 점

① 체계화된 지식을 교육내용으로 선정하여 교육과정을 구성하기 때문에 능률적인 교수 및 학습이 가능하다.

② 기본개념과 원리를 학습하기 때문에 여기서 얻어지는 지식은 기억과 전이가 쉽다.

③ 스스로 해결할 수 있는 능력이 생겨 학문을 탐구하는 방법과 학문 그 자체에 즐거움을 느낀다.

(3) 단 점

① 지적인 측면에 편중하여 교육과정의 정의적인 측면을 소홀히 할 수도 있다.

② 지식의 구조는 학생들에게 너무 어렵고 가변적이다.

③ 학습자의 흥미와 욕구, 필요 등을 무시할 수 있다.

④ 교과 간의 통합성을 상실할 위험이 있다.

⑤ 지식의 구조를 너무 지나치게 강조를 하다 보면 학교교육과 현실생활의 연결성이 약해질 수 있다.

4) 인간중심 교육과정(human centered curriculum)

1970년대에 들어오면서 고도산업화의 도래에 따라 파생된 인간성의 상실과 비인간화 현상이 심각한 사회문제로 나타나면서 새롭게 강조되기 시작한 것이 인간중심 교육과정이다. 이 시기는 학문중심 교육과정을 비판하는 소리가 높아지면서 지식을 가르치는 것만 가지고는 복잡한 사회문제에 대응할 수 없다고 생각하게 되었다. 따라서 인간중심 교육과정론자들은 인간에 대한 잠재가능성의 최대 실현이라는 관점에서 학교 교과목의 균형을 강조한다. 제3세력의 심리학이라고 불리는 인본주

> **TIP**
> 지식을 가르치는 것만 가지고는 복잡한 사회문제에 대응할 수 없다고 생각하게 되었다. 따라서 인간중심 교육과정론자들은 인간에 대한 잠재가능성의 최대 실현이라는 관점에서 학교 교과목의 균형을 강조한다. 제3세력의 심리학이라고 불리는 인본주의 심리학을 기초로 정의적 교육, 건전한 자아개념, 진지한 감성, 올바른 태도와 가치의 발달을 통해서 자아실현을 돕는 데 주안점을 두고 있다.

의 심리학을 기초로 정의적 교육, 건전한 자아개념, 진지한 감성, 올바른 태도와 가치의 발달을 통해서 자아실현을 돕는 데 주안점을 두고 있다.

TIP
https://search.daum.net/search?nil_suggest=btn&w=img&DA=IIM&q=%EC%9D%B8%EA%B0%84%EC%A4%91%EC%8B%AC%20%EA%B5%90%EC%9C%A1%EA%B3%BC%EC%A0%95%20%EC%82%AC%EC%A7%84&docid=33dp5XUmPsBdVi0MWY

(1) 특 징

1 잠재적 교육과정을 표면적 교육과정과 같은 비중을 두거나 경우에 따라서는 더 중시한다.

인간중심 교육과정은 학교의 지도, 계획, 의도에 의하여 학생들이 가지는 경험과 이런 것들과 관계없이 학생들이 경험하는 모든 것을 포함시킨다. 전자는 표면적 교육과정 또는 노출된 교육과정이라 하며, 후자는 잠재적 교육과정 또는 숨은 교육과정이라고 한다. 표면적 교육과정은 학생들의 지식, 기능의 신장에 영향을 미치며 잠재적 교육과정은 학생들의 사회적 발달, 정의적 발달에 영향을 미친다. 오늘날의 학교교육에서 문제되는 것이 지식, 기술의 발달보다 가치관, 도덕성 발달의 소홀함을 생각할 때 잠재적 교육과정이 인간중심 교육과정에서 차지하는 비중은 크다.

표 6-2 표면적 교육과정과 잠재적 교육과정의 비교

표면적 교육과정	잠재적 교육과정
• 학교에서 의도적으로 조직적인 것을 가르침 • 주로 지적인 내용과 관련됨 • 단기적 및 일시적인 영향 • 교과와 관련됨 • 교사의 지적, 기능적 영향 • 바람직한 것	• 학교에서 의도되지는 않았지만 학교생활을 통해서 배움 • 주로 정의적인 것과 관련됨 • 장기적, 반복적인 영향 • 학교의 풍토와 관련됨 • 교사의 인격적 감화 • 바람직한 것과 바람직하지 못한 것 모두 포함

2 학교환경의 인간화를 위하여 노력한다.

인간중심 교육과정은 그 정의 자체가 학교생활을 하는 동안에 학생들이 가지는 모든 경험이기 때문에 학교환경 전체를 인간중심적으로 조성해야 한다고 주장한다. 그런데 학교의 인적, 물적 환경 중에는 인간교육을 저해하는 요인이 허다하다. 예를 들어 대규모 학교, 과밀학급, 체위에 맞지 않는 책상과 걸상 등은 인간소외 현상, 반항심, 정서적 불안과 같은 문제를 야기한다. 또한 금지, 체벌, 강요와 같은 학교 풍토는 자아실현에 결정적인 악영향을 미친다.

3 자아실현을 목표로 설정한다.

인간중심 교육과정의 목표는 자아실현에 두고 있다. 결국 자아실현을 위한 교육이라고 할 수 있다. 자아실현이란 인간의 내면에 숨겨져 있다고 상정되는 신성을 발견하여 이에 합일되도록 자신의 역량을 발휘함으로써 소명을 수행하는 것을 말한다. 이는 곧 사회·문화적인 세력과의 조화를 통하여 인간성을 발전시켜 가치 있는 과업을 성취하는 것으로 인간에게 잠재되어 있는 가능성을 사실화하는 것이다.

4 인간중심 교육과정에서는 인간주의적 교사를 필요로 한다.

교육과정의 결정자는 교사이다. 교육과학기술부, 각 시·도교육위원회, 학교 행정가 또는 전문가들은 교육과정에 대한 결정을 문서상으로 할 수 있다. 그러나 그것이 아동의 경험으로 번역되려면 교사가 결정적인 역할을 해야 한다. 인간중심 교육과정에서는 가르친다는 것을 하나의 체제나 방법들을 이용하는 것이 아니라 하나의 인간적인 관계로 보기 때문에 교사의 인간적인 경향을 중시한다. 패터슨은 진실된 교사, 한 개인으로서 아동에 대한 존중, 공감적 이해, 애정을 특성으로 들었다. 인간주의적 교사는 솔직하고 진실하다. 또한 가면을 쓰지 않으며 신비스러운 교사의 역할을 수행하려고 하지 않는다. 이러한 교사는 스스로가 아닌 어떤 것이 되려는 선입관에서 해방되며 그 선입관이 만들어 내는 긴장과 불안에서 해방되어야 한다.

> **TIP**
> 인간중심 교육과정에서는 가르친다는 것을 하나의 체제나 방법들을 이용하는 것이 아니라 하나의 인간적인 관계로 보기 때문에 교사의 인간적인 경향을 중시한다.

(2) 장 점

① 인간중심 교육은 아동 및 학생들에게 자신의 긍정적인 태도 및 자기계발에 능력을 부여한다.

② 타인과의 원만한 인간관계를 유지함으로써 타인을 존경하며 수용할 수 있는 건전한 가치관을 형성한다.

③ 인간중심 교육은 체계적인 교수법, 학습법의 적용도 중요하지만 대인관계 속에서의 이해, 진실, 신뢰성 형성이 교육목적을 실현하는 데 도움을 준다.

(3) 단 점

① 인간중심 교육은 학생들의 평가보다 학습방법 및 경험을 중요하게 여기며, 프로그램의 장기적인 효과를 평가하는 데 적당하지 않다.

② 인간중심 교육은 개인에게 적합한 경험이 무엇인지에 대하여 구체적인 대안을 주지 못한다.

③ 인간중심 교육은 심리적 기법 및 이론이 과학적으로 검증되지 않아 위험요소가 따른다.

표 6-3 교육과정 유형의 비교분석

구분	교과중심	경험중심	학문중심	인간중심
시기	1920	1930~50	1960~70	1970~80
실체	문서	경험	문서	경험
정의	교수요목	지도된 경험	지식탐구 과정의 조직	경험의 총체
배경	본질주의, 형식도야설	진보주의, 반성적 사고	본질주의, 항존주의	실존주의, 인본주의
목적	과거지향	현재지향	미래지향	현재와 미래지향
내용	문화유산	생활경험	구조화된 지식	포괄적 내용
조직	분과형	통합형	나선형	균형성
강조점	논리적, 체계적 지식: 문화유산 전달, 교사중심, 기초능력육성에 용이, 교육내용의 명확성, 중앙집권적	학교의 지도하에 갖게 되는 모든 경험: 아동의 흥미 강조, 분권적, 통합 및 전인교육, 평가의 어려움, 교사의 능력요구	학문을 꿰뚫는 지식: 문제해결능력 강조, 학문의 기본 개념 및 아이디어, 지식의 구조는 발견의 과정	학교생활을 하는 동안 갖게 되는 경험: 자유와 책임 강조, 자아실현, 아동중심, 인간적 교사, 의도성 미약, 잠재적 교육과정

3. 교육과정의 구성요소

타일러(Tylor)는 1949년에 그의 저서인 『교육과정과 수업의 기본 원리, Basic Principles of Curriculum and Instruction』에서 교육과정 개발이나 수업 설계에 포함되어야 할 요소로 교육목표의 설정, 학습경험의 선정, 학습경험의 조직, 평가 등 4가지를 들었다. 타일러의 주장은 오늘날 교육과정을 구성하는 일반적인 절차로 받아들여지고 있다. 따라서 교육과정 구성요소를 교육목표, 교육내용의 선정과 조직, 교수-학습과정, 수업전략, 평가 등의 순서로 살펴보고자 한다.

1) 교육목표

교육과정을 구성하는 데 있어서 우선순위로 먼저 생각해야 할 것은 교육을 통해 길러내려는 인간이 어떤 인간인지를 분명하게 설정하는 일이다. 학교에서의 모든 교육활동은 교육목표를 이룩하기 위한 노력이자 수단이었다. 교육목표가 불분명할 때는 다음 단계인 교육과정의 계획을 세울 때 학습의 방향감을 잃을 수 있다. 따라서 교육과정을 설정하는 데 있어서 교육목표가 가장 중요하고 우선되어야 한다.

(1) 교육목표의 자원

타일러(Tylor)는 교육목표 설정의 기본적인 자원은 학습자에 대한 연구, 사회에 대한 연구, 교과목에 대한 연구이며 그것을 다시 철학과 심리학의 검증을 거쳐 목표로 설정해야 한다고 주장했다. 이러한 주장에 따라 일반적인 교육목표를 4가지로 나누어 보면 다음과 같다.

TIP

타일러는 교육목표 설정의 기본적인 자원은 학습자에 대한 연구, 사회에 대한 연구, 교과목에 대한 연구이며 그것을 다시 철학과 심리학의 검증을 거쳐 목표로 설정해야 한다고 주장했다.

① 철학에 의해 궁극적인 교육목표가 설정된다. 따라서 우리나라에서의 교육목표는 민주주의 철학에 바탕을 두어야 하며, 민주주의적 관점에서 검토되어야 한다.
② 사회변화 및 문화현상의 교육목표는 사회와 문화를 분석함에 있다.
③ 학습자의 심리적 특성을 자원에 두고 있다. 교육은 학습자의 행동방식을 변화시키는 과정이며, 교육과정의 중심이 된다.
④ 교육내용은 각 교과에 정통한 교과전문가들의 견해가 중요하다.

(2) 교육목표의 수준

교육목표는 어느 정도의 일반성과 특수성을 가지고 있느냐에 따라 지극히 포괄적이고도 일반적인 수준의 일반목표를 설정하며, 특수하며 구체적인 수준의 특수목표를 세울 수 있다. 교육목표의 수준에서 교육목표 세분화에 관한 문제는 다음과 같다.

① 세분화의 정도는 국가 및 사회적 수준의 목표이다.
② 교과 수준의 목표이다.
③ 단원 수준의 목표이다.
④ 수업 수준의 목표로 구분된다.

흔히 국가사회 및 교과목표를 일반목표와 단원목표를 중심으로 중간목표, 수업목표를 특수목표라고 한다.

(3) 교육목표의 설정과 진술

교육목표는 교육내용의 선정과 조직, 학습지도, 평가에 이르기까지 일관성 있게 반영되어야 한다. 교육목표의 설정과 진술에 도움이 되는 일반적 지침 혹은 기준을 제시하면 다음과 같다.

① 교육목표는 구체적이고 명료한 용어로 진술되어야 한다.
② 교육목표는 넓은 인간 특성의 변화를 충분히 포함할 수 있도록 포괄적이어야 한다.

③ 교육목표는 일관성이 있어야 한다.
④ 교육목표는 실현 가능성이 있어야 한다.
⑤ 교육목표는 모든 교직원의 교육내용 속에서 내면화되어야 한다.
⑥ 교육목표는 그 타당성을 언제나 평가 및 비판되며 상황에 따라 수정될 수 있어야 한다.

(4) 교육목표의 분류

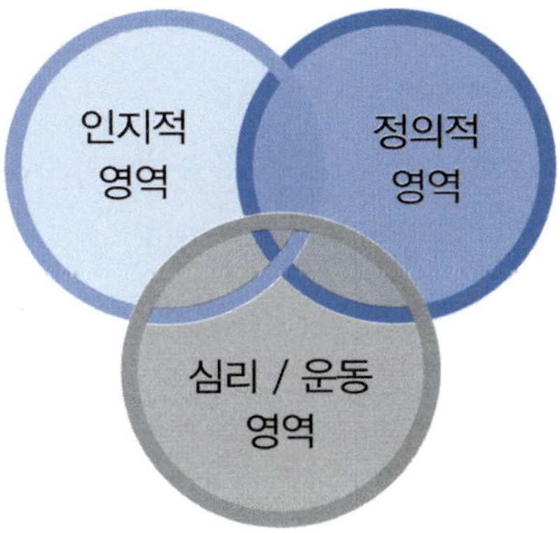

교육목표가 학습 경험의 선정, 조직, 지도에 구체적인 시사를 줄 수 있기 때문에 부분적인 세분화가 필요하다. 행동 특성을 몇 가지 변별 가능한 유형으로 크게 3가지로 나눌 수 있다.

① 인지적 영역(사고방식)은 지식, 이해력, 적응력, 분석력, 종합력, 평가력과 같이 단순한 지식의 암기나 재생으로부터 고도의 정신능력에 관련된 목표이다.
② 정의적 영역(정서, 감정)은 주의, 반응, 가치화, 조직화, 인격화에 관련된 목표이다.
③ 심리, 운동 영역(행동방식)은 반사운동, 지각기능, 신체기능, 숙련된 기능, 동작적 의사소통과 관련된 목표이다.

2) 교육내용의 선정과 조직

> **TIP**
> 교육목표가 설정되면 목표를 달성하기 위한 교육내용이 선정과 조직이 되어야 한다. 교육내용의 선정과 기준은 교육과정 계획에서 핵심적인 부분이다.

교육목표가 설정되면 목표를 달성하기 위한 교육내용이 선정과 조직이 되어야 한다. 교육내용의 선정과 기준은 교육과정 계획에서 핵심적인 부분이다. 또한 내용을 선정하는 데 교육목적이 달성될 수 있는 교재, 교과, 경험, 활동내용을 선택하여 교육내용의 범위를 결정한다. 다음은 7가지 기본적인 원리이다.

- 일 목표 다경험의 원리: 하나의 교육목표를 달성하기 위한 다양한 경험을 활용할 수 있다는 원리이다.
- 일관성의 원리: 교육내용은 교육목표가 지시하는 바대로 그 행동을 할 수 있는 기회를 제공하는 원리이다.
- 일 목표 다경험 달성의 원리: 어떤 교육목표를 달성하기 위하여 선정한 교육내용이 그 목표를 달성하는 데에 기여하지만 동시에 다른 목표달성에도 기여하는 원리이다.
- 지도 가능성의 원리: 좋은 교육내용이 선정되었더라도 지도 가능성이 없으면 쓸모가 없다. 학교의 시설, 학습자의 능력과 가장 밀접한 관계가 있는 원리이다.
- 동기유발 원리: 교육내용은 학습자의 내적 요구와 목적의식에 직접적으로 일치하는 것이어야 한다는 원리이다.
- 참신성과 신뢰성의 원리: 너무 오래되어서 별로 쓸모없는 낡은 지식이거나 기술 또는 장차 사회생활을 할 때, 얼마나 필요하며 어떻게 활용할 수 있는가의 원리이다.
- 사회 발전과 인간의 삶의 원리: 학교는 사회의 공기구이며 교육은 사회 발전과 인간의 자아실현을 촉진시키기 위한 원리이다.

(1) 교육내용 조직의 원리

교육내용을 조직하는 데 있어서 유념해야 할 5가지는 다음과 같다.

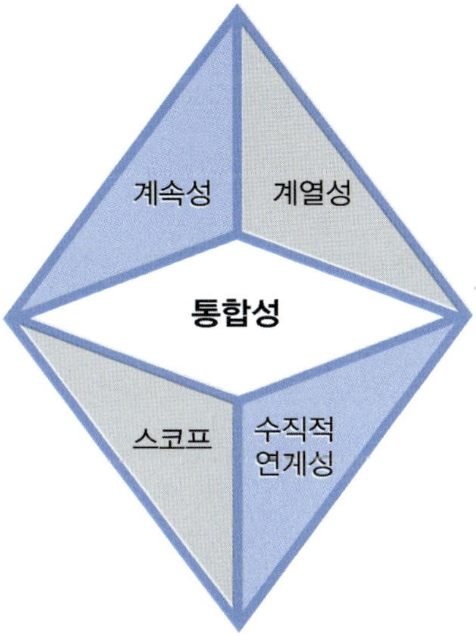

1 계속성(continuity)

교육내용을 조직함에 있어서 중요한 개념, 원리, 사실 등의 학습이 어느 정도 계속해서 반복하여 이루어지도록 하기 위한 원리이다. 이러한 원리는 중요한 학습내용을 상당기간 동안 여러 번 반복하게 하여 강화의 교화를 얻으려는 것이다. 다시 말해서 여러 학습상황을 몇 번이고 반복하여 그것이 내면화, 생활화, 습관화된 산지식이나 힘이 될 수 있게 하는 것이다. 계속성의 원리는 지적인 교과의 학습에도 적용되지만, 정의적인 학습에도 매우 필요하다(동일한 내용이 학년을 올라가도 그대로 반복됨).

> **TIP**
> 계열성에서는 그냥 반복이 아니라 전후 내용 간의 관련, 확대, 심화가 강조된다. 즉, 학습의 누적된 효과만을 바라는 것이 아니라 단계적인 확충과 심화를 중요하게 여기는 것이다.

2 계열성(sequence)

계열성에서는 그냥 반복이 아니라 전후 내용 간의 관련, 확대, 심화가 강조된다. 즉, 학습의 누적된 효과만을 바라는 것이 아니라 단계적인 확충과 심화를 중요하게 여기는 것이다. 따라서 이해, 태도, 기능 등을 포함하여 교육내용의 여러 요소가 점진적으로 심화 및 확장될 수 있도록 조직되어야 한다. 타일러(Tylor)의 이러한 계열성의 개념은 타바(H. Taba)의 누적학습이나 브루너(Bruner)의 충족형 교육과정과 일치하며 계열화 유형은 교과목의 논리적 계열, 학습자의 발달단계, 과업을 중시하는 계열, 문화사적 구분에 초점을 맞춘 계열, 생활 영역권에 중심을 둔 계열로 나눌 수 있다.

3 통합성(integration)

연속성과 계열성이 교육과정 조직의 종적 원리이고, 통합성은 횡적 원리이다. 이는 여러 교과의 여러 학습 상황에서 얻어진 내용이나 경험들이 서로 독립적으로 상호 관련 없이 단절되어 있는 것이 아니라, 각각의 경험들이 상호 연결되어 통합됨으로써 보다 효율적인 학습과 성장, 발달을 촉진할 수 있도록 조직하자는 것이다. 따라서 교육내용을 통합하기 위한 시도로서 교과 교육과정, 상관 교육과정, 통(융)합 교육과정, 광역 교육과정, 중핵 교육과정, 현성 교육과정 등이 고안되어 왔다.

4 스코프(scope)

한 학기 동안 학습자들이 배워야 할 내용의 폭과 깊이인 범위를 의미한다. 즉, 스코프는 어떤 시점에서 학생들이 배워야 할 내용이 무엇인가, 그것들을 얼마나 깊이 있게 배워야 하는가를 결정하는 것을 의미한다. 그리고 배워야 할 내용은 학급, 학년, 교과, 과목에 따라 달라지고, 깊이는 대체로 배울 내용에 할당된 시간, 즉 수업시수로서 간접적으로 표현한다. 그리고 교육과정 개발에 보면 국가가 학교, 교과, 학년, 과목 스코프(범위)를 결정하기도 하고, 지방교육청이나 학교에 스코프를 결정하는 권리의 일부를 위임하기도 한다. 따라서 단위학교는 교육과정에 대한 재량권에 부분적으로 속한다.

5 수직적 연계성(vertical articulation)

수직적 연계성은 최근에 많이 인용하는 방법으로 이전에 배운 내용과 앞으로 배울 내용의 관계에 목표를 둔다. 특정한 학습의 종결점이 다음 학습의 출발점과 잘 맞물리도록 교육과정을 조직하고, 교육과정 개발의 여러 수준을 강조한다. 특히 국가 수준의 교육과정에서는 학교급, 학년, 학기, 단원 간에 수직적 연계성이 유지되도록 노력한다. 그리고 지역교육청 혹은 학교는 국가 수준의 교육과정을 운영하는 과정에서 지역이나 학교의 특수성에 비추어 교육내용의 수직적 연계성을 유지하도록 노력한다.

교육내용 조직의 원리인 계속성, 계열성, 통합성, 스코프, 수직적 연계성을 종합적으로 살펴보면, 수직적 관계와 수평적 관계로 구분된다.

첫째, 수직적 관계는 학년이 올라감에 따른 학습내용의 관계를 고려한다. 이는 계열성과 계속성이 해당되고, 초등학교 4학년 때 배운 사회내용과 5학년 때 배우는 사회내용이 잘 연관되어 있으면 과학의 개념이나 원리 등의 학습이 깊이와 넓이를 확장할 수 있다.

둘째, 수평적 관계는 동일한 학년 내에서 다른 과목 간의 관계를 고려한다. 스코프와 통합성이 해당되고, 6학년에서 사회와 과학의 관계를 고려하여 사회와 과학의 내용이 서로 관련되어 조직된다면, 학습자의 시야가 통일되고 안목이 넓어져 더 나은 교육의 성과를 이룬다.

4. 우리나라 교육과정의 변천

우리나라는 1945년 미군정하에서 마련한 교수요목(敎授要目, 학교 교육에서 각 학과마다 반드시 가르쳐야 할 주된 내용)으로 출발하여 1948년 정부수립 이후 교육법을 제정하였다.

TIP
새로운 교육과정이 준비되던 시기에 6·25전쟁으로 중단되었다가 1945년 1차 교육과정을 시작으로 2000년 7차 교육과정까지 실시되고 있다.
https://www.youtube.com/watch?v=VzYNgnTSQAI

'오락가락' 大入 변천사

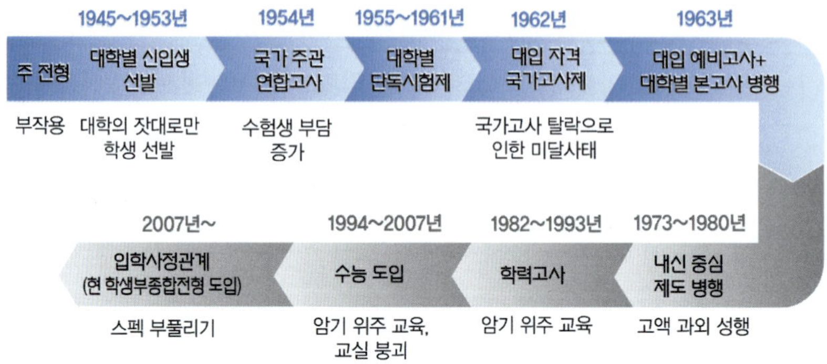

그러나 새로운 교육과정이 준비되던 시기에 6·25전쟁으로 중단되었다가 1945년 1차 교육과정을 시작으로 2000년 7차 교육과정까지 실시되고 있다. 교육과정 변천과정은 [그림 6-3]과 같다.

1차	→	2차	→	3차	→	4차	→	5차	→	6차	→	7차
1954 교과 중심	→	1963 생활 중심	→	1973 학문 중심	→	1981 인간 중심	→	1987 교과 통합	→	1992 교육 과정의 역할 분담	→	1997 역할 분담의 균형, 조화

▶▶ 그림 6-3 교육과정 변천과정

1) 1차 교육과정

1954년 4월 20일(각급 학교의 교과목 및 교육활동의 편제)부터 1963년 2월까지 그 당시의 문교부령에 의하여 교육과정이 개정되기까지의 시기이며, 새로 개정된 교육과정은 전에 교수요목의 결정 수준에 그쳤던 내용을 구체화시켰다. 중요한 특징으로는 교육법 정신의 구현, 전인교육 과정의 융통성, 반공 및 도의교육, 실업교육, 지역성 고려, 재료단원을 장려하였다.

2) 2차 교육과정

1963년부터 1973년 2월(초등학교), 8월(중학교), 1974년 2월(고등학교), 문교부령에 의해 개정되기까지의 시기이다. 이 시기에 처음으로 교육과정이란 말을 표현하였으며, 전반에 걸쳐 개정의 범위를 넓혔다. 특히, 진보주의의 영향을 받아 경험중심, 생활중심 교육과정을 강조한 시기이다. 중요한 특징으로는 기초학력 강조, 생활경험중심, 교과활동, 반공 및 도덕, 특별활동으로 구성하였다. 아울러 자주성, 생산성, 유용성, 합리성, 지역성 강조, 고등학교 단위제 채택, 계열성 강조 등이 특징이었다.

> **TIP**
> 이 시기에 처음으로 교육과정이란 말을 표현하였으며, 전반에 걸쳐 개정의 범위를 넓혔다. 특히, 진보주의의 영향을 받아 경험중심, 생활중심 교육과정을 강조한 시기이다. 중요한 특징으로는 기초학력 강조, 생활경험중심, 교과활동, 반공 및 도덕, 특별활동으로 구성하였다.

3) 3차 교육과정

1973년 2월부터 1982년까지로, 정치적 혼란을 겪으면서 국민정신교육을 강조하였던 시기다. 1968년 선포된 국민교육헌장의 이념과 국적 있는 교육을 주장함으로써, 한국적인 교육과정을 주장했다. 하지만 이 시기는 학문중심 교육이 반영되었으며, 국민교육헌장 이념 구현, 국민적 자질의 함양, 인간교육의 강화, 지식 및 기술교육의 쇄신, 지식의 구조화, 탐구학습의 강조, 도덕교과의 신설이 특징이었다.

4) 4차 교육과정

1982년부터 1987년 2월까지 제5공화국의 출범과 함께 개정된 교육과정으로, 학문중심에 인간중심의 사조가 반영되었다. 중요한 특징으로는 국민정신교육 강화, 전인교육 충실, 진로교육 개념 도입, 전인적 발달 강조였다. 특히, 초등학교 1, 2학년의 통합지도 실시와 개별과정에 연구 및 개발모형을 적용하였다. 교육과정 개발을 문교부에서 한국교육개발원에 위탁하여 기초연구와 총론, 각론의 사안을 개발하는 연구와 개발의 형태를 도입했다. 그러므로 유아교육과 대학교육을 확대하고 중학교를 의무교육을 하도록 단계추진, 일반고를 확대, 외국어, 과학, 예체능

분야의 조기 영재교육을 위한 특수 목적고를 신설하였다.

5) 5차 교육과정

1987년부터 1994년까지의 시기이며, 자율화, 개방화, 정보화, 국제화 시대상을 추구한 교육과정이다. 중요한 특징으로는 주체적, 창조적, 도덕적 인간을 강조했다는 점이다. 또한 초등학교 1, 2학년에서 국어와 산수 과목 분리, 중학교 기술 및 가정 통합교과 신설과 함께 고등학교에서는 일반계 직업과정에 정보산업 교과를 신설하였다.

6) 6차 교육과정

1992년 말에 어린이집, 초등학교, 중・고등학교 교육과정을 개정 확정하여 어린이집, 초・중학교는 1995년부터 그리고 고등학교는 1996년부터 실시한 교육과정이다. 특징으로는 건강한 사람, 자주적인 사람, 창의적인 사람, 도적적인 사람을 강조하였다는 점이다. 특히, 선택 교과제를 도입하여 교육과정 구조의 합리적 조정과 함께 과학 및 기술 교육, 환경 교육을 강화하여 연간 수업시수를 축소하였다.

7) 7차 교육과정

1997년 12월 30일 확정되어 2000년부터 초등학교, 2001년 중학교, 2002년 고등학교에서 실시해 왔다. 7차 교육과정의 기본 방향은 다음과 같다.

21세기는 세계화 및 정보화 시대를 주도할 자율적이고 창의적인 한국인 육성을 지향한다.

① 건전한 인성과 창의성을 함양하는 기초, 기본 교육의 충실이다.
② 세계화 및 정보화에 적응할 수 있는 자기주도적 능력의 신장이다.
③ 학생의 능력, 적성, 진로에 적합한 학습자 중심 교육의 실천이다.
④ 지역 및 학교교육과정 편성, 운영의 자율성 확대이다.

> TIP
> 하브루타 교육방식을 시청하고 토론하기
> https://www.youtube.com/watch?v=nttlAfVQT6w

Chapter 06 학습정리

1. 교육과정이란 각 과목별로 아동들에게 가르칠 만하다고 생각되는 주제를 열거한 것, 즉 교수요목을 의미한다. 이는 학생들에게는 공부해 가야 할 코스이며, 교사에게는 교육내용의 체계를 의미하는 것으로 학교에서 배우고 가르치는 내용의 체계를 의미한다. 또한 경험중심 교육과정(experience-centered curriculum)은 교과중심 교육과정을 비판하고 나온 것으로 아동중심, 생활중심 교육과정이라고도 한다. 1930년대의 전후를 맞아 미국에서는 진보주의 교육사조가 나타나게 되었고, 자연히 교육계에서는 교과중심 교육과정의 개념에 회의를 나타내게 되었다.

2. 교과란 인류의 문화유산을 체계적으로 조직해 놓은 것으로, 교과중심 교육과정이란 곧 문화유산 중심 교육과정이라고 할 수 있다. 이와 같이 교과의 지식이 교육의 중심이 되어야 한다는 설명으로, 역사적으로 가장 오랜 전통을 가지고 있다. 특히 교과에 작성된 지식을 바탕으로 교육이 진행되고, 문법, 논리학, 수학, 자연과학, 사회과학 등이 해당된다.

3. 학문중심 교육과정에서는 지식과 기술의 폭발적인 증가에 대처해 나가기 위해 학문에 내재해 있는 전이가 높은 지식, 즉 지식의 구조를 가르쳐야 함을 강조하고 있다. 여기서 지식의 구조를 가르친다는 말은 해당 학문의 성격을 충실히 가르친다는 것을 의미한다. 그리고 인간중심 교육과정론자들은 인간에 대한 잠재가능성의 최대 실현이라는 관점에서 학교 교과목의 균형을 강조한다.

4. 1970년대에 들어오면서 고도산업화의 도래에 따라 파생된 인간성의 상실과 비인간화 현상이 심각한 사회문제로 나타나면서 새롭게 강조되기 시작한 것이 인간중심 교육과정이다

5. 타일러는 1949년에 그의 저서인 『교육과정과 수업의 기본 원리』에서 교육과정 개발이나 수업 설계에 포함되어야 할 요소로 교육목표의 설정, 학습경험의 선정, 학습경험의 조직, 평가 등이다. 또한 교육내용의 선정과 기준은 교육과정 계획에서 핵심적인 부분이다. 또한 내용을 선정하는 데 교육목적이 달성될 수 있는 교재, 교과, 경험, 활동내용을 선택하여 교육내용의 범위를 결정한다.

6. 우리나라 교육과정의 변천은 1945년 미군정하에서 마련한 교수요목으로 출발하여 1948년 정부수립 이후 교육법을 제정하였다. 그러나 새로운 교육과정이 준비되던 시기에 6·25전쟁으로 중단되었다가 1945년 1차 교육과정을 시작으로 2000년 7차 교육과정까지 실시되고 있다.

Chapter 06 연습문제

01 교육과정의 유형에 대하여 논하시오.

02 교육과정의 구성요소 중 교육내용의 선정과 조직에서 7가지의 기본적인 원리에 대하여 논하시오.

03 우리나라 교육과정의 변천(1차~7차교육과정)에 대하여 설명하시오.

04 교육목표의 분류에 대하여 설명하시오.

07 CHAPTER 교수-학습과정

학습내용

- 교수와 학습과정의 관계를 이해한다.
- 교수지도의 원리를 이해한다.
- 교수-학습지도의 방법에 대해 이해한다
- 교수과정 모형(글래이저, 캐롤, 가네, 오즈벨, 브루너)에 대해 이해한다.

1. 교수와 학습의 개념

학교교육의 가장 핵심적인 활동은 교수-학습과정이다. 교수(教授)는 어떠한 것을 가르쳐 주는 것을 뜻한다. 이것은 교수의 가르침을 받아들이는 학생들에게 지식과 기능을 가르치는 것을 의미한다. 따라서 교수-학습과정은 언제나 배우는 자와 가르치는 자의 교류 속에서 이루어진다. 학생은 스스로의 성장과 발달에 관련되는 바람직한 학습과제를 학습해 나가는 과정이며, 교수는 학생의 학습이 성공적일 수 있도록 의도적으로 필요한 여러 가지 학습 조건을 조성하여 학습자와 상호작용하는 과정이다.

> **TIP**
> 학생은 스스로의 성장과 발달에 관련되는 바람직한 학습과제를 학습해 나가는 과정이며, 교수는 학생의 학습이 성공적일 수 있도록 의도적으로 필요한 여러 가지 학습 조건을 조성하여 학습자와 상호작용하는 과정이다.

교수는 학습자의 내적 능력과 적절히 상호작용하는 학습장면에 대한 외적 조건의 통제를 말하며 학습을 위한 수단이다. 즉, 교수행위는 그 자체에 가치가 있는 것이 아니라 학습을 돕는 데에서 가치를 찾을 수 있다. 교수에서 교사와 학생 간의 관계는 합리적, 지적 차원이 중심이 되지만 그 밖의 것도 포함된다. 교수 행위는 거짓말을 하거나 협박하는 것과는 달리 학생이 배우는 것을 적절한 증거로 뒷받침하는 데 지적 능력을 활용해야 한다. 또한 교사는 학생을 인간적으로 그 존엄성을 인정하고 존중해야 할 것이다.

> **TIP**
> 학습은 넓은 뜻으로는 인간발달에 있어서 재체제화의 과정을 말한다. 즉, 인간과 생활과의 상호작용으로 새로운 관계가 형성되고 이에 따라서 인간행동은 변화가 나타난다.

학습(學習)은 넓은 뜻으로는 인간발달에 있어서 재체제화(Reframing)의 과정을 말한다. 즉, 인간과 생활과의 상호작용으로 새로운 관계가 형성되고 이에 따라서 인간행동은 변화가 나타난다. 행동의 변화는 신체적인 것도 있고 정신적인 것도 있으나 대체로 심신이 일체적으로 움직여서 되는 경우가 많이 있다. 학습은 생득적 반응의 경향, 성숙에 의한 변화, 피로, 약물, 질병, 사고 등에 의한 일시적 변화를 제외한 새로운 지식이나 기능, 태도, 생활양식 등을 후천적으로 습득하는 과정이다.

1) 교수와 학습의 관계는 크게 3가지로 나눈다.

① 교수-학습활동은 의도적, 계획적 과정이다. 효율적인 학습을 달성하기 위해서 교수-학습활동은 적절한 학습과제가 제시되는 몇 가지 조건이 조성 및 정비되는 가운데 교사와 학생이 정해진 절차와 방법으로 의도적으로 상호작용하는 과정이다.

② 교수-학습활동은 학습과제의 성공적인 학습을 위해서 계획되며, 운영된다. 학생이나 교사의 입장에서 그 목적은 학생의 성공적인 학습에 있다. 학생의 성장, 발달에 적절한 학습과제를 보다 타당하며, 효율적으로 학습하는 데 집중되어 있다.

③ 교수-학습활동은 교사와 학생이 상호작용하는 관계이다. 따라서 교

수-학습활동은 일정한 학습과제를 중심으로 교사와 학생이 역동적으로 상호작용하는 것이다(오영재 외 2인, 1997).

2. 학습지도의 원리

1) 자발성의 원리

자발성(自發性)의 원리는 학습자 자신이 자발적으로 학습활동에 적극 참여해야 한다는 원리이다. 자발성이란 인간 내부에서부터 모든 방면으로 자라는 능력, 충동, 가능성을 이해하고 최대한 발전시킬 수 있도록 도와주는 것이다. 인간의 성장, 발달은 인간 내부에서부터 모든 방면으로 자라나려고 하는 자발성에 의해서 성장하는 것이며, 이것이 외부적인 환경의 영향을 받아서 인격이 완성되는 것이다. 또한 자발성은 자율적인 학습의 전개를 통하여 육성된다. 자발성의 토대가 되고 기초가 되는 것은 아동, 학생 내부에서 솟아나오는 흥미와 욕구와 능력 같은 것이다.

자발성의 원리에서 자기활동, 자기구성, 자기발전, 자기생산을 고려할 때 학습의 모든 가능성에 내재해 있는 최후의 핵심은 자아이다. 즉, '학습은 나로부터 출발해야 한다'는 것도 자발성의 원리를 시사하는 것이

> **TIP**
> 자발성의 원리에서 자기활동, 자기구성, 자기발전, 자기생산을 고려할 때 학습의 모든 가능성에 내재해 있는 최후의 핵심은 자아이다. 즉, '학습은 나로부터 출발해야 한다'는 것도 자발성의 원리를 시사하는 것이다.

다. 또한 흥미, 경험, 노력, 직관, 활동의 원리 등은 모두가 자발성의 원리에서 파생된 지도방법의 원리이다.

2) 개별화의 원리

개별화(個別化)의 원리란 학습자가 지니고 있는 각자의 요구와 능력에 알맞은 학습활동의 기회를 마련해 주어야 한다는 원리이다. 개인으로서의 학습자는 지적, 능력, 성격, 가정환경 등의 차이가 있다. 따라서 교수-학습과정에서는 개인차를 고려한 수업의 개별이 모색되어야 한다. 특히 학습지도의 방법이 학습자의 요구 수준에 따라 그 정도에 적합한 지도방법인지 확인할 필요가 있다. 단원학습법을 기초로 하는 학습지도에 있어서 학습능력이 높은 학생은 그 수준에 합당하게 또 보통능력을 가진 학생이나 뒤처지는 학생들은 각각 그들의 능력에 맞는 학습을 할 수 있다. 즉, 학생들의 활동 분야가 흥미와 난이도 면에서 넓은 폭을 가지고 있으므로 학습의 개별화가 단원 안에서 가능하다.

머셀(Mursell)은 학습의 개별화를 단지 양적-수직적인 차이로만 파악할 것이 아니라 적성, 흥미, 학습방법 등 질적인 개인차를 고려해야 한다고 주장했다. 결국 학습자의 관심과 교사의 지시에 따라 학습내용을 분담하여 진행시키는 것이 가장 효과적인 개별화된 학습이다.

3) 사회화의 원리

사회화(社會化)는 학습내용을 현실사회의 이념과 문제에 기반을 두며, 학교에서 경험한 것과 학교 밖에서 경험한 것을 교류시키는 것이다. 따라서 사회화의 원리에서 학습이란 개인의 인격 완성을 목적으로 하는 의도적 활동인 동시에 개인을 사회화하는 동화작용이며 사회인으로 형성되는 하나의 사회작용이라고 할 수 있다. 교수-학습지도에 임하는 교사는 사회문제 등에 민감해야 하며, 사회를 바라보는 시각과 통찰력을 가지고 있어야 한다. 또한 학습장면에 있어서도 학생의 사회성이 개발될 수 있도록 상호협동에 의한 학습이 이루어져야 한다. 이러한 사회화의 원리를 실천하기 위한 구체적인 교수-학습과정은 분단학습, 토의법, 자치활동, 동아리활동, 공동작업 등이 있다.

4) 통합성의 원리

통합성(統合性)의 원리는 학습을 통합적인 전체로 지도해야 한다는 원리로 공동학습의 원리와 상통한다. 학습이란 부분적, 분과적으로 이루어지는 것이 아니고 지적, 정의적, 신체 기능적 영역에 걸쳐 종합적으로 균형과 조화를 이루어야 한다. 교수-학습지도에 의해서 길러진 학생들의 지식과 기능이 분산적이고 단편적인 것에 불과하다면 충분한 학습효과를 거둔 것은 아니다. 지식과 기능이 서로 연관되고 통합될 때 비로소 효과적으로 활용될 수 있기 때문에 통합성의 원리는 중요하다. 통합성의 원리가 제대로 구현되기 위해서는 통합교육과정의 운영, 학습경험의 통합, 교과활동과 특별활동의 상보성 강화, 교과지도활동과 생활지도활동의 조화적 운영, 통합교육의 실천 등이 이루어져야 한다.

> **TIP**
> 통합성의 원리는 학습을 통합적인 전체로 지도해야 한다는 원리로 공동학습의 원리와 상통한다. 학습이란 부분적, 분과적으로 이루어지는 것이 아니고 지적, 정의적, 신체기능적 영역에 걸쳐 종합적으로 균형과 조화를 이루어야 한다.

3. 교수-학습지도의 방법

1) 강의법(lecture method)

강의법은 가장 오래된 전통적 교수방법이며, 교사의 언어를 통한 설명과 해설에 의해 학생을 지도해 가는 방법이다. 교사가 교재나 교과서와 같은 교육내용을 직접 선정하고 계획하여, 이것을 학생에게 강의하면 학생들은 이것을 듣고, 생각하고, 때로는 필기도 하면서 학습한다. 강의법은 다량의 지식을 습득할 수 있으며, 많은 학생들에게 동시에 짧은 시

> **TIP**
> 강의법은 다량의 지식을 습득할 수 있으며, 많은 학생들에게 동시에 짧은 시간에 교수할 수 있어서 경제적이다. 또한 유능한 교사가 강의를 하는 경우는 학생들에게 감명 깊은 경험을 줄 수 있다.

간에 교수할 수 있어서 경제적이다. 또한 유능한 교사가 강의를 하는 경우는 학생들에게 감명 깊은 경험을 줄 수 있다.

18~19세기 헤르바르트(Herbart)에 의해 체계화, 과학화된 5단계 교수법은 다음과 같다.

① 준비단계는 학습의 동기를 유발하고 학습자가 자신의 인지구조 속에 새로운 개념을 받아들일 수 있는 준비를 한다.

② 제시단계는 개념을 제시할 때, 다른 개념과의 특성적 차이를 분명히 하여 제시하여야 하며, 다양한 종류의 구두화가 사용되어야 한다.

③ 결합단계는 학습자로 하여금 새로운 개념의 특성파악 및 기존 개념과의 차이, 유사성 등을 파악하게 하여 새로운 개념과 기존 개념을 결합하는 것이다.

④ 체계화 단계는 앞에서 말한 단계의 결합된 개념들을 분류 및 조직화하여 인지구조 속에 체계화시킨다.

⑤ 응용단계는 지금까지 배운 내용을 학습자들이 충분히 학습하였는가를 검증하기 위해 학생들에게 과제를 부여하여 적용하는 단계이다.

강의법은 선별적으로 적절히 활용되어야 하며, 공학매체와 함께 하면 높은 효과를 높일 수 있다(김인식 외 3인, 2001).

① 교수-학습의 목적 면에서 어떠한 특정 태도나 가치를 고취하기 위하여 설득력 있는 웅변적 교수가 필요할 때 효과적이다. 또한 사실적 정보나 개념들을 논리적이고 객관적으로 분명하게 제한된 짧은 시간 안에 효율적으로 전달하고자 할 때 매우 효과적이다.

② 교수-학습의 내용 면에서 전체 내용을 개괄, 요약하거나 또는 다른 교수방법을 적용하기 전 사전 해설을 할 때도 그 진가를 발휘한다.

③ 교수-학습의 학습자의 특성 면에서 모호성을 견디지 못하는 학습

자나 내성적인 학습자, 심리적으로 경직되어 있고 융통성이 없으며 근심걱정이 많은 학습자, 순응형의 학습자에게 효과적이다.

형식적인 강화 → 예시적인 강화 → 교재나 교과서의 낭독 → 학생을 참여시키는 수정식 강화 → 대화식의 비형식적 강화 → 비형식적인 대화식 강화

▶▶ 그림 7-1 강의법의 진행과정

출처: 김인식 외 3인(2001). 인간교육의 이해. 서울: 교육과학사

2) 토의법(discussion method)

1915년 파커(Parker)가 제창한 회화법에서 시작되어 급속도로 보급되어 왔고 오늘날에 모든 학습활동에서 사용되고 있다. 토의법은 공동학습의 한 가지 형태로서 학생 상호 간의 의견교환을 통하여 학습활동을 이끌어 나감과 동시에 학습의 사회화를 꾀할 수 있는 민주적인 학습지도법이다. 토론에는 교사가 참여하는 경우도 있지만 주로 학생들끼리 토론하고, 교사는 토론을 이끌어 나가는 중재자의 역할을 수행하는 것이 보통이다. 따라서 토의법의 가치는 수업을 사회화하고, 타인의 의견을 존중하고 협력하는 민주적 태도와 가치관을 형성하는 데 있으며, 의사표현력을 기를 수 있다는 장점도 있다.

> **TIP**
> 토의법은 공동학습의 한 가지 형태로서 학생 상호 간의 의견교환을 통하여 학습활동을 이끌어 나감과 동시에 학습의 사회화를 꾀할 수 있는 민주적인 학습지도법이다. 토론에는 교사가 참여하는 경우도 있지만 주로 학생들끼리 토론하고, 교사는 토론을 이끌어 나가는 중재자의 역할을 수행하는 것이 보통이다.

토의법은 참가하는 인원과 토의 내용에 따라 5가지 종류로 나누어진다.

① 원탁토의(round table discussion)는 10명 내지 14~15명의 인원이 형식에 구애받지 않고 원탁에 둘러앉아 자유롭게 하는 토의

② 배심토의(panel discussion)는 4~6명의 대표자가 선정된 인원과 다수의

청중으로 구성된다. 토의가 시작되면 의장은 배심원을 소개하고 문제와 논점을 소개함으로써 토의를 시작한다. 한편 의장이 필요에 의해 청중을 논의에 참가시켜서 질문이나 발언의 기회를 주기도 한다.

③ 공개토의(forum discussion)는 1~2명의 연사가 공개연설을 한 후 의장의 사회로 연사와 청중 사이의 질문과 답변을 할 수 있다.

④ 심포지엄(symposium)은 3명 이상의 연사가 같은 문제를 가지고 서로의 다른 입장에서 자기 의견을 미리 준비해 가지고 사회자의 안내에 따라 강연을 한다. 미리 강연 내용이나 통계자료를 인쇄하여 청중에게 배포한다.

⑤ 대화식 토의(dialogue discussion)는 전문가나 권위자를 학교에 초빙하거나 혹은 현장에 방문하여 면접으로 문제에 대한 의견을 나누거나 질의 및 응답을 하는 것이다.

TIP

심포지엄은 3명 이상의 연사가 같은 문제를 가지고 서로의 다른 입장에서 자기 의견을 미리 준비해 가지고 사회자의 안내에 따라 강연을 한다. 미리 강연 내용이나 통계자료를 인쇄하여 청중에게 배포한다.

3) 질문법(question and answer method)

교사와 학생이 서로 질문을 하면서 수업을 전개하는 방법으로, 강의법과 함께 오래전부터 활용되었던 전통적인 교수방법의 형태이다. 소크라테스는 대화법을 2가지로 구분하였다. 첫째, 반어법(反語法)은 수사법의 하나로, 본래의 뜻을 강조하거나 표현의 효과를 높이기 위하여 실제 표현하고자 하는 뜻과는 반대되는 말을 쓰는 표현방법이다. 즉, 반어법은 무의식적 무지(無知)에서 의식적 무지(無知)로 이끄는 방법이다. 다시 말해서, 학생에게 여러 가지 질문을 하여 스스로 무지(無知)를 깨우치게 하는 방법이다(무지의 지각). 둘째, 산파술[4]은 상대방과의 대화를 통해서 그 사람이 알고 있던 지식을 상기해 내도록 하는 대화법이다. 산파술을 산파법이라고 하며, 의식적 무지(無知)에서 진리로 이끄는 방법이다. 이는 심화된 질문을 통해서 이미 알고 있는 것에서 출발하여 미지(未知)에 이르게 하여 학생을 의식적 무지(無知)에서 명료하고 합리적 진리로 이끌어 주는 방법이다(보편적 진리 발견). 다시 말해서 광장에서 거리에서 지위나 재산, 나이와 상관없이 많은 사람들과 대화하고 토론을 통해 끊임없이 질문을 던지고 대답을 듣고 또 다시 질문을 던져 스스로 자신의 깨닫게 하는 것이다. 따라서 산파는 산모가 아이를 낳을 때 옆에서 도와주는 사람을 의미하듯, 소크라테스는 사람들에게 직접 지혜를 가르치는 것이 아니라 대화를 통해 스스로 지혜를 얻도록 하는 방법이다. 셋째, 상기설이다. 이는 회상설이라고 하며, 참다운 진리는 각자의 영혼 속에 이미 내재하고 있으므로 학습이란 내재되어 있는 진리를 다시 기억해 내도록 안내해 주는 것이다.

교수방법에서 질문법을 추구하는 목적은 학생들의 사고를 촉진하는 데 있다. 질문을 통하여 교수는 학생들의 비판적, 반성적, 합리적 사고 등의 다양한 형태와 수준의 사고를 유도하고 촉진시킨다. 따라서 질문하는 교수는 곧 사고하는 교수이며, 질문하는 학생은 곧 사고하는 학생이라고 할 수 있다. 교수와 학생 또는 학생들 상호 간의 문답을 통해서 학습자들이 곧 스스로 탐구하는 능력을 키우거나 방법을 배워 습득한다는 점에서 질문법의 가치는 매우 높이 평가받는다.

TIP
질문하는 교수는 곧 사고하는 교수이며, 질문하는 학생은 곧 사고하는 학생이라고 할 수 있다.

이런 방법은 목적을 달성하기 위해서 질문은 항상 명확하여야 하며, 계속 문제를 제기하고 토론할 수 있도록 지적 호기심을 자극할 수 있어야 한다. 또 개인차를 고려하여 질문함으로써 능력이 낮은 학생들에게도 성공감을 맛보게 해야 한다.

4) 상대방에게 질문을 던져 스스로 무지(無知)를 자각하게 함으로써 사물에 대한 올바른 개념에 도달하게 하는 방법이다.

4) 문제해결법(problem solving method)

학생들이 생활하고 있는 현실적인 장면에서 당면하는 문제들을 스스로 해결해 나가는 과정으로, 지식, 기능, 태도, 기술 등을 종합적으로 획득하도록 하는 방법이다. 즉, 반성적 사고로서 의혹이나 곤란을 제거하고 현실과 가능성 사이에 대립을 없애고 조화적인 통일을 얻는 것이 문제해결법이다. 듀이(Dewey)는 『사고하는 방법(How we think, 1910)』이라는 저서에서 강조한 반성적 사고(reflective thinking)에 의하여 체계화되었다. 이런 점에서 볼 때 문제해결 학습은 아동에게 사고시킬 뿐 아니라 사고하는 법을 학습시키는 데 목적이 있다.

https://blog.naver.com/thinkimgrace/222187020773

문제해결법의 특징은 아래와 같다.

① 학생의 현실생활과 관련 있는 문제들을 대상으로 한다.
② 학생들의 능동적인 협동적 집단활동에 의해 진행된다.
③ 학생들의 구체적인 실천능력이 중요시된다.
④ 교사의 적절한 조력이 요청된다.
⑤ 학생들의 심리적 특성을 고려하여 학습내용을 조직하기 때문에 심리적 조직이 중요시된다.

따라서 교사는 문제해결법 기술의 실습을 통해서 문제를 해결하는 방법을 지도하며, 또한 문제를 각 개인이나 분단이나 학급에 할당해서 개인 또는 공동으로 그 결론을 내리게 한다.

5) 구안법(project method)

문제해결학습에서 발전된 것으로 구안법은 학습자 자신이 생각하고 있는 것을 구체적으로 실현하기 위하여 스스로 계획을 세워 수행하는 창의적이고 자발적인 학습활동 방법을 가리킨다. 원래 'project'라는 말은 '내던지다', '앞으로 내놓는다'는 뜻으로 마음속에 생각하고 있는 바를 밖으로 내놓고, 객관화시켜서 구체적으로 실현하려는 활동을 의미한다. 따라서 구안법은 학습자 스스로가 어떤 목적을 가지고 자기 힘으로 계획을 세워서 실천함으로써 자발적이고 창의적인 학습의 효과를 거두고자 하는 현대적인 학습지도의 한 방법이다.

> **TIP**
> 구안법은 학습자 스스로가 어떤 목적을 가지고 자기 힘으로 계획을 세워서 실천함으로써 자발적이고 창의적인 학습의 효과를 거두고자 하는 현대적인 학습지도의 한 방법이다.

구안법과 문제해결법은 기본성격은 같으나 몇 가지 차이점이 있다.

① 문제해결법은 반성적인 사고과정이며, 구안법은 구체적인 결과를 만들어 내는 실천적인 면에 중점을 두었다.

② 문제해결법은 이론적, 추리적으로 문제를 해결해 가는 과정이며, 구안법은 현실적, 구체적으로 문제를 해결하는 경우가 많다.

③ 구안법은 문제해결법에서 발전되었으며, 구안법의 의미에는 문제해결법이 포함된다.

킬패트릭(Kilpatrick)은 4가지의 프로젝트(project)의 종류를 나열하였다.

① 구성 프로젝트는 사상이나 계획을 실천하는 목적으로 한다.

② 향락 프로젝트는 기쁨이나 만족을 목적으로 한다.

③ 문제 프로젝트는 지적인 문제의 해결을 목적으로 한다.

④ 학습 프로젝트는 지능이나 기능의 획득을 목적으로 한다.

6) 팀티칭법(team teaching)

https://blog.naver.com/thinkimgrace/222187020773

1957년 미국에서 처음 시도되어 다양하게 시험되어 온 방법이다. 이 경우는 교수 인원의 재조직을 통하여 교수의 효과를 올리려는 시도였으며, 2명 이상의 교사가 동일한 학습집단에 학습지도의 주요부분을 책임지기 위해서 협동적으로 계획하고 교수해 나가는 것이다.

팀티칭법은 앤더슨(Anderson)과 샤프린(Shaplin)이 제창하고 연구했다. 이들은 교사조직을 중심으로 교장을 정점으로 하여 팀 리더와 상급교사 그리고 일반교사 세 그룹으로 구성하였다. 경우에 따라서는 이를 주임교사, 협력교사 및 보조교사로 구분하기도 한다.

7) 프로그램 학습(program learning)

미국의 행동주의 심리학자 스키너(Skinner)의 강화이론(reinforcement theory)에 바탕을 둔 학습지도법이다. 학습 형태적으로 볼 때 학생이 스스로 학습할 수 있도록 꾸며 줌으로써 기계장치 또는 책의 형태로 되어 있는 프로그램 내용을 학생에게 학습시켜 목표에 쉽고 명확하게 도달하게 하는 방법이다. 그리고 프로그램 학습내용을 담아서 제작된 기술적 학습과정의 원리는 다음과 같다.

① 점진 접근의 원리: 하나의 과정을 학습할 때 쉬운 것에서부터 점차 어려운 것으로 진행한다.

② 적극적 반응의 원리: 개개인의 학생이 교재에 대하여 능동적으로 참여하고 활동함으로써 학습이 잘 이루어진다.

③ 즉시 확인의 원리: 좋은 학습이 일어나는 것은 학습의 결과에 대한 반응의 옳고 그름이 즉시 확인된다.

④ 학습자 검증의 원리: 학습자 개개인이 스스로 학습반응에 대한 정확한 검증을 한다.

⑤ 자기 속도의 원리: 학습은 개별적으로 각자의 속도에 맞는 학습이 되도록 한다.

> **TIP**
> 유대인 유튜브
> 하브루타
> https://www.youtube.com/watch?v=nttlAfVQT6w

4. 교수과정 모형

1) 글래이저(Glaser)의 수업이론

교수 모형은 교육공학적 관점에서 수업설계를 위한 기초를 제공하기 위해 만들었다. 일반적으로 수업과정의 개념체계는 물론, 우리들의 사고를 명료하게 해 줌으로써 그 설계운영 및 개선을 위한 연구에 편리한 지침이 되고 있다. 즉, 교수 모형은 일반성 때문에 모든 형태의 수업과정에 적용되므로 그 개념의 체계화 및 계획운영과 연구개발에 널리 활용될 수 있는 좋은 지침이 된다. 글래이저(Glaser)는 수업이 진행되는 과정을 하나의 체제로 전제하기 위해 수업목표의 설정, 출발점 행동의 진단, 수업절차, 성취도 평가 등의 4단계로 구분하고 있다. 글래이저의 교수과정 모형은 [그림 7-2]와 같다.

> **TIP**
> 글래이저는 수업이 진행되는 과정을 하나의 체제로 전제하기 위해 수업목표의 설정, 출발점 행동의 진단, 수업절차, 성취도 평가 등의 4단계로 구분하고 있다.

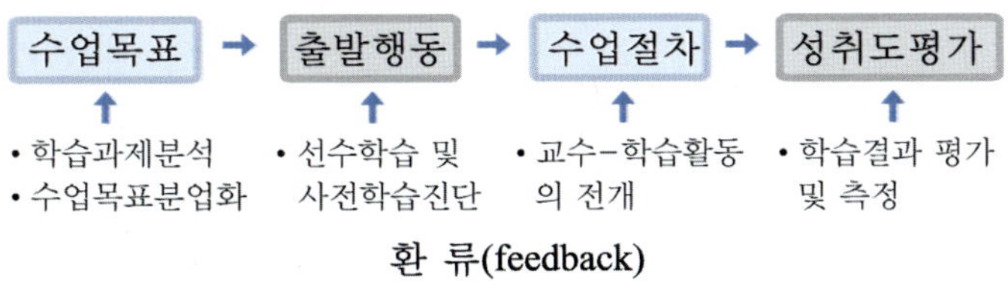

▶▶ 그림 7-2
Glaser의 교수과정 모형

① 수업목표의 설정은 교육과정을 교사에 의한 계속적인 의사결정과정으로 보고 있다. 이러한 수업목표는 추상적인 진술보다는 관찰할 수 있고, 측정할 수 있는 소위 행동목표로 세분화한다. 이러한 수업목표를 도착점 행동이란 용어로 바꾸어 사용하기도 한다. 도착점 행동이란 특정한 수업절차가 이루어졌을 때 학생이 보여 줄 수 있는 성취행동(performance)을 의미한다.

② 출발점 행동의 진단은 특정 도착점 행동을 달성하기 위하여 새로운 학습에 들어가기 전에 이미 습득하고 있어야 할 행동을 가리킨다. 즉, 수업이 시작되기 전의 학생수준을 말하는 것으로, 학생이 이전에 학습한 것, 지적 능력과 발달, 동기 상태 그리고 학습능력에 관계되는 사회적 · 문화적 요인들이 모두 포함된다. 교수 절차에 앞서 출발점 행동을 진단하기 위한 진단평가를 실시하여 학습결손아를 발견하고 처치방안을 간구하며, 교수절차와 학습지도방법이 모색되어야 한다.

③ 수업절차는 학습자들의 행동을 변화시키기 위해 필요한 절차이다. 이 단계는 글래이저의 수업절차에서 매우 중요하다. 자신이 세운 계획에 따라 다양한 시청각 매체와 학습 보조자료를 활용하여 수업을 전개한다. 따라서 투입행동을 가장 효과적으로 수업목표에 도달시킬 것인가를 결정하며, 수업절차를 도입(introduce)-전개(develop)-정리(theorem) 단계로 세분화한다.

④ 성취도평가는 최초에 설정된 수업목표가 수업활동을 통해서 어느 정도 달성했는지를 알아보는 것이다. 이 단계의 평가활동을 형성평가와 구별하여 종합평가라고 부르는 것이 보통이다. 평가의 결과는 환류(feed back) 되어 이전 각 단계의 적절성 여부에 대한 정보를 제공한다. 따라서 성취도 평가와 수업목표는 가장 밀접한 관계를 맺고 있으며, 수업절차와 수업자료의 적합성에 대해서도 중요한 정보를 제공한다.

TIP

성취도평가는 최초에 설정된 수업목표가 수업활동을 통해서 어느 정도 달성했는지를 알아보는 것이다. 이 단계의 평가활동을 형성평가와 구별하여 종합평가라고 부르는 것이 보통이다.

2) 캐롤(Carroll)의 수업이론

가장 기본적인 명제는 한 학습자에게 주어진 한 과제에서의 학습 정도는 그 학습자가 그 과제의 학습을 위하여 필요로 하는 시간량에 비추어 그 학습에 실제로 사용하였는지의 비율에 의해서 결정된다. 이 학습에서의 사용 시간은 여러 변인의 작용에 의해서 결정되며, 이들 변인 중의 일부는 필요한 시간을 결정하는 변량과 다른 것일 수도 있다. 캐롤의 명제를 방정식으로 나타내면 [그림 7-3]과 같다.

$$\text{학습의 정도} = f\left(\frac{\text{학습에 사용한 시간}}{\text{학습에 필요한 시간}}\right)$$

▶▶ 그림 7-3
캐롤의 명제 방정식

학습에 필요한 시간을 결정하는 변인은 적성과 수업이해력 및 수업의 질이고, 분자에 해당하는 학습에 사용한 시간을 결정하는 변인은 학습기회와 지구력이다. 이와 같은 방정식의 분모와 분자에 대한 변인을 이용하여 학습의 정도는 [그림 7-4]와 같이 알 수 있다.

$$\text{학습의 정도} = f\left(\frac{\text{학습기회-지구력}}{\text{적성, 수업이해력, 수업의 질}}\right)$$

▶▶ 그림 7-4
학습에 필요한 시간

따라서 학습의 정도를 높이기 위해 학습자의 적성, 수업이해력, 수업의 질, 학습기회, 지구력을 효과적으로 조정할 것을 제안한다.

캐롤(Carroll)은 학교 학습모형에서 수업에 작용하는 변인들을 통제하는 절차와 방법을 2가지로 제안했는데, 학습에 필요한 시간의 요인은 적성, 수업이해력, 수업의 질이다. 그리고 학습에 사용한 시간의 요인은 학습기회, 학습지구력으로 구분된다.

> **TIP**
> 학습의 정도를 높이기 위해 학습자의 적성, 수업이해력, 수업의 질, 학습기회, 지구력을 효과적으로 조정할 것을 제안한다.

(1) 학습에 필요한 시간의 요인

1 적성(aptitude)

최적의 학습조건 하에서 주어진 특정 학습과제를 일정한 수준으로 성취하는 능력이다. 따라서 학습 성취를 결정한다는 이른바 적성, 학습인과설을 믿었으나, 그는 적성이 학습에 소요되는 시간량을 결정할 뿐이라고 본다. 이는 학습과제의 종류와 성질에 따라 달라지는 특수한 능력변인이다.

2 수업이해력(ability to understand instruction)

학생이 수업내용이나 교사의 설명을 이해하는 능력을 수업이해력이라고 한다. 캐롤은 수업이해력이 일반지능으로 학습할 교재 속에 내재하는 여러 개념과 그 관계를 남의 도움 없이 스스로 인지하고 추리하는 것이며, 언어능력은 한 교수가 사용하는 언어가 학습자의 이해관계를 넘어설 때 요구되는 능력이다.

3 수업의 질(quality of instruction)

학습자에 대한 학습과제의 적절성과 학습과제의 제시, 설명, 구성방법의 적절성 등을 의미한다. 따라서 학습의 정도를 높이기 위해서 분모를 줄이는 데 있어서 담당교사가 할 수 있는 방법은 수업의 질을 높이는 것이다. 한 교사가 그렇게 하면 학습자들의 적성, 수업이해력이 향상되므로 후임교사들은 그 교사의 덕택으로 보다 쉽게 학습의 정도를 높일 수 있다. 즉, 교수단계, 교수방법, 교수자료의 적절성이 포함된다.

> **TIP**
> 학습기회를 얼마만큼 부여해 주어야 하느냐에 학습기회의 최적수준의 문제도 학습자의 개인차가 있기 때문에 각각 학습기회를 다르게 제공해야 한다.

(2) 학습에 사용한 시간의 요인

1 학습기회(opportunity)

특정과제를 학습할 때 학습자에게 실제로 주어지는 시간을 말한다. 이러한 학습기회를 얼마만큼 부여해 주어야 하느냐에 학습기회의 최적수준의 문제도 학습자의 개인차가 있기 때문에 각각 학습기회를 다르게 제공해야 한다.

2 학습지구력(perseverance)

학습자 내부에서 우러나오는 변인으로, 학습자가 얼마만큼의 시간을 학습에 투입하기를 원하느냐와 관계해 있다. 즉, 학습자가 학습을 위해 사용하는 시간을 의미하며, 학습동기와 인내력이 영향을 미친다.

캐롤의 모형은 모든 학생이 특정 과정의 학습에 필요한 시간을 모두 사용하게 되면 그 학생의 목표수준을 100% 성취할 수 있다고 한다. 이런 생각은 선발적 교육관으로부터 발달적 교육관으로의 전환과 상대평가체제로부터 절대평가체제로의 전환에 자극을 주었다.

3) 가네(Gagne)의 수업이론

인간의 학습이 단순한 것에서 복잡한 것으로, 저차원에서 고차원으로 발전하는 것이 위계이다. 이에 학습위계(學習位階)를 기초로 하여 교수과정과 절차를 설계하는 방법을 학습에 필수적인 선행요건이 된다. 가네(Gagne)는 학습이 이루어지는 데는 내적 조건과 외적 조건이 동등하게 중요하다는 점을 강조하였다. 내적 조건은 학습자가 과거 학습을 통해 이미 가지고 있는 정보, 지적 기능, 인지전략과 같은 선행 학습력과 학습동기, 자아개념이며, 외적 조건은 학습자의 새로운 학습을 위해서 외부로부터 제공되는 강화, 근접, 반복, 연습 등을 말한다. 이 2가지는 서로 상호작용하여 학습에 영향을 미친다.

> **TIP**
> 내적 조건은 학습자가 과거 학습을 통해 이미 가지고 있는 정보, 지적 기능, 인지전략과 같은 선행 학습력과 학습동기, 자아개념이며, 외적 조건은 학습자의 새로운 학습을 위해서 외부로부터 제공되는 강화, 근접, 반복, 연습 등을 말한다.

가네는 학습의 결과가 학습자의 서로 다른 특성과 구조, 그리고 학습자에 따른 상이한 조건과 성향 등에 따라 달라진다고 하였다.

(1) 학습에 영향을 미치는 수업이론

학습에 영향을 미치는 5가지 변인은 언어적 정보, 지적 기능, 인지전략, 운동기능, 태도이다.

1 언어적 정보(verbal information)

자신의 생각을 말할 수 있는 학습된 능력이다. 학습자의 행위적 목적

중의 하나는 정보에 대해 올바르게 진술하고 표현하는 것이다. 이에 언어적 정보는 학습에 매우 중요한 요소이다.

2 지적 기능(intellectual skill)

지적 기능은 아는 것으로 절차지식이라 한다. 학습자는 각자 자신만의 독특한 학습방법, 기억방법, 사고방법을 갖고 있다.

3 인지전략(cognitive strategy)

인지전략은 개념이나 원리를 이용하는 지적 기능의 특수한 영역으로 개인 자신의 행동을 이해하는 전략적인 기능이며, 개인에 따라 독특한 내적 기능으로 새로이 직면하는 문제를 해결하는 데 필수적인 능력이다.

4 운동기능(psycho-motor skill)

비교적 단순한 운동반응 계열이 보다 복잡한 운동으로 통합된 신체적 기능이다. 즉, 종합적인 활동과 밀접한 관련이 있는 부분적 형태로서의 행위인 단위적 활동을 말한다. 이러한 운동기능은 속도, 정확성, 힘, 유연성에 따라 그 수준이 판별된다.

5 태도(attitude)

태도는 일반적으로 인지적, 정의적, 행동적 속성인 3가지로 구성된다. 첫째, 인지적 속성이란 어떤 대상에 대한 아이디어를 의미하며, 둘째, 정의적 속성은 인지적 속성에 수반되는 감정, 즉 '좋다'라든가 혹은 '싫다'라는 느낌을 말한다. 셋째, 행동적 속성은 그 대상에 대하여 어떤 행위를 하려는 의미이다.

(2) 학교 학습에 영향을 미치는 수업이론

학교 학습에서 가장 중요한 위치를 차지하고 있는 지적기능의 영역은 8가지 유형(신호학습, 자극-반응학습, 운동연쇄학습, 언어연합학습, 중다변별학습, 개념학습, 원리학습, 문제해결학습)으로 나눈다.

1 신호학습(signal learning)

특정한 동물에 대한 공포반응과 같이 고전적 조건형성에 의한 반응으로 이루어진 학습이다.

2 자극-반응학습(stimulus-response learning)

자극과 반응을 연결하는 학습으로 반응이 학습자에 의해 능동적으로 나타나야 한다는 점에서 신호학습과 구별된다.

3 운동연쇄학습(motor chaining learning)

현미경을 조절할 때와 같이 일련의 반응이 정해진 순서에 따라 연결되는 학습이다.

4 언어연합학습(verbal association learning)

화학의 기호를 외우는 것과 같이 언어를 사용한 쌍연합학습활동을 의미한다.

5 중다변별학습(multiple discrimination learning)

음악의 악보를 보고 음계나 음표를 구별하거나, 철자는 같으나 발음이 다른 두 단어를 가려내는 것이다.

6 개념학습(concept learning)

공통된 속성을 이해하고 그것을 기준으로 하여 사물을 분류한다.

7 원리학습(rule learning)

이미 학습한 개념이나 법칙을 사용할 수 있게 되는 학습을 뜻한다.

8 문제해결학습(problem solving learning)

여러 개의 법칙 중에서 주어진 문제해결에 가장 적합한 법칙을 선택하여 그 문제해결에 적용하는 것이다.

8가지 유형은 위계를 형성하고 있는데, 신호학습이 가장 낮은 차원의

> **TIP**
> 과제분석은 가장 하위의 신호학습까지 분석할 수 있으나 모든 교과에 대하여 반드시 그렇게 할 필요는 없다. 교수하고자 하는 목표가 설정되면 그 능력의 선행요건이 되는 지점까지만 분석하면 된다.

학습유형이고 문제해결학습이 가장 높은 차원의 학습유형이다. 이러한 분석이 선행된 후에 학습에 필요한 학습유형을 밝히고 위계적 순서에 맞추어 정리해야 하는데, 이를 과제분석이라 한다. 따라서 과제분석(task analysis)은 가장 하위의 신호학습까지 분석할 수 있으나 모든 교과에 대하여 반드시 그렇게 할 필요는 없다. 교수하고자 하는 목표가 설정되면 그 능력의 선행요건이 되는 지점까지만 분석하면 된다.

가네는 학습력에 대한 5가지 영역과 지적 기능 영역의 8가지 학습유형은 각기 서로 다른 하위 학습력을 내적 조건으로 요구하기 때문에 이에 따라 상이한 외적 조건이 제공되어야 하며, 이 외적 조건을 통제하는 것이 바로 교수이다.

가네의 수업이론은 〈표 7-1〉과 같다.

표 7-1 가네의 학습과정과 교수과정의 비교

학습과정(내적 조건)	교수과정(외적 조건)
주의	주의집중
⇓	⇓
기대	목표에 대한 정보제공
⇓	⇓
인출	선행지식의 재생자극
⇓	⇓
선택적 자극	학습자료 제시
⇓	⇓
부호화	적절한 학습지도
⇓	⇓
반응	수행 유도
⇓	⇓
강화	피드백 제공
⇓	⇓
단서인출	기억의 조장과 전이의 촉진

4) 오즈벨(Ausubel)의 수업이론

교사가 많은 양의 정보를 의미 있고 효율적으로 전달하는 방법에 관심을 두며, 목적을 위해 인지적 교수-학습의 과정에 기초한 설명적 수업이론을 제시하였다. 따라서 학교 학습이 기계적 암기학습이 아닌 유의미학습(잠재적 유의미성, 심리적 유의미성)이 되어야 한다는 이론을 전개하고 있다. 유의미학습(meaningful reception learning)은 새로운 학습과제가 학습자의 기존 인지구조와 상호작용하여 인지구조 안으로 포섭되는 것을 의미한다. 이에 오즈벨은 인지구조와 학습과제 두 변인을 상호 연관짓고 있다. 인지구조란 지각하는 현상을 통합적-위계적으로 조직한 것을 의미한다. 즉, 학습자가 지닌 조직화된 개념이나 관념의 집합체가 인지구조인 것이다.

유의미학습의 조건(논리적 유의미성)은 과제변인과 학습자변인으로 구분된다. 과제변인인 논리적 유의미성은 실사성(substantiveness)과 구속성(nonarbitrariness)은 다음과 같이 정리되어야 한다. 첫째, 실사성은 구조와 내용을 어떻게 표현하더라도 그 의미와 본성이 변하지 않는 불변적이고 절대적인 특성이다. 둘째, 구속성은 학습자가 자신의 의미를 통해서 어느 정도 깨달을 수 있는 추상적 용어로 인지구조에 연결될 수 있는 학습과제의 성질을 의미한다. 즉, 자의적으로 맺어진 관계가 하나의 관습으로 굳어진 후에는 그 관계가 다시 자의적으로 변경될 수 없는 특성이다.

> **TIP**
> 실사성은 구조와 내용을 어떻게 표현하더라도 그 의미와 본성이 변하지 않는 불변적이고 절대적인 특성이며, 구속성은 학습자가 자신의 의미를 통해서 어느 정도 깨달을 수 있는 추상적 용어로 인지구조에 연결될 수 있는 학습과제의 성질을 의미한다.

논리적 유의미(logical meaningfulness)를 가진 과제는 인지구조에 있는 관련지식과 관계를 맺을 때 의미 있는 학습이 이루어진다. 이때 새로운 과제를 흡수할 수 있는 지식을 관련정착지식(relevant anchoring idea)이라고 한다. 학습과제가 학습자에 대하여 잠재적 유의미를 지니고 있어도 학습자가 학습태세를 갖추고 있지 않으면 유의미학습이 일어나지 않는다. 학습태도는 특정한 학습방법을 통해서 학습과제를 인지구조에 연결하려는 학습자의 성향 또는 의도를 의미하며, 이러한 학습태도가 유의미한 학습태세가 요구된다.

학습자 변인(잠재적 유의미성, 심리적 유의미성) 중 잠재적 유의미성은 학습자들의 인지구조에 이미 형성된 것으로 유의미학습과정에서는 새로운 개념이 인지구조와 관계를 맺을 수 있는 근거를 만들어 준다. 그리고 파지과정에서 그 개념의 의미가 저장되도록 도와준다. 또한 심리적 유의미성은 학습자가 주어진 과제를 실사적이고 구속적인 형태로 정착 의미에 관련시키고자 하는 것이다.

한편, 선행조직자(advanced organizer)란 학습되어야 할 과제가 학습자의 인지구조에 있는 관련 정착지식에 잘 포섭될 수 있도록, 교사가 수업의 도입단계에서 학습과제 제시에 앞서서 제공되는 교사의 언어적 설명이다. 이는 추상성, 일반성, 포괄성의 정도가 높은 자료를 새로운 학습과제에 앞서 제시하는 것이다. 선행조직자의 역할은 새로운 정보를 인지구조 내에 포함시키기 위한 발판을 마련하는 것이며, 학습자가 이미 알고 있는 자료와 새 자료를 연결시켜 주는 역할을 하는 것으로 이해된다.

오즈벨의 수업이론은 〈표 7-2〉와 같다.

표 7-2 오즈벨의 수업이론

단계	내용
제1단계 선행조직자 제시	수업목표를 분명히 한다. 조직자를 제시한다(정의적, 예제, 배경, 반복). 학습자 자신의 지식과 경험을 의식한다.
제2단계 학습과제 및 자료제시	조직을 분명히 한다. 학습자료의 논리적 조직을 명백히 한다. 자료를 제시한다.
제3단계 인지조직의 강화	통합적 조화의 원칙을 이용한다. 적극적 수용학습을 조장한다. 교과목에 대하여 비판적 접근을 하도록 한다. 명료화한다.

5) 브루너(Bruner)의 수업이론

브루너(Bruner)는 학습자 스스로가 탐색(구)하려는 욕구를 갖고 있다고 보며, 학습자 스스로가 지적 능력을 개발 및 발전하는 학습을 하도록 돕는 수업이론이다. 수업이론은 지식이나 기능을 학습자에게 학습시키는 가장 효과적인 방법에 관한 여러 원리와 법칙을 제시해 준다. 또한 학습되어야 할 지식이나 기술의 수준을 가늠하는 준거를 설정하고 학습자가 정해진 수준까지 도달하는 데 필요한 조건을 제시해야 한다는 규범적인 성격을 가지고 있다.

브루너(Bruner)의 수업이론(受業理論)은 5가지(선행경향성의 자극, 지식의 구조, 학습의 계열화, 강화, 학습자 사고의 자극)로 나누어진다.

1 선행경향성의 자극(Pre-disposition)

학습자가 학습하고자 하는 의욕과 태세를 뜻하는 말로서 학습 동기나 준비성과 유사한 개념이다. 학습자가 의욕을 가지고 과제에 도전하도록 하기 위해서는 과제 수행에 포함된 위험을 극소화시키고, 오류가 지니는 교육적 유익성을 최대한 활용한다. 즉, 선행경향성의 자극을 장성화(2007)는 학습자 개인에게 학습을 하고자 하는 학습동기와 의욕을 심어주기 위해서 가장 효과적인 경험이 무엇인지 제시해 주었다. 또한 학습경향성을 학생들에게 가장 효과적으로 심어 줄 수 있는 구체적인 경험들을 명백하게 제시할 수 있어야 한다(탐구와 호기심을 자극하는 학습방법, 학습자료와 학습방법, 교사와 학습자 간의 관계 등).

2 지식의 구조(Structure of knowledge)

지식의 구조란 학문의 진전을 이루고 있는 일반적인 아이디어, 즉 개념과 원리를 뜻한다. 이에 브루너는 지식의 구조화를 어떤 관념이나 문제, 또는 지식도 특정학습자가 충분히 이해할 수 있도록 단순화시켜 제시할 수 있어야 한다고 주장한다.

> **TIP**
> 지식구조의 특징은 표상양식, 표상의 경제성, 표상의 생성력을 지닌다.

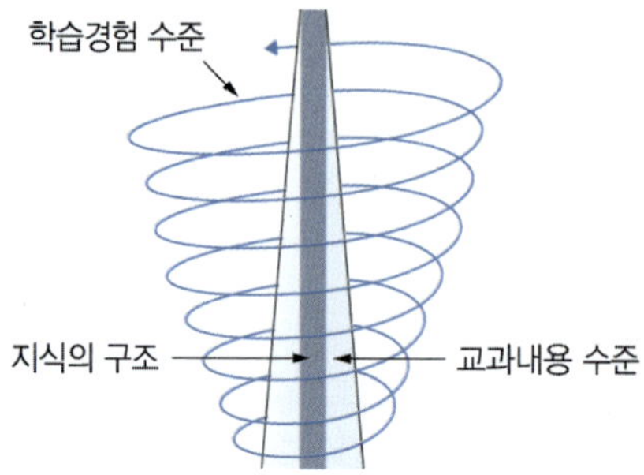

지식구조의 특징은 표상양식, 표상의 경제성, 표상의 생성력에 대한 3가지 특징이 있다. 첫째, 표상양식은 어떤 영역의 지식을 활동적, 사물의 활동을 통해 표상하는 영상적, 상징적 체제인 언어를 통해 표상하는 상징적 표상이 보다 효율적이며, 둘째, 표상의 경제성은 어떤 문제를 해결하기 위해 학습자가 소유해야 할 정보의 양을 가리킨다. 즉, 개념, 원리, 법칙의 학습은 많은 내용을 요약하며 습득하도록 도와준다. 셋째, 표상의 생성력은 일련의 명제나 지식이 그와 관계되는 다른 명제나 지식을 찾아내기 쉬운 정도를 말한다. 다시 말해서, 정보가 전이되어 응용할 수 있을 정도가 되어야 한다.

3 학습의 계열화(Sequence)

학습자 스스로 학습내용을 이해, 변형, 전이하는 능력을 발휘할 수 있도록 조직된 학습과제의 제시순서를 의미한다. 따라서 학습계열화에는 학습자의 학습동기를 자극시킬 수 있을 정도의 적당한 모호성이 있어야 하고, 학습과제의 특성과 학습자의 개인차를 고려하여 학습과제의 제시 순서를 달리 한다. 학습의 최적계열은 학습속도, 망각에 대한 저항력, 이전에 학습된 것의 새로운 사례에 대한 전이성, 표상양식, 학습된 내용의 경제성, 새로운 가설의 일반화 및 조합이라는 관점에 입각하여 조직되어야 한다.

4 강 화(Reinforcer)

교수와 학습의 과정에서 적용될 상과 벌의 성격과 그 적용방법을 명시해 줄 수 있어야 한다. 즉, 학습의 증진을 위해 강화는 필요하다. 브루너는 강화를 외적인 보상이 강하면 성취 자체로부터 받는 보상은 줄어들며, 실패는 다음의 성공을 위한 기초가 된다고 말하였다. 이에 따라 외적인 벌은 행동을 와해시킬 수 있으므로 시정과 향상의 기반으로 작용하기 어려우며, 내적 보상과 외적 보상은 균형을 유지해야 한다.

5 학습자 사고의 자극(Stimuns of learner thinking)

학생을 스스로 무엇인가를 발견하려는 욕구를 가진 능동적 존재로 가정한다. 이에 학문중심, 탐구중심 교육과정에서 강조되며, 기본 이념과 원리를 학생들 스스로 사고하는 태도를 갖도록 교과를 지도하는 것이다.

Chapter 07 학습정리

1. 학교교육의 가장 핵심적인 활동은 교수-학습과정이다. 교수는 어떠한 것을 가르쳐 주는 것을 뜻한다. 이것은 교사의 가르침을 받아들이는 학생들에게 지식과 기능을 가르치는 것을 의미한다. 또한 교수는 학습자의 내적 능력과 적절히 상호작용하는 학습장면에 대한 외적 조건의 통제를 말하며 학습을 위한 수단이며, 학습은 넓은 뜻으로는 인간발달에 있어서 재체제화(Reframing)의 과정을 말한다. 그러므로 교수-학습활동은 교사와 학생이 상호작용하는 관계이다. 따라서 교수-학습활동은 일정한 학습과제를 중심으로 교사와 학생이 역동적으로 상호작용하는 것이다.

2. 학습지도의 원리는 4가지로 분류된다. 첫째, 자발성의 원리는 학습자 자신이 자발적으로 학습활동에 적극 참여해야 한다는 원리이다. 둘째, 개별화의 원리란 학습자가 지니고 있는 각자의 요구와 능력에 알맞은 학습활동의 기회를 마련해 주어야 한다는 원리이다. 셋째, 사회화의 원리란 학습내용을 현실사회의 이념과 문제에 기반을 두며, 학교에서 경험한 것과 학교 밖에서 경험한 것을 교류시키는 것이다. 넷째, 통합성의 원리는 학습을 통합적인 전체로 지도해야 한다는 원리로 공동학습의 원리와 상통한다.

3. 교수학습지도의 방법을 살펴보면, 첫째, 강의법은 가장 오래된 전통적 교수방법이며, 교사의 언어를 통한 설명과 해설에 의해 학생을 지도해 가는 방법이다. 둘째, 토의법은 공동학습의 한 가지 형태로서 학생 상호 간의 의견교환을 통하여 학습활동을 이끌어 나감과 동시에 학습의 사회화를 꾀할 수 있는 민주적인 학습지도법이다. 셋째, 교사와 학생이 서로 질문을 하면서 수업을 전개하는 방법으로, 강의법과 함께 오래전부터 활용되었던 전통적인 교수방법의 형태이다. 넷째, 문제해결법은 학생들이 생활하고 있는 현실적인 장면에서 당면하는 문제들을 스스로 해결해 나가는 과정으로, 지식, 기능, 태도, 기술 등을 종합적으로 획득하도록 하는 방법이다. 다섯째, 구안법은 학습자 스스로가 어떤 목적을 가지고 자기 힘으로 계획을 세워서 실천함으로써 자발적이고 창의적인 학습의 효과를 거두고자 하는 현대적인 학습지도의 한 방법이다. 여섯째, 팀티칭법은 교사조직을 중심으로 교장을 정점으로 하여 팀 리더와 상급교사 그리고 일반교사 세 그룹으로 구성하였다. 경우에 따라서는 이를 주임교사, 협력교사 및 보조교사로 구분하기도 한다. 일곱째, 프로그램학습은 학생이 스스로 학습할 수 있도록 꾸며 줌으로써 기계장치 또는 책의 형태로 되어 있는 프로그램 내용을 학생에게 학습시켜 목표에 쉽고 명확하게 도달하게 하는 방법이다.

4. 글래이저는 수업이 진행되는 과정을 하나의 체제로 전제하기 위해 수업목표의 설정, 출발점 행동의 진단, 수업절차, 성취도 평가 등의 4단계로 구분한다. 또한 캐롤의 수업이론은 학습에서의 사용 시간과 여러 변인의 작용에 의해서 결정되며, 이들 변인 중의 일부는 필요한 시간을 결정하는 변량과 다른 것일 수도 있다. 그리고 가네는 학습이 이루어지는 데는 내적 조건과 외적 조건이 동등하게 중요하다는 점을 강조하였다. 오즈벨은 인지구조와

학습과제 두 변인을 상호 연관짓고 있다. 인지구조란 지각하는 현상을 통합적-위계적으로 조직한 것을 의미한다. 즉, 학습자가 지닌 조직화된 개념이나 관념의 집합체가 인지구조인 것이다. 또한 브루너는 수업이론은 지식이나 기능을 학습자에게 학습시키는 가장 효과적인 방법에 관한 여러 원리와 법칙을 제시해 준다.

Chapter 07 연습문제

01 교수-학습과정 중 교수와 학습의 개념에 대하여 설명하시오.

02 교수-학습과정 중 학습지도의 원리에 대하여 논하시오.

03 교수-학습지도의 방법 7가지에 대하여 논하시오.

04 교수과정 모형 중 오즈벨과 브루너의 수업이론에 대하여 논하시오.

05 교수과정 모형 중 캐롤과 가네의 수업이론에 대하여 비교하시오.

06 교수과정 모형 중 글래이거 수업이론을 중심으로 강의계획서를 작성하시오.

08 교육평가

CHAPTER

학습내용

- 교육평가의 개념, 정의, 기능에 대해 이해한다.
- 교육평가의 유형 3가지(평가기준, 수업중심, 평가문항의 중심)에 대해 이해한다.
- 평가도구의 조건(타당도, 신뢰도, 객관도, 실용도)에 대해 이해한다.

1 교육평가의 개념

1) 교육평가의 정의

교육평가(教育評價)는 학생의 교육목적 달성도를 확인, 반성하는 활동이다. 즉, 평가는 교육활동 실천과정의 최종단계로 교육목적이나 목표에서 제시한 바람직한 행동을 학생들이 얼마나 습득했는가를 확인하고, 이를 반성하는 활동이다.

TIP
타일러는 교육평가를 본질적으로 교육과정 및 수업의 프로그램에 의하여 교육목표가 실제로 어느 정도까지 달성되었는지를 밝히는 과정이라고 주장했다.

타일러(Tyler)는 교육평가를 본질적으로 교육과정 및 수업의 프로그램에 의하여 교육목표가 실제로 어느 정도까지 달성되었는지를 밝히는 과정이라고 주장했다. 따라서 교육목표 달성도를 평가하고 교사 스스로의 학습지도방법 등을 평가하는 것은 교육활동 과정에서의 적절성, 학습내용의 타당성, 학습과정의 효율성을 평가하는 것이다. 이는 설정된 교육목표, 선정-조직된 교육내용 및 사용된 교재, 보조교재, 교수-학습지도활동 및 생활지도 활동, 교육평가 자체 등이 바람직한 교육효과를 올리는데 적절한 역할을 확인 및 반성하는 것이다.

교육평가(教育評價)는 다음과 같이 6가지로 구분된다.

① 교육목표의 달성도를 다룬다.
② 행동증거를 수집하는 방법은 시험, 행동관찰, 질문지, 면접 등이다.
③ 인간 이해의 수단이다.
④ 개인차의 변화를 다룬다(학습방법과 학습촉진).
⑤ 교육의 제반문제를 이해하고 올바른 교육정책을 수립한다.
⑥ 학습자의 진로지도를 위한 정보를 제공한다.

2) 교육평가의 기능

TIP
교육평가의 순기능뿐만 아니라 역기능을 이해하고 그것의 억제방법에 대한 탐구가 요청되고 있다.

교육평가는 그 목적과 형태에 따라서 다양한 기능을 가진다. 평가 그 자체로 개선이나 반성, 방향 설정 등 긍정적 기능 또는 순기능을 지니는 것으로 이해되고 있다. 따라서 교육평가의 순기능뿐만 아니라 역기능을 이해하고 그것의 억제방법에 대한 탐구가 요청되고 있다.

학자들의 견해를 종합하면 교육평가의 기능은 다음과 같다.

① 개개인의 학업성취도를 평가하는 기능이다.
일정한 목표와 목적을 지니고 체계적으로 이루어지는 활동이 교육이므로, 이러한 교육목표가 어느 정도 달성되고 달성되지 못했는가에 대한 통찰을 얻도록 돕는 기능이다.
② 개인차원과 집단차원에서 학습의 곤란한 점을 다양하게 파악한다.

어떤 점이 학습을 곤란하게 하며 교육목표달성을 어렵게 하고 있는가를 이해하는 데 도움을 준다.

③ 학생의 생활지도에 관한 자료를 수집한다.
생활지도를 위해 학생의 정서, 능력, 흥미, 성격은 물론 학생을 둘러싸고 있는 학교, 가정, 사회 환경에 대한 광범위하고 정확한 이해가 필수적이다.

④ 평가는 교육과정, 수업자료, 수업과정, 학급조직 등 여러 측면에 대해 교육적 효과성을 점검하고 개선할 자료제공 기능을 수행한다.

⑤ 올바른 교육정책 및 일반정책을 수립하는 데에 도움을 준다.
학교 간 또는 지역 간 평가 결과를 보고 교육정책의 방향을 결정하고 수정할 수 있다.

2. 교육평가의 유형

교육평가의 유형은 크게 3가지 기준으로 나눈다.

① 평가기준에 따라 임의평가(任意評價), 상대평가(相對評價), 절대평가(絶對評價)로 구분되며, 이러한 이론의 발달도 위와 같은 순서로 진행되고 있다.

② 수업과정 중 어느 시기에 실시하느냐에 따라 진단평가(診斷平價), 형성평가(形成評價), 총괄평가(總括評價)로 나눌 수 있다.

③ 평가문항을 중심으로 객관식 평가(客觀式評價)와 주관식 평가(主觀式評價)이다.

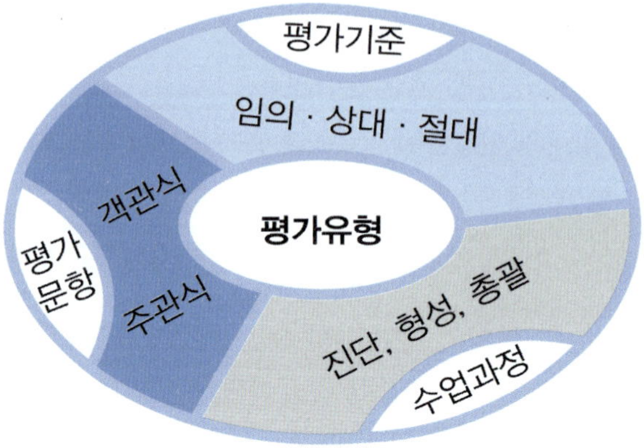

1) 평가기준의 평가

(1) 임의평가

TIP
평가기준이 객관적이며 과학적인 검토와 연구에 의하여 설정된 것이 아니라 교사의 개인적이고 주관적인 판단에 의하여 임의로 설정되어 이루어진 평가이다.

임의평가(voluntary valuation)는 교육이론이 체계적으로 정립되기 이전에 활용된 평가유형이다. 평가기준이 객관적이며 과학적인 검토와 연구에 의하여 설정된 것이 아니라 교사의 개인적이고 주관적인 판단에 의하여 임의로 설정되어 이루어진 평가이다. 극단적인 경우 임의기준은 교사에 따라 다를 뿐만 아니라 같은 교사라 할지라도 때에 따라서 임의표준기준이 다를 수 있다. 이 점은 임의평가의 대표적인 한계점이라고 할 수 있다. 임의기준이란 평가도구 자체의 결점을 의미하는 것으로 평가도구 자체의 불안정과 기준의 결여는 그대로 교육기준에 대한 의식의 결여 또는 교육목표 의식의 불명료성을 의미한다. 그러므로 임의평가에서 얻은 점수는 어떤 절대적인 해석이나 특수한 의미를 부여하기가 어렵다.

(2) 상대평가(규준지향평가, 규준참조평가)

TIP
상대평가에서의 평점은 개인의 어떤 행동 특성의 상대적 위치를 표시하는 구실을 한다.

상대평가(relative evaluation)는 개인의 지위를 타인과 비교하여 상대적으로 판단하는 평가를 말한다. 따라서 평가의 기준은 타인이 된다. 1976년 이전에 생활기록부에 학력평가의 결과를 공식적으로 기재할 것을 요구하던 평가의 방법이 상대평가에 해당한다. 상대평가는 집단 속의 개인

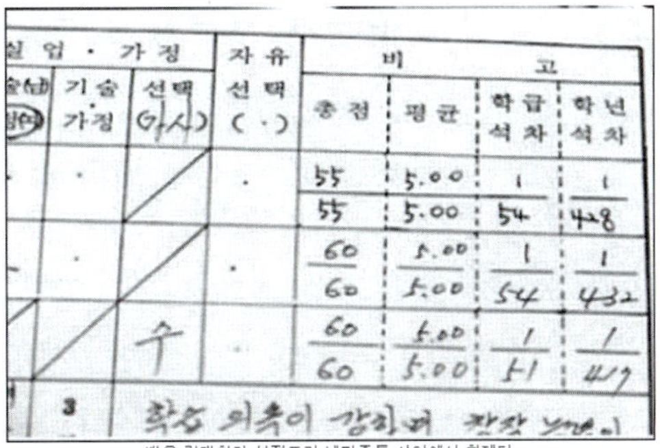

배우 김태희의 성적표가 네티즌들 사이에서 화제다.

을 어떤 규준과 비교하여 상대적 위치를 찾는 데 의의가 있다. 상대평가에서의 평점은 개인의 어떤 행동 특성의 상대적 위치를 표시하는 구실을 한다. 따라서 상대평가(relative evaluation)는 규준지향평가(norm-referenced evaluation)로 분류, 선발, 배치(입학)하는 평가로 서열 혹은 순위를 판정한다.

상대평가의 경우 한 학급이나 한 학교 안에서는 교사가 수업을 잘했든 못했든 간에 항상 일정한 비율의 수가 있기 마련이다. 한 학급에 100명의 학생이 있을 때 A 학점 30%, B 학점 40%, C 학점 20%, D 학점 10% 등으로 비율을 미리 정해 놓고 평가를 하는 것이 여기에 해당한다. 또한 내신등급의 각 과목별 비율을 원점수가 높은 순서대로 9단계로 설명하면(100명 학생), 1등급은 4%로 1~4등까지로, 2등급 7%로 5~11등, 3등급 12%, 4등급 17%, 5등급 20%, 6등급 17%, 7등급 12%, 8등급 7%, 9등급은 4%로 구분한다.

상대평가제도는 수업의 질에 대한 관심은 갖지 않고 학생에게 등급을 매기고 분류하는 데만 관심을 갖게 한다. 이러한 평가제도는 교육목표 의식의 불명료와 교육의 질적 변화에 민감하지 못하므로 교육의 질적인 저하를 가져올 가능성이 크다.

> **TIP**
> 상대평가는 객관성 있는 개인차 변별을 강조하며 검사의 제작기술과 엄밀한 성적표시방법을 채택하고 있기 때문에 교사의 편견이 개입될 가능성이 적다.

상대평가체제의 장점과 단점은 다음과 같다.

1 장 점

① 학생들 개인차의 변별이 용이하다. 따라서 상대평가는 여러 개인의 상대적인 비교를 기초로 이루어진다.

② 교사의 편견을 배제할 수 있다. 상대평가는 객관성 있는 개인차 변별을 강조하며 검사의 제작기술과 엄밀한 성적표시방법을 채택하

고 있기 때문에 교사의 편견이 개입될 가능성이 적다.

③ 외발적인 동기유발에 도움이 된다. 이는 학생 상호 간의 경쟁을 통하여 더욱더 열심히 공부하게 하는 자극제가 되기도 한다.

2 단 점

① 상대평가는 현대적인 학습이론에 맞지 않을 가능성이 있다. 현대 학습이론은 외적 동기가 아니라 내적 동기유발을 권장하고 있다.

② 학생들 간의 경쟁의식을 지나치게 조장할 우려가 있어 학생의 정신건강에 좋지 않은 영향을 미칠 수 있다.

③ 상대평가의 기준점은 그 집단 내부에서만 통할 뿐 타집단과의 비교가 불가능하다.

④ 상대평가의 기본 입장인 교수-학습 개선의 입장이나 그 강화의 측면은 매우 소홀할 수 있다.

⑤ 학생들 간 학력의 상대적 우위를 결정하기 때문에 과다한 경쟁심이 조장된다.

> **TIP**
> 절대평가는 목표지향적 평가 또는 절대기준평가라고도 부른다. 이것은 한 학생의 성적이 그가 속해 있는 집단의 결과와는 상관없이 주어진 교수목표를 얼마나 달성했느냐를 중시하는 평가 방법이다.

(3) 절대평가(준거참조평가, 목표지향적 평가)

절대평가(absolute evaluation)는 목표지향적 평가 또는 절대기준평가라고도 부른다. 이것은 한 학생의 성적이 그가 속해 있는 집단의 결과와는 상관없이 주어진 교수목표를 얼마나 달성했느냐를 중시하는 평가방법이다. 예를 들어, 대학생들의 학점을 절대평가 5단계로 설명하면, 교수목표인 성취표준목표 달성에 정답률이 90% 이상이면 A학점을, 80%~89%이면 B학점을, 70%~79%이면 C학점을, 60%~69%이면 D학점을, 59% 이하면 F학점을 준다. 따라서 절대평가는 교수-학습이 적절히 진행되고 개선되기만 하면 대부분의 학생이 우리가 기대하는 교육목표에 도달할 수 있고 우리가 가르치는 내용을 성취할 수 있으며, 우리가 기대하는 기준에 도달할 수 있다는 입장에 서고 있기 때문에 학생들에게 보다 많은 성취감이나 성공감을 줄 가능성이 크다. 절대기준평가는 한 학생의 성적이 그가 속해 있는 집단의 검사결과와는 상관없이 주어진 수업의 목표를 어느 정도 달성하였는가에 따라 교육목표 달성도로 성적을 표현하는 방식이라고 할 수 있다. 즉, 자격조사, 교수적 기능을 강조하는 확인, 고정, 개선 평가로 사용된다.

절대평가체제의 장점과 단점은 다음과 같다.

1 장 점

① 교육개선을 위한 실질적인 자료를 제공한다. 평가의 결과를 절대적인 기준에 따라 평가함으로써 교육의 질적 향상을 도모한다.

② 교수-학습활동의 개선에 도움을 준다. 학습자가 성취하고 있는 학습부분과 실패하고 있는 학습부분을 발견하기가 매우 쉽다.

③ 학생들에게 성공감과 성취감을 맛보게 한다. 학생들의 긍정적인 자아개념과 정서발달을 가능하게 하여 정신건강에도 도움을 준다.

④ 협동학습을 강조한다. 학습장면에서 학생 간의 경쟁보다는 협동을 강조함으로써 협동학습을 촉진시킨다.

> **TIP**
> 학생들에게 성공감과 성취감을 맛보게 한다. 학생들의 긍정적인 자아개념과 정서발달을 가능하게 하여 정신건강에도 도움을 준다.

2 단 점

① 학생들의 개인차 변별이 용이하지 않다. 학습자 개인 간의 능력비교는 어렵고, 우열을 판정하기도 쉽지 않다.

② 학습활동에 내적 동기를 중요시 여기기 때문에 외적 동기를 학습에 적용할 수가 없다.

③ 통계적 활용이 어렵다. 통계처리는 정규분포이론 하에서만 가능하기 때문에 이러한 정규분포를 인정하지 않는 절대평가에서는 불가능하다.

④ 절대기준평가의 가장 큰 문제는 절대기준을 선정하는 일에 어려움이 있다는 것이다. 이 절대기준을 선정하기 위해서는 각 교과의 구조에 대한 분석과 학습과제의 위계화 분석이 필수적으로 요구된다.

임의평가, 상대평가, 절대평가의 비교는 〈표 8-1〉과 같다.

표 8-1 임의평가, 상대평가, 절대평가의 비교

유형	특징	장점	문제점
임의평가	• 평가가 교사 개개인의 주관적인 판단에 의해 좌우된다. • 교사에 의해 100점식 평가방법이다.		• 평가의 기준이 교사에 의해서 임으로 선정된다. • 평가결과에 대한 판단이 서로 상이할 가능성이 있다.
상대평가	• 평가의 기준이 어떤 표준척도에 의해 이루어지는 형태이다. • 규준점수척도에 의해 규준지향적 평가방법이다.	• 개인차의 변별이 가능하다. • 집단 내에서 각 점수의 객관적 평가가 가능하다. • 검사신뢰도를 강조한다.	• 개개 학습자의 교육목표에 도달되었는가의 여부를 밝히는 기준적 판단이 불가능하다. • 비교육적인 경쟁심이 유발된다.
절대평가	• 평가기준을 교육과정을 통해 달성하려고 하는 수업목표 및 목표지향적 평가방법이다.	• 교육의 효과에 대한 적극적인 신념을 기초로 한 방법이다. • 학습자의 도전상대는 지적 탁월성인 절대기준이다.	• 절대기준 설정의 난점이 있다. • 개인차 변별의 곤란이 있다. • 통계적 활용의 난점이 있다.

2) 수업중심의 평가

(1) 진단평가

진단평가(diagnostic evaluation)는 수업을 하기 전에 학습자의 학습 장애요인, 선수지식, 학습동기 등을 살펴보기 위해 실시하는 평가를 의미한다. 즉, 수업하기 전에 미리 학습하고, 준비되어 있어야 할 것들이 얼마나 학습되어 있고, 준비되어 있는지 확인하는 것이다. 따라서 수업의 효율화와 학습의 능률을 향상시키기 위해서는 학생이 어떠한 특성을 지니고 있으며, 과거 학습의 정도, 준비도, 흥미, 동기 상황 등 학습이 시작되기 이전의 초기 상태에 관해서 알아두는 것이 필요하다. 선수학습의 결핍 여하

> **TIP**
> 진단평가는 어떤 학습과제를 하기 전에 미리 학습하고, 준비되어 있어야 할 것들이 얼마나 학습되어 있고, 준비되어 있는지를 파악하는 데 있다.

를 판정하는 진단검사도 단원, 학기, 학년 초에 실시된다.

이 검사는 대부분의 경우 수업처방의 목적을 위하여 실시되며 선수학습이 결핍된 학생이 나타나면 이들에게는 특별과정을 제공하여 보충하여야 한다. 학습곤란을 진단하는 검사는 반복되는 오류의 심층적 원인을 알기 위하여 수업과정에 실시된다.

진단평가의 목적은 크게 3가지로 나눈다.

1 학습부진 요인의 진단

시청각적 변별, 기억능력, 지각운동기능, 주의집중력 등의 발달적 기초기능의 진단과 읽기, 쓰기, 셈하기 등 기초개념과 같은 기초학력의 진단이다.

2 학생들의 정서적 적응문제의 심리적 요인 진단

신경증이나 정신적 질환을 확인하는 성격진단검사, 불안검사, 욕구검사, 자아개념검사, 적응검사 등이 있다.

3 학생들의 출발점 행동을 진단

학생들이 학습과제를 성공적으로 수행할 수 있도록 출발점 행동을 갖출 수 있도록 단원수업이 시작되기 전에 그 단원학습의 선수학습 요인을 진단한다.

진단평가의 기능 3가지는 다음과 같다.

① 출발점 행동 확인을 위한 진단평가이다.

모든 학생들이 동등한 기초 학력이나 특성을 갖고 있지 않으므로 동일한 출발점에서 지도하는 것은 잘못된 것이다. 따라서 학생이 새로운 학습과제에 임할 때 가지고 있는 인지적, 정의적 행동특성을 진단하는 데 이용되는 평가를 출발점 행동 확인을 위한 진단평가라고 한다.

② 선택적인 교수전략을 위한 진단평가이다.

정치진단의 기능으로서 학습의 능력, 적성, 희망, 흥미 등 개인차를 인정한다면 교수방법도 이 개인차에 따라 다양화되어야 한다.

③ 정치를 위한 진단평가이다.

학습자의 학교 간의 정치를 위한 진단평가는 일반고, 농업고, 공업고, 상업고, 수산·해운고, 외국어고, 과학고, 예술고 등과 같이 종류가 다른 학교에 학습자를 정치하기 위한 진단평가를 말한다. 그리고 학습자의 학교 내 정치를 위한 일반계 고등학교에 있어서 문과, 이과나 취업계열, 대학진학계열 등과 같이 학교 내에서 학생들을 정치하기 위하여 행해지는 진단평가를 말한다. 학습자의 학급 내 정치를 위해 진단평가는 학습자를 우수반, 열등반, 보통반으로 나누거나 혹은 진단결과에 따라 적절한 수업진단으로 학생을 분류하기도 한다.

(2) 형성평가

> **TIP**
> 형성평가는 수업이 진행되는 과정에서 그 수업이 주어진 수업목표의 달성을 위하여 정상적인 진전을 보여 주고 있는지를 수시로 점검하는 과정을 말한다.

형성평가(formative evaluation)는 수업이 진행되는 과정에서 그 수업이 주어진 수업목표의 달성을 위하여 정상적인 진전을 보여 주고 있는지를 수시로 점검하는 과정을 의미한다. 즉, 교수-학습이 진행되는 과정에 학생들의 학습된 정도를 점검하기 위해 실시하는 평가, 학생, 교수, 프로그램 등의 대상을 개선하는 데 목적이 있다.

수업과정에서 학습자에게 피드백을 주고 교수방법의 개선과 교육과정의 질적 개선을 위해 실시하는 형성평가의 방법에는 수업 중의 가벼운 질문, 간단한 테스트, 학습자의 반응 유도 등 여러 가지가 있다.

형성평가는 각 문항별로 정답과 오답을 확인하여 교수의 효율성과 학습자의 학습결손 여부를 결정하는데 활용하는 평가방식이기 때문에 절대평가체제로 행해지는 것이 좋다. 형성평가라는 용어를 처음 사용한 사람은 스크리븐(Scriven)이다.

형성평가의 기능 4가지는 다음과 같다.

① 학습지도활동을 조정하게 해준다. 형성평가를 통해 얻어진 정보를 토대로 교수-학습 지도활동을 조정하여 적절한 교정 또는 보충수업의 기회를 제공함으로써 학습결손의 누적현상을 피할 수 있다.

② 학습활동을 강화해 준다. 형성평가를 통해서 교육목표달성의 진전 상황을 학습자가 직접 확인하게 되면 자신감과 만족감을 얻게 되어 보다 적극적으로 후속학습에 임할 수 있다.

③ 학습곤란을 확인하여 교정하도록 해준다. 형성평가의 결과에 의해 학생들은 자신의 학습곤란을 스스로 확인하며, 그것을 제거해 나가는 데 힘쓰게 된다.

④ 학습지도방법을 개선하게 해준다. 형성평가의 결과에 의해서 교육과정 전반, 즉 교육목표의 조정, 교육내용의 변경, 교수-학습지도방법의 개선, 교육평가방법의 개선 등의 전반적인 전략을 재구성해 준다.

(3) 총괄평가

총괄평가(summative evaluation)는 일정단위로 수업이 끝난 시점, 또는 대단원의 수업이 끝났을 때 학생들의 학업 성취 수준이 어느 정도 도달했는지 최종적으로 확인하는 평가이다. 흔히 학교에서 실시하고 있는 중간고사, 학기말 고사, 학년말 고사 등이 총괄평가에 해당한다. 일반적으로 단원의 목표달성 정도를 알아보는 절대평가의 성격을 지니지만, 경우에 따라서는 학생 상호 간의 우열을 비교하는 상대평가의 성격을 지니기도 한다.

> TIP
> 총괄평가는 일정단위로 수업이 끝날 때, 또는 대단원의 수업이 끝났을 때 학생들의 학업 성취 수준을 총괄적으로 알아보는 평가이다.

총괄평가의 기능 4가지는 다음과 같다.

① 성적을 판정해 준다. 총괄평가의 주된 목적은 주어진 교육목표의 달성도를 전반적으로 확인하여 학생의 성적을 부여하는 것이다.

② 후속 학습에 대한 성공을 예언해 준다. 총괄평가의 결과는 학생들의 학습지도와 생활지도의 기초자료가 된다.

③ 교수전략 수립에 대한 정보를 제공한다. 총괄평가는 해당 단원의 학습지도방법 개선에 대한 정보로 활용할 수는 없지만 결과적으로 후속적인 교수전략에 중요한 정보가 된다.

④ 집단 간의 학습효과를 비교할 수 있게 해준다. 학교 간 또는 학급 간의 학업성취의 비교는 총괄평가에서 얻어진 결과로 이루어진다.

진단평가, 형성평가, 총괄평가의 비교는 〈표 8-2〉와 같다.

표 8-2 진단평가, 형성평가, 총괄평가의 비교

구분	진단평가	형성평가	총괄평가
기능	• 선수 학습의 확인 • 학습 결손에 대한 사전처방 수립 • 학습자의 흥미, 관심 등의 확인	• 학습행위 강화 • 학습진도 조정 • 학습곤란의 처치 • 교수방법의 개선	• 성적의 반영 • 차기학습 성취예언 • 집단 간 학업성취 비교 • 교육과정의 개선
평가 방법	• 규준참조 및 준거참조평가	• 준거참조평가	• 규준참조평가
실시 시기	• 학기 초, 학년 초 • 수업이 시작되기 전	• 수업 도중 수시	• 학습단위, 학기, 학년의 끝
평가 도구	표준화 학력검사 • 표준화 진단검사 • 관찰 및 면담 • 교사 및 학교의 자작 검사지	• 쪽지시험 • 칠판에 문제 풀기 • 교사의 문제 제시	• 제시된 단원의 수업모표를 중심으로 총괄적으로 제작된 문항 • 표준화 학력검사
평가 강조점	• 지적, 정의적, 심리, 운동적 행동 • 신체적, 환경적, 심리적 요인	• 지적행동	• 일반적으로 지적행동 • 교과의 특성에 따라 심리적 및 정의적 행동
채점 방식	• 쪽지시험 • 칠판에 문제 풀기 • 교사의 문제 제시 • 목표 및 규준지향적	• 목표지향적	• 목표 및 규준지향적

3) 평가문항의 평가

(1) 객관식 평가

객관식 평가(objective evaluation)는 미리 제시된 답 가운데 정답을 고르는 방식이다. 즉, 학생들에게 주어진 답지에서 정답을 찾거나 회상해서

19. 숫자 3, 3, 4, 4, 4가 하나씩 적힌 5개의 공이 들어 있는 주머니가 있다. 이 주머니와 한 개의 주사위를 사용하여 다음 규칙에 따라 점수를 얻는 시행을 한다.

> 주머니에서 임의로 한 개의 공을 꺼내어
> 꺼낸 공에 적힌 수가 3이면 주사위를 3번 던져서 나오는 세 눈의 수의 합을 점수로 하고,
> 꺼낸 공에 적힌 수가 4이면 주사위를 4번 던져서 나오는 네 눈의 수의 합을 점수로 한다.

이 시행을 한 번 하여 얻은 점수가 10점일 확률은? [4점]

① $\frac{13}{180}$ ② $\frac{41}{540}$ ③ $\frac{43}{540}$ ④ $\frac{1}{12}$ ⑤ $\frac{47}{540}$

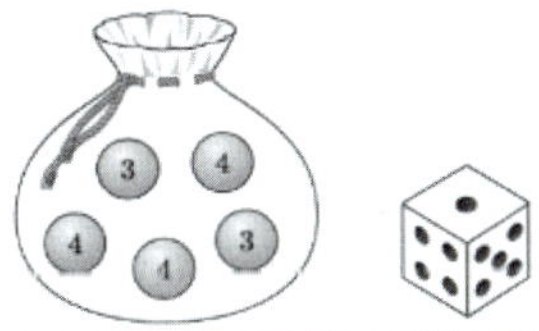

출처: https://blog.naver.com/haru320/222202256891

답안을 선택하는 평가로 어느 누가 채점을 해도 결과가 같으므로 객관식 평가라고 한다. 평가방법에는 문제의 옳고 그름으로 답하는 진위형 문항, 몇 개의 답지 중에서 정답을 고르는 선다형 문항, 왼쪽과 오른쪽의 단어나 어구끼리 줄을 그어 짝짓는 식의 배합형 문항 등이 있다. 또한 단어, 어구, 숫자 등을 써서 답하는 단답형과 (　　) 안을 채워서 완결시키는 완결형 문항으로 된 서답형 평가로 객관식 평가에 포함된다.

(2) 주관식 평가

30. 최고차항의 계수가 1인 삼차함수 $f(x)$에 대하여 실수 전체의 집합에서 정의된 함수 $g(x)=f(\sin^2 \pi x)$가 다음 조건을 만족시킨다.

> (가) $0<x<1$에서 함수 $g(x)$가 극대가 되는 x의 개수가 3이고, 이때 극댓값이 모두 동일하다.
> (나) 함수 $g(x)$의 최댓값은 $\frac{1}{2}$이고 최솟값은 0이다.

$f(2)=a+b\sqrt{2}$일 때, a^2+b^2의 값을 구하시오. (단, a와 b는 유리수이다.) [4점]

https://issuebox.tistory.com/511

주관식 평가(subjective evaluation)는 주어진 물음이나 지시에 따라서 작성하는 평가이므로, 때로는 기술식 평가, 논문형 평가, 서답형 평가라고도 한다. 평가는 한 문장이나 여러 문장 또는 몇 페이지의 글로 대답하도록 문항이 구성되어 있기 때문에 채점 시 수험자가 답한 글을 읽고, 평가자가 판단한다. 이러한 주관식 평가는 수험자의 반응이 주관적으로 나타나고, 채점에서도 주관성이 게재될 수 있기 때문에 채점과정이 어려울 수 있다. 주관식 평가와 객관식 평가의 비교는 〈표 8-3〉과 같다.

> **TIP**
> 주관식 평가는 기술식 평가, 논문형 평가, 서답형 평가라고도 한다. 평가는 한 문장이나 여러 문장 또는 몇 페이지의 글로 대답하도록 문항이 구성되어 있기 때문에 채점 시 수험자가 답한 글을 읽고, 평가자가 판단한다.

표 8-3 주관식 평가와 객관식 평가의 비교

구 분	주관식 평가	객관식 평가
반응의 자유도	넓음	좁음
반응의 특색	문항이 요구하는 반응 외에 구상력, 표현력 등도 알아봄	문항이 요구하는 관련 지식만 포함됨
반응의 강조점	종합적인 이해가 요구됨	정확한 지식이 요구됨
문항 표집	일반적으로 부족함	충분히 할 수 있음
채점의 객관도	낮음	높음
추측의 작용	작음	큼
출제 소요시간	적음	많음
채점 소요시간	많음	적음

3. 평가도구의 조건

1) 타당도(논리적 타당도, 교과타당도: 얼마나 정확하게 측정하는가?)

타당도(validity)는 평가의 도구가 무엇을 재고 있느냐의 문제인 동시에 그 평가도구가 어느 특정한 개인이나 집단에 대해서 평가해 내려는 목표를 얼마나 정확하게 재느냐를 나타낸다. 즉, 타당도는 측정이 특수한 목적이나 용도에 적합한가를 나타내며 4가지 종류로 구분할 수 있다.

(1) 내용타당도

내용타당도(內容妥當度, content validity)는 일반적으로 논리적 타당도, 안면타당도, 교과타당도라고 하는데, 이것은 평가도구가 교육목표와 구성된 모든 내용을 얼마나 충실히 평가하는지를 살펴보는 데 목적이 있다. 예를 들어, 음주단속을 실시할 때 차량청결 상태를 측정한다면 내용타당도는 없다고 볼 수 있다.

(2) 예언타당도(미래를 예측할 수 있는 점수)

예언타당도(豫言妥當度, Predictive Validity)는 측정 점수가 얼마나 미래의 일이나 행동을 잘 예언해 주는지를 의미한다. 즉, 측정치가 장래의 행동이나 특성을 어느 정도로 정확하게 예언하여 주는가를 알아보기 위한 것이다. 예를 들어, 학교 시험 때 성적이 좋은 학생이 계속 성적이 좋으면 예언타당도가 높은 것으로 볼 수 있다.

(3) 공인타당도(이 시험이 기존의 시험과 닮아 있는지 확인)

공인타당도(共因妥當度, concurrent validity)는 예측타당도의 대체물로 이용된다. 즉, 공인타당도는 예측타당도를 측정하는 것보다 더 단순하고 비용이 적게 들며, 시간도 더 적게 소모된다. 이는 검사와 관련된 행동자료를 파악하기 어려운 경우에 준거자료로 이용할 수 있는 다른 집단의 검사 점수와 상관계수를 구하기도 한다. 미래를 예측하기보다는 현재의 상태를 파악하고자 하는 경우의 심리검사에서는 공인타당도를 살펴보는 것이 바람직하다. 한편, 공인타당도와 예언타당도의 두 검사 중 공인타당도가 높을 경우 값비싸고 시간이 오래 걸리는 심리검사보다는 간편한 것을 2가지 중 하나를 선택할 수 있다. 예를 들어, A가 측정하고자 하는 지능검사 내용을 B 역시 지능검사를 잘 측정하고 있다면, B는 A에 대한 공인타당도가 높다. 즉, 모의고사가 본 시험과 얼마나 닮아 있는가는 아주 중요하다.

(4) 구인타당도

구인타당도(構因妥當度, construct validity)는 한 검사의 이론적 구성과 특성을 측정하는 정도를 평가하는 것이다. 구성타당도는 지나치게 주관적인 판단에 의존하는 내용타당도와 적절할 외적 준거가 무엇인지에 대한 합의를 이끌어 내기가 어려운 공인타당도의 문제점을 보완하기 위해 개발된 타당도이다. 따라서 공인타당도는 조작적으로 정의되거나 이론으로

TIP
구인이란? 검사도구에 반영되어 있다고 가정하는 인간의 어떤 행동 및 특성을 의미함

정립되지 못한 상태에서 측정하면 측정의 타당성을 잃게 되므로, 이론을 정립하여 조작된 구성요인이 정확한 의미를 갖도록 함으로써 연구의 타당성을 얻고자 하는 것이다. 창의력 검사에서 창의력 구인을 측정할 때 창의력의 민감성, 이해성, 도전성, 개방성, 자발성, 자신감으로 구성되어 있다면, 그 검사도구가 특성을 자세히 분석하고, 이 특성이 다른 변인과 관련된 내용이 있는지, 마지막으로 이러한 가설적 관계가 검사에 실제로 얼마나 많이 내포되어 있는지를 측정하는 평가이다. 다시 말해서 학생의 영어실력을 평가할 수 있는 방법이 있다면, A시험은 듣기와 읽기로 판단하고 B시험은 영어실력을 말하기, 쓰기, 듣기, 읽기로 정의하였다. 이렇게 임의로 정의한 내용이 실제로 측정하고자 하는 것인 영어실력과 얼마나 관련성이 있는지를 판단하는 것이 구인타당도이다.

(5) 결과타당도: 심리평가를 한 후 결과에 대한 가치를 판단

결과타당도(結果妥當度, consequential validity)는 검사의 결과가 검사한 목적과 얼마나 일치한가? 그리고 의도한 결과가 얼마나 달성했는지를 확인한다. 이는 학생들에게 인적성검사를 실시한 후, 학교에서 학생들의 인적성검사에 대한 효과성 및 긍정적인 결과가 나타났다면 이 검사의 결과타당도는 높은 것이라고 볼 수 있다. 다시 말해서, 심리평가를 실시한 후 결과에 대해서 가치 판단을 하는 것이다.

(6) 안면타당도

안면타당도(顔面妥當度, face validity)는 전문가가 아닌 피험자의 상식적인 입장에서 검사도구의 타당도를 검정하는 방법이다. 이는 일반인 피험자의 검사도구 문항이 측정하고자 하는 것이 제대로 측정되는지 확인하는 것이다. 다시 말해서, 안면타당도가 높아야 피험자의 반응을 제대로 도출해 낼 수 있지만, 윤리성, 도덕성, 인성 등의 정의적 영역을 측정하는 것에는 안면타당도가 너무 높으면 거짓반응을 유도해 낼 수 있다. 특히 이 타당도는 너무 주관적이라 많이 사용하지 않는다.

2) 신뢰도

무엇을 재고 있느냐가 타당성에 관계되는 문제라면, 신뢰도(reliability)는 평가도구가 어떻게 재고 있느냐의 문제이다. 즉, 한 평가도구가 일관성 있는 측정을 하고 있느냐는 것은 믿음성, 안정성, 일관성, 예측성, 정확성이란 말과 유사한 의미이다. 신뢰도를 좌우하는 가장 큰 조건은 채점의 객관성인데 채점이 주관적이면 신뢰도가 낮아진다. 따라서 신뢰도를 높이기 위해서는 가능한 객관적인 채점방법을 사용함으로써 채점자의 개인적인 판단이나 편견에 영향을 받지 않도록 해야 한다. 이에 신뢰도를 검사하는 방법은 여러 가지가 있지만 그 중 대표적인 재검사 신뢰도, 동형검사 신뢰도, 반분검사 신뢰도, 문항 내적 신뢰도 등을 알아본다.

(1) 재검사 신뢰도

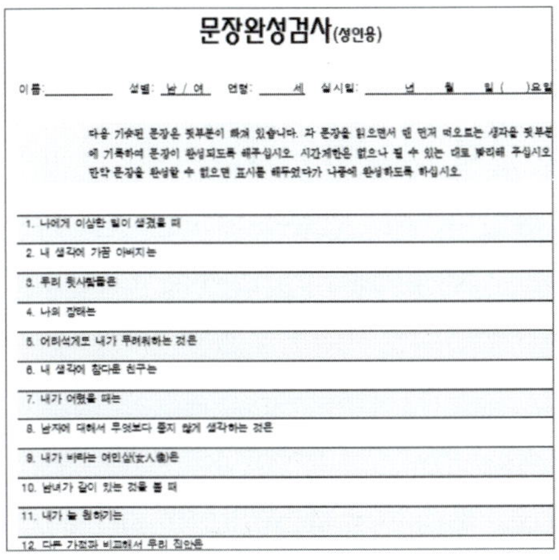
문장완성검사(성인용)

이름: ______ 성별: 남 / 여 연령: ___세 실시일: ___년 ___월 ___일( )요일

다음 기술된 문장은 뒷부분이 빠져 있습니다. 각 문장을 읽으면서 맨 먼저 떠오르는 생각을 뒷부분에 기록하여 문장이 완성되도록 해주십시오. 시간제한은 없으나 될 수 있는 대로 빨리해 주십시오. 만약 문장을 완성할 수 없으면 표시를 해두었다가 나중에 완성하도록 하십시오.

1. 나에게 이상한 일이 생겼을 때
2. 내 생각에 가끔 아버지는
3. 우리 윗사람들은
4. 나의 장래는
5. 어리석게도 내가 두려워하는 것은
6. 내 생각에 참다운 친구는
7. 내가 어렸을 때는
8. 남자에 대해서 무엇보다 좋지 않게 생각하는 것은
9. 내가 바라는 여인상(女人像)은
10. 남녀가 같이 있는 것을 볼 때
11. 내가 늘 원하기는
12. 다른 가정과 비교해서 우리 집안은

재검사 신뢰도(test-retest reliability)는 동일한 검사 도구를 동일한 집단에 시간 간격을 달리하여 시행하고 이를 상관계수로 검증하는 검사이다. 예를 들어, 2월에 검사한 장성화의 문장완성검사(SCT) 내용을 동일한 측정도구로 3~4월에 다시 장성화의 문장완성검사(SCT)로 검사한 후 이 자료를 가지고 상관관계를 도출하는 검사이다. 일반적으로 2~4주 정도 간의 간격이 좋다. 따라서 재검사 신뢰도는 전후의 검사기간에 따라 오차가 생기는 문제와 검사 실시 과정에서 수험자의 상태나 동기 등에 의한 통제가 어려운 데서 생기는 오차로 인하여 신뢰도가 낮아지는 단점이 있다.

> **TIP**
> 재검사 신뢰도는 동일한 검사 도구를 동일한 집단에 시간 간격을 달리하여 시행하고 이를 상관계수로 검증하는 검사이다.

(2) 동형검사 신뢰도

동형검사 신뢰도(parallel forms reliability)에서 문항은 다르지만 같은 특성을 가진 두 개 유형의 시험지로 같은 집단에 검사하는 방법을 동형검사라고 한다. 이 검사 형태는 같은 능력을 측정한다는 점에서 동등하다고 할 수 있고 신뢰도 결정에서 각각의 검사도구는 독립적으로 만들어졌다는 점에서 중요하다. 특히 이 신뢰도는 문항은 다르지만, 문항개수, 변별도, 난이도, 추측도가 유사하게 제작되기 때문에 이론상으로는 동형검사로 간주한다. 또한 재검사 신뢰도보다는 오차를 줄일 수 있다는 점에서 중요하지만 동형의 도구를 제작해야 되는 어려움도 있다.

(3) 반분검사 신뢰도

반분검사 신뢰도(split half reliability)는 동질계수를 보는 방법으로 한 가지의 평가도구로 한 집단에 실시한 후에 반분하여 상관을 보는 신뢰도이다. 이 검사를 두 개로 분할하는 방법은 전체 사례수를 번호 순서대로 놓았을 때 전, 후반으로 나눌 수 있고 홀수 번호와 짝수 번호로 나눌 수도 있으며 난수표를 이용하여 두 집단으로 나눌 수 있다. 그러므로 이 신뢰도는 두 부분에 대한 신뢰도이지 전체 신뢰도가 아니기에, 스피어만-브라운(Spearman-Brown) 공식으로 교정한다. 즉, 반분신뢰도는 한 검사도구를 반으로 나누는 방법들에 의해서 신뢰도 계수가 다르게 나타나는 단점이 있다.

(4) 문항 내적 신뢰도

문항 내적 신뢰도(inter-item consistency)는 평가도구의 문항 한 개 한 개를 독립된 검사 단위로 보고 그 합치성, 동질성, 일치성을 종합해 보려는 입장이다. 내적 합치도는 문항 간의 동질성에 기초를 두고 있기 때문에 동질계수라고 하며 이런 의미에서 동형 신뢰도와 유사하다. 그리고 이 신뢰도는 과학적으로 신뢰도 계수를 제공하기 때문에 신뢰도 추정에 좋은 방법이다. 크론바흐-α는 크론바흐가 분산 분석에 기초하여 제안한 방법으로, Likert 척도를 사용할 수 있다. 신뢰도와 타당도의 종합의견은 먼저, 신뢰도는 타당도의 필요조건으로 타당도가 없는 심리검사는 신뢰도가 높을 수 있지만, 반대로 신뢰도가 없는 심리검사는 타당도가 높을 수 없다. 그럼에도 불구하고 타당도는 필요조건이 되어야 한다. 따라서 신뢰도는 타당도의 필요조건이지 충분조건이 아닌 반면, 타당도는 신뢰도의 충분조건이 형성된다.

3) 객관도

객관도(objectivity)는 채점자에 의해 좌우되는 신뢰도와 비슷하다. 즉, 검사자의 신뢰도라고 할 수 있다. 측정의 결과에 대해서 여러 검사자 또는 채점자 사이에 어느 정도로 일치된 평가를 내리느냐는 매우 중요한 문제이다. 예를 들어 K 교수는 90점을, H 교수는 80점을 매길 가능성이 있고, 한 가지 검사를 한 교사가 채점할 경우 어떤 때는 80점, 또 다른 어떤 때는 90점으로 보았다면 평가자 간의 객관도가 없다고 할 수 있다. 한 교사가 같은 학생의 답안지를 오늘 채점한 결과와 며칠 후에 채점한 결과가 다르다면 그것은 평가자 내 객관도가 없는 경우이다.

> TIP
> 객관도는 채점자에 의해 좌우되는 신뢰도와 비슷하다. 즉, 검사자의 신뢰도라고 할 수 있다.

객관도를 유지하는 방법은 다음과 같다.

① 평가도구를 객관화시켜야 한다.
논문형 검사 같은 평가도구도 창의적 노력과 성실성으로 최선의 객관성을 유지할 수 있다.

② 검사자의 평가 소양을 높여야 한다.
평가하는 내용에 대한 투철한 이해, 인간행동에 대한 조작적 의미의 파악, 평가의 기술에 대한 연구와 훈련이 필요하다.

③ 검사자의 인상, 편견, 추측, 감정, 착오 등 주관적 요인을 최소한으로 줄여야 한다. 인간인 이상 이런 주관적 요인을 완전히 제거한다는

것은 불가능하지만, 그 가능성을 최소한으로 줄일 수 있어야 한다.

④ 가능하면 비객관적인 평가도구는 여러 사람이 공동으로 평가해서 그 결과를 종합하는 것이 객관성을 높일 수 있고, 평가기준이 명확해야 한다.

4) 실용도

>>> TIP
>
> 실용도는 평가도구가 시간, 노력, 비용을 얼마나 적게 들이면서 소기의 목적을 달성하느냐의 정도를 말한다.

실용도(usability)는 평가도구가 시간, 노력, 비용을 얼마나 적게 들이면서 소기의 목적을 달성하느냐의 정도를 말한다. 아무리 훌륭한 평가도구라 하더라도 많은 시간과 노력이 투입되거나, 경비의 부담이 크고 채점이 복잡하면 그 평가도구는 실용성이 없다고 할 수 있다. 따라서 실용도란 평가도구의 실용적 가치정도를 뜻한다. 실용성이 있는 평가도구의 조건으로는 실시의 이용성, 채점의 용이성, 결과의 해석과 활용의 용이성, 낮은 검사비용, 검사의 기계적인 구성 등이 있다.

Chapter 08 학습정리

1. 타일러는 교육평가를 본질적으로 교육과정 및 수업의 프로그램에 의하여 교육목표가 실제로 어느 정도까지 달성되었는지를 밝히는 과정이라고 말했다. 따라서 교육목표 달성도를 평가하고 교사 스스로의 학습지도방법 등을 평가하는 것은 교육활동 과정에서의 적절성, 학습내용의 타당성, 학습과정의 효율성을 평가하는 것이다. 또한 교육평가는 그 목적과 형태에 따라서 다양한 기능을 가진다. 평가 그 자체로 개선이나 반성, 방향 설정 등 긍정적 기능 또는 순기능을 지니는 것으로 이해되고 있다.

2. 평가기준에 따라 임의평가, 상대평가, 절대평가로 나누어진다. 첫째, 임의평가는 교육이론이 체계적으로 정립되기 이전에 활용된 평가유형이다. 평가기준이 객관적이며 과학적인 검토와 연구에 의하여 설정된 것이 아니라 교사의 개인적이고 주관적인 판단에 의하여 임의로 설정되어 이루어진 평가이다. 둘째, 상대평가는 집단 속의 개인을 어떤 규준과 비교하여 상대적 위치를 찾는 데 의의가 있다. 상대평가에서의 평점은 개인의 어떤 행동 특성의 상대적 위치를 표시하는 구실을 한다. 셋째, 절대기준평가는 한 학생의 성적이 그가 속해 있는 집단의 검사결과와는 상관없이 주어진 수업의 목표를 어느 정도 달성하였는가에 따라 교육목표 달성도로 성적을 표현하는 방식이라고 할 수 있다.

3. 수업과정 중 어느 시기에 실시하느냐에 따라 진단평가, 형성평가, 총괄평가로 나누어진다. 첫째, 진단평가는 어떤 학습과제를 하기 전에 미리 학습하고, 준비되어 있어야 할 것들이 얼마나 학습되어 있고, 준비되어 있는지를 파악하는 데 있다. 둘째, 형성평가는 수업이 진행되는 과정에서 그 수업이 주어진 수업목표의 달성을 위하여 정상적인 진전을 보여 주고 있는지를 수시로 점검하는 과정을 말한다. 셋째, 총괄평가는 일정단위로 수업이 끝날 때, 또는 대단원의 수업이 끝났을 때 학생들의 학업 성취 수준을 총괄적으로 알아보는 평가이다.

4. 평가문항을 중심으로 객관식 평가와 주관식 평가로 나누어진다. 첫째, 객관식 평가는 피험자가 주어진 답지에서 정답을 찾거나 회상해서 쓰는 평가이다. 누가 채점을 해도 그 결과가 같기 때문에 객관식 평가라고 한다. 둘째, 주관식 평가는 기술식 평가, 논문형 평가, 서답형 평가라고도 한다. 평가는 한 문장이나 여러 문장 또는 몇 페이지의 글로 대답하도록 문항이 구성되어 있기 때문에 채점 시 수험자가 답한 글을 읽고, 평가자가 판단한다.

5. 타당도(validity)는 평가의 도구가 무엇을 재고 있느냐의 문제인 동시에 그 평가도구가 어느 특정한 개인이나 집단에 대해서 평가해 내려는 목표를 얼마나 정확하게 재느냐를 나타낸다. 즉, 타당도는 측정이 특수한 목적이나 용도에 적합한가를 나타내며, 내용타당도, 예언타당도, 구인타당도, 공인타당도, 결과타당도, 안면타당도 등으로 구분한다. 신뢰도는 무엇을 재고 있느냐가 타당성에 관계되는 문제라면, 신뢰도는 평가도구가 어떻게 재고 있느냐의 문제이다. 그 중 대표적인 재검사 신뢰도, 동형검사 신뢰도, 반분검사 신뢰도, 문항 내적 신뢰도 등으로 구분된다.

Chapter 08 연습문제

01 교육평가의 개념에 대하여 설명하시오.

02 교육평가의 유형 중 평가기준의 평가에 해당되는 내용에 대하여 논하시오.

03 교육평가의 유형 중 평가문항의 평가에 해당되는 내용에 대하여 논하시오.

04 평가도구의 조건 중 타당도에 대하여 논하시오.

05 평가도구의 조건 중 신뢰도에 대하여 논하시오.

09 CHAPTER

생활지도와 상담

학습내용

- 생활지도의 개념인 의미, 원리, 영역에 대해 이해한다.
- 생활지도 활동 5가지에 대해 이해한다.
- 상담의 개념과 특성을 이해한다.
- 상담의 유형 4가지(지시적 상담, 비지시적 상담, 절충적 상담, 기타 상담이론)를 이해한다.

1 생활지도의 개념

1) 생활지도의 의미

생활지도(生活指導, guidance)의 의미는 영어의 Guidance란 말에서 유래된 것으로서 이는 동사 guide의 명사형이며, 미국에서는 Personnel Work 혹은 Personnel Service로 불리는 것처럼, 우리나라에는 가이던스, 생활지도, 지도하다, 이끌다, 영향을 미치다 등의 여러 가지 명칭을 가지고 있다. 이런 맥락에서는 생활지도란 학생들을 올바르고 바람직한 방

TIP
생활지도란 학생들을 올바르고 바람직한 방향으로 성장, 발달하도록 이끌어주는 지도활동이라고 할 수 있다.

향으로 성장, 발달하도록 이끌어주는 지도활동이라고 할 수 있다.

역사적으로 보면 미국의 사회사업가 파슨스(Parsons)는 1908년 보스턴(Boston)에 직업지도국을 설치하여 고등학교 졸업생을 적재적소에 취직시키고 지도하였다. 이처럼 청소년 범죄의 감소 및 선도를 목적으로 한 직업지도 운동이 바탕이 되어 각 개인의 능력에 맞는 직업의 선택, 취업준비를 조력하는 데서 출발했다.

우리나라 생활지도의 발달은 학교교육의 관심이 지식의 전달이나 지적 발달에만 국한되지 않는다는 시대적 · 사회적 요청과 6 · 25전쟁의 여파로 젊은이들의 가치의식을 위해 1957년부터 교육부의 후원으로 도입되기 시작했다.

대표적인 학자인 존스(Jones)는 생활지도란 선택, 적응, 문제해결에 있어서 어떤 사람에게 주어지는 개인적인 조력을 의미하며, 스트랭(Strang)은 개개인의 발달가능성을 발견하여 그들 자신의 노력에 의하여 개인적 행복과 사회적 유용성을 따라 가능성을 현실화하는 과정으로 보았다. 트랙슬러(Traxler)는 생활지도를 학생 스스로가 가지고 있는 능력, 흥미, 인격적 제 특성을 이해하게 하여 이를 최대한으로 발전시켜 자신의 생활목표를 따라 민주사회의 바람직한 시민으로 성숙해지는 과정이다. 따라서 장성화(2008)는 생활지도란 학생 각 개인이 일상생활에서 해결해야 할 여러 가지 문제를 자력으로 해결할 수 있도록 돕는 개인적인 조력과 지도하는 일련의 활동으로 정의하였다.

> TIP
> 생활지도의 목표는 각 개인이 자기의 문제를 자기 스스로 해결할 수 있는 능력과 새로운 상태의 적응능력을 길러 주는 데 있다.

생활지도의 목표는 각 개인이 자기의 문제를 자기 스스로 해결할 수 있는 능력과 새로운 상태의 적응능력을 길러 주는 데 있다. 생활지도의 초점은 문제 자체가 아니라 각 개인이며 각 개인의 자율적 성장을 촉진시키는 것이다. 즉, 자기 자신의 이해, 적응능력의 발전, 과학적 · 비판적 사고력 함양을 통한 문제해결의 증대가 필요하다. 따라서 지 · 덕 · 체를 겸비한 자신감과 자율적인 능력을 가진 인간을 창조하는 데 생활지도의 핵심이 있다.

2) 생활지도의 원리

생활지도의 원리는 학생들이 자신의 능력, 흥미, 소질 등을 스스로 이해하게 함으로써 자신의 주위환경에 보다 잘 적응할 수 있도록 도와주기 위한 원리이다. 생활지도 활동을 구체적으로 실천해 나가는 데 있어서 준수해야 할 원리를 6가지로 나누면 다음과 같다.

① 생활지도는 자율적이며 지도능력의 함양을 기본으로 삼는다.

생활지도에서는 결과보다는 과정이 중요시되며, 자율적으로 생각하고 행동해 보는 경험이 중요하다. 자신의 문제를 누구에게 의존하지 않고 스스로 해결해 나갈 수 있는 자기지도력을 갖추어야 한다.

② 생활지도는 처벌이나 제지보다 선도 내지 지도를 우선한다.

생활지도는 문제아동을 처벌하는 것이 아니라 개인의 성장, 발달을 촉진시키기 위한 것이다.

③ 생활지도는 모든 아동을 대상으로 한다.

생활지도는 문제를 가진 특수아동만을 다루는 것이 아니라 모든 아동을 대상으로 지도가 이루어져야 한다. 이러한 차원에서 생활지도는 치유보다는 예방에 중점을 두는 것이기 때문에 적응에 문제를 보이는 특정한 집단의 아동만을 대상으로 하는 것이어서는 안 되며 정상적인 전체 아동을 대상으로 해야 한다.

> TIP
> 생활지도는 치유보다는 예방에 중점을 두는 것이기 때문에 적응에 문제를 보이는 특정한 집단의 아동만을 대상으로 하는 것이어서는 안 되며 정상적인 전체 아동을 대상으로 해야 한다.

④ 생활지도는 치료나 교정보다 예방에 중점을 둔다.

생활지도는 개인의 전인적 발달에 초점을 두고 정상 아동을 대상으로 하는 것이기 때문에 이미 발생한 문제의 치료보다는 문제발생을 예방하는 데 역점을 두어야 한다.

⑤ 생활지도는 임상적 판단뿐만 아니라 과학적 근거에 기초한 판단에 역점을 둔다.

생활지도는 상식적인 판단에만 의존하는 것은 착오를 가져올 가능성이 있으며, 또한 객관적인 자료만이 절대적인 것은 아니다. 무엇보다 생활지도의 과학화로 아동을 바르게 이해해야만 올바로 지도할 수 있다.

⑥ 생활지도는 전인적 발달에 초점을 둔다.

생활지도는 개인으로 하여금 지적인 발달은 물론 올바른 판단과 사고를 하고 자신의 흥미, 태도, 가치관 등을 통해 건전한 자아상을 확립하여 전인으로 발달할 수 있도록 해야 한다.

3) 생활지도의 영역

생활지도의 필요가 교육실천의 많은 방면에서 나타나고 있는 것처럼 생활지도의 영역도 광범위하다. 물론 생활지도 영역의 규정은 학자에 따라서 조금씩 다르게 표현하고 있다. 그러나 중요한 영역은 교육지도, 직업지도, 인성지도, 사회성지도, 가정지도, 건강지도, 여가지도, 도덕과 종교지도 등의 8가지로 구분할 수 있다.

1 교육지도(education guidance)

> TIP
> 교육지도는 학생들의 개성, 흥미, 능력 등에 따라 교육을 실시하여 자신의 잠재 가능성을 최대한 발전시키기 위한 지도이다.

교육지도는 학생들의 개성, 흥미, 능력 등에 따라 교육을 실시하여 자신의 잠재 가능성을 최대한 발전시키기 위한 지도이다. 학업성적이 부진한 경우는 학생의 지적 능력뿐만 아니라 생활습관이나 교우관계와 같은 문제가 개입되어 있는 경우가 많다. 따라서 학업지도를 하는 경우에는 개인적인 학습지도를 할 뿐만 아니라 학업지도와 관련된 생활습관의 지도를 함께 한다. 여기에는 신입생 오리엔테이션, 학습습관 및 방법지도, 독서지도, 학습부진아지도, 영재학생지도, 학교선택지도, 학교생활 적응문제, 특별활동 선택 등의 지도가 포함된다.

2 직업지도(vocational guidance)

직업지도는 개인의 직업선택, 직무능력, 태도를 향상시키기 위한 조력이다. 따라서 개인으로 하여금 장래 직업의 선정, 준비, 도입을 지도하는 과정이며, 개인의 직업 선정은 각 개인의 전 생애를 통하여 해야 하는 결정 중에서 가장 중요한 결정 중 하나이다. 학생들의 욕구와 흥미 및 소질과 개성을 파악함과 동시에 사회의 필요를 이해하도록 도우며, 학생의 진로와 장래직업에 관련된 각종 정보를 수집하여 취업 또는 취업 후의 문제 등을 중심으로 지도, 조언하는 것이 필요하다.

3 인성지도(personality guidance)

인성지도는 학생 개인이 하나의 완성된 인간으로서 조화된 발달을 이룩하고 개인적으로 민주사회 시민으로서 보람과 행복감을 가지고 생을 영위할 수 있도록 지도하는 것이다. 인격형성에 필요한 개인의 취미생활과 능력에 관한 지도, 바른 인생관에 대한 지도, 가치관에 대한 지도, 조화된 품성으로서의 성격지도 등 인격적인 결함을 보완하고 장점을 조장하는 지도의 일체를 말한다. 따라서 개성지도, 정서지도, 성격문제, 욕구불만 및 갈등에 대한 적응지도, 심리적 장애의 진단과 치료지도가 여기에 속한다.

4 사회성지도(sociability guidance)

사회성지도는 학생 개인이 세련된 교양, 도덕적인 윤리관, 인간존중의 습관, 의사전달의 합리적인 방법, 교우관계, 이성교제 등에 있어서 원만한 인간관계를 유지하며, 협동과 봉사의 정신으로 사회생활을 할 수 있도록 하는 지도이다. 따라서 사회성지도는 바람직한 인간상으로 성장할 수 있도록 하는 데 매우 중요하다.

5 가정지도(family guidance)

가정지도에서 가정은 인격형성에 가장 중요한 역할을 하는 사회집단이다. 우리나라의 전통적인 가족관계에 있어서 부모와 자녀 간의 윤리인 효의 중요성은 오늘날에도 다를 수 없다. 즉, 생활지도의 영역 중 가정지도는 모든 학생들이 가정의 중요성을 이해하고 부모, 형제와의 건전한 관계를 유지할 수 있도록 도와준다. 특히 가정이나 가족의 문제로

> **TIP**
> 생활지도의 영역 중 가정지도는 모든 학생들이 가정의 중요성을 이해하고 부모, 형제와의 건전한 관계를 유지할 수 있도록 도와준다.

고민하고 또 부적응을 일으킨 학생에 대하여 잘 적응할 수 있도록 도울 뿐 아니라, 학생의 가정과 부모와의 긴밀한 협조관계를 유지하여 실질적인 생활지도를 한다.

6 건강지도(health guidance)

건강지도는 개인으로 하여금 자신의 건강을 유지하는 데 목적을 둔다. 건강에 관련된 지도의 욕구가 충족되지 않을 경우에는 신체의 발달과 학습, 작업의 능률을 저하시키고 성격, 특히 정서적 · 사회적 관계에 있어서 부적응을 가져오기가 쉽다.

7 여가지도(leisure-time guidance)

여가지도는 생계를 유지하기 위한 직업 활동, 신체적 능률의 유지, 생명의 유지 등에 필요한 시간 외에 개인의 자유로운 시간을 말한다. 즉, 학생 개인의 가치 있는 여가시간을 보내기 위해서 오락, 교양, 신체, 사회활동지도 등 여가시간의 활용에 관하여 지도하는 과정이다. 최근 삶의 질 문제가 대두되면서 교양과 품위 있는 삶에 관한 여가지도가 주목받고 있다.

8 도덕과 종교지도(moral and religious guidance)

도덕과 종교지도는 사회정의와 인간윤리를 이해시키고 행동방향을 지도하며, 건전한 가치관을 확립하도록 도와주는 동시에 건실한 종교관을 확립하고 경건한 종교생활을 할 수 있도록 조언, 봉사하는 지도영역이다.

이외에도 성교육, 가족계획, 인구문제, 자연보호, 시민윤리, 교통도덕, 효심앙양 등의 지도가 중요한 영역으로 추가될 수 있다. 따라서 생활지도의 영역은 현대교육의 영역과 거의 일치한다.

2. 생활지도의 활동

생활지도의 활동은 [그림 9-1]과 같다.

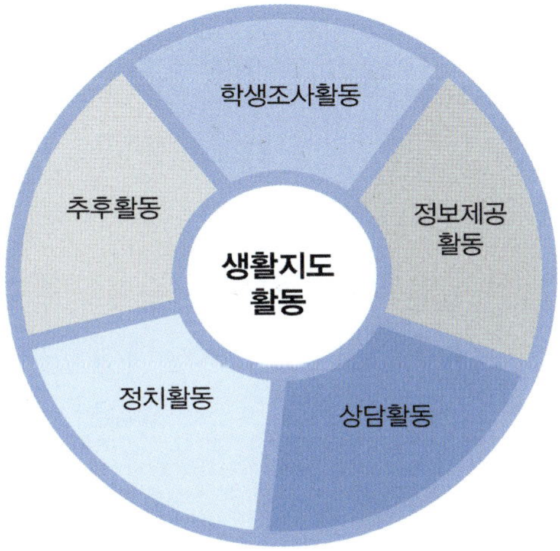

▶▶ 그림 9-1
생활지도의 원리

1) 학생조사활동(student inventory service)

학생조사활동 또는 학생이해활동은 생활지도의 기초적인 단계로서 학생들을 개별적으로 이해하는 데 필요한 자료들인 특성, 능력, 성격, 욕구, 흥미, 태도, 문제, 성장가능성, 경험, 배경, 가정환경 등을 이해하는 데 필요한 자료들을 수집 및 분석하는 활동을 의미한다. 학생들의 수집된 자료는 객관적이고 신뢰도가 높아야 하며, 자료를 통해 문제해결을 위해 정보와 생활지도의 목적에 적합한 자료를 수집한다. 그리고 수집된 자료는 다음의 활용을 위해 잘 기록, 보관되어야 한다. 학생들의 실태를 파악하거나 학생이해활동의 주요 내용에 대해 트랙슬러(Traxler, 1966)는 다음과 같이 제시하였다.

- 가정환경 및 가정배경
- 학교경험과 건강상태

TIP

학생조사활동 또는 학생이해활동이라고 하며, 생활지도의 기초적인 단계로서 학생들을 개별적으로 이해하는 데 필요한 자료들인 특성, 능력, 성격, 욕구, 흥미, 태도, 문제, 성장가능성, 경험, 배경, 가정환경 등을 이해하는데 필요한 자료들을 수집, 분석하는 활동이다.

- 학업에 관련된 분야에 있어서의 성취도
- 교외경험과 교육적, 직업적 흥미
- 예술, 문학, 음악, 기술
- 성격과 장래에 대한 계획

이와 같은 방법으로 사용되는 조사방법은 관찰법, 질문지법, 평정법, 면접법, 사회측정법, 검사법과 같은 6가지가 있다.

(1) 관찰법

관찰법(observation method)은 교사가 학생의 행동을 관찰하여 그 자료에 의해서 평가하는 것이다. 따라서 관찰자는 편견을 배제하고 객관적인 태도로 관찰하여야 하며, 생생한 자료를 제공할 수 있으나 시간과 장소의 제한을 받는다.

(2) 질문지법

질문지법(questionnaire method)은 부모나 교사에게 질문지를 던져서 그들로 하여금 학생의 여러 가지 상태에 대한 객관적인 의견을 진술하도록 하는 방법이다. 비교적 저렴한 비용으로 많은 자료를 수집할 수 있으나, 솔직하게 응답하지 않을 경우에는 정확한 자료를 얻기가 곤란하다. 또한 언어구사 능력이 부족한 사람들에게는 적용하기가 어렵다.

(3) 평정법

평정법(rating scale method)은 과학적으로 측정할 수 없는 성질을 일정한 척도에 올려놓고 자료를 수집하는 방법이다. 즉, 미리 만들어 준 평점척도에 체크하게 하여 자료를 수집한다. 예를 들면 명랑성, 통솔성, 근면성, 학습흥미 등을 3단계(상, 중, 하) 및 5단계(A, B, C, D, F) 등으로 척도를 만들어 체크하는 방법이다. 단점은 평정자가 평정된 개인과 친밀하지 않거나 피험자를 잘 아는 사람으로부터 신뢰할 만한 정보를 얻는 기술을 가지고 있지 않는 한 그 평정은 신뢰도가 낮을 수 있다.

(4) 면접법

면접법(interviewing)은 피험자의 모든 면을 조사하는 방법으로 주로 언어적 수단을 매개로 이루어지는 과정이며, 어떤 정보나 자료를 얻기 위하여 두 사람이 직접 대면하여 이르는 대화로 최근에는 치료적 가치를 인정받는다. 시간과 장소에 제한을 받으며, 면접을 할 때 피면접자와 사이에 친화감이 형성되지 않으면 면접이 어렵다.

(5) 사회측정법

사회측정법(sociometry)은 정신의학자인 모레노(Moreno)의 고안으로 집단 내 동료에 의해서 각 개인의 수락정도 및 사회적 적응을 평가하기 위한 방법으로 일명 수용성 검사 혹은 교우관계 조사법이라고 한다.

(6) 검사법

검사법(probe)은 학생 이해를 위한 측정 및 검사활동의 영역으로 지능 혹은 학생능력을 측정하기 위한 검사, 학생의 각 교과에 있어서 성적을 측정하기 위한 검사, 학생의 흥미와 적성을 측정하기 위한 검사, 학생의 인성 혹은 적응상태를 측정하기 위한 검사로 구분된다. 이러한 표준화 검사법은 절차에 따라 전문가가 타당화와 신뢰도 검사를 실시한 후 제작된 인간행동을 이해하는 객관적 검사를 의미한다. 검사법에는 지능검사, 적성검사, 성격검사, 흥미검사, 태도검사, 학력검사 등이 있다. 반면, 비표준화검사는 검사절차와 통계절차 등이 없는 도구로, 즉 표준화되지 않은 것을 의미한다(점검표, 질문지, 평가지 등).

> **TIP**
> 검사법에는 지능검사, 적성검사, 성격검사, 흥미검사, 태도검사, 학력검사 등이 있다.

2) 정보제공활동(information service)

> **TIP**
> 정보제공활동이란 학생의 생활환경과 그의 문제에 관련된 여러 가지 정보를 수집 · 제공하는 모든 활동을 뜻한다.

정보제공활동이란 학생의 생활환경과 그의 문제에 관련된 여러 가지 정보를 수집 · 제공하는 모든 활동을 뜻한다. 따라서 학생들로 하여금 자기문제를 해결하거나 장래계획을 세우는 데 필요한 주위 환경조건 및 이에 관련된 여러 사실들을 객관적으로 이해하고 평가할 수 있도록 도와주어야 한다. 여기에서 제공되는 정보는 그 성격에 따라 교육정보, 직업정보, 개인적 · 사회적 정보로 나누어진다.

(1) 교육정보

교육정보(education information)는 학생들이 학습생활을 해 나가는 데 필요한 정보와 진학에 관한 정보 등을 의미한다. 학생들은 자신에게 주어진 교육적 기회를 최대한 활용할 수 있을 뿐만 아니라 교육과 관련된 선택과 결정을 합리적으로 할 수 있어 자신의 교육계획을 보다 현실적이고 객관성 있게 세워야 한다. 그리고 교육과정과 관련된 학점, 장학금, 도서관, 전공, 휴학 등의 정보가 해당된다.

(2) 직업정보

직업정보(job information)는 모든 직업 분야에 관한 정보, 즉 직업을 위해 준비하고 선택하고 취업할 수 있으며, 또한 성공하는 데 필요한 제반 자료들을 의미한다. 또한 취업에 필요한 자격조건과 의무, 작업조건, 보수, 승진, 현재 또는 미래의 수용 및 증원 계획 그리고 더 필요한 정보의 원천 등이 포함된다.

(3) 개인적 · 사회적 정보

개인적 · 사회적 정보는 개인과 인간관계에 작용하는 인간적, 물리적 환경에 영향을 미치는 타당하고 유용한 자료로서, 학생 개개인이 자신을 보다 잘 이해하고 발전시키는 데 필요한 정보를 수집한다. 이러한 정보는 학생으로 하여금 자기 자신과 타인을 보다 잘 이해할 수 있도록 도와줌으로써 원만한 인간관계를 맺어나갈 수 있으며, 정신적으로 건강한 삶을 유지해 나갈 수 있게 된다.

3) 상담활동(counseling service)

상담활동은 생활지도의 중핵적 활동으로, 제반 문제를 해결하는 데 필요한 심리학적 전문성을 가진 상담자와 조언을 받는 내담자 간의 대면적 관계에 의해서 소정의 문제를 해결하기 위한 협동적인 활동을 말한다. 이 활동의 전제는 인생문제, 학습문제, 정서문제, 이성문제, 진로문제 등에 대한 허심탄회한 의견을 교환할 수 있는 허용적인 분위기를 형성하는 것이며, 학생들이 당면한 문제를 해결하는 데 도움이 되어야 한다. 따라서 상담활동은 학생들의 문제해결과 인성 등을 성숙시켜 주는 과정이다.

4) 정치활동(placement service)

정치활동이란 학생들의 취업, 진학, 특별활동 부서의 선택 등에 대한 정보와 자신의 능력, 소질, 취미 등을 정확히 이해하여 자신의 위치를 현명하게 선택하도록 하는 것이다. 즉, 상담 결과를 통해 학생들을 적재적소에 배치하는 활동으로 직업지도, 취업지도 등에 있어서 자신의 적성과 진로방향을 정확하게 이해할 수 있어야 한다. 이와 같은 정치활동은 2가지로 구분된다. 먼저, 교육정치는 학교, 학과, 과목 선택이나 특별활동반의 선택, 학급활동이나 동아리활동 등이며, 직업적 정치활동은 직장알선, 직업선택, 진로선택, 부업알선 등으로 구분된다.

급변하는 사회는 학생들로 하여금 학교생활 중에 계획적인 선택과 결정을 요구하기 때문에 오늘날에 이르러 학교에서 더욱 중요한 활동으로 받아들여지고 있다.

5) 추수(후)지도활동(follow-up service)

추수지도활동이란 학생을 대상으로 생활지도를 수행한 이후, 그 대상 학생들의 추후 적응상태를 관찰하거나 조사・연구하여 계속적인 도움이 필요할 경우 도와주기도 하고, 그 연구결과를 통해 생활지도의 개선, 발전을 추구하기도 하는 활동이다.

> TIP
> 추수지도활동이란 학생을 대상으로 생활지도를 수행한 이후, 그 대상 학생들의 추후 적응상태를 관찰하거나 조사・연구하여 계속적인 도움이 필요할 경우 도와주기도 하고, 그 연구결과를 통해 생활지도의 개선, 발전을 추구하기도 하는 활동이다.

추수지도활동의 대상으로는 재학생(enrolled), 졸업생(graduate), 전학생(transfer), 퇴학생(expelled) 등이 있다.

① 재학생 추수지도는 학교생활에 잘 적응하고 있는 모든 재학생을 대상으로 하여 한 학년을 마친 다음 학생들에게 주어진 지도의 성과가 어떠하였느냐를 평가하는 한편 앞으로도 도움이 되는 정보를 계속 제공하려고 하는 활동이다.

② 졸업생 추수지도는 졸업생이 진학한 학교와 취직한 직장에 서신이나 E-mail, 전화로 연락하거나 또는 방문하여 졸업 후의 동태를 확인하고 격려한다.

③ 전학생 추수지도는 전학한 학교 당국에 필요한 정보를 보내어 그 학생의 지도에 있어서 특별히 고려하여야 할 여러 가지 문제를 제안하고 일정한 기간을 두고 체크해 보아야 한다.

④ 퇴학생 추수지도는 퇴학생이 학교를 떠나게 된 이유, 학생의 계획변경, 학생의 전학 혹은 구직 가능성, 학생의 후일 복학 가능성, 퇴학생의 현재상황, 퇴학 이외의 다른 해결방법의 유무 등에 대하여 자세한 정보를 수집하여 분석하여 필요한 정보를 제공해 주어야 한다.

3. 상담의 이해

1) 상담의 개념

상담(相談, counseling)이란 말은 라틴어에서 유래된 말로 심사, 숙고, 문의, 조언 등의 뜻이다. 일반적으로 상담이란 상담자(counselor)와 내담자(counselee) 간에 이루어지는 일종의 인간관계를 통해 내담자의 감정을 수용하고 명료화해 주어 내담자로 하여금 자기 자신과 주변 환경을 보다 잘 이해하여 자신을 발전적으로 이끌어 가도록 도와준다.

> **TIP**
> 상담이란 상담자와 내담자 간에 이루어지는 일종의 인간관계를 통해 내담자의 감정을 수용하고 명료화해 주어 내담자로 하여금 자기 자신과 주변 환경을 보다 잘 이해하여 자신을 발전적으로 이끌어 가도록 도와준다.

상담은 상담자와 내담자 두 사람 사이에서 이루어지는 개인적, 역학적, 대면적 관계로서 문제를 가진 내담자가 상담자와의 대화를 통하여 자신과 환경에 대한 이해를 증진시켜 효율적인 의사결정을 하는 것이다. 또한 이러한 의사결정을 통해 심리적인 특성을 긍정적인 방향으로 변화시켜 자신의 성장과 발달을 촉진시키려는 상담자와 내담자의 협력적 활동 등이 포함된다. 이렇듯 상담활동은 하나의 인간관계이고 협력적 활동으로 내담자의 행동변화, 정신건강의 증진, 문제해결, 개인적 효율성 향상, 의사결정 등을 돕는 데 그 목적이 있다.

상담자가 친밀한 인간관계를 형성 및 유지하기 위해서는 7가지의 상담 원리는 다음과 같다.

① 개별화의 원리(principle of individuation)이다. 즉, 상담자는 내담자를 독특한 개성과 특성을 가진 존재로 인정하여야 한다.

② 의도적 감정표현의 원리(purposeful expression of feelings)는 상담자가 내담자의 긍정적인 감정표현뿐만 아니라 부정적인 감정표현을 자유롭게 표현하도록 허용한다.

③ 절제된 정서적 관여의 원리(controlled emotional involvement)는 상담자는 내담자의 감정표현에 대한 적절한 공감적 이해를 바탕으로 적절한 정서적 반응을 보여 주어야 한다.

④ 수용의 원리(acceptance)는 상담자가 내담자의 긍정적 측면은 물론, 부정적 측면을 거부하거나 배척해서는 안 되며, 그의 입장을 있는 그대로 수용하고 인격적으로 존중해 주어야 한다.

> TIP
> 수용의 원리는 상담자가 내담자의 긍정적 측면은 물론, 부정적 측면을 거부하거나 배척해서는 안 되며, 그의 입장을 있는 그대로 수용하고 인격적으로 존중해 주어야 한다.

⑤ 비심판적 태도(non-judgemental attitude)의 상담자가 내담자의 행동을 비난하거나 심판적인 태도를 취해서는 안 된다.

⑥ 자기 결정의 원리(self-determination)는 상담자는 내담자로 하여금 자기 문제에 대한 통찰력을 갖도록 하고, 그 문제의 해결에 필요한 모든 결정은 가능한 한 스스로 하도록 해야 한다.

⑦ 비밀보장의 원리(confidentiality)는 상담자가 상담을 통해 얻은 내담자에 관한 정보를 문제해결 이외의 목적에 사용하거나 공개해서는 안 된다.

이와 같이 상담관계를 위한 기본적인 조건은 무조건적인 수용, 공감적 이해(감정이입), 경청은 상담자와 내담자 간의 신뢰가 형성되는 인간관계이다.

> TIP
> 상담자와 내담자는 래포가 형성되어야만 내담자는 자신의 문제를 솔직하게 있는 그대로 터놓고 말할 수 있으며, 상담자는 내담자의 자율적인 문제해결 능력을 침해하지 않을 수 있다.

2) 상담의 특성

상담의 성공 여부는 상담자와 내담자 사이에 형성된 인간관계의 질과 밀접하게 관련되어 있다. 상담자와 내담자 사이에 상담관계가 수립되기 위해서는 먼저 상호 간에 인간적인 신뢰감이 형성되어야 한다. 즉, 상담자는 내담자의 자기지도 능력을 믿어야 하며, 내담자는 상담자의 전문적 능력과 인격에 대해 신뢰감 및 존경심을 가지고 있어야 한다. 상담자와 내담자는 래포(rapport)가 형성되어야만 내담자는 자신의 문제를 솔직하게 있는 그대로 터놓고 말할 수 있으며, 상담자는 내담자의 자율적인 문제해결 능력을 침해하지 않을 수 있다.

(1) 상담의 관계에서는 필수적인 래포 형성하기

① 상담이 시작되면 우선 내담자가 긴장을 풀 수 있도록 우호적인 분위기를 만드는 것이 좋다. 가벼운 유머나 일상적인 화제 등을 먼저 꺼내거나 상담에 임하기까지의 망설임에 대해 격려해 준다.

② 상담자는 수용적이고 허용적인 태도로 내담자의 이야기를 들어준다. 내담자의 이야기를 비판하거나 거부, 비난하는 것이 아니라 내담자의 인간적인 특성과 가치를 인정해 주는 것이 필요하다. 내담자의 행동에서 긍정적인 측면과 부정적인 측면을 동시에 수용할 수 있는 허용적이고, 격려하는 분위기를 형성해야 한다.

③ 상담자와 내담자는 서로 상대를 공감적으로 이해할 수 있어야 한다. 특히 상담자는 내담자의 문제에 포함된 감정이나 동기 및 갈등을 공감적으로 이해할 수 있어야 한다. 사회의 일반적인 윤리나 도덕과 같은 외적 준거에 근거해서 내담자의 문제를 인식하고 이해하는 것이 아니라 내담자가 생각하고 느끼는 것처럼 생각하고 느낄 수 있도록 노력해야 한다.

④ 상담이 진행되는 과정에서 상담자와 내담자는 내적인 경험과 외적인 경험이 모순을 이루거나 대립하지 않도록 상호 의사소통을 보다 분명하고 진지하게 수행해야 한다. 상담과정에서 논쟁이나 의견 대립이 초래되어서는 안 되며, 내담자의 내면적 경험에 해당하는 심리적 세계와 외적 경험에 해당하는 인식과정이 서로 모순되지 않도록 대화를 이끌어야 한다. 이러한 의사소통과정에서 내담

자는 자신의 내·외적 경험을 통합시킬 수 있게 되어 문제해결의 실마리를 찾게 된다.

⑤ 래포는 상담의 초기 단계에 형성하는 것이 좋으며, 형성된 래포가 계속 유지될 수 있도록 주의를 기울여야 한다.

> **TIP**
> 래포는 상담의 초기 단계에 형성하는 것이 좋으며, 형성된 래포가 계속 유지될 수 있도록 주의를 기울여야 한다.

(2) 상담의 대화기법

① 구조화는 상담을 시작하는 단계에서 상담에 필요한 규정 및 규칙, 상담의 한계, 상담윤리 등의 한계를 내담자에 설명한다. 그리고 가장 중요한 비밀보장의 원칙을 파기할 수 있는 이유(내담자가 학대 받은 사실, 내담자가 타인을 해하려는 사실, 내담자 자신을 해하려는 사실(자살 등), 법적인 요구사항 등)와 상담과정의 본질, 제한 조건, 목적 등을 구체화한다.

> **TIP**
> 가장 중요한 비밀보장의 원칙을 파기할 수 있는 이유(내담자가 학대 받은 사실, 내담자가 타인을 해하려는 사실, 내담자 자신을 해하려는 사실(자살 등), 법적인 요구사항 등)와 상담과정의 본질, 제한 조건, 목적 등을 구체화한다.

② 수용은 상담자가 내담자의 의견(말)에 긍정적이고 수용적인 말로 반응한다. 그리고 내담자의 의견에 집중하여 경청하고 있다는 태도와 내담자의 의견에 판단하지 않는다.

③ 명료화는 상담자가 내담자의 의견(말)이나 대화 내용을 명확히 알고 내담자가 표현하는 바를 제대로 지각했는지 확인하는 것이다. 즉, 모호한 것을 명확하게 정리한다.

④ 재진술은 상담자가 내담자의 진술에 표현된 핵심적인 인지적 내용을 다시 진술하는 기법이다. 즉, 상담자는 내담자가 표현한 의견(말)을 상담자 의견(말)으로 바꾸어 표현하는 것이다.

⑤ 반영은 정서 되돌려주기라고 표현한다. 상담자는 내담자의 의견(말)과 행동에서 표현된 기본적인 감정, 생각, 태도를 상담자가 다른 말로 진술하는 것이다. 즉, 내담자의 의견(말)을 그대로 반영하는 것이 아니라 이 의견(말)의 밑바탕에 깔려 있는 감정을 파악하는 것이다.

⑥ 요약은 반복해서 내담자가 강하게 표현하는 주제들을 확인하여 나타내는 대화 기법이다. 이는 앞에서 진술한 내용을 간추려 정리하는 수준이 아니라, 여러 상황과 장면에서 표현된 의견(말)들을 찾아 묶고

내담자에게 돌려주는 것이다.

4. 상담의 유형

1) 지시적 상담(directive counseling)

> TIP
> 지시적 상담이란 학생의 모든 문제에 대해서 지시적인 요소로서 문제해결을 도와주는 상담방법으로 카운슬러, 즉 전문가는 풍부한 경험, 충분한 훈련, 정확한 정보를 줌으로써 학생 스스로가 문제를 해결할 수 있도록 암시와 충고를 주는 방법이다.

지시적 상담은 윌리암슨(Williamson)과 달리(Darley) 등이 중심이 되어 형성한 유형으로, 진단을 중요하게 보기 때문에 진단 없이는 상담의 효과를 가져올 수 없다고 본다. 지시적 상담이란 학생의 모든 문제에 대해서 지시적인 요소로서 문제해결을 도와주는 상담방법으로 카운슬러, 즉 전문가는 풍부한 경험, 충분한 훈련, 정확한 정보를 줌으로써 학생 스스로가 문제를 해결할 수 있도록 암시와 충고를 주는 방법이다. 지시적 방법의 이론적 전제로는 다음과 같다.

① 상담자는 탁월한 훈련과 경험, 정보를 가지고 있으므로 문제가 어떻게 해결되어야 하는가를 암시하고 충고하는 데 유능하다.

② 한 개인의 부적응이 그의 지적 능력을 완전히 제거하는 것은 아니며, 따라서 상담은 주로 지적 과정이다.

③ 상담이 필요하여 찾아오는 학생들은 대개 그의 편견이나 정보의 부족 등에서 오는 제약 때문에 자기의 문제를 독립적으로 해결하기 어렵다.

④ 상담의 목표는 주로 문제해결의 장면을 통하여 달성된다.

지시적 상담은 윌리암슨이 『학생상담의 방법(How to Counsel Students)』이라는 책을 출판하여 더욱 체계화되었다. 윌리암슨에 의하면 상담의 목표를 달성하기 위한 상담의 과정은 분석, 종합, 진단, 예진, 상담, 추수지도 단계로 나누어진다.

분석 → 종합 → 진단 → 예진 → 상담 → 추수활동

(1) 분석(analysis)

학생을 효과적으로 상담하기 위한 내담자의 모든 자료를 수집하여 분석한다. 상담자는 내담자의 흥미, 동기, 적성, 기능, 학력, 태도, 성격 등에 관한 정보와 자료들을 수집하여 분석한다.

(2) 종합(synthesis)

분석한 자료들을 배열하고 조직하는 절차로서 내담자의 자질과 경향성, 적응과 부적응 등을 통해 진단 단계에서 분석자료들을 유용하게 활용하는 단계이다.

(3) 진단(diagnosis)

광범위한 분석적 자료를 수집한 후에 상담자와 내담자는 이들 자료들의 일관적 패턴을 찾는다. 또한 진단을 통해 문제의 간결한 요약과 그 원인 및 내담자의 기타 특징들과 함께 적응 또는 부적응의 잠재적 가능성까지 기술한다.

(4) 예진(prognosis)

예진단계에서 상담자는 진단한 후에 생각할 충분한 시간을 가질 수 있으며, 관련 자료들을 참고하여 예언하는 자세가 필요하다.

(5) 상담(counseling)

상담은 내담자가 가능한 최상의 적응을 할 수 있도록 돕는 학생지도이다. 따라서 일대일의 관계에서 내담자를 직접적으로 도와준다.

(6) 추수활동(follow-up service)

상담결과의 계속적인 확인과 평가가 이루어지는 단계이다.

2) 비지시적 상담(non-directive counseling)

비지시적 상담은 로저스(Rogers)가 1942년 『상담과 심리치료(Counseling and Psychotherapy)』란 책을 내놓으면서 체계화되었다. 그는 지시적 상담을 비민주적인 상담방법이라고 공박하면서, 상담에 있어서 내담자의 존엄성과 자발성을 강조하는 비지시적 상담방법을 주장했다. 비지시적 상담이란 내담자가 중심적 역할을 하고, 상담자는 허용적 분위기를 조성하여 내담자로 하여금 사고를 자유롭게 하고 문제를 사실대로 진술함으로써 자기 스스로 문제를 해결할 수 있도록 도와주는 방법이다.

> TIP
> 비지시적 상담이란 내담자가 중심적 역할을 하고, 상담자는 허용적 분위기를 조성하여 내담자로 하여금 사고를 자유롭게 하고 문제를 사실대로 진술함으로써 자기 스스로 문제를 해결할 수 있도록 도와주는 방법이다.

비지시적 상담에서는 상담자와 내담자의 모든 감정을 수용하고 내담자에게 자기통찰과 자아수용의 기회를 줌으로써 문제를 해결할 수 있다고 본다. 비지시적 상담은 비위협적이고 수용적이며, 자유스러운 분위기를 조성하여 내담자가 자신을 돌아볼 수 있는 기회를 제공한다. 지시적 상담과 비지시적 상담과의 근본적인 차이는 개인이 자신의 문제를 스스로 해결할 능력이 있느냐, 없느냐에 관한 것이다. 지시적 상담과 비지시적 상담과의 차이점은 〈표 9-1〉과 같다.

(1) 로저스의 비지시적 상담의 절차 12단계는 아래와 같다.

① 내담자는 도움을 받고자 한다.

② 상담에 대한 상태를 정의한다. 상담은 내담자 스스로 문제를 해결하도록 도와주는 과정이지, 문제를 해결해 주는 과정이 아니라는 것을 깨닫게 해 준다.

> TIP
> 상담은 내담자 스스로 문제를 해결하도록 도와주는 과정이지, 문제를 해결해 주는 과정이 아니라는 것을 깨닫게 해 준다.

③ 내담자가 감정을 자유롭게 표현하도록 북돋아 준다.

④ 상담자는 내담자가 표현하는 부정적 감정을 받아들이고, 이해해 주며 정리하여 준다.

⑤ 내담자에게 약간의 긍정적 감정을 표현한다. 이것이 곧 내담자의 성장을 위한 첫 디딤돌이 된다.

⑥ 상담자는 내담자가 표현하는 긍정적 감정도 인정하고 받아들인다.

⑦ 부정적 감정과 긍정적 감정을 경험하면 자기이해, 자기수용, 자기 통찰이 나타난다.

⑧ 상담자는 내담자로 하여금 어떻게 진행하면 좋은가 차차 그 길을 설명하여 깨닫게 한다.

⑨ 내담자는 점차 긍정적 · 적극적 행동을 취하게 된다.

⑩ 통찰이 확대, 심화되어 정확한 자기이해를 할 수 있게 된다.

⑪ 내담자는 보다 적극적이고 통합된 행동을 하게 된다.

⑫ 조력의 필요성이 차차 희박해지고 치료관계를 종결하겠다는 생각을 하기에 이른다. 이것으로 내담자는 보다 성숙되고 건전한 분위기 속에서 상담을 끝맺게 된다.

표 9-1 지시적 상담과 비지시적 상담의 비교 분석

구분	지시적 상담(윌리암슨, Williamson)	비지시적 상담(로저스, Rogers)
인간관	인간은 선하나 문화 갈등이 많음	인간은 생득적으로 선함
주도자	상담자	내담자
강조점 대상	지적인 적응문제(내담자의 문제행동)	정서적 반응문제(내담자의 인성문제)
목표	문제의 원인을 중심으로 치료(규명)	정서적 긴장, 불안, 공포 해소 등 (문제해결 암시, 역략분석)
이론	특성 및 요인이론	자아이론
진단	개인을 진단하기 위한 모든 정보	개인의 과거보다는 현재의 장면이 중요함
방법	지시, 충고, 암시, 설득 등	수용, 일치, 공감, 래포 등
결과	문제 해결	통찰과 자아의 심화, 치료 자체가 성장이 됨(진리 이해와 자기통찰)
면접	변화의 준비과정	면접 자체가 치료의 과정

3) 절충적 상담(eclectic counseling)

상담과정에서 내담자가 안고 있는 문제를 분석하고 치료할 때 지시적 방법 및 비지시적 방법만으로 문제를 해결할 수 없는 경우가 있다. 즉, 내담자의 과거 행동과 동기를 깊이 이해하고자 할 때는 내담자 감정을 자유롭게 표현할 수 있는 비지시적 방법이 적용되고, 부적응 상태를 치료하고자 할 경우에는 지시적인 방법을 적용하여 치료대책을 세우고 실천하는 방법이 훨씬 유리하다.

절충적 상담은 내담자의 문제 상황에 따라서 알맞은 상담방법을 사용하는 것이다. 절충적 상담을 지지하는 측에서는 비지시적 상담의 입장을 수용하는 한편 지시적 상담방법의 가치를 인정하고 있다. 즉, 카운슬러의 역할은 학생의 문제 성격에 따라 달라질 수 있다. 그렇기 때문에 절충적 상담은 중간적 입장(middle-of-the-road)이라고 볼 수 있다. 내담자가 안고 있는 문제는 다양하기 때문에 효과적인 상담을 위해서는 지시적 방법과 비지시적 방법의 장점을 살려 절충하자는 입장으로 존스에 의해서 주장되었다.

> **TIP**
> 절충적 상담은 내담자의 문제 상황에 따라서 알맞은 상담방법을 사용하는 것이다.

> **TIP**
> 절충적 상담을 지지하는 측에서는 비지시적 상담의 입장을 수용하는 한편 지시적 상담방법의 가치를 인정하고 있다. 즉, 카운슬러의 역할은 학생의 문제 성격에 따라 달라질 수 있다. 그렇기 때문에 절충적 상담은 중간적 입장이라고 볼 수 있다.

절충적 상담은 학습이론과 정신분석학이론 등이 절충되어 사용되며, 이 상담을 이용할 때 유의할 점은 다음과 같다.

① 지능이 높고 적극적인 학생에게는 비지시적 상담이 유리하다.
② 고학년일수록 비지시적 상담이 효과적이다.
③ 내담자의 태도가 부정적이거나 비협조적일 때는 비지시적 상담이 어렵다.
④ 비지시적 상담은 지시적 상담보다 오랜 시간이 요구된다.
⑤ 지시적인 상담일수록 상담자의 더 높은 기술과 경험이 요구된다.

4) 기타 상담이론

상담에는 여러 가지로 분류되지만 이 장에서는 정신분석학적 상담, 행동주의적 상담, 실존주의적 상담, 집단상담으로 간략하게 살펴본다.

① 정신분석학적 상담은 무의식의 세계가 의식의 세계를 지배한다고 보고 문제를 일으키는 무의식적 세계를 의식화하여 치료하는 방법이다.
② 행동주의적 상담은 자극(stimulus; S)-반응(response; R) 이론에 근거하여 모든 부적응행동은 후천적으로 학습된 것으로, 이를 제거하기 위하여 원인에 대한 강화와 소멸 등의 원리를 제공하려는 상담이론이다.
③ 실존주의적 상담은 불안의 본질에 대한 문제해결 방법을 인간의 존재 의미에서 찾는 상담이론이다.

한편, 집단상담(group counseling)이란 비슷한 환경과 문제를 지닌 학생들을 집단적으로 상담하여 문제를 해결하기 위한 정보와 자료를 얻거나, 또는 그 문제해결을 위한 토의의 기회를 부여하는 상담방법이다. 이 방법은 일시에 많은 학생들을 상대로 할 수 있기 때문에 시간적, 경제적으로 유리한 결과를 가져올 수 있다. 집단상담은 학생의 공통문제를 발견할 수 있고 적응상의 문제를 해결하는 데 필요한 자료를 제공받을 수 있으며, 내담자가 타인과 자신을 비교함으로써 자기의 이해를 촉진할 수 있는 기회를 마련할 수 있다. 집단지도는 목적에 따라 오리엔테이션, 집단교육지도, 집단직업지도, 집단적 인성, 사회성 지도의 형태로 나눌 수 있다. 집단지도를 통해서 얻을 수 있는 효과는 안정감과 자신감의 부여, 객관적 사고의 배양, 문제해결 방법의 습득, 대인관계 기술 습득, 자기의사 발표의 기회 제공, 민주적 가치관의 발달 등을 들 수 있다(권건일 외, 2006).

TIP

집단상담이란 비슷한 환경에서 비슷한 문제를 지닌 학생들을 집단적으로 상담하여 문제를 해결하기 위한 정보와 자료를 얻거나, 또는 그 문제해결을 위한 토의의 기회를 부여하는 상담방법이다.

Chapter 09 학습정리

1. 생활지도란 학생들을 올바르고 바람직한 방향으로 성장, 발달하도록 이끌어주는 지도활동이라고 할 수 있다. 이러한 생활지도의 목표는 각 개인이 자기의 문제를 자기 스스로 해결할 수 있는 능력과 새로운 상태의 적응능력을 길러 주는 데 있다. 생활지도의 초점은 문제 자체가 아니라 각 개인이며 각 개인의 자율적 성장을 촉진시키는 것이다.

2. 생활지도의 원리는 학생들이 자신의 능력, 흥미, 소질 등을 스스로 이해하게 함으로써 자신의 주위환경에 보다 잘 적응할 수 있도록 도와주기 위한 원리이다. 또한 영역은 교육지도, 직업지도, 인성지도, 사회성지도, 가정지도, 건강지도, 여가지도, 도덕과 종교지도 등의 8가지로 구분할 수 있다.

3. 생활지도활동의 5가지를 살펴보면, 첫째, 학생조사활동 또는 학생이해활동이라고 하며, 생활지도의 기초적인 단계로서 학생들을 개별적으로 이해하는 데 필요한 자료들인 특성, 능력, 성격, 욕구, 흥미, 태도, 문제, 성장가능성, 경험, 배경, 가정환경 등을 이해하는 데 필요한 자료들을 수집, 분석하는 활동이다. 둘째, 정보제공활동이란 학생의 생활환경과 그의 문제에 관련된 여러 가지 정보를 수집·제공하는 모든 활동을 뜻한다. 따라서 학생들로 하여금 자기문제를 해결하거나 장래계획을 세우는 데 필요한 주위 환경조건 및 이에 관련된 여러 사실들을 객관적으로 이해하고 평가할 수 있도록 도와주어야 한다. 셋째, 상담활동은 생활지도의 중핵적 활동으로, 제반 문제를 해결하는 데 필요한 심리학적 전문성을 가진 상담자와 조언을 받는 내담자 간의 대면적 관계에 의해서 소정의 문제를 해결하기 위한 협동적인 활동을 말한다. 넷째, 정치활동이란 학생들의 취업, 진학, 특별활동 부서의 선택 등에 대한 정보와 자신의 능력, 소질, 취미 등을 정확히 이해하여 자신의 위치를 현명하게 선택하도록 하는 것이다. 다섯째, 추수지도활동이란 학생을 대상으로 생활지도를 수행한 이후, 그 대상 학생들의 추후 적응상태를 관찰하거나 조사·연구하여 계속적인 도움이 필요할 경우 도와주기도 하고, 그 연구결과를 통해 생활지도의 개선, 발전을 추구하기도 하는 활동이다.

4. 상담이란 상담자(counselor)와 내담자(counselee) 간에 이루어지는 일종의 인간관계를 통해 내담자의 감정을 수용하고 명료화해 주어 내담자로 하여금 자기 자신과 주변 환경을 보다 잘 이해하여 자신을 발전적으로 이끌어 가도록 도와준다. 이렇듯 상담활동은 하나의 인간관계이고 협력적 활동으로 내담자의 행동변화, 정신건강의 증진, 문제해결, 개인적 효율성 향상, 의사결정 등을 돕는 데 그 목적이 있다.

5. 지시적 상담이란 학생의 모든 문제에 대해서 지시적인 요소로서 문제해결을 도와주는 상담방법으로 카운슬러, 즉 전문가는 풍부한 경험, 충분한 훈련, 정확한 정보를 줌으로써 학생 스스로가 문제를 해결할 수 있도록 암시와 충고를 주는 방법이다. 비지시적 상담이란 내담자가 중심적 역할을 하고, 상담자는 허용적 분위기를 조성하여 내담자로 하여금 사고를 자유롭게 하고 문제를 사실대로 진술함으로써 자기 스스로 문제를 해결할 수 있도록 도와주

는 방법이다. 절충적 상담을 지지하는 측에서는 비지시적 상담의 입장을 수용하는 한편 지시적 상담방법의 가치를 인정하고 있다. 즉, 카운슬러의 역할은 학생의 문제 성격에 따라 달라질 수 있다. 그렇기 때문에 절충적 상담은 중간적 입장이라고 볼 수 있다. 그리고 집단상담이란 비슷한 환경에서 비슷한 문제를 지닌 학생들을 집단적으로 상담하여 문제를 해결하기 위한 정보와 자료를 얻거나, 또는 그 문제해결을 위한 토의의 기회를 부여하는 상담방법이다.

Chapter 09 연습문제

01 생활지도의 개념 중 생활지도의 원리에 대하여 설명하시오.

02 생활지도의 개념 중 생활지도의 영역에 대하여 논하시오.

03 생활지도의 활동에 대하여 논하시오.

04 상담의 유형 중 지시적 상담과 비지시적 상담에 대하여 논하시오.

05 상담의 유형 중 절충적 상담에 대하여 논하시오.

10 교육행정과 교육제도

CHAPTER

학습내용

- 교육행정의 개념인 정의, 성격을 이해한다.
- 교육행정의 법규상 및 실천적인 기본원리를 이해한다.
- 교육행정의 과정을 페욜, 귤릭과 어윅, 시어스에 대해 이해한다.
- 교육행정 조직의 개념과 장학행정, 유형, 교육제도를 이해한다.

1 교육행정의 개념

1) 교육행정의 정의

https://en.wikipedia.org/wiki/Conrad Henry Moehlman

교육행정의 어원을 살펴보면, 행정을 의미하는 영어의 'administration'은 ad(to) + minister (serve)로서, 어원적으로 봉사라는 말에서 나왔다. 따라서 교육행정은 교육목표를 설정하고 이 목표를 달성하기 위한 교육과정과 프로그램을 개발하며, 이를 운영하기 위한 인적·물적 자원을 지원하여, 이 과정에서 지도력을 발휘하는 봉사활동이다.

> **TIP**
> 교육행정은 교육목표를 설정하고 이 목표를 달성하기 위한 교육과정과 프로그램을 개발하며, 이를 운영하기 위한 인적·물적 자원을 지원하여, 이 과정에서 지도력을 발휘하는 봉사활동이라고 할 수 있다.

교육행정의 대표적인 학자인 몰맨(Moehlman)은 수업의 효율성을 높이기 위한 수단으로 고려되어야지 그 자체를 목적으로 고려되어서는 안 되며, 행정은 본질적으로 교육과정의 기본 목표에 더욱 충실하고 능률적으로 실현될 수 있도록 하기 위한 봉사활동으로 본다.

종합적으로 정리하면, 교육행정이란 학교활동의 핵심이 되는 교수-학습활동을 지원하기 위한 봉사적 활동으로서 교육의 전문성과 특수성을 고려함과 동시에 행정에서 요구되는 효율성과 능률성을 극대화할 수 있는 방법을 강구하여 이것을 교육행위에 적응시키기 위한 활동행위이다. 따라서 교육행정은 행정을 사회적, 공공적, 조직적 활동으로 보고 교육을 대상으로 하여 교육목표의 설정과 달성을 위한 인적·물적 기타 지원 조건의 정비확립, 목표달성을 위한 계획과 결정, 집행과 지도, 통제와 평가 등을 포함하는 일련의 봉사활동을 지칭한다. 또한 교육조직체 내에서 집단적 협동행위를 위하여 효과적으로 지원하는 것을 본질로 하는 작용이라 할 수 있다.

교육행정은 조직을 운영, 관리하는 행정에 있어서도 다른 조직과 구별되는 특성 5가지는 다음과 같다.

(1) 전 국민을 대상으로 교육의 기회균등의 원칙을 적용한다.

> **TIP**
> 우리나라 헌법 제31조 제1항과 제5항에 보면 '모든 국민은 능력에 따라 균등하게 교육을 받을 권리를 가진다.

우리나라 헌법 제31조 제1항은 '모든 국민은 능력에 따라 균등하게 교육을 받을 권리를 가진다', 제2항은 '학령 아동부모의 교육을 받게 할 의무가 있다', 제3항은 '무상의 의무교육이 있다', 제4항은 '교육의 자주성, 전문성, 정치적 중립성, 대학의 자율성이 있다', 제5항은 '국가의 평생교육을 진흥하여야 한다'고 명시함으로써 교육에 대한 기회균등을 명확하게 밝히고 있다.

(2) 교육활동을 지원함에 있어서 기준이 설정되어 있어야 한다.

교육행정은 인적·물적 기타 여러 측면에서의 지원과 조정을 하는 동시에 계획과 정책결정, 집행과 지도, 통제와 평가 등 일련의 복합적이며 연속적인 과정을 거쳐 추진한다.

(3) 구성원의 자율성을 보장한다.

교육행정의 조직에서 주도적인 역할을 하는 사람은 교사이다. 이 교사들은 고도의 전문적인 교육과 훈련을 이수하고 교원자격증을 소지한 자들이다. 목표를 효율적으로 달성하기 위해서는 주어진 권한을 최대로 발휘하고 전문성에 입각한 자율성을 최대한 보장받을 수 있는 여건 조성이 요구된다.

(4) 지원행정이다.

교육의 중핵인 교수-학습활동이나 학생지도활동을 지원하여 교육의 효과와 능률을 극대화하려는 데 그 목적이 있다. 교육행정은 교수-학습활동이 원활히 진행되도록 지원하고 봉사하며 학생지도활동을 보조하여 교육의 효과와 능률을 극대화하기 위한 하나의 지원, 보조 활동이다.

> TIP
> 교육행정은 교수-학습활동이 원활히 진행되도록 지원하고 봉사하며 학생지도활동을 보조하여 교육의 효과와 능률을 극대화하기 위한 하나의 지원, 보조 활동이다.

(5) 기관이나 지역사회와의 긴밀한 협력관계가 유지되어야 한다.

교육활동은 학교 내에서 교사와 학생 간의 관계로 이루어지며, 이를 위해 수많은 다른 활동들이 서로 유기적으로 관계를 맺어야 한다.

2) 교육행정의 성격

교육행정의 성격 역시 교육행정을 어떻게 정의하고 그 기능을 어느 관점에서 보느냐에 따라서 달라질 수 있다. 따라서 교육행정의 성격에 대해 5가지(봉사적, 정치적, 민주적, 미래지향적, 전문적 성격)로 나눈다.

(1) 봉사적(servant) 성격

교육행정은 교육목적을 달성하기 위하여 필요한 인적·물적 제 조건을 정비하고 확립하는 봉사활동이라는 기능 행위론적 입장에서 볼 수 있다. 이 관점에 의하면 교육행정은 목적달성을 위한 하나의 수단이며 조장적, 봉사적 성격을 지니고 있다.

(2) 정치적(political) 성격

교육행정의 수단적, 기술적 성격은 교육행정의 내용이 고정된 것이 아니고 동적인 성격을 지녔다는 것이며, 동적 성격은 교육행정의 정치성을 의미한다. 교육행정가는 교육문제를 예견하고 이에 대한 대책을 강구하며 교육발전을 위한 장·단기 계획을 수립, 실천하기 위하여 탁월한 행정적 수완과 더불어 예민한 정치적 예견과 지성이 요구된다. 그러므로 헌법 제31조 제6항의 교육제도 법정주의 근거로 권력을 갖고 있는 집단의 정치적 악인용과 자의적 지배방지를 위한 법에 의한 행정을 해야 한다.

(3) 미래지향적(future-oriented, 효율성) 성격

교육에 대한 투자 효과는 단시일에 나타나는 것이 아니라 장기간에 걸쳐 나타난다. 교육의 중요성이 강조되면서도 교육에 대한 투자가 낮은 것은 그 효과가 가시적으로 쉽게 나타나는 것이 아니기 때문이다. 그래서 교육은 미래지향적 활동이므로 교육행정도 그 지향하는 목표가 장기적이어야 한다(효율성은 최소 비용으로 최대 성과 및 효과를 달성하는 양적 개념임).

(4) 민주적(democratic) 성격

국가 사회의 기본이념은 자유민주주의이므로 교육행정에서 민주적 성격이 필연적으로 요구된다. 교육행정에서 민주화되어야 할 대상은 교육행정조직, 학생행정, 교육과정에 대한 행정, 교육시설 및 교직원 관리에 대한 행정, 교육재정 등 여러 가지가 있으나, 그중에서도 가장 중요한 4가지는 조직, 인사, 내용, 운영이다. 즉, 국민의 참여기회가 확대되어, 국민이 참여한 의사에 따라 민주적 교육행정을 수행하는 것이다.

(5) 전문적(professional) 성격

교육행정은 특수행정으로 그 전문성이 요구된다. 현대 교육행정에 있어서 전문화의 경향은 점차 세분화되고 있으며, 인사, 재정, 장학, 연구, 평가 등의 분야에 걸쳐 전문가의 배치가 불가피하다. 특히 교육은 그 자체가 전문적인 성격을 가지고 있으므로 교육행정에 있어서 전문성은 필요불가결한 것이다(선출직 교육감, 교육위원의 자격제한, 장학사 및 장학관, 연구사 및 연구관 등).

2. 교육행정의 원리

교육행정을 교육을 위한 행정으로 볼 때 교육활동이 원활히 수행될 수 있도록 지원하고 보조하는 역할을 다하기 위해서는 행정활동에 합리성을 부여하고 일관성을 유지할 수 있게 하기 위한 어떤 지침이 되는 원리가 되어야 한다. 그 원리를 살펴보면, 크게 2가지(법규상 기본원리, 실천적 기본원리)로 나뉜다.

1) 법규상의 기본원리

법치주의 → 기회균등의 원리 → 자주성의 원리 → 적도집권의 원리

(1) 법치주의(legalism)의 원리

교육행정이 법률에 근거하여 법이 정하는 범위 내에서 이루어져야 한다는 법치행위의 원리를 의미한다. 이 원리는 행정부의 독단적인 권리 행사를 막으려는 입법과 행정의 분리, 행정의 자유재량권 남용을 방지하려는 데서 출발하고 있다. 교육행정은 헌법 제31조의 규정을 비롯하여, 교육법, 지방교육자치에 관한 법률, 교육공무원법, 사립학교법 등의 법률과 이 법률 규정에 근거한 각종 법률과 명령, 훈령과 조례 등에 의해서 집행되고 있다.

> TIP
> 교육행정이 법률에 근거하여 법이 정하는 범위 내에서 이루어져야 한다는 법치행위의 원리를 의미한다.

(2) 기회균등(equal opportunity)의 원리

이 원리는 '만인은 법 앞에 평등하다.'라는 개념과 상통한다. 따라서 헌법 제31조 제1항을 교육의 기회균등의 원리로 천명한 것이다. 이러한 정신은 교육기본법의 제3조와 제4조 등에 나타나 있다. 오늘날 이러한 실천사항으로서 유치원 공교육화, 의무교육의 확충, 남녀공학의 실시, 특수교육, 통신교육, 성인교육의 확대 실시, 사립학교에 대한 정부의 재

> TIP
> 헌법 제31조 제1항을 교육의 기회균등의 원리로 천명한 것이다.

정지원 등이 이루어지고 있다.

(3) 자주성(independency)의 원리

교육은 다양성과 창의성을 그 본질로 한다. 교육의 본질을 추구하기 위한 측면에서 교육행정의 자주성은 확보되어야 한다. 교육행정의 궁극적 목표라고 할 수 있는 교수-학습활동을 신축성 있게 운영함으로써 교육의 다양성과 창의성을 살릴 수 있기 때문이다. 이 원리는 조직 발전을 위해 필요한 제반 정책을 자주적으로 결정함으로써 교육의 독립성과 자주성을 높이려는 데 목적이 있다.

(4) 적도집권의 원리(principle of optimum centralization)

집권주의(centralization)와 분권주의(decentralization) 간에 균형을 유지하려는 것이다. 집권주의는 행정의 능률을 올리기 위한 제도이지만 행정권한이 과도하게 중앙에 집중됨으로써 하위 계층자들의 행정 참여가 어렵고 창의적인 행정의 수행이 어렵게 된다. 또한 분권주의는 권한의 위임과 참여의 기회를 보장할 수 있으나 행정 능률을 저해할 수 있다. 따라서 집권과 분권을 적절히 유지하는 것이 행정의 묘미이다.

2) 실천적인 기본원리

타당성 → 민주성 → 능률성 → 적응성 → 안정성 → 균형성

(1) 타당성(Validity)의 원리

타당성의 원리란 교육행정 활동이 바람직한 교육계획을 세우고 그것을 운영해 나가는 데 있어서 타당한 것, 올바른 보조활동이 되어야 함을 의미한다. 그러므로 타당성의 원리란 합목적성의 원리라고 할 수 있다. 목적에 맞고, 목적에 비추어 타당한 행정활동이 되어야 한다는 것이다.

(2) 민주성(Democracy)의 원리

민주성의 원리는 교육행정 실천면에 있어서 주로 독단과 편견을 배제하고 교육정책의 수립에 있어서 관련 집단의 광범위한 참여를 통하여 공정한 민의를 반영하게 하며, 결정된 정책의 집행과정에 있어서 권한의 이양을 통하여 전권과 횡포를 막는 것을 의미한다.

(3) 능률성(Efficiency)의 원리

능률성의 원리는 모든 합리적인 활동에 있어서 공통적으로 강조되는 하나의 경제적 원리라고 할 수 있다. 이때, 능률은 최소의 경비로 최대의 효과를 얻는 것을 의미한다. 즉, 교육목표 달성도를 극대화시키는 것이 교육행정의 궁극적인 목표라고 할 수 있다.

(4) 적응성(Adaptability)의 원리

적응성의 원리는 우리나라 교육정책 운영상 매우 중요한 원리이다. 적응이라 함은 새로이 발전되어 나가는 시대에 대하여 신축성 있게 대응해 나감으로써 조화적 관계와 능률적 성과를 계속 확보해 나가는 것을 의미한다.

(5) 안정성(Stability)의 원리

안정성의 원리는 교육활동의 지속성, 안정성을 확보하기 위한 원리이다. 국민적 합의과정을 거쳐 입안된 교육정책들이 일정기간 동안 시행됨으로써 교육행정의 일관성을 유지해야 할 필요가 있다. 따라서 교육행정을 운영하는데 충분한 연구와 검토가 없는 빈번한 개편이나 변화는 행·재정뿐만 아니라 시간의 낭비를 초래함으로써 교육행정의 효율성을 저하시키는 요인이 될 수 있다.

> **TIP**
> 안정성의 원리는 교육활동의 지속성, 안정성을 확보하기 위한 원리이다. 국민적 합의과정을 거쳐 입안된 교육정책들이 일정기간 동안 시행됨으로써 교육행정의 일관성을 유지해야 할 필요가 있다.

(6) 균형성(Balance)의 원리

균형성의 원리는 균형적 판단의 원리라고 할 수 있다. 교육행정에 있어서 중요한 것은 정책의 수립과 그 집행의 과정에서 사물에 본말경중을 분별하여 선후의 순위를 밝히고 노력과 경비의 공정한 분배를 기하여야 한다는 원리이다.

3. 교육행정의 과정

교육행정의 과정이라 함은 바로 목표 설정에서부터 그 실천과 평가에 이르는 행정의 전체 흐름을 말하며, 이 흐름 속에서 이루어지는 행정작용의 모든 구성 요소를 의미하기도 한다. 행정과정에 관한 최초의 연구는 프랑스의 페욜(Fayol)에 의해서 시작되었으며, 그는 계획, 조직, 지휘, 조정, 통제, 이 5가지를 제시하였다. 그 후 1937년 귤릭(Gulick)과 어윅(Urwick)의 행정원리는 'POSDCORB(최고관리자 기능)'로 1950년대에 시어스(Sears)가 만든 것이다.

1) 페욜(Fayol)

행정과정에 대한 연구는 프랑스의 페욜에 의해 시작되었다. 그는 『일반기업관리』라는 저서에서 관리 또는 행정의 요소를 다음과 같이 설명했다.

첫째, 계획(planning)은 미래를 예측하고 실행 계획을 수립하는 것이다.

둘째, 조직(organizing)은 조직 내의 인적 · 물적 자원을 확보하고 이를 구조화하는 것이다.

셋째, 지휘(commanding)는 조직구성원으로 하여금 부과된 과업을 수행하도록 명령하는 것이다.

넷째, 조정(coordinating)은 각 활동을 조절하고 통합하는 것이다.

다섯째, 통제(controlling)는 모든 활동이 이미 정해진 규칙이나 지시에 따라 수행되고 있는가를 감독하는 것이다.

> TIP
> 귤릭과 어윅은 관리학 논총에서 페욜의 이론에 더하여 최고경영자가 하여야 할 일이 무엇인가의 질문에 대한 대답으로 'POSDCORB(최고관리자 기능)'라는 합성어를 고안하면서 다음과 같이 개념화하였다.

2) 귤릭(Gulick)과 어윅(Urwick)

귤릭과 어윅은 관리학 논총에서 페욜의 이론에 더하여 최고경영자가

하여야 할 일이 무엇인가의 질문에 대한 대답으로 'POSDCORB(최고관리자 기능)'라는 합성어를 고안하면서 개념을 6가지로 구분하였다.

첫째, 계획(planning)은 교육목표를 설정하고 이 목표달성을 위한 최선의 절차와 방법을 강구하는 것으로 뒤따르는 교육행정과정의 지침이 된다.

둘째, 조직(organizing)은 수립된 목표를 달성하기 위하여 분업적인 협동체제로 각 구성원들을 적재적소에 배치한다. 따라서 구성원 각자의 역할을 규정하며, 부서별 권한과 책임의 한계를 분명하게 밝히는 것이다.

셋째, 의사소통(communicating)은 조직의 목표를 원활히 달성하기 위하여 구성원 상호 간의 정보, 아이디어, 설명, 질의 등이 이루어지는 과정이다.

넷째, 조정(coordinating)은 인적 · 물적 자원을 목표달성에 이바지하도록 통합하고 조정하는 과정이다. 조정을 할 때는 관리자의 일방적인 결정을 지양하고 각종 위원회, 협의회, 직원회 등을 통해서 충분한 의견교환이 이루어진 뒤에 단행되어야 한다.

다섯째, 보고(reporting)는 과업의 진행사항을 상사에게 알리는 것으로서 여기에는 기록, 조사, 연구, 감독 등을 통하여 자신과 부하 직원에게 이를 알리도록 하는 일이 포함된다.

여섯째, 예산(budgeting)은 재정계획, 회계, 재정통계의 형식에 의한 예산편성에 따르는 모든 것이다.

3) 시어스(Sears)

시어스는 페욜의 과정을 교육행정의 실제 5가지로 구분하였다.

첫째, 계획(planning)은 예비조사나 연구를 사전에 실시하여 학교가 당면하고 있는 문제나 실태를 파악한 후 학교가 무엇을 어떻게 할 것인가를 구체적으로 작성하는 것이다.

둘째, 조직(organizing)은 인적 · 물적 자원을 확보 배치하고 규칙이나 원리를 구조화하는 일이다. 즉, 인적 자원은 학급, 학년, 교무부장, 위원회 등으로, 물적 자원은 교사, 시설, 매체 등으로, 규칙이나 원리는 경영방침, 학습지도안, 성적기준, 일과표 등으로 조직한다.

셋째, 지시(directing)는 의사결정을 하여 조직구성원들이 행동할 수 있도록 명령을 내리고 지시사항을 하달하는 일이다.

넷째, 조정(coordinating)은 행정이 관여하는 제 측면, 인사, 조직, 사무, 재정, 시설, 수업 등이 학교의 교육목표달성에 귀일되도록 조화시키는 것이다.

다섯째, 통제(controlling)는 교직원의 활동을 감독하거나 성과를 얻기 위하여 실시하는 직접 통제, 결과의 분석이나 절차 또는 규정 등의 검토를 위한 간접 통제 등이 여기에 포함된다. 아울러 통제를 강화하기 위하여 보상과 벌을 이용하기도 한다.

4. 교육행정 조직

1) 교육행정 조직의 개념

교육행정에 있어서 조직에 대한 이해는 필수적이며, 조직에 대한 개념은 학자와 시대의 변천에 따라 그 정의가 다양하게 나타났다. 가우스(Gaus), 버나드(Barnard), 에치오니(Etzioni), 조성일, 남정걸 등에 의하면, 조직이란 모든 인간은 달성해야 할 개별적 목표를 갖고 있다. 즉, 이러한 목표를 합리적으로 달성하기 위하여 두 사람 이상이 모여 분업과 통합의 활동체계를 갖춘 사회적 단위이다. 행정조직이론에 적용한 개별적 조직원리는 학자에 따라 다양하고 서로 다르기는 하지만 비교적 일반화된 조직원리는 5가지로 구성되어 있다.

(1) 계층의 원리(principle of hierarchy)

계층이란 조직구조의 일환으로 권한과 책임의 정도에 따라서 형성되는 조직의 상하관계를 의미한다. 이 원리는 조직 목적을 달성하기 위한 업무수행을 위하여 그 권한과 책임을 계층에 따라 배분한다. 이러한 조직에는 직위의 수직적 서열 또는 등급이 있게 마련인데, 이것을 계층의 원리라 한다. 명령 및 의사소통, 권한 및 책임의 위임, 조직의 내부통제, 조직 내 갈등 및 분쟁의 해소, 승진의 유인경로를 명확하게 밝혀 주는 기능을 수행하기도 하지만, 조직의 경직화, 의사소통의 왜곡, 조직의 보수성화, 그리고 창의성 저해 등을 초래하기 쉽다.

(2) 조정의 원리(principle of coordination)

조정이란 조직 내에서 업무의 수행을 조절하고 조화로운 인간관계를 유지함으로써 협동의 효과를 거두려는 것을 말한다. 따라서 조정의 원리는 공동의 목표를 달성하는 데 있어서 행동의 통일을 보장하는 것이다. 무니(Mooney)는 조직의 개념 중 조정의 원리가 최고이며, 제1의 원리라고 했다. 또한 버나드(Barnard)는 조직의 유지기능 중 조직의 내적 요인 간의 균형뿐만 아니라 조직과 환경과의 균형을 위한 조정을 가장 중요한 기능으로 보았다.

(3) 명령통일의 원리(principle of unity command)

조직에서 하급자는 오직 한 사람의 지시자로부터 명령이나 지시를 받고 한 사람에게 보고하도록 제도화되어야 한다는 것이다. 이 원리에서는 조직의 생산성을 높이기 위해서 조직원 각자의 역할을 명확하게 규정할 것을 강조한다. 왜냐하면, 자기의 업무가 무엇인지 분명하지 않으면 과업을 수행하기 위한 사기가 저하되기 때문이다. 조직의 구성원은 모두 오직 한 사람의 상사에게만 명령을 받아야 한다는 것을 의미하는 명령통일의 원리에 대해 사이몬은 현대의 어떤 조직에서도 찾아볼 수 없는 환상적 원리라 하였다.

(4) 분업화의 원리(principle of division of work)

분업화의 원리는 업무나 직업을 그 성질에 따라 가능하면 한 사람에게 주된 한 가지 업무를 분담시켜 능률을 높이자는 원리이다. 이런 의미에서 분업의 원리는 곧 전문화의 원리를 의미하며, 목적은 행정조직이 추구해야 할 공동과업을 수행함에 있어 표준화, 단순화, 전문화를 촉진시키며, 동질적인 업무나 기능을 가진 사람으로 하여금 과업을 담당하게 함으로써 업무수행의 효율성을 높이는 데 있다.

(5) 최적 집권화의 원리(principle of optimum centralization)

중앙집권과 분권제 사이의 적정한 균형을 얻으려는 것을 말한다. 중앙집권제는 중앙관서가 권한을 행사함으로써 능률화를 확보하는 데 유리하나 획일성과 전제주의를 초래할 위험성이 있다. 반면에, 분권제는 지방관서나 하부기관에 권한이 분산되어 있기 때문에 지방의 특수성과 자율성을 촉진할 수 있으나 비능률성을 초래할 수 있다. 따라서 이 둘의 양극을 피하고 적정한 균형을 얻어야 한다.

스톱스(Stoops)와 존슨(Johnson)은 교육에서 조직의 지향할 바를 다음과 같이 제시한다(Emery Stoops and Russell E. Johnson, Elementary School Administration (New York: McGraw-Hill, 1967)).

① 교육조직은 융통성이 있어야 하고 교수-학습의 질에 이바지하여야 한다.
② 교육조직은 교육목적과 목표에 구현된 철학을 반영할 수 있는 프로그램과 물리적 시설 및 조건을 갖추어야 한다.
③ 교육조직은 논리적 일관성과 연속성을 제시한다.
④ 교육조직은 경제성, 능률성 및 민주적 과정을 장려해야 한다.

2) 공식적 조직(formal organizations)과 비공식적 조직(informal organizations)

> **TIP**
> 공식적 조직이란, 일정한 목표를 달성하기 위하여 의도적이고 인위적으로 구성된 조직이다.

(1) 개 념

(ㄱ) 공식적 조직

공식적 조직(formal organization)이란, 일정한 목표를 달성하기 위하여 의도적이고 인위적으로 구성된 조직이다. 이 조직은 조직의 직제규정에 따라 권한과 책임이 분명하고, 업무가 분담 및 조정되는 등 공식적인 조직 표상에 나타난 조직을 말한다. 따라서 형식적인 조직에서는 공식화된 목표달성을 위하여 명확한 역할이 부여되고 있다(단위학교, 교육지원청, 교육부).

(ㄴ) 비공식적 조직

비공식적 조직(informal organization)은 형식적 조직 속에 존재하면서 형식적 조직에 의하여 충족되지 못하는 여러 가지 심리적 기능을 수행하며, 형식적 조직의 기능에 대해서도 직·간접의 영향을 미치고 있다. 이 조직은 형식적 조직의 내부에서 자연발생적으로 생기는 조직이라는 측면에서 자생조직이라고도 한다(단위학교 내 각종 친목모임, 학연 및 지연).

> **TIP**
> 비공식적 조직은 형식적 조직 속에 존재하면서 형식적 조직에 의하여 충족되지 못하는 여러 가지 심리적 기능을 수행하며, 형식적 조직의 기능에 대해서도 직·간접의 영향을 미치고 있다.

(2) 특 징

① 공식조직은 인위적으로 만든 것인데, 비공식조직은 자연발생적으로 형성된 것이다.

② 공식조직은 그 조직의 설립과 폐지에 따라 그 수명이 제한되지만, 비공식조직은 공식조직에 선행하여 존재할 수도 있고 그 공식조직을 떠나서도 계속되는 수가 많다.

③ 공식조직은 성문화되고 따라서 외면적·외재적인 데 비하여, 비공식조직은 성문화되지 않고, 공식조직에 내면화·내재적인 것으로 겉으로 잘 드러나지 않는다. 비공식조직이 성문화되고 외면적으로 드러나면 비공식조직이 아니라 이미 공식조직화하는 것이다.

④ 공식조직은 계층에 따른 분담이 분명한 데 비하여, 비공식조직은 계층이나 성원의 역할 분할이 불분명하다.

⑤ 공식조직은 그 조직성원 전체로 구성되지만 비공식조직의 성원은 그 일부로서 구성되기 때문에 소집단인 것이다. 이러한 면에서 비공식집단이라는 용어를 즐겨 쓰는 경향이 있다.

⑥ 공식조직은 합리성 또는 능률의 논리에 따라 구성 및 운영되며, 비

> **TIP**
> 중앙의 교육행정조직은 교육과학기술부를 중심으로 하지만 교육행정의 법률주의의 원칙에 따라 헌법을 정점으로 하여 정부조직법, 교육과학기술부 직제 등에 규정된 바에 따라 대통령과 국무회의 및 국무총리도 포함시켜야 한다.

공식조직은 비합리적인 감정의 논리에 따라 형성·운영된다. 공식조직은 조직의 목표를 효과적으로 달성하고 그러기 위해 능률의 향상을 중요시하나, 비공식조직에서는 인간관계를 중시하고, 비합리적이기는 하나 전혀 우연적인 것은 아닌 감정의 논리라고 하는 일정한 방식으로 기능을 유지한다.

3) 중앙교육행정조직(中央教育行政組織)

중앙교육행정조직이란 중앙정부에서 교육행정을 담당하는 기관의 조직으로 지방교육행정조직이나 학교행정조직과 대조되는 개념이다. 중앙의 교육행정조직은 교육과학기술부를 중심으로 하지만 교육행정의 법률주의의 원칙에 따라 헌법을 정점으로 하여 정부조직법, 교육과학기술부 직제 등에 규정된 바에 따라 대통령과 국무회의 및 국무총리도 포함시켜야 한다. 왜냐하면, 교육과학기술부는 헌법과 정부조직법에서 규정한 국가행정 조직체제의 한 하위체제로서 그 하나의 계층에 해당하기 때문이다. 따라서 교육행정에 관한 행정권은 대통령, 국무회의, 국무총리, 교육과학기술부장관의 체계를 통하여 행사되고 있으므로 그 상위체제로서 대통령과 국무회의 및 국무총리를 중앙행정조직에서 관여하는 것이다.

대통령은 교육에 관한 대통령령의 발표, 긴급처분, 내우외환, 천재지변 등으로 인한 중대한 재정, 경제상의 위기에 처했을 때 긴급 명령권을 행사하며 주요 교육공무원 임명권, 국무회의 의장권, 중앙행정기관의 지휘 및 감독권의 영향을 행사한다. 국무회의는 정부의 권한에 속하는 중요한 정책을 심의하는 기관으로 행정에 관한 최고 심의기관이다. 한편 국무총리는 국무회의의 부의장으로서 국무회의를 통해서 교육과학기술부에 영향권을 행사할 수 있을 뿐만 아니라, 대통령을 보좌하고 명을 받아 행정 각부를 통할하는 권한도 가지고 있다. 그러나 중앙교육행정조직의 핵심은 교육과학기술부이다.

교육과학기술부장관은 교육행정의 최고 책임자로서 소관업무를 통괄하고, 소속 공무원과 하급기관을 지휘, 감독할 뿐만 아니라 교육과학기술부령을 발하고 교육관계 법률을 입안한다.

4) 지방교육행정조직(地方教育行政組織)

TIP
지방의 교육행정은 교육의 자주성과 중립성을 확보하고 교육행정의 민주화와 지방 분권화를 보장하기 위하여 교육자치제를 근간으로 실시되고 있다.

지방의 교육행정은 교육의 자주성과 중립성을 확보하고 교육행정의 민주화와 지방 분권화를 보장하기 위하여 교육자치제를 근간으로 실시되고 있다. 교육자치제도란 지방교육자치에 관한 법률에 근거하여 1991년 3월 1일에 교육기관이 행하는 자치적 행정제도를 말한다. 교육의 전문성과 중립성을 보장하고 자율적인 교육활동을 전개할 수 있도록 일반행정으로부터 분리, 독립하여 자치적으로 교육행정을 실시하는 제도를 말한다. 현행 교육자치제는 교육위원회를 의결기관으로 하고 있으며, 지방교육의 특수성을 살리기 위하여 지방자치단체의 교육, 과학, 기술, 체육, 기타 학예에 관한 사무를 관장하는 기관으로서 특별시, 광역시, 각 도의 의결기관인 교육위원회와 집행기관이 있다.

교육위원의 선출은 인구, 행정구역, 지세, 교통, 기타 조건을 고려하여 선출권역을 단위로 초중등교육법 제31조의 규정에 의한 학교운영위원회(學校運營委員會)에서 선출한 선거인과 교육기본법 제15조의 규정에 따라 시·도에 조직된 교원단체에서 추천한 교원인 선거인으로 구성된 시·도 교육위원 선거인단에서 선출한 2인 중에서 무기명 투표로 1인씩 선출하되 그 정수의 2분의 1 이상은 교육 또는 교육행정경력이 10년 이상 있는 자로 하였으며, 임기는 4년이다.

교육감은 각 시·도의 교육, 학예에 관한 사무를 집행하는 집행기관으로서 교육, 학예에 관하여 당해 지방자치단체를 대표하고 통괄한다. 교육경력 또는 교육공무원으로서의 교육행정 경력이 5년 이상인 자 중에서 학교운영위원회 선거인과 교원단체 선거인으로 구성된 교육감 선거인단에서 무기명 투표로 선출한다. 선출은 선거인의 과반수 찬성을 얻은 자를 당선한다. 교육감의 임기는 4년이며, 1회에 한하여 중임할 수 있다.

교육위원회(敎育委員會)는 시 · 도의 교육, 학예에 관한 사무를 분장하기 위하여 1개 또는 2개 이상의 시 · 군 자치구를 관할 구역으로 하는 교육위원회의 하급 교육행정기관인 하급 교육청을 두고, 교육청에 교육장을 두되 장학관으로 보좌하도록 하였다. 1988년 10월 16일 지방교육행정기관의 기구와 정원기준 등에 관한 규정이 제정됨에 따라 시 · 도 교육청, 본청, 지역 교육청의 구성에 있어서 학생 및 지역 인구 등 교육 규모를 감안하여 내부 기구를 탄력적으로 조직할 수 있게 하였다. 또한 교육위원의 정수를 당해 시 · 도의 시 · 군 · 구 교육청 수에 따라 정하게 됨으로써 시 · 도별 교육위원회의 규모와 형평을 이루지 못하고 있으며, 자치제 성공의 관건이라 할 수 있는 교육재정의 확보 문제와 지역 간 재정 자립도의 격차에 따른 교육재정의 불균형 문제가 예상되고 있어 계속적인 개선이 요청된다.

5. 장학행정과 교육제도

1) 장학의 개념

> **TIP**
> 장학이란 용어가 함축되어 있는 'supervision'이란 'superior'와 'vision'의 합성어이다.

장학(supervision)이란 용어가 함축되어 있는 'supervision'이란 'superior'와 'vision'의 합성어이다. 'superior'는 높은 곳, 우수한이란 뜻이며, 'vision'은 본다, 감시한다는 뜻으로, 결국 장학은 어원적으로 우수한 사람만이 높은 곳에서 본다, 훌륭한 눈으로 감시한다는 의미이다.

장학활동은 다음과 같다.

① 교사의 전문적 성장을 돕는 일련의 활동이다.

교사로 하여금 교직에 올바른 태도를 갖게 하고, 좀 더 발전된 학습지도와 생활지도의 방법을 익히며, 교육에 관한 올바른 관점을 가지고 교육문제를 직시할 수 있도록 돕는 것이 장학생활의 중요한 활동 영역이다.

② 교육과정 운영의 개선을 돕는 것이다.

학교 경영의 중추가 교육과정의 운영이다. 교육목적을 달성하기 위해 어떤 내용을 어떻게 선정, 조직하여 어떤 방법으로 가르쳐 어떻게 평가하느냐의 문제가 바로 교육과정의 운영이다. 장학의 다른 기능도 따지고 보면 교육과정 운영을 위한 지원기능이라 할 수 있다.

③ 교수-학습지도 개선을 돕는 일이다.

둘째 기능인 교육과정을 돕는 일에 포함될 수 있다. 그러나 이것을 독립시킨 것은 교내 장학 내에서는 이미 설정된 교육과정 운영의 개선도 중요하지만 다양한 교수-학습의 방법론을 전개시키며 개선, 발전시키는 것이 더욱 중요하다.

④ 학생들의 학습 환경을 개선하기 위한 활동을 들 수 있다.

학급환경은 교사의 태도와 관련된 심리적 측면을 갖고 있지만, 학교의 물리적 환경을 중요한 구성요소로 갖고 있다. 따라서 장학은 이러한 물리적 환경을 개선하기 위한 활동에 전력하는 것이다.

2) 장학 유형

(1) 수업장학(instruction supervision)

수업장학은 소련의 인공위성 스푸트니크호 발사 성공이 1957년에 있은 후 미국 교육의 형식과 내용을 변화시킨 학문중심 교육과정 시기에 나타나는 장학이다. 이로 인해 단위학교 교사의 교수-학습방법의 향상 및 실험, 실습 교육의 효율화를 위한 전문적인 지도와 조언을 목적으로 실시하는 장학활동이다. 그러므로 수업장학은 교사의 교수행위에 직접 영향을 주는 학교 내에서의 제반 지도활동을 말한다. 따라서 수업장학의 과정을 살펴보면, 사전협의회 → 자료수집 → 분석 및 전략수집 → 사

> **TIP**
> 수업장학은 단위학교 교사의 교수-학습방법의 향상 및 실험, 실습 교육의 효율화를 위한 전문적인 지도와 조언을 목적으로 실시하는 장학활동이다.

후협의회 → 적용 → 평가로 되어 있다.

(2) 임상장학(techniques in the clinical supervision)

수업의 질을 개선하기 위하여 관찰 전 협의를 거쳐 교실에서 이루어지는 교사, 학생의 상호작용을 관찰하는 상호작용적이고 민주적인 장학이다. 이 장학의 기본 자료는 학급 내에서 발생한 교사와 학생 사이에 이루어지는 교수-학습활동 상호작용의 과정에 초점을 두고서 학습을 향상시키려는 장학을 말한다. 코간(Cogan)은 임상장학의 과정을 다음과 같이 8단계로 제시하였다. 먼저 교사와 장학담당자의 관계 확립하기 → 교사와 함께 기획하기 → 관찰전략 기획하기 → 수업 관찰하기 → 교수-학습과정 분석하기 → 협의회 전략 기획하기 → 교사와의 협의회(추후수업을 위한 피드백) → 새로운 기획하기

(3) 동료장학(colleague supervision)

> TIP
> 동료장학은 수업의 개선을 위해서 교사들이 서로 협동하는 장학의 형태이다.

동료장학은 수업의 개선을 위해서 교사들이 서로 협동하는 장학의 형태이다. 이는 교사들 간에 서로의 경험을 공유함으로써 교수 능력의 향상뿐만 아니라 협동적 인간관계의 개발을 통해 동료 간 유대감과 공동 성취감을 향상시킬 수 있는 장학의 유형이다. 무엇보다 학교 및 학생들에 대한 이해 및 경험을 공유하며, 보다 타당하고 현실적인 조언 및 지도를 할 수 있다.

(4) 요청장학(request supervision)

요청장학은 일선에서 환영하지도 않는 형식적이고 상투적이며 연례 행사적인 장학에 대한 반작용으로 나온 장학활동을 말한다. 이 장학은 일선 학교나 교사가 교수-학습방법에 관한 전문적 지도가 필요하다고 판단하여 장학사를 초청함으로써 이루어진다. 또한 요청장학은 학교 및 교사의 필요에 의해 실시되기 때문에 시·도 교육청으로부터 필요한 교과와 필요한 영역의 전문 장학사들이 도움을 얻을 수 있어 질 높은 장학을 할 수 있다.

(5) 자기장학(self supervision)

이는 외부의 강요나 지도에 의해서가 아니라 교사 스스로가 자신의 전문성 신장을 위해 스스로 계획을 수립하고 실천해 나가는 것을 말한다. 이는 교수 활동이 고도의 전문성을 토대로 하고 있고, 교사에 대한 수업능력 향상이 결국 성인학습에 효과를 주고 있으며, 교사의 특성상 남의 지시나 지도에 의한 학습보다는 개인학습을 선호하는 경향성을 가지고 있기 때문에 교사 자신의 전문적 성장을 위하여 스스로 계획을 세우고 실천하며 자기향상을 추구하는 과정이다.

3) 교육제도의 유형

교육제도의 유형은 일반적으로 단계성을 중심으로 구성된 단선형과 계통성을 중심으로 형성된 복선형으로 나눈다.

(1) 단선형(ladder school system)

단선형 학제는 19세기 말경부터 20세기에 이르기까지 지배계층과 서민계층 사이에 존재하는 교육제도상의 차등을 없애고 공통의 초등교육부터 시작하여 수업연한이나 자격이 동등하게 주어지는 제도로, 주로 미국을 중심으로 발달한 민주형 학제이다. 이는 초·중·고등학교를 한 계통으로 학교계통을 구성하는 것으로서 이 형태는 각 단계의 학교가 서로 연결되고 모든 국민에게 평등하게 개방되는 것이 보통이다. 이러한 학교체제를 단선형 또는 계제형이라고 부른다.

전형적인 단선형의 학교제도를 갖고 있는 미국의 학교제도는 밑에서부터 위로 향하는 체계를 갖추고 발전되었다. 미국의 공립학교제도는 신앙, 종족, 사회적, 경제적 지위의 차별 없이 똑같이 초등학교에 입학하여 중학교까지 무상의 의무교육을 받도록 하는 체제이다. 제2차 세계대전 후 영국과 프랑스에서도 교육제도를 민주형으로 뜯어 고치려는 운동이 일어났으나 아직까지 실효를 거두지 못하고 있는 형편이다. 우리나

> **TIP**
> 단선형 학제는 19세기 말경부터 20세기에 이르기까지 지배계층과 서민계층 사이에 존재하는 교육제도상의 차등을 없애고 공통의 초등교육부터 시작하여 수업연한이나 자격이 동등하게 주어지는 제도로, 주로 미국을 중심으로 발달한 민주형 학제이다.

> **TIP**
> 복선형은 상구형과 하구형이라는 이질적인 형태로, 양자가 상호 관련을 맺지 않고 발달되어 왔다. 즉, 하구형은 지배계층인 귀족계급을 위한 제도이며, 상구형은 피지배계층인 일반 서민대중을 위한 교육에 주력한다.

라의 학제는 광복 이후 미국 교육철학의 영향을 받아서 단선형 제도를 기본적으로 도입하였으나, 실업학교가 중등교육에서 중요한 위치를 차지하는 등 복선형 제도의 성격도 일부 가지고 있다.

(2) 복선형(dual school system)

복선형은 상구형과 하구형이라는 이질적인 형태로, 양자가 상호 관련을 맺지 않고 발달되어 왔다. 즉, 하구형은 지배계층인 귀족계급을 위한 제도이며, 상구형은 피지배계층인 일반 서민대중을 위한 교육에 주력한다. 이 제도는 일반 서민계급을 위한 초등교육의 학교계통과 보다 잘사는 계급을 위한 중등교육 및 고등교육의 학교계통을 가지는 형태로서 학교 간 연결이 이루어지지 않고 있는 것이 특색이다.

귀족, 승려, 부자, 신사 등 특권계급의 자녀를 교육하는 학교가 지배계급의 양성만을 위해 존재하였던 시대의 학교는 어디까지나 지배계급의 전유물이었지 일반대중과는 거리가 먼 존재였다. 근대에 이르기까지 동서양을 막론하고 공통된 사실이며, 지배계급을 위한 학교는 고등교육기관으로서의 성격을 띠었다. 그 예비단계로서 초·중등교육의 발전을 가져왔기 때문에 복선형 학제는 기존의 사회계급을 재생산하고 고정화시키는 역할을 하는 지배계급을 위한 비민주적 학제라는 비난을 받았다. 오늘날 이러한 계급성을 모두 적용할 수 없으나 지역적으로 유럽을 중심으로 발달해 왔기 때문에 유럽형 학제라고도 한다.

> **TIP**
> 단선제를 특징으로 하는 기간학제는 6-3-3-4제로 초등학교는 초·중등교육법 제38조에 국민생활에 필요한 기초적인 초등교육을 하는 것이 목적이며, 학생의 학습과 일상생활에 필요한 기초능력 배양과 기본 생활습관을 형성하는 데 중점을 둔다.

4) 우리나라의 교육제도

우리나라의 현행 학교제도는 미국의 영향을 받아 6-3-3-4제를 기간학제로 한 단선형이다. 이러한 학제는 1949년의 교육법과 1951년의 교육법 개정법률에 의하여 그 윤곽이 확정되었다.

단선제를 특징으로 하는 기간학제는 6-3-3-4제로 초등학교는 초·중등교육법 제38조에 국민생활에 필요한 기초적인 초등교육을 하는 것이 목적이며, 학생의 학습과 일상생활에 필요한 기초능력 배양과 기본 생활습관을 형성하는 데 중점을 둔다. 중학교는 초·중등교육법 제41조에 중학교교육은 초등학교의 교육적 성과를 바탕으로, 학생의 학습과 일상생활에 필요한 기본능력과 민주시민으로서의 자질을 함양하는 데 중점을 둔다. 고등학교는 초·중등학교법 제45조에 근거하여 중학교교육의 성과를 바탕으로, 학생의 적성과 소질에 맞는 진로개척 능력과 세계시민으로서의 자질을 함양하는 데 중점을 두고 대학교까지 연결되는 체제를 갖고 있다. 일반적으로 초등학교는 기초학교이고, 대학은 종국학교이며, 중·고등학교는 중간학교의 성격을 띤다.

이 학제에 있어서 예외가 되는 것으로서는 2년 내지 3년제의 전문대학과 예과 2년까지 합하여 6년간의 수업연한을 가진 의과대학 및 치과대학이 있다.

초·중등교사 양성목적의 교육기관으로는 교육대학, 사범대학, 한국교원대학교가 있다(교육법 제118조). 수업연한은 4년제 대학과 동일하다. 그러나 대학교 교원양성 목적의 교육기관은 없다. 고등학교 중에는 농, 상, 공, 수산 등 이른바 실업고등학교가 있으나, 그것은 주로 교육과정 중 실업계통 과목의 비중에 의하여 결정되는 것이며, 단선형 기간학제의 테두리 안에 속한다. 실업계 고등학교와 인문계 고등학교의 교육과정을 동일 학교에 종합적으로 제공하는 종합고등학교도 있다.

전문학교와 초급대학을 개편하여 1978년부터 중견기술인 양성을 목표로 하는 고등교육기관으로 2년 내지 3년제 과정의 전문대학제도도 있다(교육법 제128조). 전문대학은 사회 각 분야에 관한 전문적인 지식과 이론을 교수, 연구하며 재능을 연마하여 국가 및 사회 발전에 필요한 중

견직업인을 양성함을 목적으로 한다. 따라서 한국 고등교육의 중요한 역할을 담당하고 있다.

대한민국 헌법(大韓民國憲法) 제29조 항을 살펴보면,

① 모든 국민은 능력에 따라 균등하게 교육을 받을 권리를 가진다.

② 모든 국민은 그 보호하는 자녀에게 적어도 국가에서 정하는 의무교육을 받게 할 의무를 진다.

③ 의무교육은 국가에서 무상으로 한다.

④ 교육의 자주성, 전문성 및 정치적 중립성은 법률이 정하는 바에 의하여 보장된다.

⑤ 국가는 평생교육을 진흥하여야 한다.

⑥ 학교교육 및 평생교육을 포함한 교육제도와 그 운영, 교육재정 및 교원의 지위에 관한 기본적인 사항은 법률로 정한다는 조문이 있다. 이 조문에서 중요한 것은 균등하게 교육을 받을 권리라는 부분이다. 이는 특수교육의 당위성도 미루어 볼 수 있다. 특수학교는 병자, 농아자, 정신박약자, 기타 심신에 장애가 있는 자에게 초등학교와 중학교에 준하는 교육과 그 실생활에 필요한 지식 기능을 가르칠 것을 목적으로 한다. 특수학교에는 특수학교를 졸업한 자 중 고등학교에 준하는 교육을 목적으로 하는 고등학교 과정을 병설할 수 있다(교육법 제143조). 우리나라의 교육제도는 초등학교, 중학교, 고등학교, 대학과정을 실시하는 방송통신 중·고·대학과 산업체 근로자들을 위한 중·고등학교 과정의 산업체 부설 중·고등학교 및 야간 특별학급, 취학 전 교육기관으로 유치원 등이 있다. 그 외에도 학교와 유사한 교육기관이면서도 시설기준 미달 등으로 인하여 정규학교가 못 되는 이른바 각종학교가 있다.

Chapter 10 학습정리

1. 교육행정은 행정을 사회적, 공공적, 조직적 활동으로 보고 교육을 대상으로 하여 교육목표의 설정과 달성을 위한 인적·물적 기타 지원 조건의 정비확립, 목표달성을 위한 계획과 결정, 집행과 지도, 통제와 평가 등을 포함하는 일련의 봉사활동을 지칭한다. 그리고 교육행정의 성격 역시 교육행정을 어떻게 정의하고 그 기능을 어느 관점에서 보느냐에 따라서 달라질 수 있다. 따라서 교육행정의 성격에 대해 봉사적, 정치적, 민주적, 미래지향적, 전문적 성격으로 나눈다.

2. 교육행정을 교육을 위한 행정으로 볼 때 교육활동이 원활히 수행될 수 있도록 지원하고 보조하는 역할을 다하기 위해서는 행정활동에 합리성을 부여하고 일관성을 유지할 수 있게 하기 위한 지침은 법규상의 기본원리와 실천적인 기본원리로 구분한다. 또한 교육행정의 과정이라 함은 바로 목표 설정에서부터 그 실천과 평가에 이르는 행정의 전체 흐름을 말하며, 이 흐름 속에서 이루어지는 행정작용의 모든 구성 요소를 의미하기도 한다. 행정과정에 관한 최초의 연구는 프랑스의 페욜(Fayol)에 의해서 시작되었으며, 그는 계획, 조직, 시휘, 소성, 통제로 제시하였다. 그 후 1937년 귤릭(Gulick)과 어윅(Urwick)의 행정원리는 'POSDCORB(최고관리자 기능)'로 1950년대에 시어스(Sears)가 만든 것이다.

3. 교육행정조직이론에 적용한 개별적 조직원리는 학자에 따라 다양하고 서로 다르기는 하지만 비교적 일반화된 조직원리는 계층의 원리, 조정의 원리, 명령통일의 원리, 분업화의 원리, 최적 집권화의 원리로 구성할 수 있다. 또한 공식적 조직(formal organization)이란, 일정한 목표를 달성하기 위하여 의도적이고 인위적으로 구성된 조직이다. 이 조직은 조직의 직제규정에 따라 권한과 책임이 분명하고, 업무가 분담 및 조정되는 등 공식적인 조직표상에 나타난 조직을 말한다. 또한 비공식적 조직(informal organization)은 형식적 조직 속에 존재하면서 형식적 조직에 의하여 충족되지 못하는 여러 가지 심리적 기능을 수행하며, 형식적 조직의 기능에 대해서도 직·간접의 영향을 미치고 있다.

4. 중앙교육행정조직이란 중앙정부에서 교육행정을 담당하는 기관의 조직으로 지방교육행정조직이나 학교행정조직과 대조되는 개념이다. 중앙의 교육행정조직은 교육과학기술부를 중심으로 하지만 교육행정의 법률주의의 원칙에 따라 헌법을 정점으로 하여 정부조직법, 교육과학기술부 직제 등에 규정된 바에 따라 대통령과 국무회의 및 국무총리도 포함시켜야 한다. 또한 지방교육행정은 교육의 자주성과 중립성을 확보하고 교육행정의 민주화와 지방분권화를 보장하기 위하여 교육자치제를 근간으로 실시되고 있다.

5. 수업장학은 단위학교 교사의 교수-학습방법의 향상 및 실험, 실습 교육의 효율화를 위한 전문적인 지도와 조언을 목적으로 실시하는 장학활동이다. 그러므로 수업장학은 교사의 교수행위에 직접 영향을 주는 학교 내에서의 제반 지도활동을 말한다. 교육제도의 유형은 일반적으로 계통성을 중심으로 형성된 복선형과 단계성을 중심으로 구성된 단선형으로 나눈다. 첫째, 단선형 학제는 지배계층과 서민계층 사이에 존재하는 교육제도상의 차등을 없애

고 공통의 초등교육부터 시작하여 수업연한이나 자격이 동등하게 주어지는 제도로, 주로 미국을 중심으로 발달한 민주형 학제이다. 둘째, 복선형은 상구형과 하구형이라는 이질적인 형태로, 양자가 상호 관련을 맺지 않고 발달되어 왔다. 즉, 하구형은 지배계층인 귀족계급을 위한 제도이며, 상구형은 피지배계층인 일반 서민대중을 위한 교육에 주력한다.

Chapter 10 연습문제

01 교육행정의 정의에 대하여 설명하시오.

02 교육행정의 원리에 대하여 설명하시오.

03 교육행정의 과정에 대하여 논하시오.

04 교육행정 조직 중 공식적 조직과 비공식적 조직에 대하여 논하시오.

05 장학행정과 교육제도 중 장학유형에 대하여 논하시오.

11

CHAPTER

평생교육

학습내용

- 평생교육의 의미와 개념을 이해한다.
- 평생교육의 특성 및 필요성을 이해한다.
- 평생교육의 형태, 과제 및 실현방안을 이해한다.

1 평생교육의 의미와 개념

'평생교육'이라는 용어는 매우 광범위한 영역을 포함하고 있다. 물론 이 개념이 개별 인격의 모든 측면의 발달을 포함하지는 않는다고 할 수 있지만, 과거 전통적인 사회교육의 개념에 포함되지 않았던 새로운 활동과 연구영역에 적용될 수 있다. 따라서 단순히 새로운 형태의 교육적 영역 확대로 해석하거나 직업훈련은 아닐 것이다.

1) 평생교육의 의미

평생교육(life-long education)이라는 용어는 1949년 덴마크 엘시노어에서의 제1차 세계성인교육회의를 시작으로 1965년 유네스코(UNESCO)의 '성인교육추진국제위원회'의 랑그랑(Paul Lengrand)이 구상한 개념이다. 1970년 『평생교육입문』이라는 저서를 발표한 후에 개념을 정의하였다. 평생교육의 개념이 국제적인 용어로 알려진 것은 1972년 동경에서 개최된 제3차 세계성인교육회의 이후의 일이며, 그 일환으로 우리나라에서도 1973년 8월에 춘천에서 평생교육발전 세미나를 개최하여 평생교육의 개념 정립과 우리나라 평생교육의 방향을 협의하였다. 그 후 1982년에는 사회교육법이 공포되어 평생교육의 중요성이 인식되었으며, 1999년에 평생교육법이 제정되었고, 2000년 3월에 시행령이 공포되었다. 헌법 제31조 제5항에 '국가는 평생교육을 진흥해야 한다.'고 규정함으로써 교육체제의 기본이념이며, 모든 교육을 포괄하는 가장 상위의 교육개념이라고 볼 수 있다.

> **TIP**
> 평생교육 개념은 생, 평생, 교육의 3요소로 구성되어 있다.

평생교육 개념은 생(life), 평생(life-long), 교육(education)의 3요소로 구성되어 있다(Dave, 1976). 생이라 함은 한 생명체가 살아 움직임을 뜻한다. 특히 인생의 생명체는 갈망과 희망이 있으며 그것을 성취하고 실현하기 위하여 활동하게 된다. 이것이 곧 성장의 과정이다. 그러나 인간이 동물과 다른 점은 성장의 질이다. 인간은 자연적 접촉뿐만 아니라 사회・문화적 환경에 살면서 지적, 정서적, 신체적, 도덕적 성장을 이루어 간다. 이것이 인간의 생의 과정이며 성장의 과정이다. 이와 같은 생의 과정, 성장의 과정이 바로 교육 그 자체이며 평생교육의 이론적 근거가 된다. 따라서 평생교육은 '인간 삶의 질 개선'이라는 이념적 추구를 위하여 태교에서부터 시작하여 유아교육, 아동교육, 청년교육, 성인교육, 성인후기교육, 노인교육으로 수직적으로 통합한 교육과 취학 전 교육, 사회교육, 학교교육을 수평적으로 통합한 교육을 총칭하여 말한다. 즉, 개인의 잠재능력의 최대한의 신장과 사회발전에 참여하는 능력의 개발을 목적으로 하는 교육이라고 할 수 있다.

2) 평생교육의 개념

(1) 평생교육은 학자에 따라 견해가 다르다.

평생교육법령 법률 제6003호 제2조 제1항에 '평생교육이란 학교교육을 제외한 모든 형태의 조직적인 교육활동'으로 정의하고 있다.

1 랑그랑(Lengrand)의 견해

평생교육은 모든 국민들에게 평생을 통해 각기 자신이 가진 다방면에 걸친 소질을 계속적으로 발전시키고 사회발전에 충분히 참여할 수 있게 하는 교육을 말한다.

> TIP
> 평생교육은 모든 국민들에게 평생을 통해 각기 자신이 가진 다방면에 걸친 소질을 계속적으로 발전시키고 사회발전에 충분히 참여할 수 있게 하는 교육을 말한다.

2 데이브(Dave)의 견해

평생교육은 개인적 및 사회적 삶의 질을 계속적으로 향상시키기 위하여 평생에 걸쳐 연장 실시되는 모든 형태의 형식적, 비형식적, 무형식적 교육활동 전부를 포괄한다.

3 장진호(Jang Jin Ho)의 견해

평생교육과 전통적 교육과의 관계를 과일 바구니와 과일의 관계로 설명하고 있다. 즉, 과일 바구니는 평생교육으로 비유할 수 있고, 그 속에 담겨진 사과, 배, 감, 귤 등은 유아교육, 초등교육, 중등교육, 고등교육, 성인교육, 노인교육 등으로 나눌 수 있다. 따라서 평생교육은 모든 교육을 한 바구니에 담고 있는 포괄적인 뜻을 지닌다.

4 장성화(Jang Sung Hwa)의 견해

평생교육은 태교교육에서 출발하여 유아기, 아동기, 청년기, 성인기에 이르기까지 수직적으로 통합한 가정교육, 학교교육, 사회교육이 수평적으로 통합한 교육을 의미한다. 따라서 평생교육은 전 생애 영역에서 이루어지는 형식적, 비형식적에 해당되는 모든 교육을 의미한다.

> TIP
> 평생교육은 전 생애 영역에서 이루어지는 형식적, 비형식적에 해당되는 모든 교육을 의미한다.

(2) 평생교육에 내포된 개념

① 평생교육을 교육과 동의어로 보는 견해가 있다.
② 평생교육 개념에는 교육의 이념이 내포되어 있다.
③ 평생교육의 목표는 계속적 자아실현과 사회발전의 능력 신장에 두고 있다.
④ 평생교육은 모든 교육을 포괄하는 상위개념으로 파악하려는 견해가 있다.
⑤ 평생교육은 교육의 통합개념으로 본다(수평적 통합, 수직적 통합).
⑥ 평생교육은 새로운 교육의 통합체제를 의미한다.
⑦ 평생교육의 개념에는 국민에 대한 교육권 보장이 내포되어 있다.
⑧ 평생교육의 강조는 교육개혁사업의 촉진으로 보아야 할 것이다.

(3) 평생교육의 유사한 개념의 정의

1 생애교육(Career Education)

생애교육이란 개인이 생활의 일부, 혹은 생활수단으로 일을 배우고 일에 종사하기 위하여 준비할 수 있는 경험의 총체 또는 개개인 모두가 일을 중심으로 한 사회의 가치관에 익숙해지고 이러한 가치관이 인격체제에 통합되어, 일이 개인에게 보람 있고 만족될 수 있도록 생활화하는 데 도움을 주는 학교와 지역사회 간 노력의 총체로 정의할 수 있다. 핵심은 생애 역할의 개념이다. 개인들의 생애는 일생에 개인이 참여하는 여러 가지 작업역할로 이루어진다. 개인들은 학교를 떠나서 고용될 때, 직업이 그들 생활의 중요한 부분이 된다.

> TIP
> 성인교육은 교육대상을 분류 준거로 한 용어로, 성인을 대상으로 하는 모든 형태의 교육활동을 총칭한다.

2 성인교육(Adult Education)

성인교육은 교육대상을 분류 준거로 한 용어로, 성인을 대상으로 하는 모든 형태의 교육활동을 총칭한다. 따라서 교육의 대상은 성인이며 교육방식은 형식, 비형식, 무형식 교육이 모두 포함될 수 있다는 점에서 사회교육과는 다르다. 평생교육의 개념 중 성인기 이후의 활동만이 이에 해당된다. 다켄월드(Darkenwald)는 평생교육을 성인들의 지식, 태도, 가치, 기술에서 변화를 가져오기 위하여 체계적이고 지속적인 학습활동이라고 한다. 또한 성인교육의 과정에 초점을 둔 정의로서, 집단 또는 제도 내에서 성인들이 스스로 자신과 사회를 개선하는 개인이나 기관에 의한 계획을 포함하는 과정이다.

3 비형식교육(In-formal Education)

비형식교육은 교육의 양태 또는 교육의 방식에 따른 구분으로서 교육의 대상에 대한 규정은 내포되어 있지 않은 우연적 학습으로 사회교육과 가장 유사한 개념이다. 형식적 교육은 모든 수준의 공·사립학교를 포함한 교육제도를 말하지만, 무형식교육은 개인의 일상생활과정, 즉 친구들과의 우연한 대화, TV 시청, 잡지 등을 통해 일어나는 무계획적 경험에 기초하고 우연히 일어나는 학습이다.

4 계속교육(Continuing Education)

계속교육은 일정한 단계의 학교교육을 마친 자가 가정이나 사회생활을 영위하다가 학업을 병행하기 위하여 다시 교육의 장으로 돌아오는 형태를 가리킨다. 주로 성인이 학교에서 갖는 2차적 교육기회를 의미한다. 따라서 교육의 대상이 주로 성인이고 교육의 방식이 학교교육이라는 점에서 사회교육이나 성인 및 비형식 교육과는 차이가 있다.

> **TIP**
> 계속교육이란, 일정한 단계의 학교교육을 마친 자가 가정이나 사회생활을 영위하다가 학업을 병행하기 위하여 다시 교육의 장으로 돌아오는 형태를 가리킨다.

5 회귀교육(순환교육, 재교육, Recurrent Education)

회귀교육은 성인·계속 교육과 비슷한 의미로 교육의 기회를 인생의 전 생애 단계에 걸쳐 균형적으로 재분배하고 학교교육과 직업생활을 주기적·순환적으로 반복, 연계짓는 교육 형태를 의미한다. 회귀교육의 대상은 직업을 가진 성인으로 교육의 주목적은 노동시장의 변화에 따른 직업적 재적응과 생산성 제고 등 교육의 계속성과 통합성을 강조한다.

회귀교육은 다른 평생교육과 직업이 순환적·주기적으로 반복되는 형태를 취한다는 점, 직업진로와 관련하여 교육 주기를 설계한다는 점에서 다른 개념들과 차이를 보인다(강갑원 외, 2005).

2. 평생교육의 특성

데이브(Dave)는 평생교육의 개념을 분석적 그리고 종합적인 방향으로 고찰하여 20가지로 구분하였다.

① 평생교육의 개념에 포함되고 있는 3가지 기본 요소인 삶, 평생, 교육에 부여된 의미와 그 해석이 평생교육의 범위와 의미를 결정한다.

② 교육은 평생을 통하여 계속되는 과정이다.

③ 평생교육은 성인교육에 국한되는 것이 아니라 모든 교육을 망라하고 통합한다.

④ 평생교육은 형식, 비형식 교육 같은 계획적인 학습과 부수적인 학습을 모두 포함한다.

> **TIP**
> 평생교육은 형식, 비형식 교육 같은 계획적인 학습과 부수적인 학습을 모두 포함한다.

⑤ 가정은 평생교육 과정을 시작함에 있어서 가장 결정적인 역할을 하는 교육의 장소이며, 개인의 전 생애에 걸쳐 계속된다.

⑥ 지역사회는 어린이가 그 사회에 처음 접촉하는 시간부터 중요한 역할을 하며, 전문적·일반적 영역에 있어 일생을 통하여 교육적 기능을 행사한다.

⑦ 초·중등학교와 대학 및 훈련원 등의 교육기관도 중요하지만, 이는 평생교육을 위한 하나의 기관으로서 중요성을 갖는 것이므로 사람들을 교육함에 있어서 더 이상 고유의 권한을 누릴 수 없으며, 다른 교육기관으로부터 더 이상 고립해서 존재할 수도 없다.

⑧ 평생교육은 수직적, 수평적 차원에서 계속성과 적합성을 추구한다.

⑨ 평생교육은 수직적, 수평적 측면에서 인생의 모든 단계의 통합성을 추구한다.
⑩ 평생교육은 성격상 보편적이며, 그것은 교육의 민주화를 표방한다.
⑪ 평생교육은 융통성과 다양성으로 특징지어져 있다.
⑫ 평생교육은 학습에 있어서의 자료, 매체활용 등 새로운 발전을 허용하는 역동적인 접근방법이다.
⑬ 평생교육은 교육을 받는 유형이나 형태에 있어서 선택을 허용한다.
⑭ 평생교육은 일반, 전문의 2가지 넓은 요인을 포함하고 있으며, 이들은 서로 관련되고 상호작용한다.
⑮ 평생교육을 통하여 개인이나 사회의 순응적, 혁신적 기능이 달성된다.
⑯ 평생교육은 교정적 기능을 갖는다.
⑰ 평생교육의 궁극적 목적은 삶의 질을 향상, 유지시키는 것이다.
⑱ 평생교육 기획, 동기유발, 교육 가능성이 전제되어야 한다.
⑲ 평생교육은 모든 교육의 조직원리다.
⑳ 조작적 수준에서 평생교육은 모든 교육의 전체체계를 마련해 준다.

3. 평생교육의 필요성과 형태

1) 평생교육의 필요성

오늘날 교육이 평생교육체제로 지향하는 것은 오늘날에 와서 평생교육의 필요성이 더욱 부각되고 있기 때문이다. 평생교육의 주창자인 랑그랑은 평생교육을 자극하는 현대의 도전으로 다음과 같은 내용을 제시하고 있다.

① 급속한 사회변화와 인구의 증대이다.

② 과학적 지식과 기술의 발달이다.
③ 민주화를 위한 정치적 도전이다.
④ 매스컴의 발달과 정보의 급증이다.
⑤ 경제적 수준의 향상과 여가의 증대이다.
⑥ 생활양식과 인간관계의 균형상실이다.
⑦ 이데올로기에 있어서의 위기이다.

(1) 평생교육의 필요성

> TIP
> 현대사회의 급격한 변동에 따른 산업구조의 변화와 인간의 가치갈등, 인간소외, 기술의 변화와 혁신, 청소년 문제 등은 학교교육만으로 대처하기 어렵다.

① 현대사회의 급격한 변동에 따른 산업구조의 변화와 인간의 가치갈등, 인간소외, 기술의 변화와 혁신, 청소년 문제 등은 학교교육만으로 대처하기 어렵다.
② 산업구조가 1차에서 2차, 3차, 4차 산업으로 이동해 가면서 지식산업이라 부르는 4차 산업의 비중이 증대되고 있다.
③ 인간이 주체적 존재로 살아가기 위해서 끊임없는 자기성장과 자아실현이 필요하다. 이러한 자아실현의 과정은 필연적으로 계속적인 자기개발과 성취를 위한 평생학습을 필요로 한다.
④ 과학기술의 지속적인 발전과 그로 인한 직업세계의 변화는 필연적으로 평생에 걸친 전문직업인으로서의 계속교육과 평생학습을 요청하고 있다.
⑤ 사회구성원의 삶의 기본권으로서 교육권과 학습권을 보장하고 교육기회불균등 현상을 해소하기 위해서는 대안적인 교육체제로서의 새로운 평생교육체제가 필요하다.
⑥ 학교교육의 한계성과 문제를 극복하기 위한 평생교육의 필요성이 대두된다.
⑦ 지금까지 교육은 학교가 거의 독점해 왔다. 그러나 현대사회에 있어 학교는 평생에 걸친 교육의 보장과 지원에 한계가 있다.
⑧ 여가시간의 증대로 평생교육이 필요하다. 과거와는 달리 근무시간

의 단축과 생활수준 향상 등의 여가시간을 선용하려는 새로운 요구가 증대되면서 이 또한 평생교육을 촉발시키는 요인으로 등장하고 있다.

⑨ 평균수명 연장에 따른 노인인구 증가와 노령화사회로의 진입, 정년제도의 변화, 가족구조의 변화, 노인 여가시간의 증대 등 새로운 사회현상이 대두되면서 이에 따른 실버교육으로서 평생교육의 필요성이 부각되고 있다.

2) 평생교육의 형태

평생교육의 형태는 학점은행제, 시간제 등록제, 신대학제, 원격사회교육제, 독학학위취득제의 5가지로 구분된다.

(1) 학점은행제

① 학점은행제(學點銀行制)는 학교교육 이외의 다양한 학습경험을 제도적으로 인정 기준 및 절차에 따라 평가하여 학점이나 학위, 학력 또는 국가자격 등과 같은 사회적으로 공인된 교육결과로 인정하려는 제도이다.

② 학점은행제는 교육의 근본적인 문제를 해결할 수 있는 획기적 변화를 담당하게 될 것이라는 점에서 그 교육적 의의를 찾을 수 있다.

> TIP
> 학점은행제는 교육의 근본적인 문제를 해결할 수 있는 획기적 변화를 담당하게 될 것이라는 점에서 그 교육적 의의를 찾을 수 있다.

(2) 시간제 등록제

① 시간제 등록제(時間制登錄制)는 전일제 학생(full-time student) 외에 추가로 학생들을 모집하여 교육을 제공하는 제도로 선진국 대학에 보편적으로 활용되고 있다.

② 시간제 등록제는 학습자 개인사정에 따라 대학에 시간제로 등록할 수 있는 제도로 직장과 학업을 병행할 수 있다.

③ 신청 학점수에 따라 부과되기 때문에 학비가 부족하여 중도에 학

업을 포기하는 학생들을 보호할 수 있다.

④ 대학교육의 기회를 상실한 성인들에게 대학 교육기회를 다시 제공할 수 있다는 특징을 지닌다.

(3) 신대학제

① 신대학제는 새로운 형태의 2~4년제 생산기술 고등교육기관으로 근로자들이 직업현장을 떠나지 않고도 계속 교육을 받을 수 있도록 설계한 새로운 유형의 고등직업교육기관이다. 주로 현장중심, 프로그램 연계체제로 운영한다.

② 이 제도는 4년간의 고등교육 수준의 생업기술 전문교육의 기회를 제공함으로써, 기업에게는 정보화 사회가 요구하는 수준 높은 양질의 인력을 공급할 수 있다.

첫째, 산업체 취업자를 대상으로 교육이 가능하다.

둘째, 산업현장이 주된 학습장이 된다.

셋째, 멀티미디어 정보기술과 원격교육 방식을 활용한다.

넷째, 산업체 현장의 요구를 최대한 반영한다.

(4) 원격사회 교육제

① 성인들로 하여금 시, 공간의 제약에서 탈피하여 자유롭고 편리하게 사회교육의 기회에 접근하도록 한다.

② 경제적 효율성의 측면에서 비용절감 효과가 있다.

③ 개별화된 자기학습 방식을 통한 학습자 중심의 학습 가능성을 높일 수 있다.

④ 교육격차 해소를 통한 교육의 질, 제고 등의 기능을 수행할 수 있다.

(5) 독학학위 취득제

이 제도는 대학에 진학할 수 있는 자격을 갖추었지만 경제적, 시간적 제약으로 대학에 진학할 수 없는 사람에게 자기학습을 통해 대학 학위를 취득하게 하려는 목적을 갖고 있다.

4. 평생교육의 과제와 실현방안

1) 평생교육의 과제

(1) 학습하는 사회건설

사회구성원 전체가 학습할 수 있는 사회를 건설해야 함은 더 이상 설명할 필요가 없을 것이다. 우리는 요람에서 무덤까지 배워야 하는 존재임을 깨닫고 학습하는 사회를 건설하기 위한 범국민적 교육활동이 생활화되어야 한다. 즉, 우리 사회를 술 권하는 사회에서 책 권하는 사회로 만들어야 한다. 이를 위하여 기성세대부터 책을 가까이하는 습관을 가져야 청소년들도 평생학습하는 사회건설에 동참하게 될 것이다.

(2) 소외계층에 대한 교육기회의 균등

여러 가지 사정으로 교육의 혜택을 받지 못한 소외계층에게 평생교육의 기회가 확대되어야 한다. 특히 사회경제적 이유나 신체적 장애 등으로 정규 학교교육의 기회를 놓친 사람들이나 중도에 탈락한 사람들에게 교육의 기회를 주어야 한다. 평생교육은 모든 인간을 대상으로 하며 삶의 질을 향상시키는 것이 궁극적인 목적이기 때문이다.

> **TIP**
> 평생교육은 모든 인간을 대상으로 하며 삶의 질을 향상시키는 것이 궁극적인 목적이기 때문이다.

(3) 재취업교육의 강화

개인적인 사정으로 직장을 그만두게 된 사람들에게 일정한 기간 동안의 교육을 통해 새로운 직장에 재취업할 수 있는 평생교육 프로그램이 강화되어야 한다. 최근의 구조조정으로 인한 중년층의 실업자 문제는 심각한 수준이다. 형식적이 교육이 아니라 시간이 다소 걸리더라도 실제로 재취업하여 새로운 삶을 살아갈 수 있도록 해야 한다. 이 문제는 정부차원에서 적극적으로 추진해야 하며 중앙정부와 관련기관 및 대학들이 긴밀한 협력체제를 유지하여 엄격하게 관리하고 교육하면 높은 효과가 있을 것으로 기대된다.

(4) 노인 인구에 대한 교육 강화

우리 사회도 이미 고령화 사회로 접어들었다. 은퇴 후의 삶을 보람 있게 보낼 수 있는 다양한 평생교육 프로그램이 개발되어야 한다. 즉, 노인들이 실제로 필요로 하는 건강관리, 금전관리, 유산처리 방법 등을 일상생활에 적용할 수 있는 교육이 요청된다. 따라서 정부는 노인관련 단체 그리고 대학들이 공동으로 참여하는 평생교육 프로그램 개발팀을 구성하여 운영해야 할 것이다.

2) 평생교육의 실현방안

지식기반국가의 교육체제는 급변하는 사회에 대한 대처능력을 갖춘 인력을 필요로 한다. 이는 평생교육체제가 인간의 학습기회를 최적화하여 지식인 육성의 기반확립과 직결되어 있다.

> **TIP**
> 교육의 시기를 아동이나 청소년에게 제한하지 않고 평생을 통해 교육받을 수 있게 한다.

① 교육의 시기를 아동이나 청소년에게 제한하지 않고 평생을 통해 교육받을 수 있게 한다.

② 교육의 장소를 제한하지 않는다.

③ 교육의 내용을 전통적 지식에 한정하지 않고 개인의 가족생활, 직업생활, 사회생활까지 향상시키는 모든 지식과 기술, 태도의 변화에 관한 모든 것을 포함한다.

④ 지식을 통제하는 교육체제로부터 지식을 관리하고, 개발하는 학습체제로의 전환이 요구된다.

⑤ 지식사회의 평생교육이 각 학습자의 목적을 위해 활용되는 교육체제로 활용되도록 융통성을 부여하는 것이다.

평생교육은 21세기 지식정보화 사회에서 성인의 개인생활, 직업생활, 사회생활을 향상시킬 수 있도록 기회를 제공해야 한다. 들로르 보고서에 의하면 '평생 학습하는 것은 21세기를 대비하는 핵심적 요소'라고 천명하고 있다. 평생학습은 학교교육과 그 이후의 계속교육이라는 전통적인 구분을 넘어서는 것이다. 삶의 모든 장면에서 학습의 기회를 제공하고 개개인의 잠재력을 개발해 나가는 '열린학습사회'를 요청하고 있다. 열린학습사회를 구축하기 위해서는 우선적으로 교육의 장을 확대하여 다양한 학습기회를 제공해야 한다.

3) 다양한 학습기회를 제공해야 하는 4가지 이유

(1) 교육기회의 불균등

① 학교교육은 제한된 계층, 성, 지역에만 제공되고 있으며, 이것은 모든 사람들에게 교육기회를 부여한다는 평생교육의 이념에 부합하지 않는다.

② 평생교육에서도 실질적으로, 중류층의 집단이 많이 참여하며, 고등교육을 이수한 사람일수록 성인교육에 더 많이 참가한다.

③ 여성들은 주로 취미나 여가 관련 프로그램에 참가하며, 남성들은 직무 관련 프로그램에 참가하고 있어 성적(性的) 차이가 만들어지고 있다.

④ 교육기회의 불평등을 줄이기 위해서는 교육기회를 가능한 많이 제공할 필요가 있다.

(2) 학교교육의 한계점

① 학교교육은 주로 지식 중심, 이론 중심의 내용을 중시해 왔기 때문에 실생활과 연관되지 않는 지식은 의미가 없다.

② 생활 속에서 획득되는 실제적인 지식들도 이론적인 지식과 동등한 가치로 인정되어야 한다.

③ 삶과 직접적으로 관련된 내용을 가르치는 성인교육기관의 필요성과 수요가 증가하게 되었다.

④ 학교의 경직된 교육체제-학사운영이 일정한 법에 의해 규정되어 있기 때문에 성인들의 다양한 교육적 요구를 충분히 해결해 줄 수 없다.

⑤ 성인들은 학습 이외의 다른 직업에 종사하고 있는 경우가 대부분이므로 성인들의 요구와 상황에 적절하게 융통성 있고 다양한 학습기회가 마련될 필요가 있다.

(3) 교육적 요구의 다양화

① 사회가 다원화되어 감에 따라 사람들의 교육적 요구도 다양해지고 있다.

② 현대사회에서는 문화나 예술, 여가분야 등으로 부가가치를 창출할 수 있는 분야가 확대되어 가고 있다.

③ 기존의 정형화된 학교 이외의 다양한 프로그램이 제공되어야 할 필요가 생기게 되었다.

(4) 교육인구의 증가

TIP

산업구조가 변화함에 따라 새로운 기술을 습득해야 할 필요가 급증하였으며, 성인들도 자신의 삶을 풍요롭게 하기 위해 평생교육을 통념으로 받아들이고 있다.

① 산업구조가 변화함에 따라 새로운 기술을 습득해야 할 필요가 급증하였으며, 성인들도 자신의 삶을 풍요롭게 하기 위해 평생교육을 통념으로 받아들이고 있다.

② 새로운 직장의 출현과 정보기술의 보편화는 평생교육의 필요성을 가중시켰다.

③ 국가는 다양한 교육기회를 제공해야 할 의무를 가지고 있다. 체계화된 평생교육은 성인들이 직업에 성공적으로 종사하도록 하는 데 큰 역할을 하고 있다.

Chapter 11 학습정리

1. 평생교육은 '인간 삶의 질 개선'이라는 이념적 추구를 위하여 태교에서부터 시작하여 유아교육, 아동교육, 청년교육, 성인교육, 성인후기교육, 노인교육으로 수직적으로 통합한 교육과 취학 전 교육, 사회교육, 학교교육을 수평적으로 통합한 교육을 총칭하여 말한다. 즉, 개인의 잠재능력의 최대한의 신장과 사회발전에 참여하는 능력의 개발을 목적으로 하는 교육이라고 할 수 있다.

2. 성인교육은 교육대상을 분류 준거로 한 용어로, 성인을 대상으로 하는 모든 형태의 교육활동을 총칭한다. 따라서 교육의 대상은 성인이며 교육방식은 형식, 비형식, 무형식 교육이 모두 포함될 수 있다는 점에서 사회교육과는 다르다. 평생교육의 개념 중 성인기 이후의 활동만이 이에 해당된다.

3. 평생교육의 특성에 대해 데이브는 현재 표현 또는 진술되고 있는 평생교육의 개념을 분석적 그리고 종합적인 방향으로 고찰하여 20가지 중 몇 가지만 살펴보면, 첫째, 평생교육의 개념에 포함되고 있는 3가지 기본 요소인 삶, 평생, 교육에 부여된 의미와 그 해석이 평생교육의 범위와 의미를 결정한다. 둘째, 평생교육은 성인교육에 국한되는 것이 아니라 모든 교육을 망라하고 통합한다. 셋째, 평생교육은 형식, 비형식 교육 같은 계획적인 학습과 부수적인 학습을 모두 포함하는 내용 등이 있다.

4. 지식기반국가의 교육체제는 급변하는 사회에 대한 대처능력을 갖춘 인력을 필요로 한다. 이는 평생교육체제가 인간의 학습기회를 최적화하여 지식인 육성의 기반확립과 직결되어 있다. 즉, 교육의 시기를 아동이나 청소년에게 제한하지 않고 평생을 통해 교육받을 수 있게 한다.

5. 평생학습은 학교교육과 그 이후의 계속교육이라는 전통적인 구분을 넘어서는 것이다. 삶의 모든 장면에서 학습의 기회를 제공하고 개개인의 잠재력을 개발해 나가는 '열린학습사회'를 요청하고 있다. 열린학습사회를 구축하기 위해서는 우선적으로 교육의 장을 확대하여 다양한 학습기회를 제공해야 한다.

Chapter 11 연습문제

01 평생교육의 개념에 대하여 설명하시오.

02 평생교육의 유사한 개념의 정의에 대하여 논하시오.

03 데이브가 진술한 평생교육의 특성에 대하여 설명하시오.

04 평생교육의 형태에 대하여 논하시오.

05 평생교육의 과제에 대하여 논하시오.

CHAPTER

12 교직론

학습내용

- 교직의 중요성과 전문성에 대해 이해한다.
- 교직의 유형(성직자관, 노동자관, 전문직관)을 이해한다.
- 교사의 임무, 윤리, 바람직한 교사상에 대해 이해한다.
- 교사의 윤리강령으로 사도헌장, 사도강령, 무명교사 예찬론을 이해한다.

1 교직의 중요성

교육(教育)은 인간의 성장과 발달, 또는 개인의 자아실현(自我實現, self-realization)을 돕고 바람직한 사회의 성원으로서 적응할 수 있도록 안내하는 고귀한 임무를 수행한다. 이러한 일을 담당할 교원이 몸담아 일하는 직종이 바로 교직이다. 따라서 교사는 학교교육에서 가장 중심적인 위치를 차지하고 있다. 오늘날 교육환경이 크게 개선되고 교육이론도 많이 발전하였으며, 현대 과학문명의 혜택

출처: https://news.v.daum.net/v/20201121115516120

TIP

교육(教育)은 인간의 성장과 발달, 또는 개인의 자아실현(自我實現, self- realization)을 돕고 바람직한 사회의 성원으로서 적응할 수 있도록 안내하는 고귀한 임무를 수행한다. 이러한 일을 담당할 교원이 몸담아 일하는 직종이 바로 교직이다.

으로 교수-학습 기재도 매우 다양해졌다. 그러나 학교교육이 지식이나 기술을 가르치는 것만을 목적으로 하지 않고, 전인교육을 목적으로 하는 이상 가장 중요한 교육의 요건은 교사의 사람됨이라고 할 수 있다.

> **TIP**
> 교사는 누구나 할 수 있는 일을 하는 사람이 아니다. 사람의 올바른 심성을 키우고, 사회와 나라를 번영으로 이끌며 인류를 구원할 수 있는 길이 교육의 길임을 깨달은 자만이 그 길을 갈 수 있다.

교사는 개별 학생의 주체적이고도 인격적인 자아실현을 가능하게 도와주고, 사회의 지속적인 발전과 바람직한 개혁을 선도하며, 인류의 보편적인 번영과 복지를 모색하여 왔기 때문에 옛날부터 사회적으로 존경을 받아왔으며 종교적으로도 거룩한 직업인으로 간주되어 왔다. 즉, 교사는 누구나 할 수 있는 일을 하는 사람이 아니다. 사람의 올바른 심성을 키우고, 사회와 나라를 번영으로 이끌며 인류를 구원할 수 있는 길이 교육의 길임을 깨달은 자만이 그 길을 갈 수 있다.

(1) 교직(教職)의 중요성

① 교직은 인간을 대상으로 하는 직업이다.

교사는 전인으로서의 인간, 즉 지적, 정신적, 신체적, 정서적, 사회적, 문화적, 정치적 특성을 지닌 인간 그 자체를 대상으로 한다. 그러므로 교사는 인간다운 인간을 길러내는 역할을 한다.

② 교직은 주로 인간을 대상으로 정신생활을 하는 직업이다.

교사는 피교육자인 학생들의 신체적 건강상태에도 관심을 가져야 하지만 주된 관심사는 정신적인 면이다. 교사는 학생에게 정신적인 영향을 끼칠 수 있는 중요한 위치에 있다.

③ 교직은 미성숙자를 상대로 하는 직업이다.

> **TIP**
> 교사는 무한한 가능성을 가진 미성숙한 어린이가 이상적이고 성숙한 인간으로 성장·발달할 수 있도록 도와주는 직업인이다.

듀이(Dewey)는 어린이의 미성숙을 부족이나 미숙함보다는 가능성을 내포하는 것으로 보았다. 따라서 교사는 무한한 가능성을 가진 미성숙한 어린이가 이상적이고 성숙한 인간으로 성장 · 발달할 수 있도록 도와주는 직업인이다.

④ 교직은 봉사직이다.

다른 직업에 비해 봉사와 소명의식이 더 많이 요구되는 것이 교직이다. 이것은 교사가 생활인으로서 경제적인 측면을 도외시해야 한다기보다는 물질적 · 경제적인 측면 못지않게 봉사와 소명의식이 중시되어야 함을 의미한다.

⑤ 교직은 국가와 민족에 지대한 영향을 준다.

교육은 사회나 국가발전에 지대한 기여를 하며, 국가나 민족이 당면한 문제를 가장 효과적으로 해결해 나갈 수 있는 근본 동력이다.

⑥ 교직은 사회발전에 있어 중대한 역할을 맡아야 하는 직업이다.

교육의 사회적 기능이 문화유산을 보존, 계승하고 새로운 문화를 창출하는 것이므로, 교육의 최전방에 있는 교사는 그러한 기능을 수행하는 주역이다.

교직은 미성숙한 아동을 대상으로 하여 전인적 성장과 발달을 도모하고, 그들이 훌륭한 사회인이 되어 국가와 사회발전에 기여할 수 있도록 교육하는 전문적이고 봉사적인 특성을 가진 직업이다.

2. 교직(사)의 전문성

교직이 전문성을 가져야 된다는 기본적인 의미에는 고도의 지성을 필요로 하는 정신적 활동, 장기간에 걸친 교육, 그리고 훈련을 받지 않고서는 종사할 수 없다는 의미가 내포되어 있다. 또한 다른 전문직과 마찬가지로 고도의 자율성과 사회적 책임성을 가지고 있다. 일반적으로 직업을 전문직(profession)과 범속직(occupation)으로 나눌 수 있는데, 몇몇 주요 학자들의 주장은 다음과 같다.

(1) 스티네트(Stinnett)와 허거트(Huggett)의 전문직 기준

① 전문적인 지식을 필요로 한다.

② 장기간에 걸친 준비교육이 필요하다.
③ 계속적인 연수를 통해 성장해야 한다.
④ 영속적인 근무와 경력을 필요로 한다.
⑤ 자체 기준을 설정해야 한다.
⑥ 개인적인 이익보다도 봉사기능이 위주가 되어야 한다.
⑦ 강하게 결속된 전문집단과 조직을 가지고 있어야 한다.

(2) 홀리(Hoyle)의 전문직 기준

① 본질적인 사회봉사를 수행한다.
② 조직적인 지식의 체계에 근거한다.
③ 장기간의 학문적이며 실제적인 훈련이 필요하다.
④ 고도의 자율성을 지니고 있어야 한다.
⑤ 일정한 윤리규정이 있어야 한다.
⑥ 연수를 통한 성장이 필요하다.

(3) 리버만(Liberman)의 전문직 기준

① 유일하고 독특한 사회봉사적 책임의 기능이다.
② 직무수행에 있어서 고도의 지적 기술을 요구한다.
③ 전문직은 장기간의 전문적인 교육과 훈련을 필요로 한다.
④ 개인 및 직업 집단 전체로서 자율성을 갖는다.
⑤ 그들의 행위에 대하여 사회적인 책임을 갖는다.
⑥ 경제적 수입보다는 사회봉사적 의무의 정신을 강조한다.
⑦ 면허, 가입, 제명 등의 자체 규제권을 갖는 자율적 조직을 갖는다.
⑧ 그들 자체의 윤리강령을 갖는다(김춘기 외 3인, 2002).

(4) 메이어즈(Myers)의 전문직 기준

① 과학적 지식의 활용이다.
② 봉사지향적 성격이다.

③ 사회를 위한 기능의 발휘이다.
④ 특정기간의 교육정도의 충족이다.
⑤ 공적인 인증서를 갖는다.
⑥ 법에 의한 보장을 갖는다.
⑦ 자율성, 전문직의 조직체를 가지고 있어야 한다.

(5) 온스테인(Ornstein)의 전문직 기준

① 보통사람이 갖는 이상의 지식체계이다.
② 부단한 연구와 이론의 탐구이다.
③ 엄격한 전문적 가입요건을 갖추어야 한다.
④ 의사결정 시의 자율성이 있어야 한다.
⑤ 봉사성, 전문직에 합당한 조직활동이 이루어져야 한다.
⑥ 직업윤리와 높은 수준의 권위와 경제적 지위가 있어야 한다.

위의 내용을 논의와 종합하여 그 공통점을 찾아보면 교직의 전문직(장성화, 박영진, 조건덕, 2007)의 기준은 다음과 같다.
① 고도의 지적 능력이 필요하다.
② 장기간의 준비교육 및 계속적인 성장이 요청된다.
③ 배타적 봉사성을 그 특성으로 한다.
④ 윤리강령을 가지고 있다.
⑤ 전문적 활동을 위한 단체조직 활동이 이루어져야 한다.

이러한 기준에 비추어 볼 때, 교직은 전문직의 특성을 지니고 있음을 알 수 있다. 일반적으로 현대사회에 있어서 교수, 의사, 법률가, 목사, 교사 등을 전문직으로 간주하고 있다. 교직의 전문성은 [그림 12-1]에서 알 수 있다.

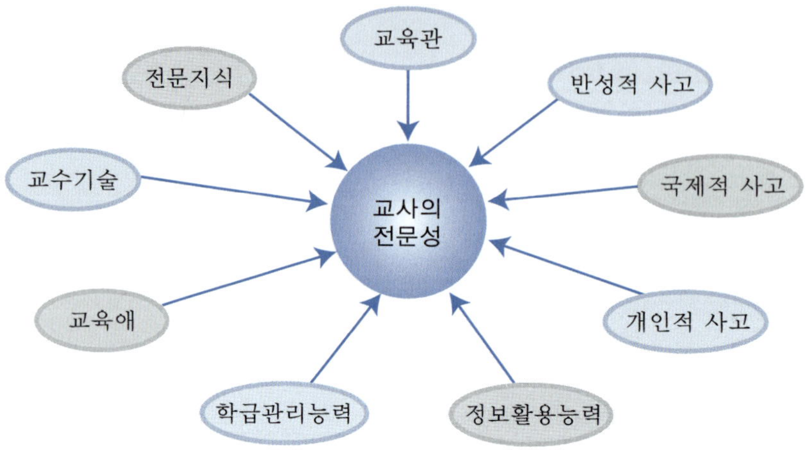

▶▶ 그림 12-1
교직의 전문성

3. 교직의 유형

성직자관 → 노동직관 → 전문직관

1) 성직자관

> **TIP**
> 교사라는 직업은 처음에 종교자가 맡고 있었기 때문에 성직으로 불렸고, 국가에 의한 국민 교육제도가 확립된 이후에도 교직을 성직시하는 경향이 계속되어 왔다.

성직(聖職)관은 역사적으로 가장 오래된 교직관이다. 이에 중세 사회에서 교직은 독립된 것이 아니라 성직자가 겸하여 맡았으므로, 교직을 성직이라 부른다. 이와 같이 교사라는 직업은 처음에 종교자가 맡고 있었기 때문에 성직으로 불렸고, 국가에 의한 국민 교육제도가 확립된 이후에도 교직을 성직시하는 경향이 계속되어 왔다.

교육을 담당하는 일은 기계로 물건을 생산하거나 물건을 판매하는 일과는 달리 인간으로 하여금 장래의 성공적인 사회의 일원이 되도록 하기 위하여 피교육자의 성장 발달을 돕고 인격형성을 도모하는 업무이다. 교사는 일반 범속직에 종사하고 있는 사람보다는 신성한 교육의 소명(calling)에 따르지 않으면 안 되는 성직에 봉직하고 있는 사람으로서 인식되었다는 점에서 교사의 성직적 교사관이 성립되었다. 따라서 교사 교육은 성직자적 교사상을 함양하기 위하여 무엇보다도 교사의 권위를 중요시하였고, 엄숙한 몸가짐과 태도, 성직자와 같은 사랑과 헌신, 희생과 봉사를 강조하였다.

마틴(Martin)에 의하면, 교사라고 하는 것은 먼 옛날에는 직업인이 아니었다. 그 기원은 노동의 분화와 문화 발전에 수반해서 다른 일에 종사하는 사람들 가운데서 학자라고 하는 보편적인 지식을 가진 사람이 나타나면서부터이다. 학자의 지위는 때때로 성직자의 지위와 연결되어 성서를 숙지하고 있는 사람 속에 들어가게 된다.

슈프랑거(Spranger)도 교직을 '정신의 정열에 의해서 감동을 주지 못한다면 교육의 의미를 상실해 버리는 직업'이라고 말할 만큼 교사의 교육애를 교육적인 현상의 핵으로 보았다. 그래서 교사는 어떤 것도 요구하지 않으며, 모든 것을 주고 돕는 사람으로 애타적 정신의 실천자로 보았다. 이에 성직적 교직관은 교사를 소명받은 신성한 교육의 실천자로서, 현실적인 부와 권력에 매료되지 않고 청빈한 교육애로 봉사하는 사람이다.

2) 노동직관

교직에 대한 성직관에 가장 현저하게 대립되고 있는 사상은 교직의 노동(勞動)직관이다. 교직을 교육노동자로 보는 관점에는 교사를 옛날과 같이 성인군자와 같은 우상으로부터 벗어나서 교사도 인간이며 생활인이라고 보는 자각과 사회적·경제적 지위향상, 신분보장 및 권익의 확립을 인식한 관점이다. 교사가 아무리 인간형성이라는 중요한 업무에 종사하고 있다고 할지라도 역시 교사도 학교라는 직장에서 일정한 근무조건에 따라 보수를 받고 일하고 있기 때문에 기본적으로는 노동자의 근무 구조를 갖고 있음을 강조한다. 즉, 교사도 노동자의 범주에 속한다. 따라서 다른 노동직과 마찬가지로 임금을 지불받고 노동조건의 개선과

> **TIP**
> 교직을 교육노동자로 보는 관점에는 교사를 옛날과 같이 성인군자와 같은 우상으로부터 벗어나서 교사도 인간이며 생활인이라고 보는 자각과 사회적·경제적 지위향상, 신분보장 및 권익의 확립을 인식한 관점이다.

처우개선을 위하여 단결하고 집단적으로 교섭하여야 하며 경우에 따라서는 단체행동도 불사한다는 것이다.

교사도 노동의 대가로 보수를 받고 처우개선과 근무환경의 개선을 위해 노동3권(단체교섭, 단체행동, 단결권)을 행사할 필요가 있으며, 집단행동을 통해 정부나 고용주에 맞서 자신의 권리를 지키기 위해 노력할 필요가 있다고 본다. 이에 교사의 지위향상 역시 노동자로서의 권리행사를 통해 이룩될 수 있다고 보기 때문에 노동직관에서의 교사는 세속적이고 실리적이며 투쟁적이다.

노동직관은 자본주의 사회에서의 교육내용과 교육방법을 비판하면서, 노동자 계급의 교육적 요구가 교육내용에 포함되어야 하며 집단적인 교육방법을 구사해야 한다고 강조한다. 또한 교사의 정치성을 중요시 여기며, 교육의 계급성과 교육에 있어서 정치적 입장을 명확히 할 것을 주장한다.

3) 전문직관

> TIP
> 교직을 수행하기 위해서 교사는 상당기간 동안 전문적인 교육이론, 방법, 기술 등을 훈련하여 자격을 갖추어야 한다.

교직관은 과거와 같이 교직을 신성시하는 관념은 점차 사라지고, 하나의 충실한 직업인으로서 시민 전체를 위한 민주적 지도자 그리고 국가와 국민의 봉사자라는 의식이 고착화되고 있다. 이러한 관점을 바탕으로 전문(專門)성을 강조하는 전문직관이 주목받고 있다. 교직을 수행하기 위해서 교사는 상당기간 동안 전문적인 교육이론, 방법, 기술 등을 훈련하여 자격을 갖추어야 한다. 또한 업무 수행에 있어서 상당한 자율성이 보장되며, 전문단체를 통하여 권익옹호와 윤리강령을 준수하며, 영리추구보다는 사회봉사를 우선시하는 등 전문직으로서의 특성을 갖추었다고 할 수 있다.

서양의 경우 전통적으로 대학에서 전문인을 양성하였기 때문에 신학, 법학, 의학의 학문적 배경과 지적 훈련을 바탕으로 인간을 위해 봉사하는 성직자, 의사, 법률가 그리고 이들을 양성하는 대학의 교수직을 전문직의 전형으로 삼고 있다. 그런데 사회의 변동과 발전에 따라 직업이 점차 세분화되고 고도화되면서 전문직의 범위가 확대되어 전문직과 비전문직의 구분이 불분명하게 되었다. 전문직으로서의 교직관에 있어서 가장 중요한 특성은 자율성이다. 교육이라는 일이 인간정신의 내면에 관한 것으로 매우 섬세한 일이고 규격화하기 어려운 성질의 것이기 때문에 교사는 가르침에 있어서 어느 정도 자율성이 보장되어야 한다.

전문 자율성(自律性, autonomy)이란 직무의 수행에 있어 전문적인 사항에 관해서는 자주적인 판단과 기술을 행사하는 자유를 인정받는 것이다. 교직을 이와 같이 전문직으로 인식하여 교직에 종사하는 교원에게 요구되는 것은 우선 자기가 가르치는 교과에 대한 전문지식이 필요하고, 다음에는 가르지는 교육방법, 가르친 바를 평가하는 방법, 교육내용의 선정과 구성, 학생에 대한 이해, 생활지도의 방법 등이 필요하다고 본다. 이에 의해 교직과정의 구조가 전공교과와 교과교육 및 교직이론으로 구성되고 있는 것이다.

> **TIP**
> 교직에 종사하는 교원에게 요구되는 것은 우선 자기가 가르치는 교과에 대한 전문지식이 필요하고, 다음에는 가르치는 교육방법, 가르친 바를 평가하는 방법, 교육내용의 선정과 구성, 학생에 대한 이해, 생활지도의 방법 등이 필요하다고 본다.

교직을 종교적, 윤리적 측면에서 강조한 성직관으로 보느냐, 경제적 측면과 더불어 교원의 권익을 중요시하는 노동직관으로 보느냐, 또는 교육을 수행하는 학교사회나 교육조직의 독자성과 역할 수행의 전문성을 인정하여 전문직관으로 보느냐는 관점에 따라 자질과 역할 수행의 영향을 주게 된다.

4. 교사의 역할

1) 교사의 임무

교사(教師)의 임무란 교직(教職)에 부여되는 기대에 따라 한 교사가 수행하는 행동을 말한다. 기대는 보통 규범성을 가지고 있어서 개인의 사회적 행동에 영향을 주고 있으나 어떤 지위에 부여된 일반적 기대만으로 그 지위의 모든 사람이 똑같이 행동할 것이라고는 예언할 수 없다. 교사의 지위에 해당하는 임무 중에서 기본적인 임무는 7가지 정도로 구분할 수 있다.

(1) 학습을 도와주는 교사

> **TIP**
> 학생들의 개인차에 맞도록 학습과정을 마련해 주는 일과 학습조력자로서의 역할을 수행하는 것은 기본 임무라고 할 수 있다.

학생들에게 필요한 지식을 교수한다는 것은 교사의 주된 임무이다. 학생들은 교사가 살아 있는 교과서의 구실을 해주기를 바라며, 교사의 지식 정도는 학생들의 학업성취와 밀접한 관련이 있는 점으로 보아 지식의 공급원으로서 학생들의 학습을 조력해야 한다. 또한 학생들이 중요한 지식을 이해하고 새로운 지식을 찾아내며 이미 습득한 지식을 적용하여 새로운 문제를 해결하는 등의 학습과정에서 유능한 조력자가 되어야 할 것이다. 특히 학생들의 개인차에 맞도록 학습과정을 마련해 주는 일과 학습조력자로서의 역할을 수행하는 것은 기본 임무라고 할 수 있다.

(2) 인생을 안내하는 교사

학생들은 교사와 인간적인 상호작용을 통하여 성장 및 발달하게 된다. 따라서 교사는 학생들의 인간적인 성숙을 위하여 다양한 역할을 수행하게 된다. 이를 인생의 안내자로서의 역할이라고 할 수 있다. 교사는 다양한 경험을 했으며, 이러한 경험은 진학지도, 취업지도, 학습지도 등과 같은 학생지도에 귀중한 자료가 될 수 있다.

(3) 불안을 해결해 주는 교사

아동은 성장해 나가는 과정에 있어서 여러 가지 불안을 겪게 된다. 이에 교사는 아동이 처해 있는 상황에 대한 적절한 설명, 아동들의 안정된 생활에 맞게 상황을 통제하는 일 등 아동의 불필요한 불안을 제거해 주는 역할을 한다. 그러나 한편 교사의 행동은 학습자에게 불안을 제거해 주기도 하지만 새로운 불안을 가져다줄 수도 있음을 인식해야 한다.

(4) 자아실현을 도와주는 교사

성장 중에 있는 학습자들이 당면하는 문제에는 자신을 잃게 하는 일, 자기부족을 느끼게 하는 일, 열등감을 느끼게 하는 일 등이 있다. 현실적인 목표를 세우고 작업과정에서 성공감을 맛보게 하고, 성취에 대한 주위의 인정을 받도록 하는 일들은 모두 아동의 자아를 옹호해 주고, 증진시켜 주는 일에 속한다. 새로운 학습과업에 부딪치게 되는 학교의 상황에서 학생들의 자아를 옹호해 주는 일은 교사에게 맡겨진 중요한 책임 중의 하나이다.

(5) 동일시 대상인 교사

학생들이 사회화 과정에서 교사는 사회의 가치와 생활양식의 동일시 대상으로서의 역할을 담당하게 된다. 교사는 학생들에게 있어서 가장 대표적 동일시 대상으로, 교사의 행동과 사고방식은 학생들의 성장과 발달에 큰 영향을 미친다. 그러므로 교사의 모든 행동은 학생들에게 모범적이어야 할 것이다.

TIP
교사는 학생들에게 있어서 가장 대표적 동일시 대상으로, 교사의 행동과 사고방식은 학생들의 성장과 발달에 큰 영향을 미친다.

(6) 브램벡크(Brembeck)의 교사의 역할

학습매개자, 평가자, 훈육자, 상담친구, 중류 도덕성의 대리자, 부모의 대행자, 조력자 등의 역할을 제시한다.

(7) 레들(Reedle)과 바텐베르그(Wattenberg)의 교사의 역할

심리적 관계를 중심으로 레들과 바텐베르그는 14개의 교사의 역할을 제시하였다.

첫째, 사회의 대표자의 교사, 둘째, 판단자로서의 교사, 셋째, 지식자원으로서의 교사, 넷째, 학습조력자로서의 교사, 다섯째, 심판자로서의 교사, 여섯째, 훈육자로서의 교사, 일곱째, 동일시의 대상으로서의 교사, 여덟째, 불안 제거자로서의 교사, 아홉째, 자아옹호자로서의 교사, 열째, 집단 지도자로서의 교사, 열하째, 부모대행인으로서의 교사, 열둘째, 적대감정의 표적으로서의 교사, 열셋째, 친구로서의 교사, 열넷째, 애정상대자로서의 교사.

2) 교사의 윤리

TIP

교직윤리란 교사로서 지켜야 할 도리를 말한다. 교직은 개인의 성장과 국가사회 발전의 원동력이 되는 '교육'을 하는 직업이다.

윤리(倫理, ethics)란 개인행동이나 개인과 개인의 상호작용이 이루어질 때 지켜야 할 규범이나 도덕을 말한다. 따라서 교직윤리란 교사로서 지켜야 할 도리를 말한다. 교직은 개인의 성장과 국가사회 발전의 원동력이 되는 '교육'을 하는 직업이다. 따라서 교사에게는 법규적 공식적인 규칙의 준수도 중요하지만 학생지도나 조직생활에 요구되는 윤리적 실천이 더욱 중요하다. 교직은 다른 직업에 비하여 법규나 법률보다는 윤리나 도덕이 더욱 강조된다. 이는 교직관에서 나타난 것과 같이 교직은 성직이며 전문직이기 때문이다.

교사가 견지해야 할 윤리에 대해 크게 4가지로 나눈다.

① 교과에 관련된 능력의 윤리이다.

교사는 지식의 통달자로서 교과의 지식만이 아니라 교과에 관한 지식까지 풍부하게 가져야 한다.

② 학생의 이해에 관련된 윤리이다.

교사는 학생에 대한 종합적인 이해를 바탕으로 지도력을 갖추어야 하며, 학생과의 접촉을 통해 얻어진 정보에 대해서는 신의를 지켜야 한다.

③ 동직자와의 협동에 관련된 윤리이다.

교사와의 단합과 협동은 교육목적을 위한 동기에 의하여 정당화되어야 하며, 교사는 학생에 대해서 동직자의 정당한 권위를 손상시켜서는 안 된다.

④ 교육의 사회적 목적과 관련된 윤리이다.

교사는 하나의 사회적 기구로서 학교가 추구하고 있는 다양한 가치에 대해 중립적이어야 한다.

3) 바람직한 교사상

(1) 하트(Hart)의 바람직한 교사상

① 교과를 분명하고 철저하게 설명하며 실례를 잘 들어 주는 교사이다.
② 명랑하며 온화하고 유머감각이 있으며 농담을 할 줄 아는 교사이다.
③ 학습집단의 일원으로서 인간적이고 친절하며 동료의식을 가진 교사이다.
④ 학습자에게 관심을 가지고 이해하려는 교사이다.
⑤ 학습을 재미있게 이끌고 학습의욕을 북돋아 주어 학습활동을 즐겁게 하도록 하는 교사이다.
⑥ 엄정과 존경심을 받으며, 공평하고 편애가 없으며 신용이 있는 교사이다.
⑦ 무뚝뚝, 괴팍, 잔소리, 빈정거림, 비꼬는 일이 없는 교사이다.
⑧ 사람을 좋아하고 인간적 친화성이 있는 교사이다.

(2) 퀸틸리아누스(Quintilianus)의 바람직한 교사상

① 교사는 아동에게 친자녀와 같은 마음으로 임한다.
② 교사는 자신의 악덕은 물론 다른 사람의 악덕을 용서해서는 안 된다.
③ 교사의 태도가 너무 엄격해서는 안 된다.
④ 교사는 분노의 정을 갖지 않아야 한다.
⑤ 교사법은 쉬워야 하며 근로에는 인내성이 있어야 한다.
⑥ 아동에게 오래 간직할 것만을 이야기해 주어야 한다.
⑦ 질문을 받았을 때는 신속하게 응답해야 하고 질문이 없을 때는 물어봐야 한다.

(3) 장성화(Jang Sung Hwa)의 바람직한 교사상

① 교사는 학생들의 눈높이에 맞게 수업을 해야 한다.
② 교사는 올바른 교육관, 윤리성, 그리고 인성이 함양되어야 한다.

③ 교사는 학생들의 욕구와 흥미를 찾아 방향을 제시하여야 한다.
④ 교사는 학생들이 자기주도적 학습과 전인교육이 되도록 조력자 역할을 해야 한다.
⑤ 교사는 학생들 간의 관계에서 융통성과 개인차를 존중해야 한다.
⑥ 교사는 학생들의 질문이나 의견을 잘 경청해야 한다.
⑦ 교사는 학생들의 관심과 기대 심리를 갖고 인내해야 한다.

5. 교사의 윤리강령

TIP
사도강령은 사도헌장을 기초로 하여 보다 구체적으로 준수해야 할 실천적 행동 지표로서 윤리강령을 표현한 것이다.

교사의 윤리 내용은 1958년 9월 19일에 대한 교육연합회 제12차 대의원 회의에서 교원윤리강령(敎員倫理綱領)이 제정되었고, 대한교련은 1982년 5월 15일 스승의 날에 선포된 사도헌장과 사도강령에 잘 나타나 있다. 한편 사도강령은 사도헌장을 기초로 하여 보다 구체적으로 준수해야 할 실천적 행동 지표로서 윤리강령을 표현한 것이다. 그리고 교총은 교직윤리헌장과 우리의 다짐을 발표하였다.

교육윤리헌장(1958) → 사도헌장(1982) → 교직윤리헌장(2005)

1) 사도헌장(師道憲章: 스승이 나아가야 할 길을 밝힌 헌장)

① 우리는 제자를 사랑하고 개성을 존중하며 한마음 한뜻으로 명랑한 학풍을 조성한다.
② 우리는 폭넓은 교양과 부단한 연단으로 교직의 전문성을 높여 국민의 사표가 된다.
③ 우리는 원대하고 치밀한 교육계획의 수립과 성실한 실천으로 맡은 바 책임을 완수한다.

④ 우리는 서로 협동하여 교육의 자주혁신과 교육자의 지위향상에 적극 노력한다.

⑤ 우리는 가정교육, 사회교육과의 유대를 강화하여 복지국가 건설에 공헌한다.

2) 사도강령(師道綱領: 교원이 지켜야 할 규범)

민주국가의 주인은 국민이므로 나라의 주인을 주인답게 길러내는 교육이 가장 중대한 국가의 과업이다. 우리 겨레가 오랜 역사와 찬란한 문화를 계승 및 발전시키며, 선진국과 어깨를 나란히 하여 인류복지 증진에 주도적으로 기여하려면 무엇보다도 문화국민으로서의 의식개혁과 미래사회에 대비한 창의적이고 자주적인 인간육성에 힘을 기울여야 한다. 그러기 위하여 우리 교육자는 국가발전과 민족중흥의 선도자로서의 사명과 긍지를 지니고, 교육을 통하여 국민 각자의 능력을 최대한 계발하여 개인의 자아실현과 국력의 신장, 그리고 민족의 번영에 열과 성을 다하여야 한다.

교육자의 품성과 언행이 학생의 성장 및 발달을 좌우할 뿐만 아니라 국민윤리 재건의 관건이 된다는 사실을 명심하고 사랑과 봉사, 정직과 성실, 청렴과 품위, 준법과 질서에 바탕을 둔 사도확립에 우리 스스로 헌신하여야 한다. 이러한 우리의 뜻은 교직에 종사하는 모든 교직자가 공동체 의식을 가지고 노력하여야만 이루어질 수 있다는 것을 인식하고 사도헌장 제정에 때맞추어 우리의 행동지표인 현행 교원 윤리강령을 사도강령으로 개정하여 이를 실천함으로써 국민의 사표(師表)가 될 것을 다짐한다.

> **TIP**
> 교육자의 품성과 언행이 학생의 성장 및 발달을 좌우할 뿐만 아니라 국민윤리 재건의 관건이 된다는 사실을 명심하고 사랑과 봉사, 정직과 성실, 청렴과 품위, 준법과 질서에 바탕을 둔 사도확립에 우리 스스로 헌신하여야 한다.

제1장 스승과 제자

스승의 주된 임무는 제자로 하여금 고매한 인격과 자주정신을 가지고 국가사회에 봉사할 수 있는 유능한 국민을 육성하는 데 있다. 그러므로

① 우리는 제자를 사랑하고 그 인격을 존중한다.
② 우리는 제자의 정신발달이나 가정의 환경에 따라 차별을 두지 아니하고, 공정하게 지도한다.
③ 우리는 제자의 개성을 존중하며, 그들의 개인차와 욕구에 맞도록 지도한다.
④ 우리는 제자에게 직업의 존귀함을 깨닫게 하고, 그들의 능력에 알맞은 직업을 선택하도록 지도한다.
⑤ 우리는 제자 스스로가 원대한 이상을 세우고 그 실천을 위하여 정진하도록 사제동행한다.

제2장 스승의 자질

TIP
스승은 스승다워야 하며 제자의 거울이 되고 국민의 사표가 되어야 한다.

스승은 스승다워야 하며 제자의 거울이 되고 국민의 사표가 되어야 한다. 그러므로

① 우리는 확고한 교직관과 긍지를 가지고 교직에 종사한다.
② 우리는 언행이 건전하고 생활이 청렴하여 제자와 사회의 존경을 받도록 한다.
③ 우리는 단란한 가정을 이룩하고 국법을 준수하여 사회의 모범이 된다.
④ 우리는 학부모의 경제적 · 사회적 지위를 이용하지 아니하며, 또 이에 좌우되지 아니한다.
⑤ 우리는 자기향상을 위하여 전문적인 지식과 전문화된 기술을 계속 연마하는 데 주력한다.

제3장 스승의 책임

TIP
스승은 제자 교육에 열과 성을 다하여 맡은 바 책임을 다하여야 한다.

스승은 제자 교육에 열과 성을 다하여 맡은 바 책임을 다하여야 한다. 그러므로

① 우리는 사회의 일원으로서 모든 책임과 의무를 다한다.

② 우리는 교재연구와 교육자료 개발에 만전을 기하여 수업에 최선을 다한다.

③ 우리는 생활지도의 중요성을 인식하여 제자들이 올바른 사람이 될 수 있도록 지도에 철저를 기한다.

④ 우리는 교육의 성과를 공정하게 평가하고 이를 교육에 충분히 활용한다.

⑤ 우리는 제자와 성인들을 위한 정규교과 외 활동에 적극 참여한다.

제4장 교육자와 단체

교육자는 그 지위의 향상과 복지의 증진을 위하여 교직단체를 조직하고 적극 참여함으로써 단결된 힘을 발휘할 수 있다. 그러므로

① 우리는 교직단체활동을 통하여 교육자의 처우와 근무조건의 개선을 꾸준히 추진한다.

② 우리는 교직단체의 활동을 통하여 교육자의 자질 향상과 교권의 확립에 박차를 기한다.

③ 우리는 편당적, 편파적 활동에 참가하지 아니하고 교육을 그 방면으로 삼지 아니한다.

④ 교직단체는 국가의 주요 교육정책 결정에 참여하여 교육자의 여망과 주장을 충분히 반영시킨다.

⑤ 교육단체는 교육의 혁신과 국가의 발전을 위하여 다른 직능단체나 사회단체와 연대 협동한다.

제5장 스승과 사회

스승은 제자의 성장 및 발전을 돕기 위하여 학부모와 협력하며, 학교나 사회와의 상호작용의 원동력이 되고 국가발전의 선도자가 된다. 그러므로

> **TIP**
> 스승은 제자의 성장 및 발전을 돕기 위하여 학부모와 협력하며, 학교나 사회와의 상호작용의 원동력이 되고 국가발전의 선도자가 된다.

① 우리는 학교의 방침과 제자의 발달 상황을 가정에 알리고 학부모

의 정당한 의견을 학교교육에 반영시킨다.

② 우리는 사회의 실정을 정확하게 파악하고 지역사회의 생활과 문화 향상을 위하여 봉사한다.

③ 우리는 사회의 요구를 교육계획에 반영하며 학교의 교육활동을 사회에 널리 알린다.

④ 우리는 국민의 평생교육을 위하여 광범위하게 협조하고 그 핵심이 된다.

⑤ 우리는 확고한 국가관과 건전한 국가관을 가지고 국민의식 개혁에 솔선수범하며, 국가발전의 선도자가 된다.

3) 교직윤리헌장

우리는 교육이 인간의 가치와 존엄성을 높이며, 개인의 성장과 자아실현은 물론 국가와 민족의 미래에 중대한 영향을 준다는 사실을 명심하고, 국민으로부터 부여받은 교육자의 책무를 다하기 위해 최선을 다한다. 우리는 균형 있는 지·덕·체 교육을 통하여 미래사회를 열어갈 창조정신과 세계를 향한 진취적 기상을 길러줌으로써, 학생을 학부모의 자랑스러운 자녀요 더불어 사는 민주사회의 주인으로 성장하게 한다. 우리는 교육자의 품성과 언행이 학생의 인격형성을 좌우할 뿐만 아니라 사회전반의 윤리적 지표가 된다는 사실을 깊이 인식하고, 윤리성과 전문성을 높이기 위해 노력한다. 이에 우리 모두의 의지를 모아 교직의 윤리를 밝히고, 사랑과 정직과 성실에 바탕을 둔 교육자의 길을 걷는다.

> TIP
> 우리는 균형 있는 지·덕·체 교육을 통하여 미래사회를 열어갈 창조정신과 세계를 향한 진취적 기상을 길러줌으로써, 학생을 학부모의 자랑스러운 자녀요 더불어 사는 민주사회의 주인으로 성장하게 한다.

우리의 다짐

- 나는 학생을 사랑하고 학생의 인권과 인격을 존중하며, 합리적인 절차와 방법에 따라 지도한다.
- 나는 학생의 개성과 가치관을 존중하며, 나의 사상·종교·신념을 강요하지 않는다.

- 나는 학생을 학업성적 · 성별 · 가정환경의 차이에 따라 차별하지 않으며, 부적응아와 약자를 세심하게 배려한다.
- 나는 수업이 교사의 최우선 본분임을 명심하고, 질 높은 수업을 위해 부단히 연구하고 노력한다.
- 나는 학생의 성적평가를 투명하고 엄정하게 처리하며, 각종 기록물을 정확하게 작성 · 관리한다.
- 나는 교육전문가로서 확고한 교육관과 교직에 대한 긍지를 갖고, 자기개발을 위해 노력한다.
- 나는 교직 수행과정에서 습득한 학생과 동료, 그리고 직무에 관한 정보를 악용하지 않는다.
- 나는 학생이나 학부모로부터 사적이익을 취하지 않으며, 사교육기관이나 외부업체와 부당하게 타협하지 않는다.
- 나는 잘못된 제도와 관행을 개선하는 데 앞장서며, 교육적 가치를 우선하는 건전한 교직문화 형성에 적극 참여한다.
- 나는 학부모와 지역사회를 교육의 동반자로 삼아 바람직한 교육공동체 형성을 위해 함께 노력한다.

4) 무명교사예찬론

- Henry Van Dyke 지음-

나는 무명교사를 예찬한 노래를 부르노라.
전투를 이기는 것은 위대한 장군이로되
전쟁에 승리를 가져오는 것은 무명의 병사로다.
새로운 교육제도를 만드는 것은 이름 높은 교육자이로되
젊은이를 올바르게 이끄는 것은 무명의 교사로다.

그가 사는 곳은 어두운 그늘
고난을 당하되 달게 받도다.
그를 위하여 부는 나팔 없고
그를 태우고자 기다리는 황금마차 없으며,
금빛 찬란한 훈장이 가슴을 장식하지 않도다.
묵묵히 어두움의 전선을 지키는 그 투지

우매의 참호를 향하여 돌진하나니
날마다 쉴 줄도 모르고 청년의 원수인 악의 세력을 정복하고자 싸우며
잠자고 있는 정기를 일깨우도다.

게으른 자에게 생기를 불어넣어주고
하고자 하는 자를 고무하며
방황하는 자에게 안정을 주도다.

학문의 즐거움을 가르침에서 옮겨주며
지극히 값있는 정신적 보물을 젊은이들과 더불어 나누도다.
그가 켜는 수많은 그 빛은
후일에 그에게 되돌아와 그를 기쁘게 하노니
이것이야말로 그가 받는 보상이로다.

지식은 책에서 배울 수 있으되
지식을 사랑하는 마음은 오직 따뜻한 접촉으로서만
얻을 수 있는 것이로다.
온 나라를 두루 살피되
무명의 교사보다 더 찬사를 받아야 할 사람이 어디 있으랴.
민주사회의 고귀한 반열에 오를 자 그 밖에 누구인고.
자신의 임금이요, 인류의 충복이로다.

Chapter 12 학습정리

1. 교사는 개별 학생의 주체적이고도 인격적인 자아실현을 가능하게 도와주고, 사회의 지속적인 발전과 바람직한 개혁을 선도하며, 인류의 보편적인 번영과 복지를 모색하여 왔기 때문에 옛날부터 사회적으로 존경을 받아왔으며 종교적으로도 거룩한 직업인으로 간주되어 왔다. 즉, 교사는 전인으로서의 인간, 즉 지적, 정신적, 신체적, 정서적, 사회적, 문화적, 정치적 특성을 지닌 인간 그 자체를 대상으로 한다. 그러므로 교사는 인간다운 인간을 길러내는 역할을 한다.

2. 교직이 전문성을 가져야 된다는 말에는 교직이 고도의 지성을 필요로 하는 정신적 활동이며 장기간에 걸친 교육과 훈련을 받지 않고서는 종사할 수 없다는 의미가 내포되어 있다.

3. 중세 사회에서 교직은 독립된 것이 아니라 성직자가 겸하여 맡았으므로, 교직을 성직이라 부른다. 이와 같이 교사라는 직업은 처음에 종교자가 맡고 있었기 때문에 성직으로 불렸고, 국가에 의한 국민 교육제도가 확립된 이후에도 교직을 성직시하는 경향이 계속되어 왔다. 또한 교직을 교육노동자로 보는 관점에는 교사를 옛날과 같이 성인군자와 같은 우상으로부터 벗어나서 교사도 인간이며 생활인이라고 보는 자각과 사회적·경제적 지위향상, 신분보상 및 권익의 확립을 인식한 관점이다. 그리고 전문직관의 교직은 과거와 같이 교직을 신성시하는 관념은 점차 사라지고, 하나의 충실한 직업인으로서 시민 전체를 위한 민주적 지도자 그리고 국가와 국민의 봉사자라는 의식이 고착화되고 있다.

4. 교사의 지위에 해당하는 임무 중에서 기본적인 임무는 7가지 정도로 구분할 수 있다. 즉, 학습을 도와주는 교사, 인생을 안내하는 교사, 불안을 해결해 주는 교사, 자아실현을 도와주는 교사, 동일시 대상인 교사, 브램벡크의 교사의 역할, 레들과 바텐베르그는 교사의 역할로 구분된다.

5. 교직은 개인의 성장과 국가사회 발전의 원동력이 되는 '교육'을 하는 직업이다. 따라서 교사에게는 법규적 공식적인 규칙의 준수도 중요하지만 학생지도나 조직생활에 요구되는 윤리적 실천이 더욱 중요하다. 교직은 다른 직업에 비하여 법규나 법률보다는 윤리나 도덕이 더욱 강조된다. 또한 교사의 윤리 내용은 1958년 9월 19일에 대한 교육연합회 제12차 대의원 회의에서 제정되어 1982년 5월 15일 스승의 날에 선포된 사도헌장과 사도강령에 잘 나타나 있다.

6. 교육자의 품성과 언행이 학생의 성장 및 발달을 좌우할 뿐만 아니라 국민윤리 재건의 관건이 된다는 사실을 명심하고 사랑과 봉사, 정직과 성실, 청렴과 품위, 준법과 질서에 바탕을 둔 사도확립에 우리 스스로 헌신하여야 한다. 이러한 우리의 뜻은 교직에 종사하는 모든 교직자가 공동체 의식을 가지고 노력하여야만 이루어질 수 있다는 것을 인식하고 사도헌장 제정에 때맞추어 우리의 행동지표인 현행 교원 윤리강령을 사도강령으로 개정하여 이를 실천함으로써 국민의 사표(師表)가 될 것을 다짐한다.

7. 우리는 교육이 인간의 가치와 존엄성을 높이며, 개인의 성장과 자아실현은 물론 국가와 민족의 미래에 중대한 영향을 준다는 사실을 명심하고, 국민으로부터 부여받은 교육자의 책무를 다하기 위해 최선을 다한다.

Chapter 12 연습문제

01 교직의 중요성에 대하여 설명하시오.

02 교직의 유형에 대하여 논하시오.

03 교사의 역할 중 교사의 임무에 대하여 논하시오.

04 교사의 윤리에 대하여 설명하시오.

05 교사의 윤리강령에 대하여 논하시오.

06 교직윤리헌장에 대하여 논하시오

13 CHAPTER

교육공학

학습내용

- 교육공학의 개념 및 AECT에 대해 이해한다.
- 교육공학의 역사적 발달에 대해 이해한다.
- 교육공학의 영역 5가지를 이해한다.
- 교수매체에 대한 개념, 속성, 기능에 대해 이해한다.
- 교수매체의 선정과 활용에 대해 이해한다.

1 교육공학의 이해

1) 교육공학의 개념

TIP

교육공학이란 '학습을 위한 과정과 자원의 설계, 개발, 활용, 관리 및 평가에 관한 이론과 실제'라고 발표했다.

교육공학(Educational Technology)이란 용어가 언제 최초로 사용되었는지는 확실치 않으나, 기록에 의하면 보빗(Bobbit)과 차테스(Charters)가 유사한 개념으로 교육엔지니어링(Educational Engineering)이라는 말을 1920년대에 사용한 것으로 알려져 있다. 그 후 1963년에 미국교육공학회(Association for Educational Communication & Technology : AECT)가 설립되어, 1977년에 규정한 교육공학이란 '모든 인간학습에 포함된 문제들을 분석하고 그 해결책을 고안, 실행하고 평가, 관리하기 위하여 사람, 절차, 아이디어, 기계 및 조직을 포함하는 복합적이고 통합적인 과정'이라고 발표했다. 1994년에 새롭게 발표한 교육공학이란 '학습을 위한 과정과 자원의 설계, 개발, 활용, 관리 및 평가에 관한 이론과 실제'라고 발표했다. 그러나 2004년 AECT(Association for Educational Communication & Technology)의 교육공학정의연구위원회는 교육공학이란 '적절한 공학적 과정 및 자원을 창출, 활용, 관리함으로써 학습을 촉진하고 수행을 개선하는 연구와 윤리적 실천'이라는 새로운 정의를 내놓게 되었다.

(1) 미국교육공학회(AECT)에 따르는 교육과 공학의 관계

① 이론과 실제의 관계는 분야가 성숙해짐에 따라 발전되어 간다.

이론은 개념, 구인, 원리, 명제로 구성되어 있으며 지식기반에 기여한다. 실제는 문제해결을 위한 지식의 적용이다. 한편 실제도 이론과 마찬가지로 경험으로부터 얻어진 정보를 통해 지식기반에 기여할 수 있다.

② 설계, 개발, 활용, 관리, 평가는 교육공학의 기본적인 다섯 영역 혹은 기능을 지칭한다.

설계영역은 교육공학분야뿐만 아니라 광의(어떤 말의 개념을 넓은 범위까지 확대 해석)의 교육 분야까지 가장 많은 이론적 기여를 해오고 있다. 개발영역은 원숙한 분야로서 실제에 가장 많은 기여를 한 것이며, 활용영역은 이론적으로나 실제적인 측면에서 아직 발달이 미흡한 분야이다. 또한 관리영역은 각 기능을 보조하는 자원을 조직하고 감독 및 관리한다는 측면에서 오랫동안 교육공학분야의 한 영역으로 존재해 왔다.

③ 과정과 자원을 모두 포함한다.

과정이란 어떤 특정한 결과를 향한 일련의 조작 혹은 활동이다. 과정은 구체적으로 투입(input), 활동(actions), 산출(output)을 포함한 하나의 계열을 의미한다. 과정의 예로는 화상회의 같은 전달체제, 독자적 학습(independent study)과 같은 학습유형, 귀납적 접근방법과 같은 교수모형, 교수체제 설계와 같은 교수개발 모형 등을 들 수 있다. 자원이란 학습을 지원하는 원천으로서 지원체제, 교수자료, 교수환경을 포함한다. 즉, 자원이란 교수-학습의 과정에 사용되는 고안물과 자료뿐만 아니라 요원,

예산, 시설까지를 지칭한다. 또한 자원은 개개인의 학습을 도와주고 능률적으로 수행하는 데 도움을 줄 수 있는 모든 것을 포함한다.

④ 교육공학의 목적은 학습에 영향을 주고 학습을 효과적으로 이루도록 하는 데 있다.

상기 정의에서는 학습의 개념을 메이어(Mayer)가 1982년에 '학습이란 경험에 의한 개인의 지식이나 행동의 비교적 지속적인 변화'라고 하는 개념으로 사용하였다. 2004년도 정의는 공학적 과정, 자원, 학습, 수행으로 해석하고 있다. 이것은 교육공학이 하나의 운동에서 하나의 분야와 하나의 전문직으로 변화되고, 이론과 실제에서 이 분야가 기여했음을 반영해 준다.

2. 교육공학의 역사적 발달

(1) 시각교육(Visual Education)

초기의 교육공학은 시각교육을 중심으로 이루어졌으며, 과학의 발달과 함께 교육현장에서 사진, 영화 등 매체의 활용가치가 극대화되면서 언어 중심의 교육에서 벗어나 학습자에게 구체적인 경험을 제공하는 시각교육을 중심으로 이루어졌다.

> **TIP**
> 교육현장에서 사진, 영화 등 매체의 활용가치가 극대화되면서 언어 중심의 교육에서 벗어나 학습자에게 구체적인 경험을 제공하는 시각교육을 중심으로 이루어졌다.

시각 보조물에는 그림, 모형, 사물, 장치 등이 있으며, 이런 보조물은 추상적인 개념을 구체화하거나 보완해 주고 다양한 시각 보조물을 교육과정상에서 학습활동에 활용함으로써 학습자의 흥미를 자극하고 효과적인 학습을 성취하도록 하는 데 있다.

(2) 시청각교육(Audio-Visual Education)

1930년대 말부터 음향 녹음, 축음기의 보급, 유성영화의 출연으로 인하여 시각교육에 청각적인 요소가 통합되어 시청각 교육으로 확대되었다. 시청각 교육은 영화, 슬라이드 녹음, 라디오, 텔레비전 등의 시청각 교재와 교구를 활용하여 학습이 효과적으로 이루어지도록 도모하는 방법으로 학습자에게 시각과 청각을 통한 구체적이고 실제적인 자료를 제시하여 학습의 효율성을 향상시키도록 하는 것이다. 시청각 교재 자체의 효과만을 중시하고 시청각 매체가 활용되는 교수-학습과정을 간과하였다는 제한점을 가지고 있다.

(3) 시청각 커뮤니케이션(Audio-Visual Communication)

1950년대 초기에 시청각 교육은 교육을 양방향적인 커뮤니케이션 과정으로 보는 교수-학습과정을 일련의 요소로 구성된 완전한 체제로 간주하는 초기체제 개념이 도입되어 시청각 커뮤니케이션이라는 새로운 분야로 발전하였다. 1963년 엘리(Ely)에 의하면 시청각 커뮤니케이션은 교수-학습과정을 송신자와 수신자 간의 통신과정으로 보려는 관점과 교수-학습과정에 학습내용, 교수매체, 수업방법 등을 통합적으로 고려하여 설계하는 교수체제의 관점이 결합되어 만들어진 것이다. 즉, 시청각 커뮤니케이션의 목적은 학습자로 하여금 잠재능력을 최대한 발휘할 수 있도록 통신의 모든 방법과 매체를 효과적으로 활용하도록 하는 데 있다. 시각, 청각, 시청각 교육공학은 〈표 13-1〉과 같다.

표 13-1 시각·청각·시청각의 교육공학

감각기관	전달도구	전달되는 내용	비고
시각	-	청사진, 그림도형, 도표, 전시물, 융판, 실물, 모형, 디오라마	비투사
	OHP	TP 필름	투사
	슬라이드 프로젝터	슬라이드 필름	
	필름 프로젝터 스트립	필름스트립	
	실물화상기	인쇄물, 실물	
	실물환등기	인쇄물	
시청각	라디오	방송 프로그램	
	CD 플레이어	오디오 CD	
	테이프 플레이어	오디오 카세트테이프	
	레코드 플레이어	레코드판	
	VCR	비디오테이프	
	TV	방송 프로그램	
	비디오디스크 플레이어	비디오디스크	
	영사기	영화필름	
	컴퓨터	데이터 CD, 오디오 CD, 프로그램	

(4) 교수공학(Instructional Technology)

1960년대 이르러 시청각통신 교육은 교수공학 차원으로 발전하게 된다. 이러한 변화에는 크게 2가지 영향이 있었다. 하나는 스키너의 행동주의에 기반을 둔 교수기계와 프로그램 수업이며, 다른 하나는 체제이론에 기반을 둔 교수개발의 모형이다. 스키너의 행동과학이론은 행동적 수업목표와 준거지향평가를 교수공학의 주요 요소로 간주하면서 교수공학은 방법적인 접근방식의 형태에서 과학의 수준으로 발전하게 되었다.

교수개발은 매체의 효과적 활용에 관한 전통적 지식뿐 아니라 학습현상 및 교수방식에 관한 과학적 지식을 체계적으로 활용하려는 노력으로 파악되었다. 체계적 개발과정으로서 교수개발은 분석, 설계, 실행, 평가의 주요 단계로 구성된다. 매체의 활용부분은 분석단계의 결과를 바탕으로 설계하게 되는 전체 교수프로그램 설계를 구성한다. 따라서 미국 교육공학회에서 교수공학에 관한 정의를 다음과 같이 공식적으로 제시한다.

> 교수공학은 어떤 특정한 매체나 고안물 이상을 의미한다. 교수공학은 모든 요소들의 전체 합 이상이다. 교수공학은 인간 학습과 통신이론에 기반을 두고 특정한 학습목표에 따라 교수-학습의 전 과정을 설계하고 실행하며 평가하는 체계적 방법이며, 더 효과적인 교수를 이끌어 내기 위하여 인적 자원과 비인적 자원을 적절히 결합하여 사용하는 체계적 방법이다.

(5) 교육공학(Educational Technology)

> **TIP**
> 교육공학은 인간 학습에서의 문제들이 어떻게 규명되고 해결되는가에 대한 이론이며, 인간 학습의 문제점들을 분석하고 해결하기 위하여 복합적이고 통합된 과정을 적용하는데 관련된 분야이다.

1970년 교수공학의 정의는 너무 포괄적이며, 사회가 급속하게 발전하게 됨에 따라 미국교육공학회는 1977년에 다시 교육공학의 개념을 제시하였다. 교육공학은 '모든 인간 학습에 포함된 문제들을 분석하고, 그 해결책을 구안하여 실행하고, 평가하며, 관리하기 위하여 사람, 절차, 아이디어, 기자재 및 조직을 포함하는 복합적이며, 통합적인 과정'이다. 이 개념에 따르면 교육공학은 인간 학습에서의 문제들이 어떻게 규명되고 해결되는가에 대한 이론이며, 인간 학습의 문제점들을 분석하고 해결하기 위하여 복합적이고 통합된 과정을 적용하는데 관련된 분야이다. 나아가서 교육공학의 이론과 지적기술, 실제적용을 이행하려는 조직적인 노력으로 구성되어 있는 하나의 전문적인 영역으로 개념화된다.

1994년, 교육공학의 학문적 성격, 개념의 정의, 실제와의 관련성, 활동영역에 대한 연구와 논의를 바탕으로 교육공학에 대한 새로운 정의가 제시되었다. 이는 교육공학에 대한 가장 최근의 정의로, 교육공학이란 '학습을 위한 과정과 자원의 설계, 개발, 활용, 관리, 평가에 관한 이론과 실제'이다.

3. 교육공학의 영역

교육공학의 영역은 5가지로 나누어 볼 수 있다. 각 영역은 상호 보완적이지만 반드시 연속적인 관계는 아니다. 이론가나 연구자는 한 영역에 국한해서 활동할 수 있지만, 실무자는 대개 하나 이상 또는 여러 영역에 걸쳐 능력을 발휘해야 하는 경우가 많다.

설계 → 개발 → 활용 → 관리 → 평가

(1) 설계(design)

설계란 학습에 관한 조건을 구체화하는 가정으로 교수심리학을 그 모체로 한다고 할 수 있다. 체제이론(systems theory)이 도입되면서 교수행위를 일회적인 행사로 보는 것이 아니라 여러 요소가 서로 긴밀히 연결되어 영향을 주고받는 거시적인 입장에서 체계적으로 바라보게 되었다. 설계영역은 교수체제 설계, 메시지 디자인, 교수전략, 학습자 특성의 4가지 하위영역으로 구성된다.

> **TIP**
> 설계영역은 교수체제 설계, 메시지 디자인, 교수전략, 학습자 특성의 4가지 하위영역으로 구성된다.

1 교수체제 설계(instructional systems design : ISD)

효과적인 수업을 개발하기 위하여 학습에 관한 과학적 이론과 수업에 관한 처방적 지식을 체계적으로 활용하려는 분야이다. 즉, 교수체제 설계는 수업의 분석, 설계, 개발, 실행, 평가의 단계를 포함하는 체계적인 과정을 의미한다. 분석은 무엇을 학습할 것인지 결정하는 과정이며, 설계는 학습이 어떻게 이루어질지 구체적으로 정하는 과정이다. 개발은 교수자료를 제작하는 과정이며, 실행은 개발된 교수자료를 실제로 적용해 보고 상황에 맞게 전략을 펼치는 것이다. 평가는 교수의 적절성을 따져 보는 과정이다.

2 메시지 디자인(message design)

교수 장면에서 어떻게 메시지를 설계하는 것이 학습의 효과를 가져올 수 있는가에 관한 연구영역이다. 지각, 기억 등과 관련된 인간의 인지과정에 관한 연구 결과를 바탕으로 문자, 기호, 그림 등을 어떠한 형태로 제시할 것인가에 관한 연구가 수행되고 있다. 미시적 수준인 시각기호 및 페이지와 스크린에 관한 내용이 많으며, 매체와 학습과제에 따라 디자인이 달라진다. 활자의 크기, 페이지의 편집, 색상의 결정이 메시지 디자인의 예라고 할 수 있다.

3 교수전략(Instructional strategy)

특정의 학습론으로부터 수업방법에 관한 시사점을 도출하려는 단편적 차원에서 벗어나서 보다 체계적인 처방성을 포함하는 교수방법에 관한 연구영역을 가리킨다. 예를 들면 가네(Gagne)의 수업의 상태, 학습과제 유형에 따른 차별적인 교수전략의 제시 등을 들 수 있다. 최근에는 상황학습을 위한 방법, 문제중심학습을 위한 방법 등 학습에 관한 구성주의적 관점에 기반을 둔 교수-학습 환경 설계 전략 등이 많이 소개되면서 연구가 활발해지고 있다.

4 학습자 특성

학습의 효과에 영향을 미치는 학습자의 일반적 특성과 성취하기를 기대하는 학습과제와 관련된 선수학습 수준을 의미한다. 즉, 일반적 특성을 예로 들면, 연령, 지능, 사회・경제적 환경, 선호하는 학습유형, 성격 등을 말한다. 이러한 학습자 특성은 학습과제의 특성과는 별도로 학습의 성공과 실패 여부에 영향을 미칠 수 있다.

> **TIP**
> 개발영역은 설계영역을 통해서 산출된 항목을 근거로 실제 활용이 가능한 형태인 자료를 제작하는 과정으로, 학습과정에서 발생하는 의사소통 양상에 크게 영향을 받는다.

학습자의 동기 유형과 수준에 따라서 동기유발을 어떻게 시킬 것인가도 매우 흥미로운 연구영역이다. 학습자가 본질적으로 학습에 대하여 가지고 있는 내재적 동기, 즉 학습자의 흥미나 호기심의 수준은 학습자마다 다르며, 이러한 점을 고려하여 어떠한 방식으로 수업을 설계하고 개발할 것인가를 다룬다.

(2) 개발(development)

개발영역은 설계영역을 통해서 산출된 항목을 근거로 실제 활용이 가능한 형태인 자료를 제작하는 과정으로, 학습과정에서 발생하는 의사소통 양상에 크게 영향을 받는다. 개발영역은 교수에 적용되는 다양한 테크놀로지, 즉 영화, 방송, 컴퓨터, 멀티미디어 등을 포함한다. 또한 인쇄 테크놀로지, 시청각 테크놀로지, 컴퓨터 기반 테크놀로지, 통합 테크놀로지의 하위요소로 구성되어 있다.

1 인쇄공학

교수-학습활동을 지원하는 가장 기본적인 것으로 주로 문자와 그림, 사진 등의 인쇄물을 활용해 효과적으로 활용하는 원리와 전략을 말한다. 즉, 지각, 읽기, 정보처리, 학습이론 등의 영향을 받는다. 교육공학의 영역 중 가장 초기부터 있었고 아직도 그 중요성은 결코 간과될 수 없는 영역이기도 하다. 아무리 첨단공학이 발전하더라도 아직까지는 학습을 돕는 가장 기본적인 자료이며 다른 매체에 비해서 경제성과 사용상 간편성이 뛰어날 뿐더러 심리적으로도 가장 인간에게 친근하기 때문이다. 따라서 인쇄공학은 선형적, 일방적, 정적이며, 학습자 중심이다. 또한 학습자에 의해 정보가 재조직되거나 재구성될 수 있다.

2 시청각 공학

음성메시지와 시각메시지를 제시하기 위해서 기계와 전기기자재를 사용하여 자료를 제작하거나 전달하는 방법을 말한다. 즉, 필름, 슬라이드, 오버헤드 프로젝트(OHP), 텔레비전, 비디오 등을 활용하여 효과적인 교육용 자료를 제작하는 방법을 다룬다. 시청각 공학은 주로 교사 혹은 프로그램 제공자에 의하여 일방적으로 제시되는 형태가 일반적이지만, 최근에는 컴퓨터 기반 공학과 연결됨으로써 상호작용적이면서 학습자의 참여 공간을 제공하여 주기도 한다.

3 컴퓨터 기반 공학

컴퓨터를 기반하여 각종 교수-학습자료를 설계, 제작하는 것으로 정보를 디지털 방식으로 처리한다는 점에서 아날로그 방식으로 처리하는 시청각 매체와 구분된다. 이 영역에는 컴퓨터 보조수업(Computer-Assisted Instruction) 및 컴퓨터 관리학습(Computer-Managed Instruction), 멀티미디어 등이 있다. 컴퓨터 공학은 행동주의 학습원리뿐만 아니라 인지주의 학습원리 및 구성주의 학습원리에 근거하여 효과적인 프로그램을 개발하려는 노력을 주도하여 왔다. 향후에도 다루게 되는 통합공학의 중심적 요소로서 미래 교수-학습 환경을 이끌어가게 될 것이다.

4 통합공학

통합공학은 컴퓨터의 제어하에 몇 가지 다른 유형의 시청각 매체를 통합하여 다양한 자료와 정보를 개발하고 전달하는 방법을 말한다. 첨단공학의 발전으로 지금에 와서는 그 개념이 적절하지 않지만, 컴퓨터의 통제하에 여러 형태의 매체를 포괄하는 자료의 제작과 전달방법이 가능해졌다. 대용량의 하드드라이브와 메모리를 갖춘 컴퓨터와 비디오디스크 플레이어, 오디오시스템 등이 네트워크로 연결되어 있는 형태를 말한다.

> **TIP**
> 활용영역에서는 학습자를 특정자료나 활동에 연결시키고, 선정된 학습자료나 활동과 상호작용을 원만하게 할 수 있도록 준비시키며, 학습수행 시 적절한 안내와 결과에 대한 평가를 제공하여 기관에서 적절하게 사용할 수 있도록 통합하는 역할을 한다.

(3) 활용(utilization)

활용영역은 학습을 위해 절차나 자원을 사용하는 방법이다. 활용영역에서는 학습자를 특정자료나 활동에 연결시키고, 선정된 학습자료나 활동과 상호작용을 원만하게 할 수 있도록 준비시키며, 학습수행 시 적절한 안내와 결과에 대한 평가를 제공하여 기관에서 적절하게 사용할 수 있도록 통합하는 역할을 한다. 이를 매체활용, 혁신의 확산, 실행과 제도화, 정책과 규제 등으로 나눈다.

1 매체활용(media utilization)

학습을 위한 자원의 체계적 활용을 의미한다. 일종의 절차에 따라서 기대하는 학습목표를 달성하기 위하여 최적의 교수매체를 선정하여 활용하는 방법에 관한 의사결정을 포함하고 있다. 영화를 수업에 활용하는 방법은 학습자의 특성이나 요구에 맞게 또는 교사가 바라는 수업의 결과에 따라 달라져야 한다.

2 혁신의 확산(diffusion of innovation)

개인이 새로운 아이디어를 채택하도록 의사소통을 하는 과정이다. 새로운 교육공학으로 제안된 아이디어에 대하여 그것을 수용하는 사람들이 어떻게 긍정적인 인식, 태도, 행동을 나타내도록 할 것인가에 대해 체계적으로 접근하도록 하는 것이다. 예를 들면, 최근 강조되고 있는 ICT 활용수업에 대해 교사들이 긍정적인 시각을 갖고 적극적으로 활용하도록 하는 방법을 모색하는 것이 이에 해당된다.

3 실행 및 제도화(implementation and institutionalization)

실행이란 교수자료나 전략을 실제 현장에 적용하는 것으로, 교수혁신이 조직 내에서 개인에 의해 제대로 이용될 수 있도록 주변 환경을 조성해 주는 것을 말한다. 제도화는 교수혁신이 조직 내에서 일회적 적용이 아닌 지속적이며 일상적인 형태로 이루어지며, 문화로 자리 잡는 것으로 조직의 구조와 체계 내에 혁신을 통합하는 것이다. 실행 및 제도화가 중요한 것은 과거 거대한 교육공학 프로젝트가 실행과 제도화에 필요한 적절한 조치를 해주지 못함으로써 실패한 데 기인한다.

4 정책과 규제(policies and regulations)

교육공학의 보급과 사용에 영향을 미치는 사회조직의 규칙과 행위를 의미한다. 교육방송, 교육용 소프트웨어의 개발과 활용에 관련된 각종 정책과 규제에 대하여 교육공학적 기준과 표준을 제공하거나 불필요한 규제에 대해서 문제점을 지적하는 활동이 포함된다.

(4) 관리(management)

> **TIP**
> 계획, 조직, 조정, 감독 등을 통해 교육공학을 통제하는 것을 말한다.

계획, 조직, 조정, 감독 등을 통해 교육공학을 통제하는 것을 말한다. 교수조직의 크기가 증가함에 따라 인적·물적 자원과 이에 따르는 설계와 개발의 노력이 달라지게 된다. 관리영역은 크게 프로젝트관리, 자원관리, 전달체제관리, 정보관리로 나눈다.

1 프로젝트관리

교수설계와 프로젝트를 계획, 감독, 조정하는 것을 의미한다. 이러한 활동을 통하여 프로젝트 관리자는 프로젝트의 목적과 세부활동을 명확히 하고 예산을 설정하며 교섭하는 하위단계를 관리한다. 특히 성공적인 프로젝트의 실행을 위하여 방해 요소가 무엇인지를 분석하고 그것을 해결하는 역할 등을 규명한다.

2 자원관리

자원관리란 자원을 지원할 수 있는 체제와 서비스를 계획하는 것과 모니터를 통제하는 활동이다. 이때 인적 자원, 예산, 시간, 시설, 교수자원, 물품 등이 자원에 속한다. 비용 효과성과 학습의 효과성을 정당화하는 것이 중요한 특징이다.

3 전달체제관리

교수자료가 분배되고 전달되는 방식과 체제를 계획, 모니터를 통제하는 방식과 관계된다. 원격교육기관에서 교육이 이루어지기 위해서 하드웨어와 소프트웨어, 학습자와 강사를 위한 기술지원, 교수설계자와 강사를 위한 지침 등이 갖추어져야 한다. 흔히 전달체제관리는 자원관리체제에 의존한다.

4 정보관리

학습을 위한 자원을 제공하기 위해 정보의 저장, 전송, 처리를 계획,

모니터, 통제하는 활동이다. 즉, 개발영역에서 사용된 공학을 저장과 전달하는 기법으로, 전달과 정보의 전송 등은 통합공학을 통해 이루어진다. 정보관리는 접근성과 사용자의 친근성을 담보하기 위한 중요한 요소다. 기업의 질 관리를 달성하기 위해 각광을 받고 있는 교육계에 영향을 끼치고 있다.

(5) 평가(evaluation)

평가는 활동의 과정이나 결과에 대한 장점, 가치 등을 확인하는 절차이다. 평가연구는 프로젝트, 프로그램, 제품의 개선, 확장, 중단에 따른 의사결정을 하기 위한 자료를 얻는 것을 목적으로 한다. 평가영역은 문제분석, 준거지향평가, 형성평가, 총괄평가로 나눈다.

> **TIP**
> 평가연구는 프로젝트, 프로그램, 제품의 개선, 확장, 중단에 따른 의사결정을 하기 위한 자료를 얻는 것을 목적으로 한다.

1 문제분석

정보수집과 의사결정 전략을 사용해 문제의 속성과 범위를 결정한다. 문제분석의 목적은 요구를 찾아내고, 문제가 교수적 처치로 해결할 수 있는 것인지 아니면 다른 접근방법을 사용해야 하는지를 결정하고, 한계, 자원, 학습자 특성을 파악하거나 목표설정, 최우선 과제 설정 등을 하기 위한 것이다.

2 준거지향평가

학습자의 지식, 기술, 태도가 미리 설정된 기준에 도달하였는지 측정하는 기법과 관계된다. 절대평가라고 부르는 준거지향평가는 90점 이상 득점한 학생 또는 20개 이상 맞은 학생은 시험을 통과한다와 같이 기준을 정하고 이를 넘어선 학습자는 목표에 도달한 것으로 간주한다.

3 형성평가

수업의 전개과정에서 활용하고 있는 교수자료나 프로그램의 적절성과 효과성에 관한 자료를 수집, 분석하여 교수자료나 프로그램을 수정, 보완하기 위해 실시한다.

4 총괄평가

프로그램의 유용성을 결정하기 위해서 교수자료나 프로그램을 사용한 후에 각종 정보를 수집하고 그 효과를 평가하는 것이다. 형성평가는 프로그램이 개발되는 과정에서, 총괄평가는 프로그램이 완성된 후에 시행하는 평가라고 할 수 있다.

4. 교수매체

1) 교수매체의 개념, 속성, 기능

(1) 교수매체의 개념

교수매체의 개념은 [그림 13-1]과 같다.

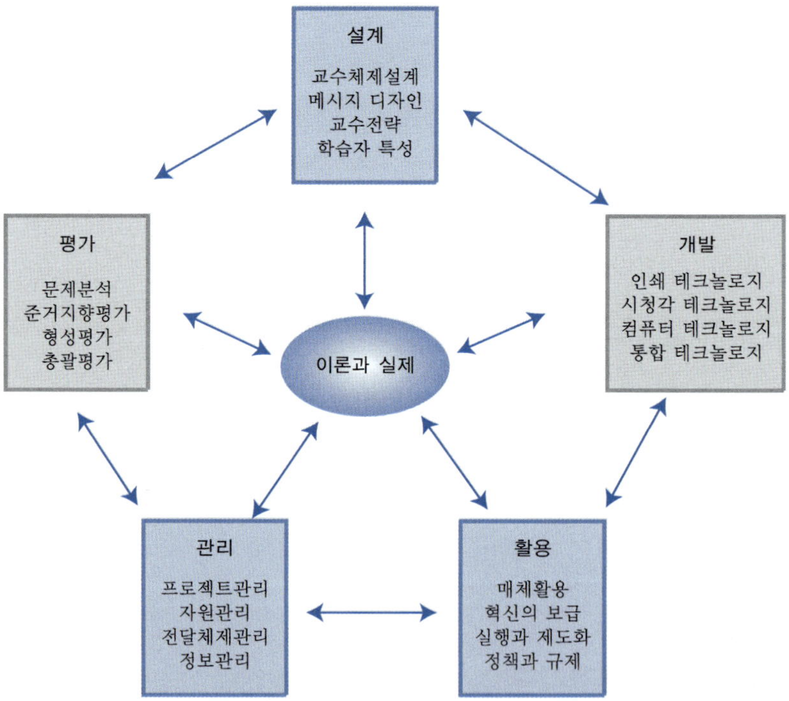

▶▶ 그림 13-1
교수매체의 개념

출처: 이화여자대학교교육공학과(2001). 21세기 교육방법 및 교육공학. 서울: 교육과학사

매체(media)라는 말은 영어의 medium의 복수형인 media를 번역한 것으로서, 사이(between)에 해당하는 라틴어의 medius에 그 어원을 두고 있는데, 작게는 하나의 장치에서부터 크게는 체제의 형태를 가리킨다. 즉, 송신자와 수신자 사이에서 정보를 전달하는 전달수단을 말하며, 정보를 전달하는 과정 속에서 전달을 위해 사용되는 모든 형태의 채널을 의미하며 이는 목표달성을 위한 중요한 수단을 의미한다.

교수매체는 교사가 효과적이고 효율적인 수업지도를 위하여 사용하는 시청각 기자재로 칠판, 모형, 실물, 융판, 차트, 게시판, 사진, 녹음테이프, 영화, 필름스트립, 텔레비전, OHP, 슬라이드, 컴퓨터 등이다. 따라서 교수매체는 교수자가 설정한 수업목표가 효과적, 효율적, 매력적이며 안전한 방법으로 달성할 수 있도록 하기 위해 사용하는 다양한 형태의 매개수단 또는 제반체제라고 정의할 수 있다.

> **TIP**
>
> 교수매체는 교수자가 설정한 수업목표가 효과적, 효율적, 매력적이며 안전한 방법으로 달성할 수 있도록 하기 위해 사용하는 다양한 형태의 매개수단 또는 제반체제라고 정의할 수 있다.
>
> 필름스트립(filmstrip)이란 프로젝터에서 한 번에 하나씩 투영하기 위해 만드는 것으로 투명한 매체의 정지 화면을 의미한다.

(2) 교수매체의 속성

1 기술적인 속성

매체를 구성하는 재료 및 기기의 속성으로 정보의 전달방법에 영향을 준다. 예를 들면 라디오, 텔레비전 등은 전파를 통해 전달이 되며, 영사기, 녹음기, 투사기 등은 기계를 통해 전달된다. 이러한 기술적 속성기술의 발달과 함께 새로운 매체가 등장하게 되는 원인이 되며, 상황과 장소에 따른 매체의 선택과 효과에 영향을 미친다.

2 내용적 속성

모든 매체는 특정한 내용을 포함하고, 전달함을 나타낸 것이다. 매체의 효과는 단순히 매체 자체의 기술적인 속성보다도 그 매체가 어떤 내용을 전달하느냐에 따라 달라질 수 있다. 예를 들면 TV나 컴퓨터가 어떤 내용을 전달하느냐에 따라 유용한 교수매체가 될 수도 있고, 청소년의 생활에 유해한 매체가 될 수도 있다.

3 상황적 속성

메시지가 전달되는 사회적 환경이 매체의 효과에 영향을 미친다는 것이다. 동일한 매체가 전달하는 동일한 내용일지라도 그 매체를 활용하는 상황에 따라 의사소통의 효과가 달라진다.

4 상징적 속성

매체에 따라 내용을 전달하기 위해 문자, 음성, 기호 및 언어 등의 특정한 상징체제를 사용한다는 것이다. 상징체제의 차이는 매체를 특징짓는 가장 중요한 속성으로 동일한 내용도 다양한 상징체제를 사용해 전달할 수 있다. 상징체제는 실물을 그대로 나타내는 실물계와 그림의 형태로 나타내는 영상적 체계, 무용이나 동작으로 표상되는 활동적 체계로 구분될 수 있으며, 어떤 상징체제를 사용하느냐에 따라 메시지의 전달 효과가 달라진다.

(3) 교수매체의 기능

1 매개적 기능

TIP

매체는 교육현장에서 사용됨으로써 명료한 메시지 제시, 수업시간 단축, 주의력 집중, 동기유발, 흥미유발 등 보다 효율적인 수업을 진행할 수 있도록 작용한다.

교사가 학습자를 가르칠 때 수업의 보조수단으로 매체를 사용하는 것이다. 일반적으로 매체를 사용하는 것이 사용하지 않을 때보다 학습의 효과를 높일 수 있다. 매체는 교육현장에서 사용됨으로써 명료한 메시지 제시, 수업시간 단축, 주의력 집중, 동기유발, 흥미유발 등 보다 효율적인 수업을 진행할 수 있도록 작용한다.

2 정보전달 기능

교사가 학습자에게 필요한 내용을 전달하기 위하여 매체를 사용하는 것으로 시·공간을 초월하여 정보를 전달할 수 있고, 학습자의 감각채널을 자극하여 정보를 수용할 수 있도록 하는 기능이다. OHP, 슬라이드, 컴퓨터, 요점정리된 투시물 자료, 비디오테이프 등은 정보

전달기능을 보다 원활하게 수행할 수 있도록 개발된 매체들이며, 공학의 발달에 따라 보다 효율적이고 생동감 있게 정보를 전달할 수 있게 된다.

3 경험구성 기능

학습자가 매체를 활용함으로써 다양한 학습경험을 갖게 해 주는 기능이다. 예를 들면 기능교육을 위해 컴퓨터, 타자기, 피아노, 사진기 등을 사용하는 것이다. 매체는 그 자체가 학습내용이 되면서 그와 동시에 내용을 경험하게 하는 매체가 된다. 즉, 매체를 사용할 수 있는 기능 획득이 학습목표가 되고 학습내용이 되며, 이와 동시에 그 목표를 달성하기 위한 학습경험도 된다.

4 교수 기능

매체를 효과적으로 구성, 활용하여 학습자의 지적능력을 계발시키는 기능이다. 매체가 정보를 어떻게 전달하느냐에 따라 학습자의 인지, 지각, 표상능력을 증진시킬 수 있기 때문에 적절하게 사용한다면 효율적인 교수기능을 발휘할 수 있는 매체에는 컴퓨터, TV, 교육영화, 상호작용 비디오디스크, 멀티미디어를 활용한 교수프로그램 등이 있다.

2) 교수매체의 종류

(1) 호반에 의한 교육과정 시각자료 분류

호반(Hoban)은 1937년에 최초의 교수매체의 분류기준을 제시한 학자이다. 그는 시청각 자료는 추상적인 것을 얼마나 구체적으로 전달할 수 있는가에 따라 가치가 결정된다고 생각하고 사실의 정도에 따라 시청각 자료를 구별했다. 그의 분류기준에 따르면 견학이나 실물, 모형은 구체적인 매체에 속하고 지도, 도표, 언어는 추상적인 매체에 속한다. 호반은 사실과 가까운 매체일수록 더 정확한 메시지를 전달하며, 추상성이 높

> **TIP**
> 호반은 사실과 가까운 매체일수록 더 정확한 메시지를 전달하며, 추상성이 높아질수록 이해도가 낮아진다고 주장했다.

아질수록 이해도가 낮아진다고 주장했다. 따라서 가장 구체적인 교수형태로 견학과 같이 실제적 현상을 총체적으로 직접 관찰하는 경우를 제시하고 있으며 가장 추상적인 경우로는 언어에 전적으로 의존하는 교육형태를 제시하고 있다. 이는 학습지도에 있어 구체적인 교재로부터 시작해서 차례로 추상적인 교재를 사용해 갈 때 학습자의 효과적인 지식획득이 순조롭게 이루어질 수 있음을 보여준다. 또한 추상적인 교재를 사용하는 경우는 구체성이 높은 시각자료를 통합하여 추상적 개념을 구체적으로 경험하게 함으로써 체험을 통한 일반화된 지식을 획득할 수 있도록 지도해야 함을 강조하고 있다.

호반은 추상적 단계와 구체적 단계 사이를 [그림 13-2]와 같이 8개의 단계로 설명하였다.

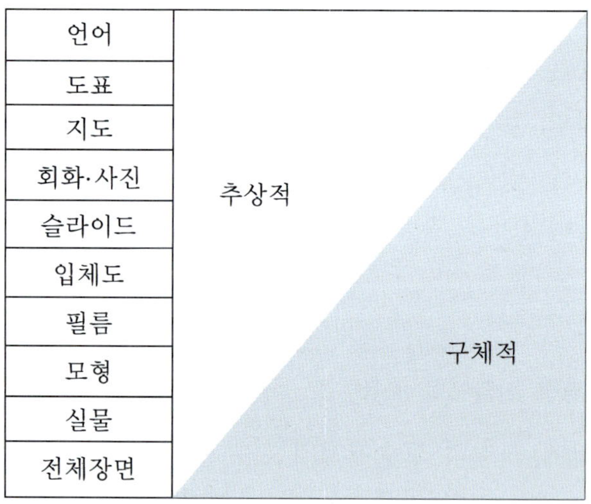

▶▶ 그림 13-2
호반의 추상적 단계와 구체적 단계

(2) 데일의 경험의 원추에 의한 분류

데일(Dale)은 1946년 호반(Hoban)의 구체성, 추상성에 따른 매체 분류를 발전시켜 경험의 원추라는 모형을 제시하였다. 그는 학습경험을 학습자가 목적의식을 가지고 실제로 직접 경험해 보는 단계, 시청각매체를 통하여 간접경험해 보는 단계, 언어와 시각기호의 관찰과 사용을 통한 학습의 3단계로 나누어 설명하였다. 그는 각 단계에 해당하는 매체를 구체적인 것에서 추상적인 것의 순서로 원추의 틀 안에 위계적으로 배열하였으며, 많은 구체적인 경험은 보다 추상적인 경험의 학습에 도움이 된다고 주장하였다.

데일(Dale)의 모형은 후에 브루너(Bruner)가 수업활동을 행동적, 영상적, 상징적 3단계로 나누어 제시한 이론과 결합하여 새로운 모형으로 제시되었다. 즉, 직접적 경험은 행동적 단계, 매체를 통한 간접적 경험은 영상적 단계, 언어와 시각기호를 통한 학습은 추상적, 상징적 단계와 연결하여 설명하였다. 이 같은 원리를 적용하면 교수매체도 구체성이 높은 매체를 먼저 사용한 다음 조금 더 추상적인 매체를 사용한다면 수업의 효과를 높일 수 있다. 인지적으로 아직 발달이 충분하지 않은 어린 학생에게는 구체적인 매체의 사용이 더 바람직하고, 성숙도에 따라 조금 더 추상적인 매체를 통해 제시하는 것이 바람직함을 암시한다.

>>> TIP
데일의 모형은 후에 브루너가 수업활동을 행동적, 영상적, 상징적 3단계로 나누어 제시한 이론과 결합하여 새로운 모형으로 제시되었다.

(3) 상징체계에 따른 분류

상징체계에 따른 분류도 초기부터 널리 사용된 방법이며, 매체가 내용을 전달하기 위해서 주로 의존하는 상징체계가 무엇이냐에 따라 시각매체, 청각매체, 시청각매체, 상호작용매체로 나눈다.

상징체계에 따른 분류는 [그림 13-3]과 같다.

▶▶ 그림 13-3
상징체계에 따른 분류

① 시각매체는 자료의 내용을 주로 시각적인 방법에 의존해서 제시하는 매체이다. 아울러 시각에만 의존하는 것은 비투사매체와 투사매체가 있다. 투사매체는 주로 전기나 빛을 이용한 투사방법을 사용하는 것으로 슬라이드, OHP가 이에 속한다. 또한 그림이나 글씨를 크게 확대하여 많은 사람들이 내용을 자세히 관찰할 수 있는 장점이 있다. 비투사물체는 실물, 모형, 사진, 그림 등이 속한다.

② 청각매체는 주로 청각적인 정보를 전달하는 것으로 라디오, 녹음테이프, 레코드판 등이 여기에 속한다. 청각자료는 손쉽게 구할 수 있으며, 제작하기도 쉽다.

> **TIP**
> 청각매체는 주로 청각적인 정보를 전달하는 것으로 라디오, 녹음테이프, 레코드판 등이 여기에 속한다. 청각자료는 손쉽게 구할 수 있으며, 제작하기도 쉽다.

③ 시청각매체는 시각과 청각을 동시에 자극하여 정보를 전달하는 매체를 말한다. VTR, TV, 영화 등이 시청각매체에 속한다. 시청각매체의 특징은 단순히 정지된 화면만이 아니라 움직이는 영상을 보여준다는 데 있다. 최근에 부각되고 있는 멀티미디어는 바로 시각, 청각, 시청각의 모든 매체의 특징을 강조하는 용어이다.

④ 상호작용매체는 매체와 사용자의 상호작용성을 강조한 것으로 주로 컴퓨터와 관련된 매체를 지칭한다. CAI, 상호작용 비디오, 멀티미디어, 쌍방향 TV 등 단순히 정보를 제시하는 수준에서 벗어나 학습자의 반응을 감지하고 그 반응에 대한 피드백이나 결과를 제공하는 매체가 이에 속한다. 일반적으로 컴퓨터는 대표적인 상호작용매체라고 할 수 있다.

5. 교수매체의 선정과 활용

1) 교수매체의 선정

매체의 선정에 앞서 결정되어야 할 것은 바로 수업방법의 선정이다. 수업방법의 선정은 수업내용의 특성과 수업목표를 잘 고려해서 결정되어야 하며 강의식, 토의식, 발견학습, 탐구학습, 협동학습 등이 있다. 선정된 수업방법이 필요로 하는 기능이나 역할에 맞는 매체가 무엇인지 확인한 후 비투사자료, 시각매체, 청각매체, 시청각매체, 상호작용매체 등에 맞는 수업의 성격과 수업내용의 특성을 고려해야 한다. 아울러 학습자의 선수학습능력, 수업목표의 성격, 현장성 등을 고려해야 한다.

> TIP
> 선정된 수업방법이 필요로 하는 기능이나 역할에 맞는 매체가 무엇인지 확인한 후 비투사자료, 시각매체, 청각매체, 시청각매체, 상호작용매체 등에 맞는 수업의 성격과 수업내용의 특성을 고려해야 한다.

수업자료를 선정할 때 고려해야 할 기준은 다음과 같다.

① 교육목표와의 일치성
② 학습자의 능력의 적합성
③ 정보의 확실성과 참신성
④ 흥미와 집중의 가능성
⑤ 참여의 가능성과 기술적인 질
⑥ 효율성과 공정성

2) ASSURE 모델을 통한 활용

> **TIP**
> ASSURE 모델은 수업매체와 자료를 효과적으로 체계적으로 활용하기 위한 지침으로 절차적 모형의 일종이다.

교수매체를 활용하기 위한 체계적 교수설계모형의 대표적인 모델로 하인리히(Heinich, Molenda, Russel) 등이 1998년에 제안한 ASSURE 모형이 있다. 이 모형은 학습상황에서 실제로 매체를 어떻게 활용하여 교수목표에 도달할 수 있도록 할 것인가에 관심을 두고 고안된 모형이다. 즉, ASSURE 모델은 수업매체와 자료를 효과적·체계적으로 활용하기 위한 지침으로 절차적 모형의 일종이다. ASSURE 모형은 학습자 분석, 목표진술, 매체와 학습자료 선정, 매체와 자료 활용, 학습자 참여요구, 결과의 평가 및 수정으로 구성되어 있다.

(1) 학습자 분석(analyze learners)

하인리히는 학습자 분석에서 분석해야 할 사항은 일반적인 학습자 특성, 출발점 특성, 학습양식 등으로 구분했다. 일반적인 학습자의 특성은 학습자의 연령, 학력, 적성, 사회, 경제적인 요인 등이 포함된다. 이들 요인은 학습내용과 직접적인 관련은 없지만 학습수준을 결정하거나 학습동기를 유발하기 위해 파악해야 할 중요한 요소로 보고 있다.

출발점 특성은 학습자가 이미 가지고 있는 지식과 기능 혹은 현재 가지고 있지 못한 지식과 기능을 포괄하는 분석이다. 다시 말해, 학습자가 이미 가지고 있거나 그렇지 못한 선수기능, 목표기능, 태도 등에 대해서 분석하는 것이다. 학습양식은 학습자가 학습환경에 어떻게 지각하고 상호작용하고 반응하는지에 대한 심리학적 특징을 의미한다. 이는 주로 감각적 선호도, 정보를 처리하는 습관, 동기요인 등에 의해 영향을 받는다. 생리적인 요인은 성차와 건강이며, 환경조건과 관련된 요인은 학습효과성에 가장 분명한 영향을 주는 요인 중의 하나이다. 생리적 요인에 대한 분석은 학습자를 파악하는 하나의 준거가 된다.

(2) 목표진술(state objectives)

학습목표는 개별 학습자가 도달하도록 기대되는 최종 도착점이다. 즉, 학습종료 시 학습자가 획득해야 할 목표이다. 이러한 목표진술은 교육내용, 교수-학습전략 및 매체를 선정하는 지침을 제공한다. 따라서 학습목표진술은 가능한 한 자세하고 명확하며 구체적이어야 한다. 또한 목표의 분류 시 대상, 행동용어의 사용, 조건, 목표달성기준 등이 명시되어야 하며 목표의 유형이 인지적 영역인지, 정의적 영역인지, 운동적 기능 영역인지, 대인관계적 영역인지를 밝힌다. 이에 모든 목표는 개별 학습자의 능력에 맞아야 한다. 대부분의 학교교육의 목적은 학생의 잠재력을 충분히 발휘하도록 한다. 우연적 학습과 개인차에 따른 학습을 촉진하기 위해 학생들에게 그들 자신의 목표를 몇 가지로 명세화해 보도록 하는 훈련이 필요하다.

(3) 매체와 학습자료 선정(select media and materials)

이 단계는 목표를 달성할 수 있는 내용과 그 내용을 효과적으로 전달할 수 있는 매체를 결정하는 과정이다. 가르치는 교사와 배우는 학생에 따라서 방법은 다양하게 적용된다. 대체로 교사는 한 차시의 수업에서 2가지 이상의 방법을 활용한다. 학습자 역시 학습을 위해서 다양한 방법을 취한다. 즉, 개별 학습자에게 맞는 방법, 개별 교수자에게 맞는 적절한 교수방법을 선택하는 것이 필요하다. 교수방법이나 교수매체의 선택은 수업의 내용이나 목표에 따라서, 학습대상자에 따라서, 교사의 교육관에 따라서, 교육이 실시되는 환경에 따라서 결정되어야 한다. 특히, 매체의 선택은 각 매체가 표현할 수 있는 상징체제, 그리고 이를 처리할 수 있는 능력을 고려하여 이루어져야 한다.

> **TIP**
> 교수방법이나 교수매체의 선택은 수업의 내용이나 목표에 따라서, 학습대상자에 따라서, 교사의 교육관에 따라서, 교육이 실시되는 환경에 따라서 결정되어야 한다.

(4) 매체와 자료의 활용(utilize materials)

교사는 수업할 자료를 미리 살펴보아야 한다. 즉, 교사는 수업자료의 선택과정에서 자신의 수업에 적합한지를 지속적으로 검토해야 한다. 또한 교사는 수업활동을 위해서 매체와 자료를 준비해야 한다. 이를 위해서 교사와 학생이 필요로 하는 모든 자료와 기자재를 모으고, 모은 자료와 기자재 각각에 사용할 순서를 매긴다. 학습이 일어날 수 있는 모든 곳에 학생이 매체와 자료를 활용하기에 알맞은 시설을 준비하며, 교사가 학습경험을 제공할 때 학습자를 미리 준비시키는 것은 매우 중요하다. 교사중심 수업이라면 학습경험을 제공하기 위해서 교사는 전문가가 되어야 한다. 반대로 학습자 중심 수업이라면 교사는 학습경험을 제공하는 것이 아니라 학생들이 자유롭게 경험할 수 있도록 안내하고, 촉진하고, 돕는 역할을 해야 한다.

(5) 학습자 참여요구(require learner performance)

어떤 매체를 통하여 학습을 하더라도 학습의 주체는 항상 학습자가 되어야 한다. 왜냐하면, 수동적인 자세에서는 학습동기가 유발되기 어렵기 때문이다. 따라서 매체를 활용하기 전에 학습자에게 중점을 두어야 하는 내용이 무엇이며, 어떠한 관점으로 내용을 학습할 것인지를 알려주는 것이 바람직하다. 또한 학생이 스스로 목표를 구성하고 기능을 연습할 수 있도록 하는 것이 중요하다. 그러므로 교사는 학습자의 참여를 위해서 피드백을 미리 준비하여야 한다.

(6) 평가(evaluate)

학습이 끝난 후에는 모든 결과를 스스로 확인하여 잘되었는지를 평가하고, 다음 의사결정을 위한 자료를 활용해야 한다. 평가의 형태는 학습자들이 학습목표를 어느 정도 달성했는지에 대한 평가와 선정된 매체가 학습목표의 달성에 도움을 주었는지에 대한 평가, 교수-학습과정의 평가 등을 분석한 후 평가자료를 토대로 다음 수업을 위한 수정자료로 활용해야 한다.

> TIP
> 학습이 끝난 후에는 모든 결과를 스스로 확인하여 잘되었는지를 평가하고, 다음 의사결정을 위한 자료를 활용해야 한다.

3) ADDIE 모델을 통한 활용

분석 (Analysis) → 설계 (Design) → 개발 (Development) → 실행 (Implementation) → 평가 (Evaluation)

(1) 분석(Analysis)

분석은 요구분석, 학습자분석, 과제분석, 직무분석, 환경분석으로 구분된다.

첫째, 요구분석은 어떤 상황의 바람직한 상태와 현재 상태의 차이를 설명하고 현재의 문제상황에서 오는 반응적 요구와 더 좋은 미래를 준비하기 위한 미래지향적 요구를 포함한다. 둘째, 학습자분석은 학습자들의 배경, 선수학습 정도, 직무경험, 적성 및 동기 등을 분석한다. 셋째, 과제분석은 특정과제를 어떻게 수행하는지에 관한 정보를 수집하는 일로 군집분석, 위계분석, 절차분석, 통합분석 등으로 구분한다. 넷째, 직무분석은 어떤 직무에 무엇에 포함되어 있는지 알아본다. 다섯째, 환경분석은 새로운 지식, 태도 및 기능 등을 습득하는 학습자의 환경과 습득한 지식, 기능과 태도를 활용하는 수행환경을 분석한다.

(2) 설계(Design)

설계는 수행목표 명세화, 평가도구 개발, 계열화, 교수전략과 매체선정으로 구분된다.

첫째, 수행목표 명세화는 수업설계의 전 과정을 통해 중요한 역할을 한다. 둘째, 평가도구 개발은 수행목표 속에 명시된 지식, 기능 및 태도 등을 달성했는가를 평가하기 위한 수단을 구체화하며 검사문항을 개발한다. 셋째, 계열화는 수행목표를 달성하기 위해 학습내용과 학습활동이 제시되고 경험되는 순서를 의미한다. 넷째, 교수전략과 매체선정은 수행목표를 효과적으로 달성하기 위해 어떤 교수학습의 내용과 과정을 어떻게 사용할 것인가에 대한 전략을 세우는 것이다.

(3) 개발(Development)

개발은 교수자료 개발, 형성평가 설계 및 실행, 제작으로 구분한다.

첫째, 교수자료 개발은 학습자용 활용 지침서, 교수자료, 검사, 교사용 지침서와 같은 교수 프로그램을 만드는 일이다. 둘째, 형성평가 설계 및 실행은 프로그램의 질을 개선하는 데 필요한 자료를 수집하는 평가로 1:1평가, 소집단 평가, 현장평가 등이 있다. 셋째, 제작은 개발된 교수자료는 형성평가 후에 수정이 이루어진다.

(4) 실행(Implementation)

실행은 설계 및 개발된 교육훈련 프로그램을 실제의 현장에서 사용하는 것을 의미한다.

(5) 평가(Evaluation)

교수 프로그램의 절대적 혹은 상대적 가치를 평가하는 것이다. 예를 들면, 총괄평가와 외부자 평가 등이 있다.

4) 딕과 캐리(Dick & Carey) 모델을 통한 활용

딕과 캐리의 모형은 교수설계, 개발, 실행, 평가의 과정을 대표하는 모델이며, 하나의 절차적 모형을 중심으로 효과적인 교수 프로그램을 만들어 내기 위한 역동적인 관점에 초점을 두고 있다. 자세한 내용은 [그림 13-4]와 같다.

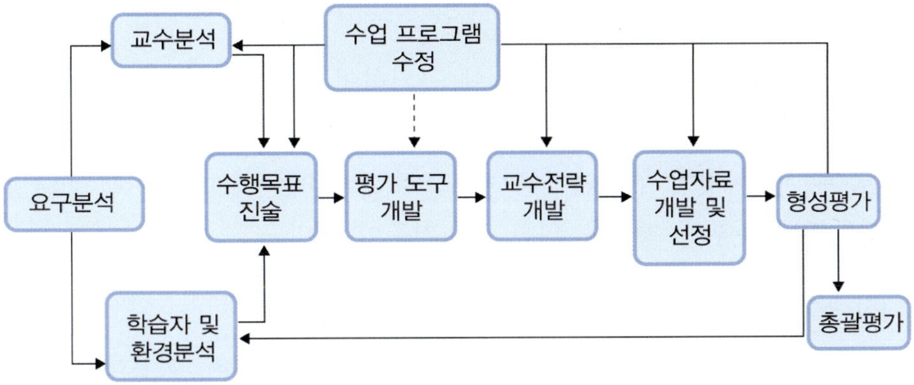

그림 13-4

(1) 요구분석

학습자가 학습을 완결한 후 어떠한 결과를 기대할 수 있는가를 결정하는 과정이다. 교수목표는 두서없이 작성된 목표 리스트, 특정 교육과정의 요구분석 결과, 직무나 과제 실행의 오류 관찰, 새로운 교수 프로그램에 대한 요구사항들을 기초로 하여 추출한다.

(2) 교수분석

교수목표가 정해진 다음에 이 목표는 어떤 유형의 학습인가를 결정하는 과정이다. 특히 목표를 성공적으로 학습하기 위해 학습자가 학습해야 하는 하위 기능을 분석하고, 그 기능들이 어떠한 절차로 학습해 나가야 하는가를 제시한다. 그러므로 하위 기능과 관련된 일목요연한 차트 내지 도식으로 나타낸다.

(3) 학습자 및 환경분석

하위 기능을 분석과 설계하고자 하는 교수 프로그램을 학습하기 위해 학습자들이 이미 가지고 있어야 하는 선수 기능을 분석한다. 특히 교수 활동 설계에 중요하게 고려되어야 할 사항은 학습자들의 출발점 행동인 역량이나 구체적인 특성을 파악해야 한다.

(4) 수행목표 진술

교수분석과 학습자 및 환경분석에 근거하여 설계하고자 한 교수 프로그램에 의한 학습이 끝났을 때 학습의 결과로서 학습자가 행동으로 보여 줄 수 있는 것이 무엇인지 구체적으로 진술하는 것이다. 이때 진술한 수행목표는 추후에 평가를 위한 준거기준이 된다.

(5) 평가도구 개발

평가도구 개발은 준거지향 검사 문항개발이라고 하며, 목표에서 가르치고자 했던 기능을 학습자가 성취했는가를 측정하는 검사 문항을 개발한다. 이는 검사문항 속에 측정하고자 하는 목표와 진술한 성취행동은 꼭 일치해야 한다.

(6) 교수전략 개발

>>> TIP
>
> 학습자의 학습성취도를 증진시키기 위해 친밀하게 계획되고, 중요과제는 학습의 전달방법과 전달매체를 결정하는 것이다.

학습자의 학습성취도를 증진시키기 위해 친밀하게 계획되고, 중요과제는 학습의 전달방법과 전달매체를 결정하는 것이다.

(7) 수업자료 개발 및 선정

교수전략 개발에서 제안한 교수전략에 따라 요구되는 교수방법을 가장 효율적으로 전달하기 위한 교수자료를 제작하거나 기존의 자료를 선택하는 것이다. 즉, 교수 매뉴얼, 평가자료, 교사 지침서가 있다.

(8) 형성평가

교수 프로그램의 초안이 완성된 뒤에 질의 개선을 위해 필요한 자료를 수집하기 위한 일련의 평가이다. 이 평가를 통해 설계한 교수 프로그램을 개선하는 데 사용될 수 있는 다양한 정보를 확보한다.

(9) 수업 프로그램 수정

형성평가에 따른 설계의 각 과정을 재검토하여 발견된 비효과적인 부분이나 잘못된 것을 수정하는 과정이다.

(10) 총괄평가

설계한 교수 프로그램이 총체적으로 잘 진행되었는지 확인하는 것으로, 절대적 혹은 상대적 가치로 평가한다. 형성평가 작업이 완료되고 충분한 수정이 이루어진 뒤 많은 학생들에게 실행한 후에 학습성취를 중심으로 실시한다.

6. 인터넷 활용수업

오늘날 우리의 일상생활에 급속히 확산되고 있는 컴퓨터는 교육현장에서 매우 중요한 학습도구가 되었다. 강의식 수업은 한정된 목적에는 유용하겠지만, 미래에는 역할극과 게임 및 컴퓨터를 이용한 교수방법으로 대체될 전망이다. 이러한 측면에서 컴퓨터 활용 매체는 학생들에게 학습내용은 물론이고 학습할 내용의 선정 및 조직방법을 가르쳐 줄 수 있어 교육분야에 매우 효과적인 교수전략이다.

> **TIP**
> 컴퓨터 활용 매체는 학생들에게 학습내용은 물론이고 학습할 내용의 선정 및 조직방법을 가르쳐 줄 수 있어 교육분야에 매우 효과적인 교수전략이다.

1) 컴퓨터 활용수업

(1) 컴퓨터 시뮬레이션

컴퓨터 시뮬레이션은 시간적, 공간적, 경제적 제한으로 실제 경험할 수 없는 상황을 실제 상황과 유사하게 컴퓨터로 모의하여 실제의 유사한 경험을 제공해 주는 프로그램이다. 이러한 방법을 수업에 적용한다면 다음과 같은 효율적인 학습효과를 얻을 수 있다.

학습자는 동기유발이 가능할 뿐만 아니라 실제 상황과 유사한 방식으로 대리경험을 통하여 학습할 수 있기 때문에 학습에 쉽게 전이할 수 있어 학습효과를 높일 수 있다. 또한 주어진 문제에 대한 해결방법을 학습자 스스로 탐구해 가고, 문제해결에 필요한 요인들을 스스로 선택하여 개념을 구성할 수 있도록 함으로써 학습자에게 유의미한 학습을 제공할 수 있다. 나아가서 실제상황을 학습자가 조작함으로써 특수한 상황에 대한 통찰력과 이해력을 높일 수 있다.

컴퓨터 시뮬레이션은 최근 교육현장에서 가상현실이라는 형태로 점차 그 활용도가 높아지고 있다.

(2) 파워포인트 프레젠테이션

> TIP
> 프레젠테이션 수업이란 단위수업에서 제시되어야 할 부분을 슬라이드 형식으로 내용을 입력하여 다양한 애니메이션 효과와 그림을 통하여 제시함으로써 학습자의 학습능률을 극대화시킬 수 있는 수업이다.

프레젠테이션 수업이란 단위수업에서 제시되어야 할 부분을 슬라이드 형식으로 내용을 입력하여 다양한 애니메이션 효과와 그림을 통하여 제시함으로써 학습자의 학습능률을 극대화시킬 수 있는 수업이다. 주로 컴퓨터의 파워포인트를 활용한다. 실제적인 영어회화에 관한 프로그램의 경우 원어민의 모습이 컴퓨터 화면에서 스크린에 투영되어 음성이 들리고, 대화하는 장면이 동영상으로 제시된다면 학습자는 일대일의 수업효과를 거둘 것이다. 그래서 이런 수업을 활성화하기 위해서는 교사가 먼저 학습해야 할 학습내용을 미리 구조화하여 제시해야 하며, 이에 따른 충분한 자료가 준비되어야 한다. 컴퓨터 프로그램 중 파워포인트는 학습내용을 슬라이드 형식으로 간단한 내용과 더불어 제시할 수 있어 학습자들의 주의집중에 효과적인 차세대 수업형식으로 각광받고 있다.

2) e-러닝(e-learning) 수업활동

(1) 원격교육

원격교육이란 교실중심으로 전개되는 교사와 학습자 간의 강의와 질의 및 응답을 통신수단을 활용하여 학습자 중심의 양방향 의사소통 형태로 구현하는 것이다. 교수와 학습자가 지리적으로 떨어져 있지만 교수매체를 통해 상호작용을 한다면 학습자료와 결과를 교환하면서 교수-

학습이 이루어질 수 있다. 김영환은 원격교육의 개념과 관련한 5가지 중요한 사항을 다음과 같이 설명하였다.

① 교수자와 학습자들이 주요 수업과정에서 분리되어 있다. 이러한 분리는 대체적으로 공간적 분리를 의미하며 경우에 따라서는 시간적 분리를 의미하기도 한다. 따라서 공간적 분리와 시간적 분리는 원격교육의 중요한 요인이 된다.

② 원격교육은 분리되어 있는 교수자와 학습자의 상호작용을 지원하기 위하여 교수-학습매체에 의존한다. 교육내용의 전달뿐만 아니라 교수자와 학습자, 학습자와 학습자, 학습자와 학습내용 간의 상호작용을 위해서도 물리적 제약을 극복하기 위한 다양한 형태의 수업매체가 사용된다.

③ 원격교육은 학습활동을 계획하고 실행하는 교육조직체에 의해서 그 효과가 영향을 받는다. 원격교육 역시 하나의 형식적이기 때문에 교육조직체가 얼마나 체계적으로 운영되느냐에 따라서 원격교육의 승패가 결정된다.

④ 원격교육은 전통적인 교육형태와는 달리 학습자 중심의 교육이 이루어진다. 원격교육이 학습자들 간이나 학습자와 교수자 간의 상호작용과 협동학습을 촉진하기는 하지만 혼자서 학습하는 독립적 상황이 많다. 이러한 상황에서 자기주도적인 학습능력은 원격교육의 중요한 요인이 된다.

⑤ 원격교육에서는 면대면 수업과는 다른 형태의 인프라, 교수설계, 활동, 실행, 평가 전략이 필요하다. 물리적 건물이 아닌 사이버 공간 중심, 면 대 일의 일 대 일(one-to-one)이나 일 대 다(one-to-many) 의사소통이 아닌 다 대 다(many-to-many) 의사소통, 교수자 중심이 아닌 학습자 중심, 강의중심이 아닌 성찰과 협력학습 중심, 지필평가가 아닌 수행중심의 실제적 평가 등으로의 전반적인 변화가 요구된다.

(2) 웹기반 교육

> **TIP**
> 웹을 이용하여 교육을 실시하는 방법이다. 주로 웹의 검색기를 이용하여 교사가 제시하는 학습물을 학습자가 편리한 시간에 학습하는 형태이다.

웹기반 교육(Web-Based Education)이란 '망들의 망'이라고 불리는 인터넷을 기반으로 교사와 학습자가 의사소통을 하는 형태의 학습을 의미한다. 즉, 웹을 이용하여 교육을 실시하는 방법이다. 주로 웹의 검색기를 이용하여 교사가 제시하는 학습물을 학습자가 편리한 시간에 학습하는 형태이다. 웹을 이용하여 원격교육을 실시하는 방법에 따르면, 교사는 잘 정리된 하이퍼미디어 코스웨어를 지정된 웹서버에 구축하면 된다. 따라서 하이퍼미디어와 상호작용적으로 활동하면서 학습자가 학습을 하기 위하여 정보를 찾는 활동이 요구되도록 학습자료를 작성하여 인터넷에 검색하도록 하면 된다.

교사가 웹서비스를 이용하여 직접 학생들을 지도한다는 것은 탐구학습의 형태로 어떤 주제를 제시하면 학습자들은 웹의 하이퍼링크된 웹서버들을 통하여 필요한 내용을 학습하게 된다. 웹이 제공하는 하이퍼링크된 정보를 찾을 때 가장 뚜렷한 장점은 다양한 제시방식으로 정보를 통합시키는 하이퍼미디어 능력이라고 할 수 있다. 이때 하이퍼미디어 속에 저장된 정보의 연상적인 조직에 의하여 정보로의 접근이 허용되며, 하이퍼미디어체제가 인간 기억의 연상적 구조와 유사하기 때문에 학습이 용이하다.

효율적인 웹(Web) 이용 교육에서 유의해야 할 사항은 다음과 같다.

① 사용자가 쓰기에 편리한 교육적인 면이 고려된 웹 검색방법이 개발되어야 한다. 특별히 정보의 비구조적 하이퍼미디어 특징 때문에 항해하는 사람이 원래 의도와는 전혀 무관한 주제로 접근하여 적절한 학습이 이루어지지 않거나, 시작점으로 돌아오지 못하게 되는 것을 방지하고 보완하는 등 사용자의 편의성이 고려된 검색기가 사용되어야 한다.

② 학생들이 웹을 사용하는 데에 따르는 위험과 장점을 분명히 인식

해야 한다. 그러므로 교사는 이러한 사실을 주지하고 학생들에게 웹을 이용하는 에티켓에 대해 교육을 병행하여 학습자가 정보의 가치를 판단하고 이용할 수 있도록 지도해야 한다.

③ 강의를 위한 교사의 여분의 준비가 지나치게 많아서는 안 된다. 웹의 특성상 교사가 수업 중에 발생할 수 있는 학습 진행의 모든 면을 제어하기는 쉽지 않다. 따라서 특정 수업에 이용할 수 있는 웹의 정보를 공동으로 관리하게 하여 교사의 강의 준비를 최소화하도록 할 필요가 있다.

④ 사용자들이 새로운 시스템에 적응하는 것을 돕기 위하여 사용자 인터페이스가 기존의 방법과 가깝게 설계되는 것이 바람직하다.

⑤ 사용자들이 이러한 시스템을 통하여 분명한 이득을 볼 수 있어야 한다. 새로운 정보기기나 방법을 교육현장에 도입하는 데에 여러 가지의 어려움이 따른다. 사용자들이 분명한 이익을 예상하지 못한다면 또 하나의 부담으로서 학습의 능률이 감소될 수 있다. 따라서 시스템을 구성하고 설계할 때는 분명한 도움이 될 수 있도록 사용자들의 필요를 충분히 고려해야 한다.

(3) 블렌디드러닝(Blended Learning)

블렌디드러닝은 혼합형 학습이다. 이는 학습효과를 극대화하기 위해 온라인(on-line)과 오프라인(off-line)에 사용하는 수업방식의 강점을 적절하게 사용하는 학습형태이다. 이 블렌디드러닝은 오랜 기간 수업한 면대면 교육방식이 지닌 시간과 공간의 제약 등의 한계를 넘어서 e-learning에 면대면 방식의 강점을 높여서 학습효과를 높이고자 하는 전략이다. 그리고 시간과 공간적 제약으로 학습자들의 적극적인 참여와 자유롭고 창의적인 활동을 제약하는 오프라인의 단점, 홈페이지 자료 및 게시판 정도의 낮은 단계의 수준에 멈춰 있는 온라인 학습의 단점을 극복하려는 수업형태이다.

> **TIP**
> 블렌디드러닝은 오랜 기간 수업한 면대면 교육방식이 지닌 시간과 공간의 제약 등의 한계를 넘어서 e-learning에 면대면 방식의 강점을 높여서 학습효과를 높이고자 하는 전략이다.

수업의 형태를 구분하면 첫째, 탐구학습이다. 이는 과학에서 탐구하는 절차를 e-learning에 적용하여 가설을 설정하고 검증하는 작업을 온라인(on-line) 커뮤니티를 통해 협동학습하는 방법이다. 둘째, 프로젝트 학습이다. 이는 교사가 수행 과제를 학생들의 모둠별로 온라인과 오프라인 활동을 통해 결과물을 만들어 진행하는 학습방법이다. 셋째, 체험학습이다. 이는 학습자들이 주제를 정한 후 오프라인 체험 결과를 온라인 학습에 연결하거나 혹은 가상체험활동하는 학습방법이다.

블렌디드러닝의 중요한 사항은 다음과 같다. 첫째, 블렌디드러닝은 단일 전달방식에 비해 학습의 효과성이 향상된다. 둘째, 블렌디드러닝은 학습의 시간, 공간적 한계를 확대한다. 이전에는 교육을 단일 전달방식으로 그 형식에 따라 학습 프로그램의 도달 범위를 제한시킬 수밖에 없는 것을 혼합적 학습전략으로 학습의 시간, 공간적 한계를 확대할 수 있는 학습형태이다. 셋째, 블렌디드러닝의 최대점은 시간과 비용을 절감한다. 즉, 혼합적 학습전략은 훈련 프로그램 개발 등에 드는 시간과 비용을 감소시킨다. 넷째, 블렌디드러닝의 혼합적 학습방법은 오랜 기간 사용된 교육방식에 비해 학습목표에 도달하는 시간과 비용을 줄이고 경영성과를 최적화하는 데 도움이 된다.

> **TIP**
> 플립러닝은 거꾸로 학습, 거꾸로 교실, 역전학습, 역진행 수업방식 등으로 설명되고, 강의실에서 강의를 받고 집에서 과제를 하는 기존 방식과 달리 수업에 앞서 교수가 제공한 자료를 온라인, 오프라인 영상, 논문 등을 사전에 학습한 후 강의실에서 자유토론, 주제 및 과제 풀이 등을 하는 수업방법이다.

(4) 플립러닝(flipped learning)

플립러닝은 거꾸로 학습, 거꾸로 교실, 역전학습, 역진행 수업방식 등으로 설명되고, 강의실에서 강의를 받고 집에서 과제를 하는 기존 방식과 달리 수업에 앞서 교수가 제공한 자료를 온라인, 오프라인 영상, 논문 등을 사전에 학습한 후 강의실에서 자유토론, 주제 및 과제 풀이 등을 하는 수업방법이다.

플립러닝은 다양한 학습방법을 허용하고, 학습공간을 창조한다는 의미로 융통성 있는 환경(flexible environment), 학습자 중심으로 변하는 학습문화(learning culture), 학습자 주도의 학습과 교수자의 정교한 수업설계에 따른 의도성을 가진다고 의도적 학습내용(intentional contents), 그리고 교수자는 교육학적 지식뿐만 아니라 테크놀로지에 대한 전문적 자질도 갖춰야 한다는 전문적인 교육자(professional educator)의 특성을 가지고 있다.

리베로(Rivero, 2013)가 주장한 플립러닝의 중요한 사항은 다음과 같다.

첫째, 플립러닝은 학습자를 사전학습을 하도록 하고 이 과정은 본 수업시간에 자신감을 형성하는 데 도움이 된다. 둘째, 수업은 학습자가 활동하는 것이 중심이므로 수업이 지루하지 않는 강의, 흥미로운 강의가 가능해진다. 셋째, 교수자는 기본 지식을 전달하는 것이 아니라 고차원적 사고를 촉진하는 질문으로 학습을 하게 함으로써 본질적 학습이 가능하다. 넷째, 플립러닝은 실험, 탐구, 학습자 간 상호작용을 촉진해 역동적인 학습을 가능하게 한다. 그리고 다양한 연습과정의 반복으로 완벽한 학습이 가능해진다.

Chapter 13 학습정리

1. 교육공학(Educational Technology)이란 용어가 언제 최초로 사용되었는지는 확실치 않으나, 기록에 의하면 보빗(Bobbit)과 차테스(Charters)가 유사한 개념으로 교육엔지니어링(Educational Engineering)이라는 말을 1920년대에 사용한 것으로 알려져 있다. 그 후 2004년 AECT의 교육공학정의연구위원회는 교육공학이란 '적절한 공학적 과정 및 자원을 창출, 활용, 관리함으로써 학습을 촉진하고 수행을 개선하는 연구와 윤리적 실천'이라는 새로운 정의를 내놓게 되었다.

2. 초기의 교육공학은 시각교육을 중심으로 이루어졌으며, 과학의 발달과 함께 교육현장에서 사진, 영화 등 매체의 활용가치가 극대화되면서 언어 중심의 교육에서 벗어나 학습자에게 구체적인 경험을 제공하는 시각교육을 중심으로 이루어졌다. 또한 시청각 커뮤니케이션은 교수-학습과정을 송신자와 수신자 간의 통신과정으로 보려는 관점과 교수-학습과정에 학습내용, 교수매체, 수업방법 등을 통합적으로 고려하여 설계하는 교수체제의 관점이 결합되어 만들어진 것이다.

3. 교수공학은 어떤 특정한 매체나 고안물 이상을 의미한다. 교수공학은 모든 요소들의 전체합 이상이다. 교수공학은 인간 학습과 통신이론에 기반을 두고 특정한 학습목표에 따라 교수-학습의 전 과정을 설계하고 실행하며 평가하는 체계적 방법이며, 더 효과적인 교수를 이끌어 내기 위하여 인적 자원과 비인적 자원을 적절히 결합하여 사용하는 체계적 방법이다. 또한 교육공학은 인간 학습에서의 문제들이 어떻게 규명되고 해결되는가에 대한 이론이며, 인간 학습의 문제점들을 분석하고 해결하기 위하여 복합적이고 통합된 과정을 적용하는 데 관련된 분야이다.

4. 교수체제설계는 수업의 분석, 설계, 개발, 실행, 평가의 단계를 포함하는 체계적인 과정을 의미한다. 분석은 무엇을 학습할 것인지 결정하는 과정이며, 설계는 학습이 어떻게 이루어질지 구체적으로 정하는 과정이다. 개발은 교수자료를 제작하는 과정이며, 실행은 개발된 교수자료를 실제로 적용해 보고 상황에 맞게 전략을 펼치는 것이다. 평가는 교수의 적절성을 따져 보는 과정이다.

5. 시청각 공학은 주로 교사 혹은 프로그램 제공자에 의하여 일방적으로 제시되는 형태가 일반적이지만, 최근에는 컴퓨터 기반 공학과 연결됨으로써 상호작용적이면서 학습자의 참여공간을 제공하여 주기도 한다. 또한 프로그램의 유용성을 결정하기 위해서 교수자료나 프로그램을 사용한 후에 각종 정보를 수집하고 그 효과를 평가하는 것이다. 형성평가는 프로그램이 개발되는 과정에서, 총괄평가는 프로그램이 완성된 후에 시행하는 평가라고 할 수 있다.

6. 교수매체는 교수자가 설정한 수업목표가 효과적, 효율적, 매력적이며 안전한 방법으로 달성할 수 있도록 하기 위해 사용하는 다양한 형태의 매개수단 또는 제반체제라고 정의할

수 있다. 또한 호반은 시청각 자료를 추상적인 것을 얼마나 구체적으로 전달할 수 있는가에 따라 가치가 결정된다고 생각하고 사실의 정도에 따라 시청각 자료를 구별했다.

7. 상호작용매체는 매체와 사용자의 상호작용성을 강조한 것으로 주로 컴퓨터와 관련된 매체를 지칭한다. CAI, 상호작용 비디오, 멀티미디어, 쌍방향 TV 등 단순히 정보를 제시하는 수준에서 벗어나 학습자의 반응을 감지하고 그 반응에 대한 피드백이나 결과를 제공하는 매체가 이에 속한다. 또한 ASSURE 모델은 수업매체와 자료를 효과적으로 체계적으로 활용하기 위한 지침으로 절차적 모형의 일종이다. ASSURE 모형은 학습자 분석, 목표진술, 매체와 학습자료 선정, 매체와 자료 활용, 학습자 참여요구, 결과의 평가 및 수정으로 구성되어 있다.

8. 원격교육이란 교실중심으로 전개되는 교사와 학습자 간의 강의와 질의 및 응답을 통신수단을 활용하여 학습자 중심의 양방향 의사소통 형태로 구현하는 것이다. 교수와 학습자가 지리적으로 떨어져 있지만 교수매체를 통해 상호작용을 한다면 학습자료와 결과를 교환하면서 교수-학습이 이루어질 수 있다.

9. 웹기반 교육(Web-Based Education)이란 '망들의 망'이라고 불리는 인터넷을 기반으로 교사와 학습자가 의사소통을 하는 형태의 학습을 의미한다. 즉, 웹을 이용하여 교육을 실시하는 방법이다. 주로 웹의 검색기를 이용하여 교사가 제시하는 학습물을 학습자가 편리한 시간에 학습하는 형태이다. 웹을 이용하여 원격교육을 실시하는 방법에 따르면, 교사는 잘 정리된 하이퍼미디어 코스웨어를 지정된 웹서버에 구축하면 된다. 따라서 하이퍼미디어와 상호작용적으로 활동하면서 학습자가 학습을 하기 위하여 정보를 찾는 활동이 요구되도록 학습자료를 작성하여 인터넷에 검색하도록 하면 된다.

10. 블렌디드러닝은 혼합형 학습이다. 이는 학습효과를 극대화하기 위해 온라인(on-line)과 오프라인(off-line)에 사용하는 수업방식의 강점을 적절하게 사용하는 학습형태이다.

11. 플립러닝의 중요한 사항은 다음과 같다. 첫째, 플립러닝은 학습자를 사전학습을 하도록 하고 이 과정은 본 수업시간에 자신감을 형성하는 데 도움이 된다. 둘째, 수업은 학습자가 활동하는 것이 중심이므로 수업이 지루하지 않는 강의, 흥미로운 강의가 가능해진다. 셋째, 교수자는 기본 지식을 전달하는 것이 아니라 고차원적 사고를 촉진하는 질문으로 학습을 하게 함으로써 본질적 학습이 가능하다. 넷째, 플립러닝은 실험, 탐구, 학습자 간 상호작용을 촉진해 역동적인 학습을 가능하게 한다. 그리고 다양한 연습과정의 반복으로 완벽한 학습이 가능해진다.

Chapter 13 연습문제

01 교육공학의 개념에 대하여 설명하시오.

02 교육공학의 영역에 대하여 논하시오.

03 교수매체의 개념에 대하여 설명하시오.

04 교수매체의 종류에 대하여 논하시오.

05 ASSURE모델을 통한 활용에 대하여 설명하시오.

06 인터넷 활용수업에 대하여 논하시오.

07 블렌디드러닝에 대하여 논하시오.

14 CHAPTER

대안학교

학습내용

- 대안학교의 정의와 유형에 대해 이해한다.
- 대안학교의 필요성에 대해 이해한다.
- 외국의 대안학교의 배경과 의미를 이해한다.
- 국내 · 외 대안학교의 배경과 교육내용에 대해 이해한다.
- 국내 · 외 대안학교를 비교분석해 본다.

1. 대안학교의 정의

우리가 사회에서 너무나 쉽게 들을 수 있는 '대안교육'이라는 용어의 유래를 살펴보자. 이것은 자생적이라기보다 영어의 'alternative education'에서 비롯된 것으로 보인다. 우리나라에서 이 말이 본격적으로 쓰이게 된 것은 1990년 중반이지만, 미국에서는 대안교육의 기원을 1960년대 이후 각국에서 시도되고 있는 교육개혁운동에서 찾는다. 70년대 일리치의 '탈학교 운동', 80년대 슈마허(Schumacher)의 '작은 학교설립 운동'에 이르는 광범위하면서도 다양한 특성을 지닌 이 교육계의 운동은 하나의 통합된 개념으로 설명하기 어렵다. 또한 국가와 학자별로 상이하게 의견을 제시하고 있으며 교육관과 실천양식이 다르기 때문에 대안교육을 정의 내리기는 어렵다. 특히 대안학교나 대안교육의 유형이나 형태, 추구하는 이념이나 실천적 방법의 차원에서 너무도 다양하고 또한 나름대로의 특성을 강

TIP

우리나라에서 이 말이 본격적으로 쓰이게 된 것은 1990년 중반이지만, 미국에서는 대안교육의 기원을 1960년대 이후 각국에서 시도되고 있는 교육개혁운동에서 찾는다.

하게 지니고 있다는 점은 다양성이라고 하기에는 무리가 있다.

> TIP
> 국내에서는 대안학교나 대안교육에 관심이 일기 시작한 초기에는 획일화된 제도교육의 틀에서 조금이라도 벗어난 형태만 갖추면 그 자체로서 찬사를 받거나, 대안교육이나 대안학교로서 불리기도 하였다.

국내에서는 대안학교나 대안교육에 관심이 일기 시작한 초기에는 획일화된 제도교육의 틀에서 조금이라도 벗어난 형태만 갖추면 그 자체로서 찬사를 받거나, 대안교육이나 대안학교로서 불리기도 하였다. 1990년대 이후 학령기의 학생들에게 제도권 교육(공교육)을 전면적, 혹은 부분적으로 거부하면서 일부 학부모와 교사, 교육운동가를 중심으로 민간부문에서 다양한 가치를 추구하는 교육을 실천하였다. 대안학교는 이러한 실천이 학교 형태로 진행되는 것을 뜻한다.

이처럼 대안학교의 개념을 정의하는 일이 쉽지 않아서 학술적으로나 실재적으로 아직 자리 잡지 못하고 있다. 때문에 대안교육의 다양한 형태만큼이나 다양한 정의와 해석들이 존재한다. 좁은 의미의 대안교육은 특정한 이념, 철학, 내용, 형태 등을 담고 있는 것만을 지칭하며, 큰 범주에서는 기존의 공교육과는 다른 교육이라는 애매한 경계가 있을 뿐이다. 최근 들어, 각자의 연구 목적이나 내용에 따라 대안교육을 정의하고 있다. 가장 일반적으로 살펴볼 수 있는 정의는 '기존의 교육과는 다른 교육으로 현재의 학교가 안고 있는 문제를 해결하려는 다양한 교육' 또는 '기존의 제도교육에서 규정한 학교의 형태와 내용에서 벗어나 독자적인 교육이념에 따라 새롭고 다른 교육을 실현하고자 하는 학교' 등으로 규정할 수 있다.

2. 대안학교의 유형

1920년대부터 출발한 외국의 대안학교의 등장은 이미 상당한 역사를 가지고 있으며 국가별로도 그 유형이 다양하다. 영국의 서머힐(Summerhill)이나 하트랜드(heartland) 마을의 작은 학교는 국내에도 잘 알려져 있으며, 스위스는 슈타이너(Steiner) 학교가 대표적이다. 미국은 자유학교나 현장학교 외에도 최근에는 홈스쿨링(Home Schooling)까지도 활성화되고 있다. 일본은 도쿄슈레(Tokyo shure), 생활학교나 키노쿠니(kinokuni) 아이들의 마을이, 태국은 어린이 마을학교인 무반덱(The Children's Village School) 등이 있다. 독일의 경우는 새로운 교육을 표방하고 이를 실천하는 대안학교의 유형을 발도르프(Waldorf) 학교, 몬테소리(montessori) 학교, 자유대안학교(free alternative education), 실험(laboratory) 학교 등에서 찾을 수 있다.

우리나라 대안학교의 현황에 대해서는 학자들마다 분류가 다르다. 일반적으로 전일제 형태의 대안학교와 프로그램 형태의 대안학교, 홈스쿨링 등으로 구분하는데, 전일제 형태에는 특성화 고교와 비정규 대안학교로, 프로그램 형태는 계절학교와 방과 후 또는 주말학교 등으로 구분하고 있다.

한편, 민들레학교는 우리나라에서 이루어지고 있는 제도교육과의 관련 정도에 따라 대안학교를 3가지로 나눈다(민들레, 1999). 첫째, 제도교육 안으로부터 부분적인 대안교육을 모색하는 유형으로 제도교육 안에서 인간교육의 본질적인 교육적 가치를 실현하는 것이며, 정규학교형 대안교육이다. 거창고등학교, 풀무농업기술학교, 성지고등학교 등이 이에 속한다. 둘째, 제도교육 곁에서 기존의 학교교육과 함께 병행해 나가는 대안학교를 의미한다. 방학을 이용한 캠프가 주된 형태를 이루는 계절학교, 주말학교, 방과 후 학교, 성남의 창조학교, 따로 또 같이 학교 등이 있다. 셋째, 제도교육 밖의 교육으로, 기존의 학교제도에 편입되기를 거부하고 새로운 형식과 내용을 추구하는 대안교육의 유형으로 공동체 건설 같은 대안적인 생활운동, 사회운동 안에서 자신들이 지향하는 가치를 실현하는 학교이다. 바로 탈학교형 대안학교를 의미하는데 대표적인 학교가 안산의 들꽃 피는 학교, 숲속마을 작은 학교, 변산 공동체학교, 민들레학교 그리고 홈스쿨링 등이 이러한 유형에 속한다.

우리나라에서는 대안학교를 4가지 유형으로 분류하고 있다(단, 계절제나 방과 후 프로그램형 대안학교는 제외).

TIP

첫째, 제도교육 안으로부터 부분적인 대안교육을 모색하는 유형으로 제도교육 안에서 인간교육의 본질적인 교육적 가치를 실현하는 것이며, 정규학교형 대안교육이다.

둘째, 제도교육 곁에서 기존의 학교교육과 함께 병행해 나가는 대안학교를 의미한다.

셋째, 제도교육 밖의 교육으로, 기존의 학교제도에 편입되기를 거부하고 새로운 형식과 내용을 추구하는 대안교육의 유형으로 공동체 건설 같은 대안적인 생활운동, 사회운동 안에서 자신들이 지향하는 가치를 실현하는 학교이다.

>>> TIP
자유학교형 대안학교이다.

① 자유학교형 대안학교이다. 영국의 서머힐 학교가 이러한 유형의 원조라고 할 수 있다. 주된 동기는 종래의 학교교육이 지나치게 아이들을 통제하고 억압하며 교사(성인) 중심으로 교육이 이루어지고 있음을 비판하고, 아이들의 무한한 잠재 가능성에 대한 굳은 신념을 기초로 하는 학교이다. 우리나라 대부분의 대안학교들은 자유를 중시하고 학생의 자율성을 존중해 주는 것이 공통적인 특징이다. 이 유형은 공교육제도에 대한 비판이 고조되었던 1970년대에 미국에서 붐이 일어났으며, 독일에서도 자유대안학교, 일본의 키노쿠니 어린이 마을도 한 사례이다. 우리나라에서 비슷한 유형의 학교는 비인가 형태로 운영되던 초기의 간디학교가 이에 가깝다.

>>> TIP
생태학교형 대안학교이다.

② 생태학교형 대안학교이다. 이 학교는 마을 안에서 소규모의 학생들을 대상으로 지식교육뿐만 아니라 의식주에 관련된 기본적인 활동을 교육내용으로 삼고 마을의 다양한 생산자들이 교사로 봉사하는 것으로 유명하다. 대표적인 학교는 영국의 하트랜드 지방의 작은 학교이다. 이 학교는 생태와 노작 그리고 지역사회와 학교의 결합을 중시한다. 우리나라에서는 간디 청소년학교, 푸른 꿈 고등학교, 변산 공동체학교 등이 유사하다.

>>> TIP
재적응형 대안학교이다.

③ 재적응형 대안학교이다. 어떠한 이유에서든지 일반학교에서 부적응한 학생을 대상으로 하는 학교로 우리나라의 많은 대안학교들이 여기에 해당한다. 성지고등학교는 주로 일반학교에서 퇴학을 당하거나 부적응 학생들이 교사와 함께 생활하고 학습하며 운영하고 있다. 청주에 있는 양업학교는 입학대상 전원이 일반학교에 적응하지 못한 학생으로 구성되어 있다. 일본의 생활학교도 이러한 유형의 하나이다. 현재 운영하는 학교는 성지, 화랑, 원경, 양업, 동명, 두레자연고 등이 여기에 속한다.

>>> TIP
고유이념 추구형 대안학교이다.

④ 고유이념 추구형 대안학교이다. 앞의 3가지 유형은 대안점을 추구하는 교육목적이 비교적 일반적이라고 할 수 있지만, 이 유형의

> 대안학교는 독특한 교육이념을 가지고 있다. 우리나라에서는 풀무 농업기술학교가 해당되며 나름대로 이상을 가지고 대안교육을 추구하고 있다.

우리나라의 대안학교는 제도권 교육과의 관계, 학력인가 여부, 정규와 비정규의 형태, 추구하는 이념, 교육 프로그램의 특성 등에 따라 다양하게 구분할 수 있다.

3. 대안학교의 필요성

대안교육이라는 용어가 사용된 것은 1990년대부터이다. 우리나라의 대안교육은 기존 공교육에 대한 교육개혁의 시발점 역할을 하면서 등장하였다. 그 결과 어느 정도 성과가 나타나자 교사, 학생, 학부모 등은 현 교육의 문제를 해결할 수 있는 대안을 기대하였고, 문민정부가 들어선 1994년부터 교육개혁위원회에서는 교육제도와 방법을 학생들의 능력과 적성, 관심과 희망, 여건 등에 따라 다양하게 제공할 수 있는 새로운 방안을 찾게 되었다.

> **TIP**
> 우리나라의 대안교육은 기존 공교육에 대한 교육개혁의 시발점 역할을 하면서 등장하였다.

1995년 5월 31일 정부에서 내놓은 교육개혁안으로 대안학교 설립안이 발표됨으로써 사회적으로 대안학교에 대한 관심이 증폭되었다. 특히 대안학교와 관련된 연구와 모임이 활성화되면서 각종 심포지엄, 워크숍, 강연회 등 대안교육을 위한 공동의 노력이 확산되었다. 따라서 1996년도에는 '학교 중도 탈락자 예방 종합대책'을 통하여 소규모의 특성화라는 새로운 형태의 학교가 설립되었고, 이에 대안학교를 특성화한 새로운 교육으로 인정하였다.

정부에서도 현 교육제도의 문제점에 대한 인식이 반영되었다. 1997년 '특성화 고등학교' 제도가 입법화되었다는 것은, 다양한 형태의 대안교육이 필요함을 인식하고 있으며 이를 수용하겠다는 의미가 담겨 있다. 그 결과 1998년부터 대안학교 설립인가가 어느 정도 자유로워지면서 대안학교가 정규학교로 개교될 수 있었다.

대안학교는 1998년 간디학교(숲속의 작은 학교-산청)로 시작하여, 성지고등학교(영산), 한빛고등학교(광주), 양업고등학교(청주), 원경고등학교(합천), 화랑고등학교(경주) 등 6개 학교가 설립되었다. 그 후 1999년은 세인고등학교(완주), 동명고등학교(광주), 두레자연고등학교(화성), 푸른꿈고등학교(무주)가, 2000년에는 국제복음고등학교가 개교하였다. 이 학교들은 정부의 지원을 받으며 새로운 교육을 실천하는 정규적인 학교로 제도적으로 입법화되었다. 또한 비정규형 학교로 운영되고 있는 간디학교(중학교), 민들레학교, 창조학교까지 다양한 형태의 대안학교가 설립되었다. 계속하여 2001년 반딧불 학교(교육부로 인가는 받았으나 주민들의 반대로 아직 학교 설립이 안 됨)와 직업학교 2개가 설립되었으며, 특히 중요한 것은 울산광역시의 '두남학교'는 공립으로서 최초로 설립된 대안학교이다. 또한 전라남도 교육청의 인가를 받아 2002년 3월에 전남 영광의 성지 송학중학교가, 2004년에는 충북 영동에 물꼬 자유학교가 개교하였다. 서울의 대안교육센터는 하자스쿨 등의 실험을 통해 도시형 대안교육의 가능성을 모색하고 있다.

우리나라는 공교육체제의 비판에서 출발된 대안학교의 운동이 10여 년 동안 어려운 환경 속에서 꿋꿋이 운영해 오고 있지만, 그 뿌리를 내리지는 못했다. 그러다가 전교조 파동을 계기로 기존의 학교교육에 대한 비판이 높아지면서 실현 가능한 교육적 대안을 제시해야 한다는 움직임이 구체화되고 있다.

외국의 대안학교(Alternative School)는 1920년대 전후로 나타나기 시작했다. 선진국도 우리나라와 마찬가지로 공교육체제에 대한 비판에서 시작되었으며, 대표적인 학교들은 영국의 서머힐(Summer Hill) 학교, 독일의 발도르프학교(Waldorf Schule) 등으로, 이후 전 세계적으로 640여 개의 대안학교가 세워졌다. 스위스의 바젤 슈타이너(Wazel Steiner), 미국의 1960년대 자유학교,

'60년대 말과 '70년 초의 열린교실(Open Classroom)과 미니학교(Mini-School) 등이 대안학교로 선보였다. 또 러시아의 톨스토이 학교, 태국의 어린이 마을학교 무반덱, 일본의 도쿄슈레, 키노쿠니 어린이 마을학교 등의 대안학교도 노작교육과 인간교육 및 자연친화 교육을 교육이념으로 추구하고 있다.

4. 외국의 대안학교

1) 독일의 발도르프 학교(Waldorf Schule)

출처 https://www.nocutnews.co.kr/news/5230716

발도르프 학교는 제1차 세계대전 후 슈트가르트의 발도르프 아스토리아 담배회사의 직원과 자녀들의 교육을 위해 설립되었다. 이후 1919년 9월 7일 슈타이너(Rudolf Steiner: 1861~1925)에 의해 최초로 설립 및 운영되었다(로이윌킨슨, 1997). 슈타이너는 인지학(Anthroposophie)이란 세계 속에서 물질세계와 정신세계를 이원론적으로 구분하지 않고 일원화하고자 하였으며 육체 · 영혼 · 정신이 조화롭게 일치되어 있는 인간을 찾고자 하였다. 즉, 슈타이너의 인지적 발달론은 조화적 성장을 중시하는 전인교육을 추구한다.

발도르프 학교는 지적 교과와 함께 예술, 종교, 노작 교과가 중요시되었으며 인간의 생활 조건에 적합한 다양한 종류의 수업 활동을 전개하였다. 학습자료와 시간표는 학생들의 필요와 능력에 따라 정하는데, 오전에는 주로 사고와 이해력을 익히는 기본 교과를 배치하였으며 오후에는 예술적인 활동과 육체적인 힘을 사용하는 교과를 배치하였다. 기본 교과는 1~8학년까지 담임교사에 의해 가르쳐지며, 담임교사는 8년 내내

TIP
발도르프 학교는 지적 교과와 함께 예술, 종교, 노작 교과가 중요시되었으며 인간의 생활 조건에 적합한 다양한 종류의 수업 활동을 전개하였다.

학급공동체를 이끌어가고 매일 '기본수업(Hauptunterricht)'을 이끌어간다. 9~12학년에서 기본수업은 담임이 아닌 그 분야를 전공한 전문교사가 맡는다. 주기 집중수업인 '에포크수업(Epchenunterricht)'은 전 12학년 과정 동안 3~4주간을 단위로 하여 매일 2시간 동안 일정한 분야가 다루어진다. 이 수업은 쓰기, 읽기, 계산하기, 그림 그리기, 노래, 피리 불기, 독일어와 문학, 문법, 지리, 역사, 대수, 생물학, 물리학, 화학 등으로 서서히 영역을 넓혀 간다. 특히, 유급이 없으며 교과서가 없는 수업을 추구한다.

발도르프 학교에서는 예술 수업을 강조한다. 12학년 동안 조소, 노래와 악기 연주, 오이뤼크미, 체조, 시 낭송, 회화, 소묘 등의 다양한 예술 수업이 이루어진다. 이 수업 중 오이뤼크미는 발도르프 학교의 독특한 예술교과서이다. 오이뤼크미는 창조된 몸을 움직이는 놀이 수업으로서 음악이나 언어에 따라 신체의 움직임을 예술적으로 형상화하는 수업이다. 교육에 대한 예술적 접근과 함께 나타나는 발도르프 교육과정의 중요한 특징 중의 하나는 바로 삶과 밀접한 교육의 실현이다. 육체와 영혼, 정신을 중요시하는 발도르프 교육이 결코 삶의 현장과 분리된 신비의 세계가 아니라는 의미이다. 이러한 점에서 슈타이너는 발도르프 학교에서의 노작활동을 강조한다. 단지 머리로만 아는 지식은 인간의 존재와 본성에 대한 참다운 이해를 얻지 못하므로 손과 발을 통한 외적 세계와의 상호작용, 즉 노작활동을 통해서만 이를 진정으로 해결할 수 있다는 것이다. 1~2학년은 뜨개질, 3학년은 바느질과 목공을 남녀 모두에게 가르치며, 4~5학년이 지나면서 농사, 속기, 측량술, 응급처치, 공업기술 등을 가르친다.

> **TIP**
> 오이뤼크미는 창조된 몸을 움직이는 놀이 수업으로서 음악이나 언어에 따라 신체의 움직임을 예술적으로 형상화하는 수업이다.

2) 영국의 서머힐(Summer Hill School)

서머힐은 1921년 교육학자인 니일(Neill)에 의해 설립된 학교로 런던에서 약간 떨어진 서포쿠 주 레이스턴 읍에 위치한 최초의 대안학교이다. 미국의 심리학자 프롬은 니일의 근본사상과 교육의 이념을 다음과 같이

말하고 있다. 첫째, 니일은 어린이가 선하다는 것을 굳게 믿고 있다. 대부분의 어린이는 자신의 삶을 사랑하고 삶에 대한 흥미를 느낄 충분한 잠재력을 지니고 있다고 확신하고 있다. 둘째, 교육목적이 즐겁게 일하면 행복해지는 데 있다. 행복은 삶에 대해 흥미를 느끼는 것을 이미한다. 그러기 때문에 행복하다는 것은 지식만이 아니라, 전인격을 가지고 삶에 반응하는 것이다. 셋째, 교육은 어린이의 심리적 요구와 능력에 알맞은 것이어야 한다. 어린이는 애타주의자가 아니다. 어린이는 어른들이 하는 성숙한 의미의 사랑을 아직 할 줄 모른다. 남을 사랑할 수 있는 애타주의는 아동기를 지내고 나서야 비로소 발달하기 시작한다. 또한 교육에 있어서는 지적인 면과 정서적인 면을 다 같이 발달시켜야 한다.

> **TIP**
> 첫째, 니일은 어린이가 선하다는 것을 굳게 믿고 있다.
>
> 둘째, 교육목적이 즐겁게 일하면 행복해지는 데 있다.
>
> 셋째, 교육은 어린이의 심리적 요구와 능력에 알맞은 것이어야 한다.

서머힐 학교는 어린이들이 자신들의 자연적 흥미에 따라 생활할 수 있도록 자유를 허용하는 것이며, 교육방법 또한 일체의 강제를 배격한다. 이러한 이유는 학교를 어린이에게 알맞게 만들어야지 어린이를 학교에 맞게 만들어서는 안 된다고 믿었기 때문이다. 예를 들면 수업에 반드시 참여하지 않아도 되며 그것은 개인적인 문제로 여긴다. 그러나 한밤중에 북을 치는 일은 허용되지 않는다.

서머힐에서 교사들은 아이들을 가르치는 학교가 아니라 하나의 공동체라고 주장한다. 따라서 가르치는 것은 공동체의 일부분에 속하는 일이며, 이곳에서 가장 중요한 일은 공동체의 모든 구성원들이 조화와 자유를 누리며 공존하는 환경을 만들고 유지하는 것이다.

3) 일본의 도쿄슈레(Shure)

슈레는 그리스 말로 정신을 자유롭게 쓰는 곳이라는 뜻이다. 1985년 도쿄에서 시작되어, 획기적인 교육이념으로 국내외에서 많은 관심을 모아왔다. 도쿄슈레가 만들어지는 데 중심역할을 한 오쿠치 게이코는 자신의 아이가 학교에 안 가게 되자, 비슷한 문제를 가진 부모들끼리 만나서로 교류할 필요성을 느껴 1983년 '등교거부를 생각하는 모임'을 만들었다. 공립학교 교사로 있던 오쿠치 게이코는 22년 동안 몸담았던 학교를 나와 경쟁과 억압적인 교칙이 없는 슈레의 활동가로 일을 시작했다. 아이들이 갈 수 있는 곳이라고는 학교밖에 없기 때문에 자기 생각과 개성에 따라 자유롭게 찾을 수 있는 곳이 다양하게 있어야 한다고 생각한 이들이 힘을 모아 만든 것이 도쿄슈레이다.

학교 규칙이 없는 대신에 문제가 생길 때마다 활동가와 아이들은 대등하게 이야기를 나눈다. 큰 행사를 할 때마다 아이들이 중심이 된 실행위원회를 구성하여 계획에서 실행까지 의논한다. 동아리 활동을 같이 하는 친구들의 모임으로 음악, 스포츠, 공예 동아리들이 있다. 가장 활발한 동아리는 축구 동아리로, 매일 나와 연습하고 일요일이면 다른 팀과 연습게임을 하기도 한다. 이 시간은 프로그램 중에 빈 시간이나 프로그램에 참가하지 않는 아이들이 자유롭게 지내는 시간이기도 하다. 도쿄슈레에는 아이들의 자주성과 사회성을 키우며, 경험을 풍부하게 하는 다양한 행사가 있다. 아이들이 지은 통나무집에서 합동합숙, 스키합숙, 연극이나 합창 발표회를 겸한 크리스마스 모임, 등산, 열기구 제작, 미국 프리스쿨과의 교류 등의 행사를 진행한다. 최근 도쿄슈레는 또 하나의 시도를 하고 있다. 이는 곧 '홈 에듀케이션(home education)'으로 가정에서의 교육운동을 말한다.

4) 태국의 무반덱

태국 칸차나부리 지방에 있는 무반덱(어린이 마을 'The Children Village School'

이란 뜻) 학교는 권위주의에 대항하여 새로운 교육체계를 건설하려는 노력 가운데 부모한테서 버림받거나 학대받아 삶의 터전을 위협하는 아이들을 위해 1979년에 세워진 학교이다. 따라서 무반덱에서는 어린이의 선한 본성을 증진시키고 악한 본성을 억제시키기 위한 교육을 강조한다. 무반덱의 교육이념은 어린이는 근본적으로 선하고 자기를 찾으려는 내적 동기를 갖고 태어난다는 니일의 서머힐 정신에 근거한다. 서머힐을 창립한 니일의 사상은 첫째, 어린이는 그릇된 교육에 의해 부정되거나 오염된 훌륭한 자연과 함께 태어난다. 둘째, 개인교습이라는 정신분석방법을 이용한다. 셋째, 학문적인 수업을 포함해서 자기가 마음대로 선택할 수 있게 활동을 설정해 준다. 넷째, 학교평의회와 같은 자치정부를 두어 어린이와 어른이 스스로를 다스리도록 하는 심난치료행위이다. 즉, 태국 불교의 원리를 적용시켜 태국식 서머힐 학교를 건설하자는 것이다.

> TIP
> 무반덱에서는 어린이의 선한 본성을 증진시키고 악한 본성을 억제시키기 위한 교육을 강조한다.

표 14-1 외국의 대안학교 비교

	발도르프	서머힐	도쿄슈레	무반덱
비교 포인트	1919년 설립, 인지론	1921년 설립, 권위주의 교육에 반대	1985년 등교거부, 부등교	1979년 설립, 어린이의 본성을 이해하는 데 불교의 개념을 적용한다. 서머힐 학교 배경
	교육예술, 교육: 잠재된 능력의 유도, 유출, 표현을 돕는 것, 교사(조력자)이다.	학교수업도 아이들에게 부담을 주지 않는 방식을 택함. 수업 참석의 여부는 아이들에게 달렸다.	갈 곳 없는 아이들에게 있을 수 있는 곳이 된다는 의미와 학교 밖의 배움의 장이라는 의미	어린이의 선한 본성을 증진시키고 악한 본성을 억제시키기 위한 교육을 강조한다.
	모두가 평등하다(균일한 평등이 아니라 각각 질적으로 다른 재능과 능력을 갖고 있음).	모든 사람은 동등한 권리를 갖는다. 전교회의에서는 여섯 살 학생의 표나 교장의 표의 가치는 같다.	모든 인간은 평등의 권리가 있다.	사람은 선과 악이라는 2가지 본성이 있다.

	인간 자신 속에 잠들어 있는 모습을 일깨워 스스로 되고 싶은 사람이 되도록 행복을 느낄 수 있게 돕는다.	아이들에게 자신의 삶을 살 수 있게 해주는 것, 감정적으로 자유롭게 자랄 수 있게 허용할 것, 성인들에 대한 공포와 강요를 제거함으로써 더 행복한 어린 시절을 살 수 있게 해주는 것이다.	아이들의 자유와 가치, 교사의 개입이라는 교육의 핵심적인 두 요소에서 자유와 가치를 존중하며, 자기결정은 최대한 존중받는다.	불교원리를 적용시켜 태국식 서머힐 건설

5. 국내의 대안학교

1) 간디학교

출처: https://news.joins.com/article/361212

오늘날 학교교육이 배움의 기쁨을 제공해 주기보다는 인간을 소외시키고 있다는 지적에 대해 간디학교의 설립자 양희규 박사는 가장 기본적인 교육의 본질이 왜곡되었기 때문이라고 진단하였다. 그는 교육의 가장 기본적인 원칙을 자발성이라고 주장하였다. '사랑'의 원칙은 가르치는 자와 배우는 자 사이의 관계를 설명하는 원칙이며, '자발성'은 가르치는 자나 배우는 자가 배움에 대하여 취해야 할 관점이다. 여기에 '사랑과 자발성'이라는 원칙을 상호의존적으로 지키기 위한 조건이 되는 요소가 있는데, 이는 곧 '공동체 원리'이다. 간디학교의 교육목적의 3원칙은 [그림 14-1]과 같다.

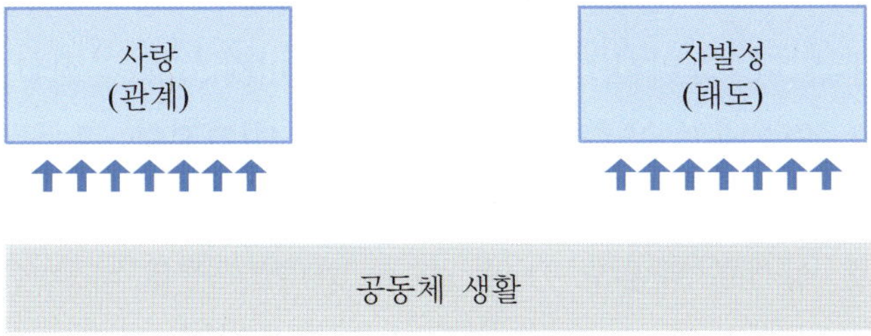

▶▶ 그림 14-1
간디학교 교육 목적의 3원칙

[그림 14-1]에서와 같이 3가지 원칙인 사랑, 자발성, 공동체의 원칙을 기반으로 세운 간디학교는 학생들이 처음 입학하면 한 학기 내지 일 년 정도는 실컷 논다. 이 기간은 제도권 학교에서 공부로 인해 받았던 스트레스를 푸는 기간이다.

간디학교의 교육목표 3가지는 다음과 같다. 첫째, 사랑과 자발성은 서로 의존적이기 때문에 교사와 학생 사이에 신뢰관계가 이루어져 배움과 가르침, 몸, 마음, 영혼이 균형 있게 성숙되는 조화된 인간(전인적인 삶)을 양성하는 것이다. 둘째, 이웃과 협동하고 이웃을 사랑하는 인간(공동체적 삶)을 양성하는 것이며, 셋째, 자연을 아끼고 자연의 일부가 되어 살아가는 인간(자연과 하나 된 삶)을 기르는 것을 목표로 하고 있다.

> **TIP**
> 성서에 바탕을 둔 깊이 있는 인생관과 학문과 실제 능력에서 균형 잡힌 인격으로 하나님과 이웃, 지역과 세계, 자연과 모든 생명을 모두 어우르는 평민(교훈)을 기르고자 하는 데 있다.

2) 풀무학교

http://www.jntimes.kr/news/articleView.html?idxno=8723

풀무학교는 1958년 주옥로, 이찬갑이 설립한 농업학교이다. 이 학교는 교회와 학교 및 지역 공동체를 한 단위로 형성할 수 있는 길을 학교교육을 통하여 찾기 위해 설립되었다. 성서에 바탕을 둔 깊이 있는 인생관과 학문과 실제 능력에서 균형 잡힌 인격으로 하나님과 이웃, 지역과 세계, 자연과 모든 생명을 모두 어우르는 평민(교훈)을 기르고자 하는 데 있다. 그리하여 순수한 믿음을 바탕으로 건전한 인간성을 가진 평민을 길러내기 위하여 다음과 같은 10가지를 추구하고 있다.

① 학생이 재학 중 성서를 배우고 그리스도를 만나는 것을 바른 인격교육의 바탕으로 믿으며, 아침 예배와 성서 과목을 둔다.

② 풀무에서 지향하는 인간상은 한국의 혼과 서민의 순수함이 결합된 인간이다. 이는 선비와 서민의 좋은 점을 결합한 평민을 말한다. 평민은 자기와 남의 가치를 자각, 존중하면서 주어진 자기실현과 사회 기여에 힘쓴다. 사회 대다수를 차지하는 깨어난 평민이 사회의 저력이자 향상의 희망이다.

③ 입시에 편중된 교육을 배격하고 머리(학문), 가슴(신앙), 손(노작)을 고루 발전시켜 인문, 직업교육의 극단적 2원성을 극복한다. 전인교육의 차원에서 유기농업, 컴퓨터, 가공, 기계, 목공 등 노작으로 생명을 가꾸고 생태를 생각하게 하면서 강건한 심신을 기르고 직업의 기초를 놓으며 지식의 추상화를 막고 실천력을 키운다.

④ 한 사람 한 사람을 소중히 여기고 배울 수 있게 각자의 다양한 소질과 능력의 발전을 돕고 그들이 창조적 힘을 발휘하여 대화와 인격적 만남을 할 수 있게 학교 규모를 작게 한다.

⑤ 공동생활 속에서 자기 일을 스스로 하고 서로 협력하며 사는 생활습관을 기르며, 여러 활동을 통해 창업 후 살아갈 인생의 기본자세를 배우고 훈련한다. 전원 생활관 생활을 중심으로 학교는 예배하고 배우며, 생산하고 생활하는 하나의 공동체를 지향한다.

⑥ 무두무미(無頭無尾) 교직원과 학생은 예수를 교주로 각기 자기 역할을 하면서 유기적 공동체를 이루는 일원이며, 동료로서 학교 일을 민주적으로 협의 결정함은 물론 교사회, 학우회, 이사회, 학부모회, 수업생회가 자기 자리에서 서로 보완하여 더불어 사는 학교를 만든다.

TIP

무두무미 교직원과 학생은 예수를 교주로 각기 자기 역할을 하면서 유기적 공동체를 이루는 일원이며, 동료로서 학교 일을 민주적으로 협의 결정함은 물론 교사회, 학우회, 이사회, 학부모회, 수업생회가 자기 자리에서 서로 보완하여 더불어 사는 학교를 만든다.

⑦ 학생들이 검소하고 고상한 것을 추구하도록 책, 음악, 영상매체, 발표 등 학생문화 환경을 충분히 마련하며, 개별지도, 문학시간과 교실 안팎에서의 공동학습, 자치활동을 장려하여 학생 생활을 밝고 뜻있게 한다.

⑧ 지역의 교육적 환경을 선용하며 지역과 함께 더불어 사는 사회 실현에 협력한다. 앞으로 국가 중추의 중앙관리는 생태, 경제, 자치, 문화 등 협동적 공동체에 바탕을 둔 지역사회로 분산되어야 한다고 믿는다.

⑨ 좁아지는 세계에 대한 편견, 오해, 무지를 없애고 평화로운 동북아시아 건설을 위해 중・일어를 배우고 일본의 자매학교와 교류하여 동북아의 중간 역할을 감당할 성실한 시민을 기른다.

⑩ 어느 나라든 사학은 학업이나 생활지도에 열심이고, 사회에도 책임이 있다. 풀무는 작은 학교로서 사학의 자율적인 정신을 살려 사람을 기르는 교육과 학교의 바른 모습을 꾸준히 추구하려고 한다.

3) 성지학교

성지학교는 설립 취지인 홍익인간의 이념구현을 위하여 자연현장 실습과 같은 체험교육과 인성교육을 중점으로 실시하는 특성화 학교이자 자율학교이다. 일반학교에서 부적응하거나 중도 탈락한 학생들에게 학업 계속성 유지와 학력 취득의 기회를 제공하여 그들로 하여금 스스로 자신과 세계의 주인으로 바로 설 수 있도록 가교의 역할을 지향한다. 또한 학생들의 교육을 인성교육과 학습자 개개인의 능력 및 요구에 부응한 열린교육에 두고 있다.

> **TIP**
> 성지학교는 설립 취지인 홍익인간의 이념구현을 위하여 자연현장 실습과 같은 체험교육과 인성교육을 중점으로 실시하는 특성화 학교이자 자율학교이다.

인성교육은 공동체적 생활에 기초하여 너와 내가 남이 아니고 함께 더불어 살아가야 할 하나임을 알도록 하는 과정에서 이루어진다. 한편 학습과정에서는 능력별·개별화 학습의 기회를 최대한 제공하여 개개인이 각자의 능력을 바로 알고 쓰도록 하며, 자주적이고 창조적이며 도덕적으로 심신의 건강함을 갖춘 건전한 시민을 길러 열린 시대를 이끌어 갈 미래의 일꾼을 기르는 것이다.

성지고등학교의 교육목적은 건전한 시민을 만드는 일이다. 오늘의 자신을 있게 한 근본적인 은혜와 직·간접의 도움에 대하여 감사하고 좋은 이웃으로 살맛이 나는 공동체의 구성원으로 성장하도록 하는 것이다. 또한 경제적으로 자립할 수 있고 자주적 판단 아래 행동하는 사람, 자신의 삶을 책임지는 사람이 되도록 육성해야 한다. 그러기 위해 학생들에게 자신을 소중하게 여기고 남을 배려할 줄 아는 사람이 되도록 일깨우고, 자연과 하나 되어 미래의 환경을 생각하는 사람이 되도록 훈련하며 믿음과 분별, 심과 정성으로 자신의 잠재력을 일깨워 의문을 갖고 사리를 깨치고 미래를 준비하는 사람이 되도록 지도한다. 아울러 공동체 생활을 통하여 더불어 사는 지혜와 공익심을 길러 민주사회의 건강한 시민이 되게 하며 학생 개개인의 본래 마음 바탕을 회복하여 훌륭한 인격을 갖춘 사람이 되도록 도와야 한다.

4) 세인학교

> TIP
> 세인학교는 기독교 정신으로 미래를 준비하는 실력 있는 그리스도인을 양성하고자 한다.

세인학교는 기독교 정신으로 미래를 준비하는 실력 있는 그리스도인을 양성하고자 한다. 여기서 실력 있는 사람이란 진리 안에 깨어 있는 자이고, 이웃을 사랑하고 봉사할 수 있는 자이며, 무엇보다 자신의 달란트(재능)를 최대로 발휘하는 것이다. 그것은 이웃을 섬기고 진리 안에 깨어 있기 위해서 먼저 하나님께서 주신 달란트를 발견하고 그것을 활용할 수 있는 실력이 밑받침되어야 한다고 보기 때문이다.

설립자인 원동연 박사는 실력을 키우기 위한 기본 조건과 달란트를 최대한 발휘하기 위한 요소를 마가복음 12:33을 통해 찾고 있다.

> "또 마음을 다하고 지혜를 다하고 힘을 다하여 하나님을 사랑하는 것과 또 이웃을 제 몸과 같이 사랑하는 것이 전체로 드리는 모든 번제물과 기타 제물보다 나으니이다."
>
> (마가복음 12:33)

위의 성경구절에서 찾은 5가지 요소는 마음(heart), 지혜(understanding), 힘(strength), 자신을 사랑할 수 있는 자기 관리능력(self-management), 그리고 하나님과 이웃사람과의 관계(relationship)이다. 그리고 각 요소를 심력, 지력, 체력, 자기관리력, 인간관계력으로 해석하고 이를 개발하도록 전면적으로 훈련하여 최대한 달란트를 개발하고, 자신의 달란트를 통해 하나님의 사랑과 이웃사랑을 실천하는 것이 하나님의 교육이고 사람을 살리는 교육이라고 보았다.

세인학교는 이렇게 자신의 달란트를 통해 이웃에게 봉사하는 삶을 살아가도록 가르침으로써 뜨거운 마음을 심어주고, 자기뿐만 아니라 가정과 사회와 민족, 더 나아가서는 인류를 위한 삶을 살도록 육성하고 있다. 진정한 실력 있는 지도자는 바로 이웃을 섬기고 양보하기 위한 지도자라고 보기 때문이다.

표 14-2 국내의 대안학교 비교

<table>
<tr><th>구 분</th><th>교 육 내 용</th><th>공 통 점</th></tr>
<tr><td>간디학교</td><td>• 몸과 마음, 영혼이 성숙하여 조화된 인간
• 이웃과 협동하고 이웃을 사랑하는 인간
• 자연을 아끼고, 자연의 일부로 살아가는 인간</td><td rowspan="2">• 작은 학교를 지향
• 상처받은 학생들에게 관심
• 이웃을 사랑하고 더불어 살아가는 공동체적 가치 추구
• 학생을 주인으로 대접하는 교육
• 남을 배려하는 공동체적 인간 육성</td></tr>
<tr><td>풀무학교</td><td>• 공동책임과 무두무미의 정신, 배우는 사람이 중심이 되는 교육
• 지역과 학교가 더불어 사는 협동 공동체
• 농촌교육, 평민교육, 인격교육으로 민족을 소생시키고 인간을 새로 나게 하는 교육
• 머리·가슴·손을 조화하여 생명을 가꾸는 교육</td></tr>
</table>

성지학교	• 인간중심의 바른 교육 • 모든 학생을 부처로 대하는 학생에 대한 믿음과 신뢰 • 건전한 시민 육성 • 자연과 더불어 미래의 환경을 생각하는 사람 • 남을 배려할 줄 아는 사람 • 자주적 판단 아래 행동하며 자신의 삶을 책임지는 사람	• 인간에 대한 믿음과 선한 의지를 일깨우는 교육 • 자신을 사랑하며 지역사회에 영향을 끼치는 교육 • 자연과 함께 더불어 살아가는 삶
세인학교	• 미래를 준비하는 실력 있는 그리스도인 양성 • 이웃을 사랑하고 봉사할 수 있는 자 • 하나님께서 주신 달란트를 발견하고 활용하는 실력 • 5가지 요소가 조화롭게 발달된 성숙한 인간	

6. 국내 · 외 대안학교의 특징

1) 교육철학의 차별성

발도르프는 인간 자체와 인간이 이뤄가는 삶의 지혜로 삼는 인지학, 서머힐은 권위주의적 교육에 반대, 도쿄슈레는 학교 가기 싫어하는 아이들의 등교거부, 무반텍은 서머힐을 모방하여 어린이를 이해하는 데 불교의 개념을 적용, 간디학교는 간디가 보여주었던 삶의 모습을 통해 그에게 있었던 불복종의 정신을 교육에 실천, 성지학교는 모든 학생을 부처로 대하는 학생에 대한 믿음과 신뢰, 세인학교는 하나님께서 주신 달란트를 발견하고 활용하는 실력, 풀무학교는 민족의식, 국민교육, 기독교 정신에 입각하여 출발하는 등 다양한 지향점을 바탕으로 교육철학이 성립되었다.

2) 작은 학교(Small School) 추구

1990년대에 우리나라의 교육분야에서 두드러진 현상은 공교육에 대한 비판이 고조되는 가운데 교육개혁이 중대한 문제로 부각되면서, 대안학교가 추진되었다는 점이다. 오늘날의 일반학교는 열악한 시설, 설비, 다인수 학급, 단조로운 교육과정, 학생들의 개성을 고려하지 않는 학교풍토가 문제로 남아 있다. 이를 극복하고자 대안학교는 교사의 교과를 분담하고, 여러 가지 특별활동을 실시하기 위해 교사를 증원함으로써 교사와 학생 간의 인간적인 관계를 회복하려 했다. 즉, 공교육제도가 근본적인 문제들을 드러내면서 등장한 것이 작은 학교를 추구하는 대안학교이다.

> **TIP**
> 공교육제도가 근본적인 문제들을 드러내면서 등장한 것이 작은 학교를 추구하는 대안학교이다.

국내 · 외 대안학교들은 대부분 한 학년에 한 반만 있으며, 반 아이들은 25~30명 선으로 맞추어져 있다. 전교생은 보통 80명을 넘지 않으며, 학교와 학급의 규모를 매우 작은 형태로 유지하려고 노력하고 있다. 규모가 작아야 한다는 조건은 지식교육을 하기 위한 것이기보다는 지식교육에서 더 나아가 인간적인 만남을 통한 감화나 교화가 되어야 하기 때문이다. 또한 교사진도 20명 내외로 구성되어 있어 모두가 가족 같은 분위기를 갖추고 있다. 이들이 작은 학교를 추구하는 가장 큰 궁극적인 목적은 바로 모든 사람은 평등하므로 학생과 교사가 사랑과 자발성에 의한 교육을 실천한다는 것이다.

3) 다양한 교육과 경험적인 교육 강조

대안학교는 자연을 중심으로 다양한 교수자료로 활용하며 평가에 치우쳐 있지 않는 교육을 추구한다. 따라서 학습의 다양한 활동성이 필요한 실습과 노작이 강조되며, 형식보다는 내용을 강조하며 수업자료를 활용한다. 수업은 참여하는 학습자의 계획에 따라 자율적으로 이루어지며, 교사는 수업활동에 대한 자율권을 보장하고자 교과활동, 이동수업,

특별활동, 가정학습, 방학, 기숙사 생활, 봉사활동 등을 통하여 감성적인 교육과 노동중심의 의·식·주 해결 교육을 추구한다. 이는 경험을 통해 살아 있는 교육과 개별화, 단계별 학습과 집중수업 등을 지향하는 것이다.

학생들은 공동체 수업의 본질을 익히고 감수성을 통해 가족, 교육, 생산 그리고 문화 예술과 종교라는 구성요소를 받아들인다. 오전에 실시하는 수업은 주로 실용적인 수업을 실시하며, 오후에는 교실이나 집, 또는 마을 어느 곳이나 학습장이 될 수 있다. 그래서 학생들은 자신의 선택에 의해서 음악, 미술, 독서, 채소 재배 등과 같은 노작활동에도 참여한다. 이러한 체험활동은 대부분 의·식·주 활동과 관련되어 있기 때문에 아이들에게 자립심을 키워주는 중요한 교육이다.

4) 투명하고 민주적인 학교운영

> TIP
> 대안학교는 자치위원회, 운영위원회, 매주 1회 있는 총회, 학교평의회, 식구총회, 학교운영위원회, 학부모회, 밥알모임, 수업생회, 학생회, 이사회, 교사회 등과 같이 이름은 다르지만 민주적인 교육자치회가 있다.

대안학교는 자치위원회, 운영위원회, 매주 1회 있는 총회, 학교평의회, 식구총회, 학교운영위원회, 학부모회, 밥알모임, 수업생회, 학생회, 이사회, 교사회 등과 같이 이름은 다르지만 민주적인 교육자치회가 있다. 지역사회와 함께하는 이 모임은 학교 구성원뿐 아니라 그 지역사회의 공동체와도 뚜렷한 목적의식을 공유하며, 상호 간에 협조적이고 인간적인 분위기를 지향한다. 일반적으로 학교자치회에서 학교운영의 중요한 결정이 내려지는데, 교사, 학생, 부모, 지역사회가 모두 다 참여하기 때문에 민주적인 공감대를 형성하기 쉽다. 특히 학교시설, 재정과 관련된 부분에서 학부모의 역할이 두드러지며, 재정을 투명하게 사용함으로써 학부모의 대안교육에 대한 열의와 관심을 사교육이 아닌 본래의 교육으로 이끌어 낼 수 있다.

신입생을 선발하는 가운데서도 학부모의 소양이 크게 좌우되며, 학교가 재정적으로 어려워 입학하는 부모들의 경제적 능력에 따라 자발적으로 또는 일정한 수업료를 징수하고 있다. 학교를 중심으로 펼쳐져 있는 지역사회와 함께 운영하는 양로원, 품앗이, 출판사, 협동조합, 간디농장, 연구소 등은 자연과 함께 어우러져 21세기의 새로운 대안학교를 추구하는 데 의미 있는 형태가 될 것이다.

5) 구성원의 철저한 평등의식

대안학교는 모든 사람이 평등하기 때문에 누구나 동등한 권리가 있고, 서로 다른 재능과 능력이 있음을 존중해야 한다고 가르친다. 그리하여 학생들은 학교 기숙사에서 생활하면서 타인과 더불어 살아가는 이웃사랑을 공동체의 삶을 통해서 배우게 된다. 함께 노동하며 공동 학습하는 과정들 속에서 모든 사람은 전인적으로 성장해야 하며, 자연과의 조화가 얼마나 가치 있는 것인가를 배운다. 특히 자신이 소중하다는 것과 가치 있는 인간임을 인식하고 행복한 인생을 추구하기 위해서 사회적 책임을 다해야 한다는 시민의식을 일깨우고 있다.

6) 교사교육과 수업료의 특성

먼저, 대안학교 교사들을 전문적으로 육성하는 것과 채용하는 방법에 차이점이 있다. 독일의 발도르프 학교와 간디학교는 교사를 양성하는 기관을 운영하고 있지만, 다른 학교들은 대학을 졸업한 후 지원하여 대안학교 교사를 맡고 있다. 이러한 대안학교들을 살펴보면 학교마다 교사확보에 어려움이 있다는 것을 알 수 있다.

수업료를 살펴보면, 학교를 운영하는 데 가장 기본적인 재정이라고 할 수 있다. 발도르프 학교는 아이들이 입학을 하게 되면 가정형편에 따라 부모들 스스로가 수업료를 결정하며, 도쿄슈레는 사설학원과 비슷하지만, 자주 나오는 아이의 부모가 조금 더 많이 낸다. 나머지 학교들은 학부모회, 학교운영위원회에서 결정된 수업료를 낸다. 문제는 수업료만으로는 턱없이 부족하여 교사들의 헌신이 요구되고 있으며, 학교 자체적 사업이나 각 기관의 후원으로 보충하고 있다.

Chapter 14 학습정리

1. 우리나라에서 이 말이 본격적으로 쓰이게 된 것은 1990년 중반이지만, 미국에서는 대안교육의 기원을 1960년대 이후 각국에서 시도되고 있는 교육개혁운동에서 찾는다. 70년대 일리치의 '탈학교 운동', 80년대 슈마허(Schumacher)의 '작은 학교설립 운동'에 이르는 광범위하면서도 다양한 특성을 지닌 이 교육계의 운동은 하나의 통합된 개념으로 설명하기 어렵다.

2. 1920년대부터 출발한 외국의 대안학교의 등장은 이미 상당한 역사를 가지고 있으며 국가별로도 그 유형이 다양하다. 영국의 서머힐이나 하트랜드 마을의 작은 학교는 국내에도 잘 알려져 있으며, 스위스는 슈타이너 학교가 대표적이다. 우리나라 대안학교의 현황에 대해서는 학자들마다 분류가 다르다. 일반적으로 전일제 형태의 대안학교와 프로그램 형태의 대안학교, 홈스쿨링 등으로 구분하는데, 전일제 형태에는 특성화 고교와 비정규 대안학교로, 프로그램 형태는 계절학교와 방과 후 또는 주말학교 등으로 구분하고 있다.

3. 발도르프 학교는 지적 교과와 함께 예술, 종교, 노작 교과가 중요시되었으며 인간의 생활조건에 적합한 다양한 종류의 수업 활동을 전개하였다. 학습자료와 시간표는 학생들의 필요와 능력에 따라 정하는데, 오전에는 주로 사고와 이해력을 익히는 기본 교과를 배치하였으며 오후에는 예술적인 활동과 육체적인 힘을 사용하는 교과를 배치하였다. 서머힐 학교는 어린이들이 자신들의 자연적 흥미에 따라 생활할 수 있도록 자유를 허용하는 것이며, 교육방법 또한 일체의 강제를 배격한다. 이러한 이유는 학교를 어린이에게 알맞게 만들어야지 어린이를 학교에 맞게 만들어서는 안 된다고 믿었기 때문이다. 도쿄슈레에는 아이들의 자주성과 사회성을 키우며, 경험을 풍부하게 하는 다양한 행사가 있다. 아이들이 지은 통나무집에서 합동합숙, 스키합숙, 연극이나 합창 발표회를 겸한 크리스마스 모임, 등산, 열기구 제작, 미국 프리스쿨과의 교류 등의 행사를 진행한다. 무반덱에서는 어린이의 선한 본성을 증진시키고 악한 본성을 억제시키기 위한 교육을 강조한다. 무반덱의 교육이념은 어린이는 근본적으로 선하고 자기를 찾으려는 내적 동기를 갖고 태어난다는 니일의 서머힐 정신에 근거한다.

4. 간디학교의 교육목표는 3가지이다. 첫째, 사랑과 자발성은 서로 의존적이기 때문에 교사와 학생 사이에 신뢰관계가 이루어져, 배움과 가르침, 몸, 마음, 영혼이 균형 있게 성숙되는 조화된 인간(전인적인 삶)을 양성하는 것이다. 둘째, 이웃과 협동하고 이웃을 사랑하는 인간(공동체적 삶)을 양성하는 것이며, 셋째, 자연을 아끼고 자연의 일부가 되어 살아가는 인간(자연과 하나 된 삶)을 기르는 것을 목표로 하고 있다. 풀무학교는 성서에 바탕을 둔 깊이 있는 인생관과 학문과 실제 능력에서 균형 잡힌 인격으로 하나님과 이웃, 지역과 세계, 자연과 모든 생명을 모두 어우르는 평민(교훈)을 기르고자 하는 데 있다. 성지고등학교의 교육목적은 건전한 시민을 만드는 일이다. 오늘의 자신을 있게 한 근본적인 은혜와 직·간접의 도움에 대하여 감사하고 좋은 이웃으로 살맛이 나는 공동체의 구성원으로 성장하도

록 하는 것이다. 세인학교는 기독교 정신으로 미래를 준비하는 실력 있는 그리스도인을 양성하고자 한다. 여기서 실력 있는 사람이란 진리 안에 깨어 있는 자이고, 이웃을 사랑하고 봉사할 수 있는 자이며, 무엇보다 자신의 달란트(재능)를 최대로 발휘하는 것이다.

Chapter 14 연습문제

01 대안학교의 정의에 대하여 설명하시오.

02 대안학교의 유형에 대하여 논하시오.

03 외국의 대안학교에 대하여 논하시오.

04 국내의 대안학교에 대하여 논하시오.

부 록 APPENDIX

영화로 만나는 교육학의 이해

감상포인트

영화를 볼 때는 자신의 주체적 관점을 견지하세요. 이 영화를 어떻게 보았는지는 물론, 등장하는 인물들을 바탕으로 서론, 본론, 결론, 느낀 점, 교사의 눈, 학생의 눈, 메시지의 눈, 감독의 눈으로 구분해서 감상하세요.

※천국의 아이들 2※

-견 본-

교육학개론	학과: □□□□ ┆ 학번: ☆☆☆☆ ┆ 이름: ○◇◇ ┆ 제출일:○월 ○일
인물소개	**하야트(큰딸)**: 자신의 의지가 강하며 생활 속에서 지혜를 얻는다. **아크바르(둘째 아들)**: 경쟁심이 강하며, 누나를 끔찍이 사랑한다. **파테메**: 하야트의 친구로서 질투심이 강하다. **앨리네**: 하야트의 아버지 **아크바르의 담임교사(여)**: 굉장히 교사 중심적인 성격 **하야트의 담임교사(남)**: 피교육자 중심의 성격 **시험감독(여)**: 자신의 직책에 책임감이 강하다.
서론	하야트의 일가족은 여느 날처럼 한 방에서 함께 잠을 청했을 것이다. 아마 판에 박힌 일상처럼 말이다. 이른 새벽에 눈을 뜨며, 하야트를 깨운 다음 등잔에 불을 붙이는 어머니, 소젖 짜는 일로 분주한 아침을 맞는다. 늘 그래왔던 것처럼 말이다. 남편이 잠자리에서 일어나 각자의 일들을 잘 수행하리라 믿었으리라. 그러나 잠에서 깨지 못하고 있는 아버지, 이를 발견한 하야트는 울부짖으며 어머니

	를 부른다. 이 사건을 계기로 <천국의 아이들 2>는 관객의 호기심을 끌어당기며 하루 중 오전의 3시간을 이야기로 전개해 나가기 위해 커튼을 연다.
본론	아버지를 트럭에 태우고 병원을 찾아 떠난 이웃 주민과 어머니. 하야트에게 남겨진 것은 "시험 보는 일", "집안일에 육아". 하야트는 뛰기 시작한다. 배고프다고 투정하는 아크바르, 송아지를 끌고 와 어미 소의 젖을 물리며 달래는가 하면 물레를 돌려 우물에서 물을 긷는 하야트. 소발에 계속 걷어채며 끝내 소젖 짜기에 성공한다. 상처 난 발을 절룩거리며 닭에게 모이를 주며 젖먹이 막내 동생 나바트를 돌봐야 하는 하야트, 아크바르가 계속 배고프다고 칭얼대자 면박을 주며 내려가 소에게 여물을 주는 하야트, 그녀는 아마 가족들의 생계를 유지하는 소에게 먹이 주는 것을 더 소중히 여겼을 것임에 틀림이 없다. 하야트와 같은 반 친구인 파테메! 벌써 학교 갈 준비를 마치고 중학교 진급 시험을 준비하여 2층으로 찾아온다. 그러나 1층에서 가축 돌보는 일로 지쳐가는 하야트, 아크바르는 누나에게 투정 부리며 불평하기도 했지만 파테메와의 말다툼에서 지대한(속 깊은) 누나의 사랑을 보여주며 내게 어느덧 잔잔한 감동과 웃음을 보내준다. 이젠 막내 나바트만 맡기면 끝이라고 생각하고 시험 볼 생각에 설레는 하야트, 그는 생활 속에서 지혜를 얻으며 산지식을 소유하는 엘리네의 딸이다. 분유가 1ℓ면 1,000㎖라는 것과 돌림감기는 소아마비를 불러오며 다시 신경손상을 가져온다는 것과 지나가는 자전거의 속력과 사람의 걸음 속력은 16:4라는 것, 법정은 국민의 집, 1988년 이란과 이라크 전쟁이 종식된 것과 지렛대의 사용, 일손 더는 공구, 할머니와의 작업에서 컵 수를 세는데 8:2는 4:1이라는 것 등 각 과목을 생활에 연결시켜 지식을 머릿속에서만 잠재우는 것이 아니라 깨워서 산지식으로 유용하게 사용했던 하야트. 진정 유아들에게 어릴 적부터 가르쳐야 할 부분임을 알게 해 준다. 나바트를 맡기기 위해서 좁은 길, 혹은 넓은 길, 오르막길과 내리막길을 오가며, 청해보지만 결코 쉽지 않다. 친구 마지예 어머니께서는 아예 "자수, 요리, 바느질, 살림을 배워야지, 여자가 공부하면 아들 등골만 빼다."라며 핀잔을 준다. 이미 청혼을 받고 신부수업 중인 마지예는 하야트를 도우려 했으나 그것도 쉽지 않다. 젖먹이 나바트를 맡기지 못해 안절부절못하는 누나를 교실 안에서 창을 통해 내다보는 아크바르, 만삭이 된 교사에게 거짓말을 하며 나가서 누나를 도와주려 하지만 그것도 어렵다. "쉬하고 싶어서 돌겠어요."라는 학생의 말에도 아랑곳하지 않으며 계속 받아쓰기를 강요하는 담임, 하야트는 아예 막내를 안고 선생님께 찾아와 아이와 함께 시험을 볼 수 있게 해 달라고 간청했으나 거절당하고 만다. 끝내 집으로 돌아와 아기 재우기를 성공하고 몰래 빠져나가려 하는데, 갑자기 찾아와 하야트를 가로막고 서 있는 할머니, 그녀가 지시하는 가사 일을 마치고서야 아이를 데리고 학교로 달려가는 하야트. 무슨 좋은 생각이라도 떠오른 것일까? 이불과 노끈을 가지고 뛰기 시작한다. 한편 하야트 교실에선 이미 시험이 시작되었고, 침묵만이 교실을 지배한다. 하야트는 교실 창문에 노끈을 내려놓고 무사히 시험을 치른다.

결론	어디선가 아이가 칭얼대는 소리가 들려온다. "에디슨은 역경 속에서도 좌절하지 않았다." "역경을 헤치면 희망은 있어."라며 하야트는 자신의 미래를 당겨와 이미 보고 있는 듯하다.
느낀 점	예술을 사랑하고 삶을 여유롭게 바라보는 이란인들의 정서를 이해하지 못한다면 자칫 이 영화는 지루해 보일 수도 있다. 중학교 진학을 소원하는 한 소녀에게 닥친 위기, 가난, 사회가 주는 편견, 성차별 문제를 비롯한 이란의 사회적 배경을 직시해야만 더 가슴 따뜻해지는 영화라고 생각한다. 꽃을 팔아 돈을 벌었다면 다시 그 돈으로 꽃을 사겠다는 이란인들의 정서는 이야기가 전개되어 갈수록 화선지에 먹물 스미듯 배어 있음을 느낀다. 무엇보다도 나는 개인적으로 하야트를 지켜보면서 나를 떠올리지 않을 수 없었다. 1년간 준비해 온 진급 시험을 포기하려 할 때 했던 그녀의 독백 "시험은 내년에도 있으니까!" 난 이 부분에서 눈물을 흘리고 말았는데……. 그러니까 2년 전 과거의 시간 속으로 돌아가야 한다. 넷째 아이가 태중에서 많이 자랐을 무렵, 그렇게도 행복했던 학과 공부를 잠시 접어야만 했을 때 난 눈물로 주께 아뢰며 가슴 아파했던 기억, 꼭 휴학해야 할까? 이 방법밖엔 없을까? 그러나 모든 것에 결정적 시기가 있음을 깨닫고 최선의 방법으로 출산과 육아를 위해 휴학계를 내고 말았다. 난 충분히 어린 하야트의 마음을 읽을 수 있었다. 또 한 번은 셋째 아이를 맡길 곳이 없어 학교를 결석해야 하는 상황에 직면했던 기억이다. 시부모님이 여행을 가시는 바람에 이곳저곳 아이를 데리고 뛰어다녔지만 끝내 맡기지 못했을 때의 안타까움, 학교는 너무 가고 싶은데……. 강의를 듣지 않으면 목이 말라 죽을 것 같은 상황에서 난 아이를 데리고 학교에 온 것이다. 복도에서 아이를 업고 반쯤 열린 창문 사이로 기어 나오는 교수님의 목소리를 받아 적으며 수업을 받던 기억. 끝내 복도에서 셋째 아이가 우는 바람에(학우들이 웃어대는 통에) 강의는 제대로 마치지 못하고 일찍 끝내 주셨지만, 아이를 맡기지 못해 이리저리 뛰어다니던 하야트를 나는 얼마든지 위로해 줄 수 있었다. 어디 그뿐인가, 막내 나바트를 다리 위에 눕혀 놓고, 우유를 먹이며 시험공부를 하던 하야트, 난 흐르는 눈물을 억지로, 억지로 감추며 나를 보고 있었으니까 말이다. 며칠 전 OPEN Test에 겁이 많고 용기가 나지 않는 나는 중간고사를 대비하여 마음을 졸이며 16개월 된 막내를 재우기 위해 업고 서성거린다. 교육사 책을 소리 내어 읽으며 아이를 재우는데 계속 칭얼대며 내 머리를 잡아당긴다. "선민아, 제발 잠 좀 자줘~" 난 애걸하게 부탁하며 계속 아기를 달래던 기억, 만약 하야트가 내 곁에 와 있다면 난 그를 꼭 끌어안고 위로해 주었을 텐데……. 다른 한 가지는 여성차별에 대한 이란의 사회적 배경에 대한 느낌인데, 나의 친정어머니는 교장 선생님의 딸이셨으며 머슴을 스무 명가량 두고 지내셨다지만 여자라는 이유 하나 때문에 그렇게도 배우고 싶었던 학교 공부를 받지 못하셨다. 그것이 가슴에 독버섯처럼 뿌리내리고 계셨기에 忘八(망팔)의 연세

	에도 검정고시 학원에 다니신다. 어떻게 보면 우리나라의 정서나 사회적 배경은 이란과 흡사한 면이 많은 것처럼 느껴진다. 그리고 시간을 묻는 하야트에게 “어제 이맘때”라고 외치는 여유와 재치를 보고 내 고향의 정서와 냄새를 맡아보았다. 내 고향 서산은 이웃들에게 유머스러워하며 늘 여유가 있다. 내 어릴 적 기억으로 말하자면 막걸릿잔을 돌리며 껄껄껄 웃으시던 동네 어른들, 직접적이거나 직선적이 아닌 뭔가 감추는 듯하면서 자신을 조심스레 드러내는 겸손함 뒤의 여유, 난 고향의 정서를 느끼면서 그리움을 노래했다.
교사의 눈	이제 내 눈을 교사의 눈으로 바꿔 달고 작품을 분석한다면, ① 교사의 눈으로 교사를 바라본 관점 하야트의 담임인 남선생은 매우 아동중심의 교육관을 가지고 있으며, 학생을 배려하며 친절한 교사이다. 그러나 공평성에 어긋나는 점은 “그 아이는 1등하는 아이입니다. 꼭 시험을 봐야 합니다.”라는 그의 말에서 알 수 있다. 모든 학생에게 중학교 진급 시험이란 등수에 관계없이 도전해 볼 수 있도록 배려가 되어야 한다. 기회균등할 수 있도록 주어지는 것이 중요하다고 생각되며 말에 있어서 덕스럽지 못한 발언이라고 본다. 왜냐하면 시험에 임하고 있는 급우들이 그 말을 들었을 때에 미치는 파급효과를 먼저 기억해야 한다는 것이다. 권위를 가지고 있는 교사의 말 한마디는 권위를 부여받지 못한 수백 명의 사람들이 뱉는 말의 효과와 비교될 수 없는 가치를 지니고 있기 때문이다. 어찌 보면 이 사회를 움직여 나가는 것은 그 짧은 혀에 의해 좌지우지되어 감을 우린 알 수 있지 않았던가? 또 다른 교사는 아크바르의 담임인 여선생이다. 만삭이 된 자신의 배를 쓰다듬으면서 아크바르의 의사를 계속해서 묵살해 버린다. 하야트의 담임과는 반대되는 교육이론을 가지고 있는데, 그는 행동주의적이며(계속 받아쓰기를 시키며 훈련, 반복을 주장한다) 교사 중심적이다. 아동을 매우 수동적인 존재로 보고 있으며 지시적이며 권위주의적이다. 수업을 교사주도적으로 이끌어 가고 있으며, 긴장 속에서 몰고 간다. 아동을 지극히 소극적인 존재로 여긴다. 아크바르의 계속되는 발언에도 꼼짝하지 않는 여교사, 바지에 쉬를 쌌다고 하자 그제야 집으로 보내는 그녀를 보면서 지식주입식 교육의 위태함을 느끼며 안타까워했다. 아동을 발견 가능한 존재로 인식해 주길 간절히 바라면서 말이다. ② 교사의 눈으로 학생을 바라본 관점 **첫째**: 교사의 눈으로 본 하야트, 그는 매우 적극적이며 의지가 강한 학생이며 환경에 쉽게 무릎 꿇지 않는 성격의 소유자다. 사회적 환경과 물리적 경험을 때에 맞게 (발달단계) 잘 제공이 된다면, 즉 제때 근접발달(ZPD) 형성이 되어 자신을 끌어올린다면 얼마든지 유능한 존재로의 가능성을 본다. 특히 배운 지식이 머릿속에서 잠들어 있는 것이 아니라, 그것을 끄집어내어 생활 속에서 활용할 줄 아는 능력을 높이 평가하고 싶다. 또한 하야트는 학

<table>
<tr><td></td><td>생으로서 매우 이성적이기도 하지만 감성 속의 감성을 느낄 수 있었다.
둘째: 아크바르 남동생은 목적 달성을 위해서라면 거짓말도 가능하다는 주의이다. 즉, 정의를 이루기 위해선 불의를 사용할 수도 있는 주의이며 대단히 가족애를 드러내기도 한다.
셋째: 하야트의 친구 파테메, 그녀는 매우 인상적인(주연은 아니지만) 인물이었는데 승부욕이 강하며, 질투로 휘감기기도 하지만 알고 보니 따뜻한 학생이었다. 시험시간에 긴장되고 불안할 텐데도 친구의 부탁을 거절하지 않으며 줄을 잡아 당겨주는 모습에서 난 파테메를 이렇게 평가한다.
"파테메야. 너의 승부욕이 단지 자신의 욕심이 아닌 거룩한 것으로 승화될 수만 있다면 분명 너의 따스한 가슴에서 묻어나오는 진리가 세상을 이기게 할 것 같구나."라고 말이다.</td></tr>
<tr><td>학생의 눈</td><td>지금 현재의 학생 신분 옷으로 갈아입고 인물들을 분석한다면(학생을 피교육자인 교육의 대상이 되어서 비판해 보고자 한다) 학생의 눈으로 교사를 보거나 학생의 눈으로 학생을 본다면 위에서 제시한 내용과 공통되는 부분이 많기에 다른 각도에서 작품을 조명해 보길 원한다.
첫째: 아크바르는 Sigmund Freud의 심리성적이론으로 본다면 잠복기에 해당하는 시기로서 성적인 본능은 잠시 무의식 속으로 휴식상태에서 접어들게 되며 주변의 또래나 성인에게 관심을 갖고 새로운 사회적 가치들을 획득하는 시기이다.
Erik Erikson의 심리사회적 이론에서의 아크바르는 Industry 대 Inferiority의 시기로서 자아성장의 가장 결정적인 단계이며 사회의 구성원으로서 꼭 배워야 하는 인지적, 사회적 기술을 숙달하게 된다. 모든 학습과정을 통하여 주의집중과 근면성을 형성하게 되며 이전단계에서 갈등을 제대로 해결하지 못했거나 학교생활에서의 실패를 맛볼 경우 열등감을 갖게 되는 시기이다.
Jeans Piaget의 인지발달이론을 가지고 와서 아크바르를 본다면 구체적 조작기에 와 있는 시기로서 아직은 성인 수준의 지적이고 추상적인 사고는 어려운 시기이다.
둘째: 하야트와 그의 동료들은 Sigmund Freud의 심리성적이론으로 볼 때에 생식기(Genital Period)의 시기로서 사춘기에 들어서면서 호르몬과 생식기관의 변화로 이성과 성적욕구를 충족시킬 수 있는 생리적 기능을 갖추게 되며 이성에 관한 성적 관심이 높아진다.
Freud는 사춘기 이후 개인의 주요과제는 '부모로부터 자유로워지는 것'이라고 했듯이 이성에 대한 건전한 애정관을 형성하게 된다.
Erik Erikson의 심리사회적 이론에서 본 하야트와 동료들은 정체감 대 역할혼미에 와 있는 단계로서 자신이 누구이며 무엇을 하고 살 것인가에 대한 고민을 하고 가치를 선택하며 개인적인 정체감을 형성한다. 그렇지 않으면 미래의 성인역할에 대한 혼란을 느끼게 된다.</td></tr>
</table>

	Jeans Piaget의 이론을 가지고 와 본다면 형식적 조작기의 시기로서 청소년기가 되면서 수학 등과 같은 세상에 실재하지 않는 추상적인 것에 대한 사고가 가능해지는 시기이다.
메시지 눈	이제는 메시지라는 두 장의 종이를 내 눈에 붙여보자. 펼쳐지는 것은 바로 이란인들의 정서가 전개되면서 비폭력 무저항의 메시지가 도착한다. 불륜과 폭력이 난무하는 영화 줄거리 앞에서 이란 영화는 그것들에 대한 저항의 움직임을 순수한 동심을 통해 투영시킨다. 매일매일 꾸려가는 일상의 모습 그대로 보여주면서 그 안에서 찾을 수 있는 따스함의 정서 속에서 평화를 갈구하는 메시지임에 틀림이 없다. 또한 여성해방과 인권을 노래하는 또 다른 메시지를 통해서 여성의 인권신장을 노래하는 목소리가 들려온다. 짧은 상영시간 동안에 내 귓가에서 들려오는 메시지는 비폭력의 씨줄과 인권신장의 날줄이 직조되면서 펼쳐지는 카펫과 같았다. 매일 뛰어다니는 분주한 그들의 삶이지만 여유와 재치를 잃지 말라는 메시지, 그리고 진정 동심만이 천국임을 알게 한다.
감독의 눈	골람 레자 라메자니 감독의 눈으로 이 작품을 분석한다면 서너 시간에 일어난 짧은 내용을 영화화하면서, 감독으로서 전하고자 했던 목소리는 이런 것들이었으리라. 어린이 영화 천국, 어린이들의 동심의 세계를 그리는 차원을 넘어서 철학적이고 우화적인 내용과 함께 보편적인 감동을 이끌어 내고자 하였다. 일반인과 전문적인 배우의 차이도, 실사와 극영화의 간격도 찾기 힘들다. 어쩌면 이란인들의 삶 자체가 영화이며 영화가 삶 자체인지 모를 정도이다. 가난, 나이가 주는 역경 이외에도 이란사회가 주는 근본적인 배경을 적나라하게 들춰내면서 우리에게 도전을 제시한다. 영화적 트릭을 쓰지 않고 정공법을 택한 감독의 최종선택! 그것은 바로 어린아이의 웃음에 묻어나는 동심, 바로 이것이다.
크리스천의 눈	나는 첨가적으로 또 다른 눈을 제시하고자 한다. 바로 크리스천의 눈이다. 크리스천인 나의 눈으로 작품을 분석해 본다면……. 왜, 천국의 아이들이라고 했을까? 하는 주제에 대한 호기심에서부터 출발한다. 하야트나 아크바르, 나바트 등의 어린아이들을 왜 천국의 주인으로 등장시켰는가? 영화 내용이 전개될수록, “아! 바로 저 모습이 천국의 모습일 거야!”라며 감동을 받곤 했는데, 그렇다면 천국의 모습이란 무엇인가? **첫째**: 진한 가족애가 있다. 아크바르는 누나를, 누나는 막내 나바트를, 아내는 남편을 너무나 아끼며 귀하게 여겼다. **둘째**: 바빴다. 천국의 아이들은 바빠야 한다. 주께서 이루어 놓으신 천국을 침노하기 위해 우린 바빠야 하며 주를 위해 우린 뛰어야 한다. 나의 더러운 죄지음과 아픔, 고민, 상처들을 내려놓고 우린 뛰어야 한다. 하나님 나라의 확장을

위해서 앞만 보고 뛰어야 한다. 하야트처럼.

셋째: 목적이 분명했다.

하야트에겐 진학시험이라는 뚜렷한 목표의식이 있었다. 그 목표를 이루기 위해서라면 어떤 모양의 역경과 고난의 환경일지라도 그 손님들을 기쁨으로 맞아야만 한다. 무엇보다도 자신과의 싸움에서 승리할 수밖에 없는 법!

넷째: 용서의 삶이었다.

파테메가 질투 섞인 목소리로 하야트를 무시했을 때 하야트는 웃어주었다. 용서란 원수 갚을 힘이 내게 있지만 그 힘을 내려놓는 것이리라. "그럴 수도 있지." 하는 마음의 여유가 천국엔 있지 않을까?

마지막으로 웃음이 있다.

젖먹이 나바트를 기억하는가?

천국은 어린 아기의 웃음이며 기쁨이며 행복이다. 평안이며 안전이다. 아직도 내 귓가에 묻어 있는 12개월도 채 안 된 어린 아기의 웃음소리, 난 그것이 천국이라고 믿는다.

교육학개론	학과:	학번:	이름:	제출일:
인물소개				
서 론				
본 론				
결 론				
느낀 점				
교사의 눈				
학생의 눈				
메시지 눈				
감독의 눈				

참고문헌

강갑원 외 3인(2005). 교육학개론. 서울: 교육과학사.
강대중(2002). 대안학교는 학교가 아니다. 서울: 박영률출판사.
강봉규(1988). 교육심리학. 서울: 형설출판사.
고벽진 외 4인(2006). 신교육사회학. 서울: 교육과학사.
고형일 외 12인(2003). 신교육사회학. 서울: 학지사.
공석영 외 1인(2005). 생활지도와 상담. 서울: 동문사.
구광현 외 2인(2006). 교육심리학. 서울: 동문사.
권건일 외 1인(2006). 교육학개론. 경기: 양서원.
권대훈(2006). 교육심리학의 이론과 실제. 서울: 학지사.
권창길 외 2인(2000). 교육학개론. 서울: 학지사.
김경석 외 1인(2005). 교육사회학. 서울: 교육과학사.
김계현 외 3인(2000). 학교상담과 생활지도. 서울: 학지사.
______ 외 3인(2005). 상담과 심리검사. 서울: 학지사.
김대현 외 1인(2005). 교육과정 및 교육평가. 서울: 학지사.
김민한 외 2인(2004). 교육사 교육철학 신강. 서울: 학문사.
김신일(2003). 교육사회학. 서울: 교육과학사.
김인식 외 3인(2003). 인간교육의 이해. 서울: 교육과학사.
김재복 외 4인(1995). 새로쓴 교육학의 이해. 서울: 삼경사.
김정환 외 1인(2001). 교육철학. 서울: 박영사.
김종서 외 2인(1998). 최신 교육학개론. 서울: 교육과학사.
김준규 외 4인(2005). 예비교사를 위한 교육방법의 이론과 실제. 서울: 학지사.
김진규(2002). 교육과정과 교육평가. 서울: 동문사.
김천기(1998). 교육사회학. 서울: 학지사.
______(2003). 교육의 사회학적 이해. 서울: 학지사.
김청자 외 1인(2006). 교육심리학. 서울: 동문사.
김충기 외 1인(2002). 현대 상담이론과 실제. 서울: 교육과학사.

______ 외 3인(2004). 교육학개론. 서울: 동문사.
______(2003). 생활지도 · 상담 · 진로지도. 서울: 교육과학사.
남궁용권 외 2인(2005). 알기쉬운 교육학개론. 경기: 양서원.
남정걸(2004). 교육행정 및 교육경영. 서울: 교육과학사.
노희관 외 1인(2000). 교육학의 새로운 패러다임. 서울: 교육과학사.
민들레 편집실(1999). 대안학교의 현황과 입학안내. 민들레. 통권 3호.
박도순 외 1인(1999). 교육과정과 교육평가. 서울: 문음사.
______ 외 1인(2006). 교육과정 및 교육평가. 서울: 문음사.
박성익 외 3인(2006). 교육방법의 교육공학적 이해. 서울: 교육과학사.
박영진(2005). 중국교육사상가. 서울: 장서원.
박의수 외 3인(2006). 교육의 역사와 철학. 서울: 동문사.
백영균 외 7인(2007). 교육방법 및 교육공학. 서울: 학지사.
변영계 외 2인(2000). 교육방법 및 교육공학. 서울: 학지사.
성용구(2005). 새로운 교육사회학. 서울: 태영출판사.
신득렬 외 3인(2005). 교육철학 및 교육사. 경기: 양서원.
신명희(2006). 교육심리학의 이해. 서울: 학지사.
신종호 외 6인(2006). 교육심리학. 서울: 학지사.
심우엽(2001). 교육심리학. 서울: 교육과학사.
안상현 외 4인(2006). 교육사회학. 서울: 교육과학사.
양희규(2001). 새로운 문화를 향한 작은 노력. 간디학교 이야기. 경상대학교 인문학연구소 엮음.
오성삼 외 2인(1996). 교육학의 이해. 경기: 양서원.
오영재 외 2인(1999). 신교육학의 이해. 서울: 교육아카데미.
______ 외 3인(2005). 현대교육의 이해. 서울: 교육아카데미.
유구종 외 1인(2005). 교육방법 및 공학. 서울: 창지사.
윤정일 외 3인(1996). 교육의 이해. 서울: 학지사.
______ 외 5인(2003). 신교육의 이해. 서울: 학지사.
원동연 외(2001). 5차원 전면 교육 길잡이. 서울: 신아출판사.
______(2002). 세인고 사람들. 서울: 김영사.

이병승 외 2인(2006). 쉽게 풀어쓴 교육학. 서울: 학지사.
이종태(1998). 대안학교의 운영. 서울: 교육진흥.
______(2001). 대안교육과 대안학교. 서울: 민들레.
이지헌 외 11인(2005). 교육학의 이해. 서울: 학지사.
이칭찬 외 1인(2003). 교육과정 및 교육평가. 서울: 동문사.
이형행(2006). 교육학개론. 경기: 양서원.
이홍우(1992). 교육과정탐구. 서울: 박영사.
이화여자대학교 교육공학과(2001). 교육방법 및 교육공학. 서울: 교육과학사.
임일남 외 3인(2006). 교육학개론. 서울: 동문사.
임창재(1997). 교육학의 이해. 서울: 형설출판사.
임채식 외 2인(2002). 교육철학 및 교육사. 경기: 양서원.
장성화(2005). 국내 대안학교의 교육과정 비교분석. 서울: 건국대학교.
______(2008). 교육학개론. 서울: 동문사.
전정태(2000). 교육사·철학 이해. 서울: 학이당.
정영근(1995). 인간과 교육의 이해. 서울: 문음사.
______(2001). 영화로 만나는 교육학. 서울: 문음사.
정옥분(2006). 사회정서발달. 서울: 학지사.
정유성 외 1인(1999). 대안학교(특성화고등학교)의 교육과정과 교사양성 방안. 1998년도 교육정책개발 연구과제. 교육부.
조규락 외 1인(2006). 교육방법 및 교육공학. 서울: 학지사.
조성일 외 1인(1997). 교육행정과 학교, 학교경영의 이론과 실제. 서울: 제동문화사.
조수환(1995). 교육학개론. 서울: 교육과학사.
주삼환 외 5인(2003). 교육행정 및 교육경영. 서울: 학지사.
주영흠 외 2인(2006). 신세대를 위한 교육학개론. 서울: 학지사.
최진승 외 2인(2000). 교육학입문. 서울: 학지사.
팽영일(2004). 교육의 철학과 역사. 경기: 양서원.
한방교 외 1인(2006). 교육의 이해. 서울: 동문사.
한준상(1996). 신교육사회학. 서울: 학지사.

한숭희(2004). 평생교육학-평생학습 사회의 교육학. 서울: 학지사.

홍순명(1998). 더불어 사는 평민을 기르는 풀무학교 이야기. 서울: 내일을 여는 책.

_____(1998). 풀무학교 이야기. 서울: 내일을 여는 책.

황정규 외 2인(2006). 교육학개론. 서울: 교육과학사.

Apple, M. W.(1982). *Cultural and Economic Reproduction in Education.* London: R. K. P.

Bloom, B. S., et al.(1956). *Taxonomy of educational objectives. The classification of educational goals, Handbook 1. Cognitive domain.* New York: David Mckay Co., Inc.

Bloom, B. S.(1968). *Learning for Mastery.* UCLA Evaluation Comment, 1.

__________(Ed.).(1956). *Taxonomy of Educational Objectives: Cognitive Domain. New York: David McKay.*

Brameld, T.(1996). *Toward a Reconstructed Philosophy of Education. New York*: Holt. Rinehart and Winston.

Bruner, J. S.(1960). *The Process of education.* Cambridge: Mass: Harvard University Press.

Bruner, J. S.(1966). *Toward a Theory of Instruction.* Cambridge, Mass.: Harvard University Press.

Fllis, A. C.(1995). Changing *Rational-Emotive & Cognitive-Behavior Therapy, 13.(2), 85-89.*

Dewey, J.(1944). *Democracy and Education.* New York: The Free Press.

Dick, W. and Carey, L.(1996). *The systematic desigen of instruction(4th ed.).* N.Y.: Harper Collins College Publishers.

Dukheim, E., *Education and sociology.*(S. D. Fox, Jr.). The Free Press. 이종각 역(1985). 교육과 사회학. 서울. 배영사.

Erikson, Erik H.(1950, 1993a). Childhood and Society. New York : W. W. Norton & Company

Erikson, Erik H., & Erikson, Joan M.(1982, 1997). The Life Cycle Completed (Extended Version). W. W. Norton & Company.

Gardner, H.(1993). *Creating minds*. New York: Basic Books

Gagene, R. M.(1970). *The conditions of Leaning.* New York: Holt, Rinehart & Winston.

Gagene, R. M., Brggs, L. J. and Wager, W. W. (1998). *Principle of instructional design(3rded.)*. N.Y.: Holt, Reinhart & Winston.

Garder, H.(1983). *Frames of Mind: The Theory of Multiple Intelligence.* N.Y.: Basic Books.

Glaser, R.(1962). Psychology and instructional technology. In R. Glaser(ed.). *Training research and education*. Pitts.: University of Pittsburg Press.

________(1963). Instruction Technology and thc Mcasurement of Learning Outcomes. *American Psychologist*, 18, 519-521.

Guilford, J. P.(1986). *Creative talents: Their nature, uses and development.* Buffalo, New York: Bearly Limited.

Langford, G. and O'Connor. D. J.(eds).(1973). *New Essays in the Philosophy of Education.* London: RKP.

Lebow, D.(1993). Constructivistic Values for Instructional Systems Desigen: Five Principles Toward a New Mindset. *Educational Technology Research & Development, 41(3), 4-16.*

Lengrand, P. J.(1988). *An Introduction to Lifelong Education.* London: Croom Helm Ltd.

Liberman, M.(1960). *Education as Profession.* N.J.: Englewood Cliff. Prentic Hall.

Light, D. Jr. & Keller, S.(1979). *Sociology.* New York: Alfred A. Knopf.

Mager, R. F.(1962). Preparing Objectives for Programmed Instruction. San Francisco: Feardon.

Maslow, A. H.(1970). *Motivation and Personality*(2nd ed.). New York: Harper and Row.

Peters, R. S.(1966). *Ethics and Education.* London: Georoge Allen and Unwin.

Piaget, J.(1970). Science of *Education and the Psychology of the Child.* New York: Grossman Publishers, Inc.

Rogers, C. R.(1942). *Counseling and Psycbotberapy; Newer Concepts in Practice.* Cambridge: Houton Mifflin Co.

Skinner, B. F.(1953). *Science and Human Behavior.* New York : Macmillan.

___________(1969). *Contingencies of Reinforcement.* N.J.: Prentice-Hall.

Sternberg, R. J.(1986). *The Triarchic Mind : A New Theory of Human Intelligence.* N.Y.: Viking.

Taba, H.(1962). *Curriculum Development: Theory and Practice*. New York: Harcourt and World.

Tyler, R.(1949). *Basic Principles of Curriculum and Instruction.* Chicago: University of Chicago Press.

Tyler, R. W.(1950). *Basic Principles or Curriculum and Instruction. Chicago*: University of Chicago Press.

Vygotsky, L. S.(1978). *Mind in society: The development of higher mental process.* MA: Harvard University Press.

Wringe, C.(1984). *Democracy. Schooling and Political Education*. London: GAU.

교육부	http://www.moe.go.kr
간디고등학교	http://www.gandhischool.net
대안교육연대	http://www.psae.or.kr
세인고등학교	http://seine.hs.kr/
야호학교가자	http://www.educyber.org
영산성지고등학교	http://www.yssj.hs.kr/
풀무농업기술학교	http://www.poolmoo.or.kr

영국의 서머힐(Summerhill): MBC 세계의 교육, 그 현장을 가다. 한국.

위험한 아이들(Dangerous Minds): 존 스미스, 미셸 파이퍼, 조지 준자, 코트니 밴스, 1995 미국.
죽은 시인의 사회(Dead Poets Society): 피터 위어, 로빈 윌리엄스, 로버트 숀 레오나드, 에단 호크, 1989 미국.
천국의 아이들 2(The Children of Heaven 2): 골람 레자 라메자니, 가잘 파사파, 메흐다드 하사니, 2005 이란.
포레스트 검프(Forest Gump): 로버트 저메스키, 톰 행크스, 게리 서니즈, 1994 미국.
패치 아담스(Patch Adams): 톰 세디악, 로빈 윌리엄스, 모니카 포터, 다니엘 런던, 1999 미국.
코러스(The Chorus): 크리스토프 바라티에, 자라르 쥐노, 프랑수와 벨레앙, 2005 프랑스.
호로비츠를 위하여: 권형진, 엄정화, 박용우, 신의재, 2006 한국.
홀랜드오피스(Holland's Opus): 스티븐 헤렉, 리처드 드레이퓌스, 글렌 헤들리, 올림피아 듀카키스, 1995 미국.

찾아보기

본문색인

인 명

박영진(朴泳珍)

베이징사범대학교(北京師範大學)에서 비교교육학 석사과정을 이수하고, 박사학위(비교교육철학)를 받았다. 건국대, 명지대, 숭실대, 세종대 등에서 강의했으며, 강원관광대 겸임교수와 대진대 초빙교수를 역임했다. 현재 용인대학교 교양교육원(교직과) 교수로 재직 중이다. 용인대학교 중앙동아리 록밴드 블랙벨트와 교원임용고사 대비반의 지도교수를 역임했다. 약 200개 대학과 관련 기관을 평가, 심사, 컨설팅했으며, 「한중 FTA 교육서비스 분야 협상 전략」(경제 · 인문사회연구회), 「한중 중장기 교육협력 방안」(한국교육개발원), 「해외 우수인재 유치전략」(경제인문사회연구회), 「중국 지역할당제 현황 분석」(한국교육개발원) 등의 정책연구를 수행하였다. 주요 저서로는 『성공습관 24』(양서원, 2021), 『교육학개론』(동문사, 2008), 『교육철학 및 교육사』(정민사, 2015), 『학교자체평가론』(동문사, 2018) 등 18권의 저서를 집필하였으며, 주요 논문으로는 「중국의 세계일류대학 계획의 추진 현황과 전망」(아시아교육연구), 「중국 평생교육의 세 가지 체계성 강화 방안」(Andragogy Today), 「풍우란의 고전교화사상 연구」(동서철학연구), 「중국 AI교육의 도입과 시사점」(상담심리교육복지) 등이 있다.

장성화(張星化)

건국대학교 동 대학원 교육학과에서 석사학위를 이수하고, 이어 교육심리학 전공으로 박사학위를 받았다. 육군통신학교, 대상관계연구소, 용인대학교 학생상담센터, 한국정보문화진흥원 등에서 상담 실무 경험과 건국대, 배재대, 경북대, 청주대, 대전대, 김천대, 극동대, 남서울대 등에서 상담이론과 실제를 겸한 강의를 하였다. 현재 공군사관학교 심리학과 교수로 재직 중이며, 이전에 전북과학대학교 교수, 세계사이버대학교 교수, 한국상담심리교육복지학회 수련감독 및 학회장, 한국상담학회 수련감독(군, 대학, 집단분과), 한국무용동작심리치료학회 편집위원장, 한국상담심리치료학회 수련감독, 한국청소년상담학회 수련감독 등의 자격증과 『진로상담 및 진로교육』(동문사, 2011), 『수업심리학』(학지사, 2010), 『상담이론과 실제』(정민사, 2013), 『집단상담』(동문사, 2016), 『SPSS/AMOS 통계분석』(동문사, 2017), 『교양으로 읽는 심리학개론』(동문사, 2020), 『리더십개론』(교육과학사, 2020), 『대인관계와 의사소통』(동문사, 2021) 외 10편의 저서와 대안학교 학생들의 학교적응 관련 변인들의 인과적 구조분석(열린교육학회), 감염병 대유행(코로나-19) 시대의 비대면 집단상담 사례연구: 교사들의 직무 스트레를 중심으로(한국상담심리교육복지학회), 한국판 자살생각 척도 타당화 연구(한국상담심리교육복지학회) 외 68편의 논문 등이 있다.

최신 교육학의 이해 제4판

초　판 1쇄 발행 / 2014년 2월 28일
개정판 1쇄 발행 / 2015년 3월 5일
개정판 3쇄 발행 / 2018년 2월 20일
제3판 1쇄 발행 / 2019년 2월 20일
제4판 1쇄 발행 / 2021년 8월 25일
제4판 3쇄 발행 / 2026년 2월 6일

•

공저자 / 박영진 · 장성화
발행인 / 이 중 수
발행처 / 동 문 사

•

서울특별시 서대문구 홍제원 1길 12
(홍제동 137-8)
Tel: 02)736-3718(대), 736-3710, 3720
Fax: 02)736-3719
등록번호: 1974.04.27. 제9-17호
가격: 24,000원

•

ISBN: 979-11-6328-314-0 (93370)
E-mail: dong736@naver.com
www.dongmunsa.com